Die didaktisch klug aufgebaute Einführung beschäftigt sich zunächst mit den Anfängen der Neurosenlehre und widmet sich dann den Grundlagen der »Therapie durch Erinnerung«, der Psychoanalyse. Die Freie Assoziation und die psychischen Systeme werden ebenso eingehend behandelt wie die Trieb-, die Traum- und die Instanzenlehre, die Abwehrmechanismen ebenso wie die verschiedenen Neurosenformen. Auch auf spezielle technische und therapeutische Probleme sowie auf Kriterien der Erfolgsbewertung geht der Autor ausführlich ein. An verschiedenen Stellen des Buches vergleicht der Autor auch die einzelnen psychotherapeutischen Schulen und deren unterschiedliche theoretische und praktische Grundlagen miteinander. Alles in allem ist das Buch ein übersichtlicher und fundierter Einführungsband zur psychoanalytischen Theorie und Praxis, den sowohl Fachleute wie Studierende und auch interessierte Laien nutzen können.

*Raymond Battegay*, Prof. Dr. med., ist Ordinarius für Psychiatrie und Leiter der psychiatrischen Universitätspoliklinik in Basel. Verfasser zahlreicher Publikationen zu psychotherapeutischen Themen. – Weitere Bände des Autors in der Reihe »Geist und Psyche«: ›Die Hungerkrankheiten‹ (42287) und ›Grenzsituationen‹ (11066).

Raymond Battegay

# Psychoanalytische Neurosenlehre

Eine Einführung

Überarbeitete Neuausgabe

Fischer
Taschenbuch
Verlag

Geist und Psyche
Herausgegeben von Willi Köhler
*Begründet von Nina Kindler 1964*

Überarbeitete Neuausgabe
Veröffentlicht im Fischer Taschenbuch Verlag GmbH,
Frankfurt am Main, August 1994

Lizenzausgabe mit freundlicher Genehmigung
des Verlags Hans Huber, Bern
© 1971 Verlag Hans Huber, Bern
Gesamtherstellung: Clausen & Bosse, Leck
Printed in Germany
ISBN 3-596-12233-3

*Gedruckt auf chlor- und säurefreiem Papier*

*Editorische Vorbemerkung*

Die Literatur der von Sigmund Freud begründeten Psychoanalyse, in ihren thematischen Verästelungen kaum noch zu überschauen, enthält erstaunlicherweise nur relativ wenige Einführungswerke oder Überblicksdarstellungen, Bücher also, in denen sich der gebildete Laie oder auch der analytische Fachmann schnell und zugleich fundiert informieren kann. Auch Studierende und Psychotherapeuten beklagen häufig den Mangel an Kompaktdarstellungen, die ihrem Bedürfnis nach möglichst rascher Information entgegenkommen. Da bietet der seit mehr als zwanzig Jahren bewährte Einführungsband des bekannten Basler Psychotherapeuten Raymond Battegay Abhilfe. Diese psychoanalytische »Datenbank« liegt jetzt als gründlich revidierte, vielfältig ergänzte und auf den neusten Wissensstand gebrachte Neuausgabe vor. Sie gibt nicht nur Begriffsbestimmungen und theoretische Abrisse, nicht nur Darstellungen zur Geschichte und Entwicklung der Psychoanalyse und ihrer »Abkömmlinge«, sondern offeriert auch Ein- und Überblicke über den Gesamtkorpus der modernen Psychotherapie psychoanalytischer Provenienz. Bei der vielbeklagten »Überinformation« unserer Zeit ist dieses Buch ein wertvoller Wegweiser.

*wk*

# Inhalt

Vorwort zur Neuausgabe . . . . . . . . . . . . . . . . . . . . 11
Vorwort zur Taschenbuchausgabe . . . . . . . . . . . . . 12
Vorwort zur 1. Auflage . . . . . . . . . . . . . . . . . . . . 13
Vorwort zur 2. Auflage . . . . . . . . . . . . . . . . . . . . 16

1    Einleitung . . . . . . . . . . . . . . . . . . . . . 17

2    Von den Anfängen der Neurosenlehre . . . . . . . 19

3    Therapie durch Erinnerung . . . . . . . . . . . . 22

4    Das freie Assoziieren . . . . . . . . . . . . . . . . 25

5    Das Unbewußte, das Vorbewußte
     und das Bewußte . . . . . . . . . . . . . . . . . . . 30
5.1  Das Unbewußte . . . . . . . . . . . . . . . . . . . . 33
5.2  Das Vorbewußte . . . . . . . . . . . . . . . . . . . 40
5.3  Das Bewußte . . . . . . . . . . . . . . . . . . . . . 42
5.4  C. G. Jung: Das kollektive Unbewußte . . . . . . . 44
5.5  A. Adler: Das Unbewußte als »Kunstgriff«
     zur Aufrechterhaltung einer Fiktion . . . . . . . . 49
5.6  L. Szondi: Das »Familiäre Unbewußte« . . . . . . . 50
5.7  N. Peseschkian: Das Unbewußte
     in transkultureller Sicht . . . . . . . . . . . . . . . 51

6    Trieblehre / Objektbeziehungen . . . . . . . . . . 52
6.1  Grundsätzliches . . . . . . . . . . . . . . . . . . . 52

6.2      Das Triebleben in der menschlichen Entwicklung . .    54
6.2.1    Kindheitsamnesie . . . . . . . . . . . . . . . . . . .    54
6.2.2    Infantile Triebentwicklung / Entwicklung
         der Objektbeziehungen . . . . . . . . . . . . . . . .    57
6.2.3    Die drei Ebenen der Objektbeziehungen . . . . . .    68
6.2.4    Latenzzeit . . . . . . . . . . . . . . . . . . . . . .    74
6.2.5    Pubertät . . . . . . . . . . . . . . . . . . . . . . .    76
6.2.6    Entwicklungsstörungen des Trieblebens /
         der Objektbeziehungen . . . . . . . . . . . . . . .    79
6.2.7    Destruktions- oder Todestrieb . . . . . . . . . . .    80
6.2.8    Kritiker der Freudschen Trieblehre . . . . . . . .    85

7        **Traumlehre** . . . . . . . . . . . . . . . . . . . . .    88
7.1      Tagträume . . . . . . . . . . . . . . . . . . . . . .    91
7.2      Traumpsychose . . . . . . . . . . . . . . . . . . .    92
7.3      Traum und Wunscherfüllung . . . . . . . . . . . .    93
7.4      Tagesrest, Verschiebung, Verdichtung . . . . . . .    95
7.5      Wunscherfüllung, Zensur, Entstellung im Traum . .    98
7.6      Traumarbeit . . . . . . . . . . . . . . . . . . . . .   100
7.7      Regression im Traum . . . . . . . . . . . . . . . .   102
7.8      Darstellung durch Symbole . . . . . . . . . . . .   103
7.9      Die Traumdeutung bei C. G. Jung, Archetypen . . .   105
7.10     Der Traum im Dienste des Machtstrebens
         und des Gemeinschaftsgefühls (A. Adler) . . . . . .   109
7.11     Der Traum in daseinsanalytischer Sicht (M. Boss) . .   110

8        **Ich – Es – Überich / Das Selbst** . . . . . . . . . .   114

9        **Die Abwehrmechanismen des Ichs** . . . . . . . .   135
9.1      Verdrängung  . . . . . . . . . . . . . . . . . . . .   136
9.2      Ungeschehenmachen . . . . . . . . . . . . . . . .   144
9.3      Das Isolieren . . . . . . . . . . . . . . . . . . . .   148
9.4      Regression . . . . . . . . . . . . . . . . . . . . .   150
9.5      Identifizierung (= Identifikation) . . . . . . . . . .   155
9.6      Projektion . . . . . . . . . . . . . . . . . . . . . .   161
9.7      Verschiebung . . . . . . . . . . . . . . . . . . . .   166

9.8     Verkehrung der Triebe ins Gegenteil . . . . . . . .    170
9.9     Widerstand / Gegenbesetzung /
        Reaktionsbildung . . . . . . . . . . . . . . . . . . .    174
9.10    Übertragung . . . . . . . . . . . . . . . . . . . .    180
9.11    Andere Schulen zur Übertragung . . . . . . . . .    189
9.12    Zu den Ursachen der Triebabwehr . . . . . . . . .    192
9.12.1  Triebabwehr aus Überich-Angst . . . . . . . . . .    192
9.12.2  Triebabwehr aus Realangst . . . . . . . . . . . .    195
9.12.3  Triebabwehr aus Angst vor der Triebstärke . . . . .    196
9.13    Hartmann: »Die konfliktfreie Ich-Sphäre« . . . . .    198

10      Das Entstehen der Neurosen . . . . . . . . . . .    201

11      Die verschiedenen Neurosenarten . . . . . . . .    206
11.1    Die Aktualneurosen . . . . . . . . . . . . . . . .    206
11.2    Die Abwehrneurosen . . . . . . . . . . . . . . . .    209
11.2.1  Hysterie
        (Konversionshysterie, Hysterische Neurose) . . . .    211
11.2.2  Phobie (Angsthysterie) . . . . . . . . . . . . . . .    216
11.2.3  Zwangsneurose . . . . . . . . . . . . . . . . . . .    219
11.3    Charakterneurosen /
        Der neurotische Charakter . . . . . . . . . . . . .    224
11.4    Sexuelle Störungen . . . . . . . . . . . . . . . . .    227
11.5    Vegetative Neurosen / Organneurosen /
        Psychosomatische Krankheiten . . . . . . . . . . .    230
11.6    Narzißtische Neurosen
        (= Narzißtische Persönlichkeitsstörungen) /
        Borderline-Persönlichkeitsstörungen . . . . . . . .    237

12      Technik / Therapie . . . . . . . . . . . . . . . . .    266
12.1    Klassisches Vorgehen . . . . . . . . . . . . . . . .    266
12.1.1  Erinnern, Wiederholen und Durcharbeiten
        (Freud[92]) . . . . . . . . . . . . . . . . . . . . .    267
12.1.2  Die psychoanalytische Grundregel . . . . . . . . .    269
12.1.3  Die Abstinenz . . . . . . . . . . . . . . . . . . . .    270
12.1.4  Das psychoanalytische Erstinterview . . . . . . . .    272

12.1.5    Das Deuten . . . . . . . . . . . . . . . . . . . . . .    272
12.1.5.1  Traumdeutung . . . . . . . . . . . . . . . . . . . . .    273
12.1.5.2  Widerstandsanalyse . . . . . . . . . . . . . . . . . .    274
12.1.5.3  Übertragungsanalyse . . . . . . . . . . . . . . . . .    275
12.2      Für die narzißtischen Neurosen
          (= narzißtische Persönlichkeitsstörungen)
          und Borderline-Persönlichkeitsstörungen
          veränderte Verfahren . . . . . . . . . . . . . . . . .    276
12.3      Die Gegenübertragung . . . . . . . . . . . . . . . .    280
12.4      Indikation . . . . . . . . . . . . . . . . . . . . . . .    281
12.5      Äußere Bedingungen . . . . . . . . . . . . . . . . .    283
12.6      Die Beendigung der Analyse . . . . . . . . . . . .    284
12.7      Von der Psychoanalyse abgeleitete Methoden . . . .    285
12.7.1    Analytische Kurzpsychotherapie . . . . . . . . . .    286
12.7.2    Analytisch orientiertes ärztliches Gespräch . . . . .    287
12.7.3    Analytisch vertiefte Anamnesenerhebung . . . . . .    290
12.7.4    Gruppenanalyse /
          Analytische Gruppenpsychotherapie . . . . . . . .    293
12.8      Ergebnisse der psychoanalytischen Behandlung . . .    295
12.9      Ausbildung der Psychoanalytiker . . . . . . . . . .    309
12.9.1    Vorbildung und Vorbedingungen . . . . . . . . . .    309
12.9.2    Lehranalyse . . . . . . . . . . . . . . . . . . . . . .    310
12.9.3    Die theoretische Ausbildung . . . . . . . . . . . .    312
12.9.4    Kontrollanalysen / Supervision . . . . . . . . . . .    313
12.9.5    Besinnung auf den Menschen . . . . . . . . . . . .    314

Literaturverzeichnis . . . . . . . . . . . . . . . . . . . . . .    317
Namen- und Sachregister . . . . . . . . . . . . . . . . . . .    333

# Vorwort zur Neuausgabe

Diese Neuauflage ließ sich nicht ohne eine gründliche Überarbeitung und Ergänzung herausgeben. So wurde ein Kapitel mit dem Titel »Die drei Ebenen der Objektbeziehungen« eingefügt, in dem neuere Überlegungen und Resultate der psychoanalytischen und anderweitigen Forschung in bezug auf intersubjektive Beziehungen festgehalten sind. Doch wurde auch in den anderen Kapiteln versucht, neueren Entwicklungen der Psychoanalyse und davon abgeleiteter Methoden Rechnung zu tragen. Auch der Abschnitt über die »Ergebnisse der psychoanalytischen Behandlung« wurde entsprechend neueren Resultaten ergänzt und die Kosten/Nutzen-Frage in bezug auf die Psychotherapie beleuchtet. Wie bei den früheren Auflagen habe ich mich bemüht, den Stoff bei aller Komplexität der behandelten Themen möglichst einfach und ohne zuviel Fachjargon zu bearbeiten.

Das Buch wird vor allem den Anfängern in der Psychoanalyse dienen, aber auch Erfahrenen eine Auseinandersetzung mit neueren psychoanalytischen Erkenntnissen ermöglichen. Nach dem großen Interesse, das die früheren Auflagen und insbesondere die erste Taschenbuchausgabe gefunden haben, hoffe ich, daß diese neue Auflage möglichst vielen Interessierten helfen wird, sich in die Materie einzuarbeiten und damit eine vertiefte Einsicht in die dem Menschen eigenen psychodynamischen Gesetzmäßigkeiten und die damit verbundenen psychotherapeutischen Möglichkeiten zu gewinnen.

Mein Dank gilt vor allem Willi Köhler vom Fischer Taschenbuch Verlag, der diese neue Taschenbuchausgabe angeregt hat.

Basel, im Frühjahr 1994                                    RAYMOND BATTEGAY

# Vorwort zur Taschenbuchausgabe
von 1986

In den Jahren seit Erscheinen der 2. Auflage hat sich in der Psychoanalyse eine bemerkenswerte Entwicklung vollzogen. Daher mußte mein Buch einer Überarbeitung und Ergänzung unterzogen werden. Vor allem durften in der neuen Auflage die modernen Theorien zum Narzißmus, zu den narzißtischen Persönlichkeitsstörungen (narzißtischen Neurosen) und den Borderline-Störungen nicht fehlen. Dementsprechend mußte auch das Kapitel über die Technik/ Therapie ergänzt und die neue Literatur berücksichtigt werden.

Mein Dank gilt vor allem dem Fischer Taschenbuch Verlag und insbesondere dessen Mitarbeiter Willi Köhler für die Veröffentlichung des Werkes als Taschenbuch. Dankbar bin ich aber auch dem Huber Verlag, Bern, der es ermöglichte, daß das in zwei Auflagen bei ihm erschienene Buch nun in dieser Form verlegt werden konnte. Es wird so vielen zugänglich sein, die sich für Fragen der psychoanalytischen Theorie und Praxis interessieren. Möge die »Psychoanalytische Neurosenlehre« allen jenen dienen, die sich in die Psychoanalyse einarbeiten möchten.

Basel, im Juni 1986                                    RAYMOND BATTEGAY

# Vorwort zur 1. Auflage

Sigmund Freud hat mit seiner Psychoanalyse dem psychologischen Denken in der Medizin Eingang verschafft. Mit seiner Lehre hat er aber auch das Weltbild des modernen Menschen ganz allgemein entscheidend mitgestaltet. Das vorliegende Buch möchte nicht etwa das Lesen des Originalwerkes FREUDS und seiner Schüler ersetzen. Es soll aber den Interessierten die Einführung in die Psychoanalyse erleichtern. Dabei will es kein umfassendes Werk sein, sondern lediglich dem Leser einen kurzen Abriß der Pychoanalyse vermitteln und ihm mittels Beispielen die psychoanalytische Praxis näherbringen. Da das Buch auch zum Nachschlagen dienen soll, ließen sich Wiederholungen in den verschiedenen Kapiteln nicht vermeiden.

Bei meinen Ausführungen konnte ich mich auf viele Autoren stützen, denen wir ein vertieftes Verständnis der Psychoanalyse verdanken. Ihnen allen bin ich zu größtem Dank verpflichtet. Dankbar gedenke ich meines früheren Lehranalytikers, DR. DR. H. C. H. CHRISTOFFEL, der mir seinerzeit so viele wertvolle Hinweise auf die psychoanalytische Theorie vermittelte. Nicht unerwähnt möchte ich Herrn PROF. DR. G. BENEDETTI lassen, bei dem ich später einen weiteren Abschnitt meiner Analyse absolvierte. In dankbarer Erinnerung steht mir auch mein früherer Chef, Herr PROF. DR. J. E. STAEHELIN, vor Augen. Nicht minder bin ich dem jetzigen Direktor der Psychiatrischen Universitätsklinik und -poliklinik, Herrn PROF. DR. P. KIELHOLZ, Dank schuldig. Beide förderten meine Arbeit stets, wo und wann auch immer sie konnten. Die vielen Unterhaltungen mit den Oberärzten und Assistenten unserer Klinik und Poliklinik haben mich stets bereichert. Herr DR. H. GRAF VON SCHLIEFFEN, Psychologe an der Basler Psychiatrischen Universitätspoliklinik für Erwachsene, der ich als ärztlicher Leiter vorstehe, hat mir wertvollste Dienste bei der Durchsicht und der Korrektur des Buches geleistet und viele Anregungen gegeben. Ihm gilt mein besonderer Dank.

Vielleicht darf ich bei dieser Gelegenheit auch eine persönliche Erinnerung aus meinem Leben einflechten. Meine Großmutter (Frau SARA GOETSCHEL-SCHRAMECK, Basel, 1873–1960), zu der meine Mutter, mein Bruder und ich nach dem frühen Tode meines Vaters gezogen waren, erzählte mir, als ich Kind war, wiederholt über ihre Erlebnisse im jüdischen Mädchenpensionat Aron in Nancy. Sie befand sich dort 1889, 16jährig. In dieses Pensionat kam, nach ihrem Bericht, regelmäßig ein Professor, der seine Erfahrungen mit der Hypnose bei Notwendigkeit dem Institut zur Verfügung stellte. Dies war bei der Französischlehrerin, Mademoiselle Lucy, der Fall, die mehrmals während des Unterrichts in einen hysterischen (oder posthypnotischen?) Schlaf verfiel. Der Professor – der gelegentlich Gäste mitbrachte – weckte dann die Lehrerin, indem er dreimal wiederholte: »Mademoiselle Lucy, réveillez-vous!« Die Schülerinnen erlebten das Geschehen mit Neugier, jedoch nicht ganz ohne Furcht. Ich erzähle diese Erinnerung aus Nancy einmal, weil sie bei mir bereits, als ich 8 oder 9 Jahre alt war, ein Interesse für unbewußtes Geschehen weckte. Des ferneren wollte ich damit aber auch ein Stück Geschichte der Psychoanalyse hervortreten lassen. Meine Großmutter erinnerte sich noch an den Namen des Professors, es war der bekannte Professor H. M. BERNHEIM. Wohl war einer der Gäste SIGMUND FREUD, der 1889 Nancy besucht hatte. Meiner Mutter möchte ich hier herzlich für wertvolle Ergänzungen zu diesen Reminiszenzen danken.

Das Buch ist in 12 Kapitel gegliedert. Nach einer einleitenden Betrachtung und einem geschichtlichen Rückblick auf die Anfänge der Neurosenlehre wird die Aufmerksamkeit der Therapie durch Erinnerung und dem Freien Assoziieren zugewandt. In weiteren Kapiteln finden die psychischen Systeme des Unbewußten, des Vorbewußten und des Bewußten, die Trieblehre und die Traumlehre Bearbeitung. In der Folge wenden wir uns den Instanzen Ich, Es, Überich und den Abwehrmechanismen des Ichs zu. In weiteren

Kapiteln wird auf das Entstehen der Neurosen, die verschiedenen Neurosenarten und abschließend auf spezielle technische und therapeutische Probleme eingegangen. Wo es, ohne den Text unnötig zu verlängern, möglich war, haben wir vergleichend andere psychotherapeutische Schulen mitberücksichtigt.

Zum Schluß möchte ich meinen besonderen Dank Herrn HEINZ WEDER vom Verlag Hans Huber aussprechen. Ich fand bei ihm immer volles Verständnis. In speditiver Weise und mit großer Sorgfalt hat Frau R. DUFNER-STUMP die Sekretariatsarbeiten ausgeführt. Hierfür gebührt ihr Dank.

Nicht zuletzt darf ich vielleicht auch an dieser Stelle *meiner Frau und meinen drei Kindern* meinen von Herzen kommenden Dank für ihre große Geduld meiner beruflichen Tätigkeit und Inanspruchnahme gegenüber ausdrücken.

Möge nun das Buch helfen, die Interessierten in die Psychoanalyse einzuführen!

Basel, im März 1971                                    RAYMOND BATTEGAY

# Vorwort zur 2. Auflage

Wie sehr die Psychoanalyse Eingang nicht nur in die Medizin, sondern auch in die Gesellschaft gefunden hat, geht schon daraus hervor, daß das Interesse für psychoanalytische Literatur stetig wächst. Das vorliegende Buch wurde dementsprechend durch die Zeitumstände begünstigt. Die erste Auflage ist bereits vergriffen. So kommt es, daß ich meine Arbeiten zur Ergänzung und Revision dieses einführenden Buches noch nicht beendet habe. Da aber das Bedürfnis nach einem solchen Werke sehr groß ist, habe ich mich entschlossen, das Buch vorläufig noch einmal unverändert vorzulegen.

Es ist mir gleichzeitig ein Bedürfnis, allen Lesern für ihr wohlwollendes Interesse zu danken, das sie der Psychoanalyse und damit auch einem Versuch zur Überwindung des Leidens in unserer unheilen Welt entgegenbringen.

Basel, im Juni 1973                                    RAYMOND BATTEGAY

# 1 Einleitung

War es im Volke längst schon bekannt, daß seelische und körperliche Vorgänge im Menschen eng gekoppelt sind, mußte diese Tatsache in der Medizin erst allmählich wiederentdeckt werden.

Zu allen Zeiten wußte der Laie, daß ein Mensch »rot wird« vor Scham oder daß ihm eine unglückliche Botschaft etwa »auf den Magen schlägt«. Kennen nicht alle Menschen jenes Herzklopfen und Erblassen bei Schreck? Wer wüßte nicht darum, daß die Muskeln erschlaffen wollen im Lachanfall? Hat nicht jedermann es schon erlebt, daß in der Angst die Darmperistaltik aktiviert wird? Wußte man nicht zu allen Zeiten schon darum, daß bei Wut »die Haare zu Berge stehen« usw. Viele Ärzte standen indes bis vor wenigen Jahren auf dem Standpunkt eines Dualismus Psyche/Soma. Doch ist uns heute, besonders auch aufgrund der modernen neurophysiologischen und -psychologischen Forschungen (ADER[1a], BENEDETTI[35], GELLHORN und LOOFBOURROW[110] u. a.) bekannt, daß eine solche Trennung nur künstlich gezogen werden kann. In Wirklichkeit sind Körper und Seele eine unzertrennbare Einheit, und beide sind nichts anderes als zwei verschiedene Aspekte ein und desselben menschlichen Lebensprozesses. Der Mensch kann nur dann verstanden werden, wenn nicht Partialaspekte überwiegen. Es ist absolut notwendig zu wissen, daß wir in den menschlichen Körperprozessen auch psychische Ausdrucksmanifestationen vor uns haben und die psychischen Vorgänge nur auf dem Hintergrunde körperhaften Geschehens zu verstehen sind. Diese Erwägungen sind nicht so sehr zur Bildung einer Theorie erforderlich. Sie sind letztlich entscheidend für die ärztliche Haltung dem Kranken gegenüber. Es ist wesentlich, ob der Arzt nur das Magen-, Herz-, Nierenleiden oder irgendeine andere, scheinbar nur körperlich bedingte Krankheit behandelt oder ob er den kranken Menschen als Ganzheit therapeutisch beeinflussen will.

Erfahrene Allgemeinpraktiker geben an, daß bei etwa der Hälfte ihrer Kranken keine organischen Schädigungen, sondern psychische Störungen vorliegen, die sich desintegrierend auf die Organfunktionen und das Wohlbefinden des Menschen auswirken. Wichtig ist es auch, um diese leib-seelischen Zusammenhänge zu wissen, weil es sonst versäumt wird, rechtzeitig auf die zugrunde liegende psychische Konflikthaftigkeit oder auf die die Basis bildende emotionale und / oder kognitive Mangelerfahrung einzugehen und durch die langdauernde psychogene Dysfunktion eines Organs eine anatomische Läsion eintreten kann. Wir sehen demnach, daß das Wissen um die Einheit von Soma und Psyche von hohem praktischem Wert für die Medizin und vor allem für eine entsprechende Behandlung der kranken Menschen ist.

Wir achten heute auch darauf, das menschliche Individuum nicht losgelöst von seiner mitmenschlichen Beziehungswelt zu betrachten. Ein Mensch kann als Ganzheit nur dann erfaßt werden, wenn das Kommunikationssystem, in das hinein er verstrickt ist, miterfaßt wird. Wollen wir einen Menschen charakterisieren, so müssen wir angeben, welche Art Beziehungen er zu seiner Umwelt unterhält, und wie er sich zu den ethischen, moralischen und religiösen Bereichen einstellt. Wir lieben nicht einen Menschen an sich, sondern seine Art, sich zu der ihn umgebenden Welt und den Wertbereichen einzustellen, seine Art der Pflege von Beziehungen (BATTEGAY[18]).

Ich werde im folgenden darzustellen versuchen, welche dynamischen Gesetzmäßigkeiten unsere psychischen Funktionen kennzeichnen und welche Störfaktoren zu Dissonanzen und Dysfunktionen im psychischen Geschehen führen können. Auch wird unsere Aufmerksamkeit auf Umwelteinflüsse gerichtet werden, die die psychische Entwicklung eines Individuums in Frage stellen und verbiegen können.

# 2 Von den Anfängen der Neurosenlehre

Es ist weitgehend das Verdienst von SIGMUND FREUD, das psychologische Denken in die Medizin eingeführt zu haben. Am Ursprung
der Laufbahn dieses Pioniers der Tiefenerforschung der menschlichen Seele stand indes eine gänzlich naturwissenschaftliche Welt-
betrachtung. Es war die exakte Methode der Naturwissenschaften,
welche er bei seinem Lehrer, dem Physiologen BRÜCKE, kennengelernt hatte, die sein wissenschaftliches Denken grundlegend beein-
flußte (JONES [128, 129]). Zeitlebens war es sein Glaube, daß sich das
menschliche Wesen einmal in physikalisch-exakten Begriffen von
Elementarfunktionen und deren Wirkungszusammenhängen erfassen lassen werde. Da es damals noch nicht glücken konnte, die von
ihm gewünschten Erkenntnisse über die physiologischen Grundlagen unserer psychischen Vorgänge zu erlangen, ging er daran, die
psychologischen Vorgänge, so wie sie zugänglich sind, zu erfassen
und ihre Gesetzmäßigkeiten zu erforschen.

FREUD widmete seine Aufmerksamkeit nun hauptsächlich jener
Erkrankung, mit der die Medizin jener Tage noch wenig beginnen
konnte, die sich in Lähmungen, Anästhesien, Aphonien, Taub- und
Blindheiten äußerte, die alle Gesetze der Neurologie in Frage stellten: der Hysterie. Die davon Befallenen wurden von den Medizi-
nern als Menschen betrachtet, welche, wie BALLY [12] formuliert, die
Gesetze der Wissenschaft übertreten, die man der Übertreibung
und der absichtlichen Mache beschuldigt und die man mit Inter-
essenentzug bestraft. Abgesehen davon, daß ein solches ärztliches
Vorgehen nicht nur therapeutisch unwirksam, sondern schädlich
ist, bedeutete die Hysterie für FREUD eine Domäne, in der sich psychische Mechanismen wie nirgends anderswo untersuchen und

nachweisen ließen. Seine erste Mitteilung über Hysterie gab
FREUD[71] zusammen mit BREUER[47] heraus. Später trennten sich die
Wege dieser beiden Forscher.

FREUD gewann nun also zunehmendes Interesse an den Hysteri-
kern. Das Studium dieser Krankheit erforderte andere als naturwissenschaftliche Wege, eine besondere Weise der Exploration. Es
mußte eine Forschungsweise gewählt werden, die gänzlich neue
Wege beschritt, wobei sich FREUD, wie BALLY sagt, »von den Ant-
worten der Patienten in noch unbekannte Zusammenhänge tragen
ließ«. Eine eingehende Exploration dieser Art Erkrankungen war
nur mittels der Hypnose möglich, ein Verfahren, das die Mediziner
damals mehrheitlich ablehnten. Doch hatte die Hypnose auch ihre
Verteidiger. Es waren vor allem CHARCOT, der große Neurologe in
Paris, und LIÉBAULT und BERNHEIM in Nancy, bei denen FREUD
diese Methode erlernte. Der durch den Arzt provozierte Dämmer-
schlaf wurde von FREUD und BREUER nicht wie von jenen Ärzten
dazu verwendet, den Patienten eine gesunde Haltung einzuflößen.
Vielmehr nützten die beiden den hypnotischen Zustand, in den sie
ihre Patienten versetzten, aus, um die Erinnerungen an jene Zeit
wachzurufen, in der das Symptom zum ersten Male auftrat. Sie sa-
hen, daß es dabei gelingen kann, die Sinnzusammenhänge des hysterischen Symptoms überzeugend aufzudecken.

Mit Hilfe dieser Explorationsmethode kam FREUD darauf, die
Hysterie als psychotraumatisch bedingt aufzufassen. Er schloß aufgrund seiner Erfahrungen bei der hypnotischen Exploration der
Hysterien, daß die verschiedenen Symptome in einem Zusammenhang mit dem veranlassenden Psychotrauma stehen, wobei er erkannte, daß es meist in der Kindheit zurücklag. Zwar wissen wir
heute einerseits, daß hysterische wie auch anderweitige neurotische
Manifestationen in der Regel nicht das Produkt eines einzigen
Psychotraumas, sondern einer länger bestehenden oder immer wiederkehrenden traumatisierenden oder mangelhaften Milieusituation sind. Doch müssen wir andererseits sagen, daß FREUD mit seinen damaligen Erkenntnissen dennoch wesentlich zur Erforschung
von Erkrankungen beitrug, die mit den gewöhnlichen Methoden
der Schulmedizin nicht erfaßbar waren. Es war so erstmalig ge-

glückt, psychogene Erkrankungen in ihren genetischen Zusammenhängen zu erfassen. Daß das Gesichtsfeld damals noch eingeengt war und man entsprechend den Anschauungen des 19. Jahrhunderts die Krankheitsursachen noch zu sehr nur von einem Psychotrauma ausgehend betrachtete, mindert die Bedeutung der Entdeckung keineswegs. War einmal ein erster Hinweis auf eine mögliche Art der psychogenen Entstehung einer Erkrankung, die man bisher nicht verstehen konnte, gegeben, so war die spätere Erweiterung der Sicht bereits implizite gegeben.

FREUD fiel des weiteren das Mißverhältnis zwischen den jahrelang dauernden hysterischen Symptomen und den auslösenden Faktoren auf. Er betonte, daß nicht so sehr ein traumatisierendes *Geschehnis* als ein traumatisches *Erlebnis* den Krankheitsprozeß auslöse. Damit war ihm bereits klar, daß nicht so sehr die objektive Intensität einer Umwelteinwirkung krankheitsauslösend ist als der subjektive Erlebnisgehalt. Es war dann eigentlich nur noch ein kleiner Schritt bis zu der heutigen Auffassung, daß es im allgemeinen nicht nur ein einziges Trauma ist, das das pathologische Geschehen auslöst, sondern eine eventuell sich auf Jahre erstreckende psychisch traumatisierende oder mangelhafte Milieusituation, bei der einzelne Vorkommnisse gar nicht besonders herausragen müssen. Es werden oft schwerste Psychotraumata und Mangelerfahrungen überstanden, ohne daß irgendeine abnorme seelische Entwicklung, eine Neurose, in Gang gesetzt würde. Wirkt ein emotional und / oder kognitiv belastendes Ereignis indes krankheitsauslösend, so zeigt sich bei genauer Prüfung meist, daß der Boden für eine solche Erkrankung bereits durch langjährige, affektiv belastende oder insuffiziente Umweltkonstellationen vorbereitet war.

# 3 Therapie durch Erinnerung

Seit FREUD wissen wir, daß der Erinnerung der am Ursprung der neurotischen Symptome stehenden Konflikte (heute würden wir hier auch die emotionalen und kognitiven Mangelerfahrungen anführen) eine Heilwirkung zukommen kann. Voraussetzung dazu ist, daß sie nicht nur sprachlichen Ausdruck findet, sondern begleitet ist von jenen Affekten, die ursprünglich den Konflikt kennzeichneten. Therapeutisch ist also eine Erinnerung erst dann, wenn in der Äußerung ein Wiedererleben vollzogen wird, wenn sich also der Patient von den Erinnerungen ergreifen und bewegen läßt. FREUD[71] und BREUER[47] schreiben dazu unter anderem folgendes: »Wir fanden nämlich anfangs zu unserer großen Überraschung, daß die einzelnen hysterischen Symptome sogleich und ohne Wiederkehr verschwanden, wenn es gelungen war, die Erinnerung an den veranlassenden Vorgang zu voller Heftigkeit zu erwecken, damit auch den begleitenden Affekt wachzurufen, und wenn dann der Kranke den Vorgang in möglichst ausführlicher Weise schilderte und dem Affekt Worte gab. Affektloses Erinnern ist fast immer völlig wirkungslos; der psychische Prozeß, der ursprünglich abgelaufen war, muß so lebhaft als möglich wiederholt in statum nascendi gebracht und dann ›ausgesprochen‹ werden...«

Zwar messen wir auch heute noch dieser affektbegleiteten Erinnerung früherer konflikthafter Eindrücke und Erlebnisse eine wesentliche Bedeutung zu. Doch sind wir uns bewußt, daß eine Behandlung, die sich nicht darauf beschränken will, Symptome zu beseitigen, sondern den Patienten zu heilen, den ganzen Menschen erfassen muß. Dabei haben wir nicht nur das früher Erlebte aufzudecken, sondern insbesondere auch dem Menschen, wie er nun leibt und lebt, in seinen gegenwärtigen Kommunikationsformen mit der Umwelt, in seinen heutigen Daseinsvollzügen zu begegnen. Erst im gegenwärtigen kommunikativen Vollzug, im hic et nunc der aktuellen psychoanalytischen Situation, wird uns deutlich, welche Wertigkeit eine frühere Konfliktsituation im Leben eines Menschen einnimmt.

FREUD erkannte also, daß das pathogene Agens eine Erinnerung ist, und er wußte auch, daß diese Erinnerung mit allen sie begleitenden Affekten wiederholt werden muß, wenn eine Gesundung erzielt werden will. Daß FREUD eine Hilfsmethode, die Hypnose, anwenden mußte, um die früheren Erlebnisse wieder ans Tageslicht zu fördern, deutet bereits darauf hin, daß in der Psyche Bereiche sind, die nicht spontan zu Bewußtsein kommen. Schon in der mit BREUER verfaßten Schrift FREUDS schreibt er dementsprechend von einer »double conscience«, einem doppelten Bewußtsein. Mit dieser Aussage wird bereits andeutungsweise der Begriff des Unbewußten konstituiert.

FREUD verwendete also, wie erwähnt, ursprünglich die Hypnose, um auf die frühen konfliktgeladenen Erinnerungen – den Mangelerfahrungen infolge von ungenügender oder nur unter Bedingungen erfolgender Liebeszuwendung oder von Überbehütung schenkte er noch weniger Beachtung – zu stoßen, die die seelische Fehlentwicklung in Gang gesetzt haben. Doch mußte er bald sehen, daß nicht alle Patienten einer Hypnose zugänglich sind oder daß gewisse Kranke sich dem Hypnoseverfahren gar aktiv verschließen. Er erinnerte sich in diesem Zusammenhang an eine Erfahrung, die er bei BERNHEIM in Nancy gemacht hatte: Es hatte bisher als Tatsache gegolten, daß die Versuchspersonen nach dem Erwachen aus der Hypnose keine Erinnerung an die Erlebnisse während des hpynotischen Schlafes haben, wenn sie auch Befehle ausführen, die ihnen im Hypnosezustand gegeben wurden. Sie finden dann jeweils irgendeine Kausalität für ihr Handeln. BERNHEIM konnte indes zeigen, daß eine posthypnotische Amnesie gar nicht besteht. Auf wiederholtes Drängen und die Versicherung, sie wüßten es bestimmt, gelingt es im allgemeinen doch, bei den Patienten die Erinnerung an die Erlebnisse während der Hypnose allmählich ins Gedächtnis zurückzuholen. FREUD[72] machte sich diese Erfahrung zunutze und ging von der Voraussetzung aus, daß die Hypnose im Grunde genommen keinen anderen Vorgang darstelle, als er in der Hysterie »von Natur aus« gegeben sei. Wenn die Patienten also angaben, sie wüßten nichts mehr zu berichten, so versicherte ihnen FREUD[72] energisch, es werde ihnen bestimmt etwas einfallen, sie sollten ungeniert alles sagen, was ihnen gerade durch den Kopf gehe. Dabei nahm er an, daß diese Einfälle eine, wenn auch vorerst noch undurchsichtige Beziehung zu dem scheinbar Vergessenen haben. Es zeigte sich dann tatsächlich, daß unsere Assoziationstätigkeit keineswegs zufällig abläuft. Der Gedankenablauf, sofern wir ihn frei gewähren lassen, ist weitgehend durch seelische Kräfte mitbestimmt, die unterhalb der Schwelle des normalen Wachbewußtseins wirken. Diese unter- oder unbewußten Vorgänge können nun, wie FREUD[72] herausfand, durch die Technik des sogenannten *freien Assoziierens*, des freien Einfalls, dem Bewußtsein weitgehend wieder zugänglich gemacht werden.

# 4 Das freie Assoziieren

Der Patient, der möglichst entspannt auf einem Diwan liegen soll, wird von FREUD[78] aufgefordert, fortlaufend alles zu äußern, was auch in seinem Bewußtsein aufsteigen möge, wobei er jede bewußte Kritik ausschalten solle. Er solle keinen aufsteigenden Einfall ausschließen, auch dann nicht, wenn er ihm unsinnig, unwichtig, belanglos, zusammenhangslos oder anstößig erscheine oder er seine Einfälle lieber verheimlichen möchte. Bei der Befolgung dieser »psychoanalytischen Grundregel« stellte sich nun heraus, daß gerade diese unter- bzw. unbewußt gebliebenen seelischen Elemente es sind, die an den psychoneurotischen Symptombildungen wesentlichen Anteil haben.

Die erwähnten unter- bzw. unbewußten psychischen Regungen werden durch einen mehr oder weniger starken Widerstand vom Bewußtsein ferngehalten, abgewehrt. Es sind ausnahmslos gefühlsbetonte Erlebnisse, Erinnerungen, Wunschregungen und Phantasien, die zum größten Teil aus der frühen Kindheit herrühren und durch die damaligen Milieueinwirkungen wesentlich geprägt sind.

FREUD vermochte also zu zeigen, daß diese, wie erwähnt, meist in der Kindheit zurückliegenden Widerfahrnisse auf unerfüllten, enttäuschten oder fehlgeleiteten Liebesansprüchen beruhen, die gerade dann pathogen wirken, wenn der Patient diese Ansprüche nicht wahrhaben will oder kann.

Sowohl in der Verursachung der Hysterie oder anderer Neurosen als auch im Verhältnis des neurotisch Kranken zum Arzt kommt diesen, in früheren Lebensabschnitten zu kurz gekommenen Liebesansprüchen eine wesentliche Bedeutung zu. Ihre Wertigkeit für das Leben des Kranken und seine seelische Fehlentwicklung exakt zu erfassen, ist das Hauptanliegen der FREUDschen Bemühungen. Er selber hielt dafür, daß die frustrierten Wünsche fast durchwegs dem Bereiche des Sexuallebens entstammen. Heute sind wir indes der Ansicht, daß es Lebensanliegen jeder Art sein können, die in der frühen Kindheit, in der Entwicklung zu kurz kommen können. FREUDS Überbetonung des Sexualbereichs dürfte weitgehend daher rühren, daß er das Thema der Sexualität aus der Verdrängung, in die sie im 19. Jahrhundert hineingeraten war, hervorholen mußte. Wir dürfen FREUD keinen »Pan-Sexualismus« vorwerfen, wie es einige seiner Gegner getan haben. Wenn er auf die wesentliche Bedeutung der Sexualität, beispielsweise in der Kindheitsentwicklung, hinwies, so hat er Tatsachen entdeckt, die zwar damals nicht in die Vorstellungen der Zeit über das Kind paßten, aber durchaus objektivierbar sind. Doch sehen wir nun, daß neurotische Störungen auch durch Hemmungen in anderen Bereichen als in der Sexualität zustande kommen können. Wird zum Beispiel dem Kind das Bedürfnis, mit liebender Wärme umgeben zu werden, versagt, so wird es ihm an »Urvertrauen« (ERIKSON[62, 63]) fehlen, und es wird ein zu wenig konsistentes Selbst (KOHUT[148, 149]) entwickeln.

Es sind in diesem Zusammenhang auch die Untersuchungen von R. A. SPITZ[206, 208] zu erwähnen, der in einem Findelhaus 91 Säuglinge in ihrer Entwicklung beobachten konnte: Diese Kinder waren während der ersten drei Lebensmonate an der Mutterbrust aufgezogen worden. Während dieser Zeit entwickelten sich die Kinder wie der Durchschnitt normaler Kinder der Stadt, in der sich das Findelhaus befand. Die Kinder wurden nach drei Monaten abgestillt. Danach wurden sie der Obhut einer Schwester anvertraut, die durchschnittlich für 10 Kinder zu sorgen hatte, oft für eine noch größere Zahl. Die körperliche Betreuung der Kinder war vortrefflich. Aber da sich die Schwester gleichzeitig mit 10 Schützlingen zu befassen hatte, erhielten sie nur den zehnten Teil der affektiven mütterlichen Zuwendung; sie kamen also gefühlsmäßig weitgehend zu kurz. Es entwickelte sich bei diesen Kindern ein von Monat zu Monat ausgeprägter werdendes klinisches Bild, dessen Schwere direkt proportional der Dauer der Trennung von der Mutter war:

1. Monat: Die Kinder wurden weinerlich, anspruchsvoll und

klammerten sich an den Beobachter, der Kontakt mit ihnen aufnahm.

*2. Monat*: Das Weinen verwandelte sich in ein Schreien, es kam zu Gewichtsverlust und Entwicklungsstillstand.

*3. Monat*: Kontaktverweigerung der Kinder, pathognomonische Position (sie lagen in ihren Bettchen meist auf dem Bauch), Schlafstörung. Der Gewichtsverlust hielt an, und es traten oft interkurrente Erkrankungen auf. Generalisierung der motorischen Verlangsamung, starrer Gesichtsausdruck.

*Nach dem 3. Monat*: Dauerhafte Starre des Gesichtsausdruckes, das Schreien wurde von einem leisen Wimmern abgelöst, die motorische Verlangsamung durch Lethargie.

In der Nachuntersuchung ergab sich, daß 34 bzw. 37 % dieser beobachteten Kinder innerhalb von zwei Jahren gestorben waren.

*Bis zum 5. Monat* ist der geschilderte Prozeß reversibel, wenn das Kind der Mutter zurückgegeben wird. SPITZ nannte diese Störung, da sie Ähnlichkeiten mit dem klinischen Bild der Depression der Erwachsenen aufweist, in Anlehnung daran, anaklitische Depression. Er beobachtete daneben ein anderes Heim, in dem die Mütter selbst ihre Kinder versorgten; bei keinem der darin untergebrachten 220 Kinder trat eine Störung, noch ein Todesfall, im Laufe von vier Jahren auf.

Die anaklitische Depression und der »Hospitalismus« zeigen uns, daß das durch Entzug affektiver Wärme bedingte Fehlen von Objektbeziehungen die gesamte Entwicklung der Persönlichkeit zum Stillstand bringt. Es ist demnach nicht nur eine normale Sexualentwicklung, sondern, nach SPITZ, die Entladung aggressiver Strebungen in den Objektbeziehungen wesentlich. Fehlt diese Möglichkeit, richtet der Säugling die Aggression gegen sich selbst als das einzige Objekt. Unter dem Aspekt der Narzißmustheorie (*s.* Kap. 6.2.3, 11.6 u. 12.2) würden wir indes eher sagen, daß ein Säugling, der nicht genügend affektive Zuwendung, Stimulation und Gestalterkennungsmöglichkeiten erhält, keinen gesunden Narzißmus zu entwickeln vermag und deshalb der Depression und dem Marasmus verfällt.

Wir kehren zurück zu den verdrängten Regungen, die also nicht nur sexuelle sein müssen, sondern andere (triebhafte) Strebungen sein können. Nicht selten kehren solche verdrängten Ansprüche des unbewußten Anteils der Persönlichkeit im Traume wieder, allerdings meist in einer verkleideten, symbolischen Gestalt, so daß es eines besonderen Vorgehens, einer Deutungstechnik bedarf, um sie dem Bewußtsein zugänglich zu machen.

Gelingt es, die Verdrängung aufzuheben, den Widerstand des Patienten gegen aufdeckendes Vorgehen zu überwinden, erfolgt eine Entladung der bisher im neurotischen Symptom gebundenen Affekte in ihrer ursprünglichen, mit dem zugrunde liegenden Konflikt oder der an der Basis weiter wirkenden Mangelerfahrung gekoppelten Form. In der Auseinandersetzung mit dem Therapeuten und/oder mit Unterstützung durch ihn kann es dann dem Patienten gelingen, Einsicht in die Art des ursprünglichen Triebkonfliktes und/oder Frustrationserlebens zu gewinnen und darüber hinwegzukommen. Für diesen Heilungsvorgang ist entscheidend, daß eine Übertragung der aus der pathologischen Symptombildung befreiten Affekte auf den Arzt stattfindet, d. h., es werden jene, meist in der Kindheit zurückliegenden Gefühle auf den Arzt übertragen, die ursprünglich mit den frustrierten (Trieb-)Ansprüchen verbunden waren. Die im Verlaufe der Psychotherapie entstehende »Übertragungsneurose« oder, bei den narzißtischen Neurosen bzw. Persönlichkeitsstörungen, die Übertragung auf ein idealisiertes Selbst-Objekt, also eigentlich die Fusion mit einem Objekt, gestattet es, in der therapeutischen Beziehung den alten Konflikt bzw. die ursprüngliche Mangelerfahrung wiederzubeleben und durchzuarbeiten. FREUD[92] sagt zur Übertragungsneurose u. a.: »Der neue Zustand hat alle Charaktere der Krankheit übernommen, aber er stellt eine artefizielle Krankheit dar, die überall unseren Eingriffen zugänglich ist.« – Bei den narzißtischen Neurosen ist es, wie erwähnt, eine Fusion mit einem idealisierten Selbst-Objekt, die in der Psychotherapie stattfinden muß, damit die Betroffenen Gelegenheit haben, ihre in frühester Kindheit durchgemachte Mangelerfahrung bzw. deren Kompensation wiederzuerleben (s. Kapitel 11.6 und 12.2).

FREUD gelang es, mit Hilfe seines von ihm erarbeiteten Verfahrens, der Psychoanalyse, die unbewußten Zusammenhänge seelischer Fehlentwicklungen und deren Symptome systematisch zu erforschen. Er kam dabei auf eine Vielfalt neuer Entdeckungen, durch welche nicht nur die Neurosenlehre, sondern die gesamte wissenschaftliche Psychologie, ja überhaupt die »Anthropologie«, die Lehre vom Menschen, auf eine neue Basis gestellt wurde. Die Entdeckung des Unbewußten und seine systematische Analyse durch FREUD leitete eine neue Epoche der Psychiatrie ein. War es bisher das einzelne psychopathologische Symptom, das die Seelenärzte interessierte, so waren es nun die tieferen, unbewußten seelischen Zusammenhänge, die diesen Symptomen zugrunde lagen, die erforscht wurden oder werden sollten. Wir zitieren in diesem Zusammenhang R. BRUN[49], der FREUDS Werk wie folgt würdigt: »In der Tat hatte die Entdeckung des Unbewußten und seine systematische Analyse durch FREUD für die Psychologie ungefähr die nämliche Bedeutung wie die Entdeckung des KOPERNIKUS, daß die Erde um die Sonne läuft, für die Astronomie: Sie bewirkte eine völlige Umwälzung der Psychologie, die, damals fast gänzlich, im sogenannten ›Bewußtseinsexperiment‹ steckengeblieben...« Die Einsichten FREUDS und insbesondere sein psychoanalytisches Vorgehen ermöglichten es zum erstenmal, bei psychogenen Erkrankungen, die bisher jeder Therapie widerstanden hatten, eine Heilung zu erzielen. Die Erforschung des Unbewußten durch FREUD machte uns aber nicht nur den Hintergrund neurotischen Geschehens verständlich; sie vermittelte uns dazu ein neues Verständnis für archaisches, primitives wie auch für unreflektiertes Menschenverhalten aller Zeiten und nicht zuletzt für das künstlerische Schaffen, dessen Quell seit eh und je in der Tiefe des Unbewußten liegt.

Wir werden im weiteren zu zeigen haben, welche Gesetzmäßigkeiten das Unbewußte kennzeichnen und welche Dynamismen in den Neurosen zusammenkommen. Dabei wird gelegentlich nicht umgangen werden können, auf gewisse Unterschiede zwischen der psychoanalytischen Konzeption und anderen psychologischen Schulen hinzuweisen.

# 5 Das Unbewußte, das Vorbewußte und das Bewußte

Das Unbewußte ist nicht direkt nachweisbar. Wir können es nur aufgrund von Erfahrungen beim Studium des Traumes und der Neurosen sowie aufgrund von Vermutungen bei der Analyse von menschlichen Verhaltensweisen, die rational als nicht verständlich erscheinen, ahnen. Umgekehrt zeigt sich, daß wir ohne Kenntnis der unbewußt motivierenden Vorgänge die Neurosen nicht erfassen können. Wir werden uns also zuerst dem Unbewußten zuzuwenden haben, wenn wir uns mit den Neurosen abgeben wollen. Es wird uns nicht nur ein Anliegen sein, dessen Gesetzmäßigkeiten zu untersuchen; wir werden vielmehr auch darangehen, es von anderen psychischen Systemen abzugrenzen.

FREUD [105] sagte unter anderem vom Unbewußten: »...wir nennen unbewußt einen psychischen Vorgang, dessen Existenz wir annehmen müssen, etwa weil wir ihn aus seinen Wirkungen erschließen, von dem wir aber nichts wissen... Wenn wir noch korrekter sein wollen, werden wir den Satz dahin modifizieren, daß wir einen Vorgang unbewußt heißen, wenn wir annehmen müssen, er sei *derzeit* aktiviert, obwohl wir *derzeit* nichts von ihm wissen. Diese Einschränkung läßt uns daran denken, daß die meisten bewußten Vorgänge nur kurze Zeit bewußt sind; sehr bald werden sie *latent*, können aber leicht wiederum bewußt werden.«

Wir stimmen BRENNER [45] voll und ganz bei, wenn er betont, daß diese Theorie über die drei psychischen Systeme nur scheinbar eine statische ist. Sie ist, wie BRENNER zu Recht anführt, grundsätzlich funktional, wie sich aus folgender Erörterung ergibt.

FREUD nimmt, nach dem Gesagten zu schließen, an, daß psychische Vorgänge im Unbewußten beginnen, dann sich bis zum

Bewußtwerden entwickeln und nach Schwinden der Aktualität wieder ins Dunkel des Unbewußten zurücktreten, von dort allerdings mehr oder weniger leicht ins Bewußtsein gehoben werden können.

Diese Vorgänge sind beispielsweise bei den sogenannten Fehlleistungen zu erkennen. Dabei werden Handlungen ausgeführt oder Worte gesprochen, die nicht der bewußten Absicht entsprechen oder ihr sogar zuwiderlaufen. Es muß sich also eine störende Intention eingestellt haben, die ihren Ursprung in unbewußten Motivationen hat. Wenn ein Direktor eines Unternehmens, der in den verschiedenen Abteilungen seines Betriebes viele *Weihnachts*feiern zu absolvieren hat, fragt: »Wann ist *Fastnacht* auf Sektion X?«, so wird dabei offenbar, daß er zutiefst den Wert der vielen Feierlichkeiten und die damit verbundenen Pflichten in der Feiertagszeit in Frage stellt.

Ein anderes Beispiel: Eine Patientin, die stets Mühe hatte, sich zu behaupten und zu verteidigen, berichtete unter anderem folgendes über einen Traum: »Ich stand auf und *kapitulierte* Frau Y herunter.« Der Patientin, die davon berichten wollte, wie wehrhaft sie im Traum war und wie sehr sie Frau Y *herunterkapitelte*, unterlief ein Versprecher, der zeigte, daß sie unbewußt um ihre Tendenz weiß, vor fremdem Druck zu kapitulieren.

Als letztes Beispiel aus unserer eigenen Erfahrung möge folgende Begebenheit dienen: Als ein Besucher in mein Arbeitszimmer eintrat und sah, wie meine Bücher – in seinen Augen ungeordnet – herumlagen, sagte er: »Es ist ein *Sauhund* in diesem Zimmer.« Kurz nach Beendigung des Satzes bemerkte er selbst seinen Versprecher. Hastig betonte er, er habe doch sagen wollen, es sei eine *Sauordnung* (etwas burschikoser Dialektausdruck) in diesem Zimmer.

Auch aus diesem Beispiel geht eindeutig die Triebtendenz hervor. Der Besucher hatte – wie sich aus dem späteren Gespräch ergab – Ressentiments mir gegenüber zurückhalten wollen, doch traten dann die aggressiven Tendenzen im Versprecher aus der Latenz ins Rampenlicht.

Oder nehmen wir zwei von FREUD[77] angeführte Beispiele:

1. Ein Festredner schließt mit den Worten: »Ich fordere Sie auf, auf das Wohl unseres Chefs *aufzustoßen* (für *anzustoßen*).« Es wird

dabei eine feierliche Stimmung unerwarteterweise durch das Eindringen eines Wortes gestört, das eine unappetitliche Vorstellung erweckt, und wir können kaum verleugnen, daß der Versprecher Tendenzen zum Ausdruck bringt, die der vorgegebenen Verehrung widersprechen.

2. Ein junger Mann spricht eine Dame auf der Straße mit den Worten an: »Wenn Sie gestatten, mein Fräulein, möchte ich Sie *begleitdigen*.« Er dachte offenbar, er möchte sie gerne *begleiten*, fürchtete aber, sie mit dem Antrag zu *beleidigen*. Daß diese beiden einander widerstreitenden Gefühlsregungen in einem Wort – eben dem Versprecher – Ausdruck fanden, weist darauf hin, daß die eigentlichen Absichten des jungen Mannes jedenfalls nicht die lautersten waren und ihm dieser Dame gegenüber selbst beleidigend erscheinen mußten. Das Unbewußte spielte ihm einen Streich, denn es verriet seinen geheimen Wunsch. Mit dem Versprecher ist auch die konventionelle Antwort: »Wie können Sie mich denn so beleidigen« im Grunde schon vorweggenommen.

Machen wir einen Betroffenen auf einen Versprecher aufmerksam, so kann er auf zwei Arten reagieren: Im einen Falle wird er es als ihm bekannt erkennen, im anderen wird er es als vollkommen fremd negieren. Einmal gelingt es also leicht, Unbewußtes in Bewußtes umzuwandeln, ein anderes Mal nur schwer oder gar nicht. Jenes Unbewußte, das leicht wieder bewußt gemacht werden kann, wird als *vorbewußt* bezeichnet. Die Bezeichnung unbewußt ist, unter diesem Aspekte, jenen psychischen Vorgängen vorbehalten, die nur schwer ins Bewußtsein gebracht werden können. FREUD [105] selbst sagt unter anderem folgendes dazu: »Wir heißen jenes Unbewußte, das nur latent ist und so leicht bewußt wird, das *Vorbewußte*, behalten die Bezeichnung ›unbewußt‹ dem anderen vor. Wir haben nun drei Termini: bewußt, vorbewußt, unbewußt, mit denen wir in der Beschreibung der seelischen Phänomene unser Auskommen finden. Nochmals, rein deskriptiv, ist auch das Vorbewußte unbewußt, aber wir bezeichnen es nicht so, außer in lockerer Darstellung oder wenn wir die Existenz unbewußter Vorgänge überhaupt im Seelenleben zu verteidigen haben.«

Bei der Differenzierung unbewußter Systeme dürfen wir aber

heute noch weiter gehen. Zwar erkannte bereits FREUD archaische Anteile des Unbewußten, doch nahm er an, daß es aus individuell lebensgeschichtlich erworbenen Inhalten bestehe, die entweder durch Verdrängung aus dem Bewußtsein oder aber wegen Aktualitätsverlust dorthin gerieten. JUNG[136] betonte demgegenüber, daß sich im menschlichen Unbewußten wesentliche Bereiche finden, die nicht aus dem individuellen Leben heraus zu verstehen sind. Es sind jene Sphären unserer Psyche, in denen sich urtümlich menschliche Prozesse abspielen, die bei allen Menschen zu allen Zeiten, wo und in welchem Kulturkreis auch immer, in der Anlage zu erkennen sind. Sie sind gekennzeichnet durch jene Motive, die sich in der gesamten Menschheit zu allen Zeiten in Sagen, Märchen, Mythen, in Träumen, Visionen, Wahnerlebnissen, aber auch in religiösen Vorstellungen und im künstlerischen Schaffen erkennen lassen.

Wir werden nun auf die einzelnen der erwähnten Systeme der menschlichen Psyche etwas ausführlicher eingehen. Sie dürfen nicht etwa als räumlich voneinander abgegrenzt gedacht, sondern lediglich als vereinfachte Funktionsschemata aufgefaßt werden. Die Verhältnisse müssen in Tat und Wahrheit als viel komplizierter und die einzelnen Systeme miteinander gekoppelt und ineinander wirkend angenommen werden. MEYER[169] hält die Unterteilung unbewußt/vorbewußt/bewußt für überholt, da sie in der Es-Ich-Überich-Gliederung enthalten sei. Wir können diesem Autor nicht voll und ganz beipflichten, da sich, wie wir sehen werden, die beiden Einteilungen nicht voll decken und uns die Begriffe unbewußt und vorbewußt helfen, die tiefenpsychischen Vorgänge zu verstehen.

## 5.1  Das Unbewußte

Wie wir bereits erwähnt haben, kann das Unbewußte nicht direkt nachgewiesen werden. Wir können es lediglich aus gewissen Äußerungen der menschlichen Psyche erschließen, die ihm zugeschrieben werden. Einen gewissen Einblick vermitteln die von uns angeführten Fehlleistungen. Doch wollen wir nun versuchen, die aufgrund von Träumen, Neurosenanalysen und anderen Äußerungen des Unbewußten gewonnenen Kenntnisse über das Unbewußte genauer zu fassen.

Der Kerninhalt des Unbewußten besteht aus Repräsentanzen von Trieben, wie auch des Selbst und von Objekten. Die Triebe sind unseren Sinnen nicht zugänglich. Was wir erkennen können, sind nur ihre psychischen Äußerungsformen, d. h. die Strebungen und Regungen, welche sich mit entsprechenden Vorstellungen zu Wünschen verbinden. Diese Wunschregungen manifestieren sich jedoch nicht direkt. Lediglich die zu bezeugenden Gefühlsvorgänge, die Affekte, mit ihren vegetativen und motorischen Begleitphänomenen werden den Betroffenen bewußt. Die Ursache der Gefühlserregung bleibt ihnen dabei jedoch unbekannt. Zwar wird das Individuum irgendeine »Ursache« für eine derart determinierte psychische oder körperliche Störung angeben. Doch, bei tiefenpsychologischer Betrachtung, wissen wir, daß es nicht die wahren Gründe sind, die zu solchen Symptomen führen. Nehmen wir das Beispiel neurotischer Schlafstörungen. Das Kausalitätsbedürfnis der Patienten sucht oft nach einer plausiblen Erklärung, und sie wird beispielsweise in einer übersteigerten Lärmempfindlichkeit oder in einer Übermüdung gesehen. Diese Erklärungen erfassen jedoch nicht die Wurzel des erwähnten Symptoms. Der wahre Grund solcher Störungen liegt meist tiefer. Wir finden oft eine ungelöste Sexualproblematik oder andersartige Triebkonflikte, die mit den durch sie hervorgerufenen Gefühlsregungen zu einer Störung der vegetativen Funktionen, zum Beispiel des Schlafs, führen können. Dazu mag noch eine Erschöpfung oder eine Lärmüberempfindlichkeit vorliegen, die aus dem stetigen Ankämpfen gegen die aufkeimenden Konfliktregungen zu verstehen wären. Doch sind sie nicht die primären Ursachen für diese Art von Schlafstörung. Sie sind sekundär aus den Triebkonflikten bzw. aus dem vergeblichen Ankämpfen gegen sie zu verstehen.

Wir kennen ferner unbewußte Fehlentwicklungen im Gefolge von emotionalen und kognitiven Mangelerfahrungen in der frühen Kindheit, die durch eine insuffiziente Ausbildung des Selbst bzw. der Selbstrepräsentanz und der Objektrepräsentanzen gekennzeichnet sind.

Die von KIELHOLZ[143] beschriebenen Erschöpfungsdepressionen sind indes Depressionszustände auf der Basis von einfachen, mehr oder weniger bewußten abnormen psychischen Entwicklungen im Sinne von BINDER[37], die nach chronischen oder immer wiederkehrenden, affektiv schwerwiegenden Milieubelastungen eintreten. Die davon Betroffenen müssen prämorbid nicht neurotisch sein, d. h., frühe Triebkonflikte oder Mangelerfahrungen spielen bei der Entstehung dieser Art Depressionen nicht die ausschlaggebende Rolle, sondern die langdauernd, kontinuierlich oder intermittierend einwirkenden, exogenen Faktoren, die schließlich aber infolge dauernder oder immer wiederkehrender Kränkungserlebnisse doch zu einer narzißtischen Störung führen.

Das Unbewußte ist aber nicht nur durch seine Inhalte gekennzeichnet, sondern vor allem auch durch seine *Arbeitsweise*. Sie ist für die Art und Weise des Ablaufs der psychischen Tätigkeiten in den ersten Entwicklungsstadien des Menschen charakteristisch. Da sie in der weiteren Entwicklung des Menschen von einem anderen Arbeitsvorgang abgelöst wird, nennen wir diese Arbeitsweise des Unbewußten *Primärvorgang* und die später auftretende *Sekundärvorgang*.

Wir sehen im Unbewußten also Prozesse, die wir mit zunehmender Herrschaft des Bewußten beim Heranwachsen im Wachzustand nicht mehr oder nur in den Fehlleistungen, in den neurotischen Symptomen oder in den Träumen erkennen können. Wir denken hier an Vorgänge wie die *Verdichtung* von Vorstellungen und die *Verschiebung* des psychischen Akzentes von einer Vorstellung auf eine andere. Es kann also im Unbewußten vorkommen, daß eine Vorstellung, wie FREUD anführt, mehrere andere Besetzungen an sich nimmt oder den ganzen Betrag ihrer Besetzung an eine andere abgibt.

Der sogenannte Primärvorgang beinhaltet noch weitere Gesetzmäßigkeiten, nämlich diejenige der *Identifizierung* und der *Projektion*. Wie NUNBERG[179] anführt, kommen beide »auf dem Wege von Verschiebungen zustande«. Die Identifizierung durch Verschiebung vom Objekt auf das Ich, die Projektion durch Verschiebung des Ich auf das Objekt. Alle die erwähnten Vorgänge werden wir

später (Kap. 6.2.3 und 8), vor allem unter den Aspekten der Objekt-
beziehungen und des strukturellen Persönlichkeitsmodells der
Psychoanalyse (Ich – Es – Überich/Das Selbst) auch als aktive Ich-
Leistungen kennenlernen.

Wie in Kap. 6.2.3 noch dargelegt wird, besteht unter dieser Ich-
Leistungsebene der Beziehungen zu einem Objekt eine in der frühen Kindheit ausschließlich vorhandene, aber auch später in jeder
Kontaktnahme mit einem Objekt mitwirkende narzißtisch-fusionäre Beziehung, die eine einfühlende Nähe mit sich bringt. Ich
wende mich nun aber im folgenden wieder der Identifizierung und
der Projektion zu, die beide, wie erwähnt, auch unter dem Gesichtswinkel der aktiven Ich-Leistungen gesehen werden können.

Die *Identifizierung* (= Identifikation) ist eine allgemeine psychische Erscheinung. »Wir identifizieren uns jeden Augenblick mit
jemandem. Darauf, unter anderem, scheint die Möglichkeit eines
gegenseitigen Verständnisses der Menschen überhaupt zu beruhen.
Die Identifizierung ist ein Vorgang, durch welchen sich eine Person
einer anderen in irgendeiner Beziehung ähnlich macht. Sie kann eine
*totale* oder eine *partielle* sein« (NUNBERG [179]).

Der Identifizierungsvorgang ist wesentlich mit dafür verantwortlich, daß sich das menschliche Individuum mit anderen in eine Gemeinschaft hineinstellen kann (BATTEGAY [19]). Identifizierung führt
zu einer Gemeinsamkeit. Sie ist vor allem aber auch wichtig für die
menschliche Entwicklung. Einem heranwachsenden Kind erleichtert sie es, die ersten, abtastenden Gehversuche in der Realität zu unternehmen.

Die *Projektion*, wie die Identifikation eine Ich-Leistung, ist eine
allgemeine psychische Erscheinung. Es ist dementsprechend ein
normales Phänomen, daß innere Vorgänge nach außen verlegt werden. Besteht zum Beispiel bei einem Individuum eine gedrückte
Stimmung, wird es die Außenwelt als düster und unwirtlich erleben.
Herrscht eine euphorische Stimmung vor, so präsentiert sich auch
die äußere Welt, wie der Volksmund sagt, in rosa. Auch innerpsychische Konflikte werden häufig in die Außenwelt projiziert. Ein
Individuum, das beispielsweise unter Insuffizienzgefühlen leidet,
wird rasch dazu neigen, sich durch die Umgebung zu gering einge-

schätzt oder mißachtet zu fühlen. Jemand, der seiner Umgebung aus irgendwelchen Gründen mißtrauisch gegenübersteht, wird häufig dazu tendieren, dieses Mißtrauen in der Umwelt gegen ihn gerichtet zu glauben. MELANIE KLEIN [146 a] spricht von projektiver Identifikation, wenn ganz ausgesprochen eine Einfühlung in die vermeintliche Eigenart des Objektes erfolgt, die in Wirklichkeit aber einer Projektion entspricht.

Bei Kindern und den Naturvölkern ist der Projektionsmechanismus sehr stark entwickelt. Ihre eigenen Phantasien beleben die sie umgebende Natur. Wir bezeichnen diese Einstellung zur Außenwelt als die animistische. Doch tritt uns der Mechanismus der Projektion und insbesondere der projektiven Identifikation auch beim erwachsenen Menschen unseres Kulturkreises entgegen. Zum Beispiel bei der paranoiden Schizophrenie oder der paranoischen Entwicklung spielen Projektionsmechanismen eine ausschlaggebende Rolle. Die eigene Aggressivität und Konflikthaftigkeit und die damit zusammenhängende Gewissensangst wird auf die mitmenschliche Umgebung oder die übrige Umwelt projiziert. Auch bei den Neurotikern treten naturgemäß diese unbewußten Vorgänge in mehr oder weniger offensichtlicher Form in Erscheinung, wobei je nach hervorstechendem Anteil des sogenannten Primärvorgangs symptomatologisch unterschiedliche Neurosen vorliegen. Der Projektionsmechanismus ist aber vor allem auch ein normalpsychologisches Phänomen. Wer tendierte nicht gelegentlich dazu, die eigenen Gefühle und Konflikte beim Mitmenschen und nicht bei sich zu »erkennen«?

Dem Unbewußten sind weitere Charakteristika eigen: In erster Linie ist zu erwähnen, daß ihm *Widersprüche fremd sind*. Wir wissen es insbesondere von den Träumern, aber auch von den Neurotikern, daß Gegensätze sich nicht ausschließen. Wie NUNBERG sich ausdrückt, kann ein Nein durch ein Ja und umgekehrt dargestellt werden. So verleiht zum Beispiel der Zwangsneurotiker einem Gedanken durch seinen Gegensatz Ausdruck. Seinen anankastischen Befürchtungen entsprechen in der Tiefe gegensätzliche Wunschregungen.

Dem Unbewußten fehlt der *Begriff der Negation*. Deshalb muß das Negative auf andere Weise ausgedrückt werden. Der Hysteriker mit seinen demonstrativen Tendenzen »äußert« es durch ein unbewußtes Nichtempfinden-, Nicht-wahrnehmen- oder Nicht-handeln-Wollen. Dementsprechend kommt es beispielsweise zu einer hysterischen Anästhesie, zu einer hysterischen Blindheit oder zu einer hysterischen Lähmung. Die Negation wird beim Hysteriker demnach so ausgedrückt, daß er die Umwelt bzw. seine Verantwortung ihr gegenüber, ablehnt.

Weiter ist festzuhalten, daß dem Unbewußten *das Zeitmaß fehlt*. Alle Strebungen, ob sie sich auf längst Vergangenes oder Zukünftiges beziehen, werden im Unbewußten als gegenwärtig erlebt. Vorgänge, die weit in der Vergangenheit zurückliegen, wirken sich bis in die Gegenwart mit unverändertem Gewicht aus. So kann zum Beispiel ein früher Konflikt eines Sohnes mit seinem Vater sich in seinem ganzen Leben dokumentieren und dazu führen, daß er alle Autoritäten, denen er später begegnet, ablehnt, weil er sie mit seinem Vater identifiziert. Wir haben beispielsweise in unserer Studentensprechstunde beobachtet, daß ein solchermaßen aktiver, wenn auch unbewußter Vaterkonflikt nicht nur zu Examensängsten führen kann, sondern häufig eine Mitursache für blinde Auflehnung gegen die Universitätslehrer darstellt. Der Vaterkonflikt bleibt in diesen Fällen so aktuell, daß das ganze Leben dadurch gekennzeichnet ist. Neue Begebenheiten werden immer wieder nach dem Richtmaß vergangener Konstellationen beurteilt. Dieses Charakteristikum des Unbewußten bewirkt es also letztlich, daß ein neurotisches Individuum, wird es nicht behandelt, an Früherlebtes fixiert bleibt und so in seinem späteren Erleben eingeschränkt ist.

Als weiteres Kennzeichen des Unbewußten ist die *»Symbolsprache«* anzuführen. Die Zensur, die zwischen die psychischen Systeme des Unbewußten und des Vorbewußten eingeschaltet ist, bewirkt es, daß anstößige Wunschregungen den Weg ins Bewußtsein nicht finden können. Nichtsdestoweniger sind sie im Unbewußten aktiv, und sie tendieren danach, ins Bewußtsein einzudringen. Doch gelingt ihnen dieser Vorgang erst, wenn es ihnen glückt, in symbolischer Gestalt die Zensur sozusagen zu überlisten. Die Symbolsprache des Traumes vermag uns demnach, bei richtiger Deutung, Auskunft über verborgene oder verdrängte Wunschregungen zu geben. Auch die neurotischen Symptome haben unter anderem eine symbolische Bedeutung für diese zu kurz gekommenen, ins Unbewußte verbannten Wunschregungen. Die im Traum oder in den neurotischen Symptomen zur Geltung kommenden Symbole sind demnach oft ein mehr oder weniger offenbarer Ausdruck eines zugrunde liegenden Triebkonflikts.

Als weiteres Kennzeichen des Unbewußten ist zu erwähnen, *daß die äußere Realität durch die innere ersetzt wird.* So kann es bei Neurotikern geschehen, daß eine äußere Situation fälschlicherweise mit einer früher erlebten Konstellation identifiziert und fehlbeurteilt wird. Dementsprechend geben gewisse äußere Erlebnisse beim Neurotiker Anlaß für das Wiederaufflackern früherer Erlebnisse. Der Patient reagiert dann auf das äußere Erlebnis so, wie wenn es ein inneres wäre. Die Reaktion des Patienten bezieht sich nicht auf die aktuelle äußere Begebenheit, sondern auf die nun unbewußten Erlebnisse.

Für das Kind und die Angehörigen von Primitivkulturen ist es, wie erwähnt, typisch, daß sie die Realität nach ihren inneren Erlebnissen wahrnehmen. Später erwirbt der psychisch gesunde Mensch Kenntnisse über die Außenwelt, so daß er Innen- und Außenwelt voneinander zu scheiden vermag. Der Neurotiker ist indes in gewissen Bereichen seines Erlebens auf eine infantile Stufe fixiert oder regrediert. Während der Gesunde sein Denken mehr oder weniger nach logischen Prinzipien leitet, läßt sich der Neurotiker demgegenüber in gewissen äußeren Situationen, die früher Erlebtes aktivieren, von unbewußten Motivationen leiten. Die Neurose legt Inhalte und Arbeitsweise des Unbewußten frei, was sonst nur in den Träumen und in den Fehlleistungen geschieht.

Der Neurotiker ist seinen verborgenen Triebkonflikten, Wunschregungen und Verkürztheiten gegenüber ambivalent, zwiespältig eingestellt. Er ist solchen Konflikten oder Mangelerfahrungen gegenüber erfüllt von gegensätzlichen und einander bekämpfenden Gefühlen. Auf der einen Seite möchte der Patient seine Wunschregungen verwirklichen; dafür sprechen die neurotischen Symptome. Auf der anderen Seite versucht die unbewußt wirkende Zensur alles in ihrer Macht Stehende, um die abgewehrten Strebungen weiterhin verborgen zu halten. In dieser Ambivalenz und in dem oft zermürbenden Kampf um das Niederhalten aufstrebender Tiefenregungen verbraucht der Neurotiker viel Energie, die der realen Lebensbewältigung entzogen wird. Es ergibt sich schon daraus, wie wesentlich es sein kann, einem Neurotiker, der, durch seine unbewußten Triebkonflikte oder Frustrationserlebnisse behindert, sich in der Realität zu wenig durchzusetzen vermag, therapeutisch beizustehen.

## 5.2  Das Vorbewußte

Das Vorbewußte beinhaltet Erinnerungen, die bewußtseinsfähig sind und jederzeit ekphoriert, d. h. zur Wahrnehmung gelangen können. Denn Bewußtsein heißt, wie wir später noch darlegen werden, Wahrnehmen, gleichgültig, ob diese Wahrnehmung nach innen oder nach außen gerichtet ist. Das Vorbewußte enthält einerseits Abkömmlinge des Unbewußten, andererseits sind in ihm auch Eindrücke der Außenwelt aufbewahrt. Es hat also gleichermaßen Beziehungen zur äußeren Realität wie zum Unbewußten. So kann beispielsweise im Traum ein wirkliches Erlebnis oder ein Gedanke aus dem Wachen dazu verwendet werden, eine unbewußte Regung auszudrücken.

Wenn wir kurz einen Blick auf die menschliche Entwicklung werfen, müssen wir feststellen, daß der Mensch stets den Einflüssen der Umgebung ausgesetzt ist; sie zwingen ihn, seine Reaktionsweisen zu mildern und zu beherrschen. Er schafft sich dabei allmählich einen Kodex von Geboten und Verboten, um mit der Gesellschaft auszukommen und sich in sie einzugliedern. In diesem Vorgang ist mitenthalten, daß die äußeren Einflüsse, die auf ein Individuum einwirken, verinnerlicht werden; sie finden ihren Niederschlag in dem eben zu besprechenden Vorbewußten, das, wenn wir uns eine topische Betrachtung gestatten, zwischen dem Bewußten und dem Unbewußten liegt.

Im Vorbewußten entwickelt sich dann jene moralische und logische Kritik, die die Kontrolle über die aus dem Unbewußten kommenden Regungen ausübt. Diese Zensurinstanz wird manches zum Bewußtsein durchlassen, manches aber vor dem Bewußtwerden ihr entsprechend modifizieren. Wir werden später diese Instanz wieder zu erwähnen haben, wenn wir vom Überich sprechen werden, da dessen Funktion sich in ihr ausdrückt.

Wie äußert sich nun diese ordnende Instanz? Im Traume ist es die sogenannte Traumzensur, die es bedingt, daß die Bilder nur verschlüsselt oder symbolhaft auf die zugrunde liegenden Gefühlsregungen hindeuten. Beim Neurotiker begegnet sie uns in der Form des »Widerstandes« gegen ein tieferes Angehen der neurotischen Konflikte. Beim Gesunden ermöglicht sie ein ungestörtes seelisches Gleichgewicht. Sie sorgt hier dafür, daß die unbewußten Regungen in einer dem Bewußtsein entsprechenden Form integriert werden können. Dem Gesunden wird es somit gelingen, sich über seine Wunschregungen Rechenschaft abzugeben und sie in Bahnen zu lenken, die mit den Realitätsanforderungen übereinstimmen. Der Neurotiker indes wird versuchen, seine Strebungen nicht bewußt werden zu lassen. Die aufgestapelten innerpsychischen Entwürfe können so nicht zur Erledigung gelangen. Sosehr sich der Neurotiker also einerseits dieser Wunschregungen entledigen will, so sehr bleibt er durch die ständige Notwendigkeit der Abwehr an sie gebannt. Obschon die abwehrende Instanz eine bessere Realitätsanpassung möchte, führte sie dazu, daß das Leben eines Betroffenen mehr oder weniger vollkommen im Dienste dieser unbewußten Regungen aufgeht.

Die Einschaltung des Vorbewußten ergibt also Widerstände, die störende unbewußte Strebungen daran hindern, bewußt zu werden. Was dann aber manifest werden kann, ist zwar nicht die verdrängte Regung, jedoch die sie andeutenden neurotischen Symptome.

Welche Qualität muß nun ein vorbewußter Inhalt besitzen, um bewußt, d. h. um wahrnehmungsfähig werden zu können? Wie BALLY anführt, ist diese Qualität die Verbindung des Erinnerungsinhalts mit der Sprache bzw. mit den ihn sprachlich bezeichnenden Worten. Nach FREUD[75] enthält das Vorbewußte das Erinnerungssystem der Sprachzeichen und damit die Denkvorgänge. Das Wahrnehmungssystem wird aus diesem Reservoir mit Erinnerungen gespeist. Das Erinnerungssystem der Sprachzeichen sorgt dafür, daß, wie FREUD sagt, das Bewußtsein, das vorher nur Sinnesorgan für die Wahrnehmungen war, auch zum Sinnesorgan für einen Teil unserer Denkvorgänge wird. Der Mensch besitzt unter diesem Aspekte zwei Sinnesoberflächen, die eine dem Wahrnehmen, die andere den vorbewußten Denkvorgängen, der »inneren Wahrnehmung« zugewendet. Damit wird erklärlich, daß gewisse Wahrnehmungen bestimmte, mit ihnen logisch-assoziativ verbundene Erinnerungen zum Anklingen bringen, die der Realitätsanpassung dienen.

Wie FREUD[95] sagt, zerlegt sich die bewußte Objektvorstellung in die Wortvorstellung und in die Sachvorstellung. Das System des Unbewußten enthalte die Sachbesetzungen des Objekts, die ersten und eigentlichen Objektbesetzungen; das System des Vorbewußten entstehe, indem die Sachvorstellungen durch die Verknüpfung mit den ihnen entsprechenden Wortvorstellungen »überbesetzt« würden. Solche »Überbesetzungen« seien es, welche eine höhere psychische Organisation herbeiführten und die Ablösung des »Primärvorganges« durch den im Vorbewußten herrschenden »Sekundärvorgang« ermöglichten. Die Verdrängung verweigere also die Übersetzung in Worte, welche mit dem Objekt verknüpft wären. Die nicht in Worte gefaßte Vorstellung oder der nicht überbesetzte psychische Akt bleibe dann im Unbewußten verdrängt zurück.

## 5.3  Das Bewußte

Es ist nicht leicht zu definieren, was unter dem Bewußten bzw. unter dem Bewußtsein zu verstehen ist. Bewußtwerden heißt, einen Reiz wahrnehmen. Die Funktion des Bewußtseins als Wahrnehmungsapparat ist im Traum und im Wachzustande immer die gleiche: Wahrnehmen von Sinnesreizen, d. h. von äußeren und inneren Reizen. Wir können daher das Bewußtsein als Sinnesorgan auffassen, da es sich an der Grenze zwischen Innen- und Außenwelt befindet und zur Wahrnehmung innerer und äußerer Vorgänge dient. Die bewußte Vorstellung ist eine flüchtige Erscheinung, die bald wieder ins Dunkel tritt, sie kann jedoch wiederholt werden und die Aufmerksamkeit erneut auf sich ziehen.

Im Wachzustand ist das System des Bewußten normalerweise der Außenwelt zugekehrt; es steht also in ständiger Beziehung zur Realität. Im Traume hingegen haben die wahrgenommenen Begebenheiten nichts mit der äußeren Realität zu tun. Auch bei Neurosen besteht immer in irgendeinem Bereich eine Abkehrung von der Realität und eine Ausrichtung nach innen. Eine mehr oder weniger vollkommene Verleugnung der Realität und eine Hingabe an das Wahrnehmen innerer Geschehnisse kommt im Wachzustand nur bei Schizophrenien und exogenen Psychosen, beispielsweise unter der Einwirkung von Drogen, vor. Die Funktion des Bewußtseins in bezug auf die Realität versagt also in den Neurosen teilweise, in den Psychosen hingegen oft total. Während das Unbewußte unter der Herrschaft des Lustprinzips ist, steht das System des Bewußten im Dienste des Realitätsprinzips. Ein Individuum, das sich den Einwirkungen der äußeren Realität entzieht, ist also dem im Unbewußten herrschenden Lustprinzip ausgesetzt. Die im Unbewußten sich abspielenden Vorgänge können, auch wenn sie, wie beim Neurotiker, verdrängt werden sollen, als Vorstellungen, Gedanken und Gefühle in das Bewußtsein gelangen. Für das Bewußtsein sind sie dabei nicht immer von einem lustvollen Gefühlston begleitet. Im Gegenteil: sie werden, wenn sie das Bewußte trotz sie behindernder Abwehrmechanismen erreichen, oft als unlustvoll erlebt.

Der Mensch reagiert nicht auf jeden Reiz. Es ist, als ob am Wahrnehmungssystem des Bewußten eine besondere Vorrichtung angebracht wäre, die das menschliche Individuum vor gewissen Reizen schützen sollte. FREUD[100] sprach in diesem Zusammenhang von »Reizschutz«. Dieser Reizschutz sei dem System des Bewußten vorgelagert, das sich topisch an der Grenze zwischen Innen- und Außenwelt befinde. Das Bewußtsein mit seiner Reizschutzvorrichtung lokalisiert nun FREUD in die Großhirnrinde. Ist ein Außenreiz für die Psyche zu belastend, wird er durch den Reizschutzapparat aufgefangen, abgeschwächt, in kleineren Mengen dem Bewußtsein zugeführt, kurz, ökonomischer verteilt. Läßt der Reizschutz einen Reiz zum Bewußtsein durch, so wird er bewußt wahrgenommen.

Das System des Bewußten hat kein Gedächtnis; die Energie des Reizes, die nach Überwindung des Reizschutzes ins Bewußtsein tritt, hinterläßt dort keine Spuren; sie erschöpft sich im Akte des Bewußtwerdens. Im Unbewußten demgegenüber hinterläßt jeder Reiz Erinnerungsspuren, die zeitlebens bleiben, immer wieder aktiviert werden und ins Bewußtsein treten können. Der Reizschutzapparat wirkt sich nicht nur im Sinne eines Schutzes gegen die Reize der Außenwelt aus; es besteht vielmehr auch ein Schutz gegen die inneren Reize, der es verhütet, daß das menschliche Individuum durch unbewußte Strebungen und Energien überflutet wird.

## 5.4  C. G. Jung: Das kollektive Unbewußte

Nach C. G. JUNG und seiner »Komplexen« oder »Analytischen Psychologie« besteht das Unbewußte nicht nur aus Inhalten, die einmal bewußt waren und dann verdrängt oder inaktiviert wurden, sondern auch aus solchen, die primär unbewußt waren. Wie G. ADLER[7] betont, müßte der Inhalt des Unbewußten durch therapeutische Aufhebung der Verdrängung erschöpft sein, wenn das Unbewußte nur aus den Erwerbungen des individuellen Lebens bestünde. Statt dessen stellt sich im analytischen Angehen der Psyche heraus, daß das Unbewußte unerschöpflich ist. Wir stoßen auf jene unendlich große Schicht, die JUNG als kollektives Unbewußtes bezeichnet hat. Es ist jener Anteil des Unbewußten, den nicht der einzelne in seiner Existenz als Einzelwesen erworben hat, sondern das im Laufe der gesamten Entwicklung der menschlichen Psyche von den ersten Anfängen des Lebens her von der Gesamtheit aller Vorfahren nach und nach erworben wurde. Es ist nach JUNG[136] »die gewaltige geistige Erbmasse der Menschheitsentwicklung, wiedergeboren in jeder individuellen Hirnstruktur«. Es ist eine vererbte und allgemeine Geistesdisposition, die unbewußt ist und auf der unsere bewußte und persönliche Psyche ruht, ein gemeinsames Substrat jenseits aller Kultur- und Bewußtseinsunterschiede. Im kollektiven Unbewußten ist, nach JUNG, die Entwicklung des Menschen von den ersten Anfängen des Lebens überhaupt bis zu seiner heutigen Gestaltung aufgezeichnet. Die Vorstellung, daß die Psyche des neugeborenen Kindes ein »unbeschriebenes Blatt« ist, stimmt, nach dieser Auffassung, nicht. Es sind seine Inhaltsmöglichkeiten durch vererbte und präformierte funktionelle Dispositionen a priori gegeben. Die späteren Inhalte fügen sich in diese vorbestehenden Funktionsschablonen ein.

Wenn wir das eben Berichtete annehmen, wäre nichts anderes ausgesagt, als daß die menschliche Psyche alle Stadien ihrer Entwicklung aufbewahrt hat. Die Phylogenese wäre demnach in der Psyche des Menschen mitenthalten und weiter wirksam, so daß die Ontogenese das in der Phylogenese Durchgemachte wiederholen würde. JUNG hat damit nichts grundlegend Neues gesagt, denn schon bei FREUD [97] finden sich zumindest Ansätze zu einer solchen Auffassung: »...diese *Urphantasien* – so möchte ich sie und gewiß noch einige andere nennen – sind phylogenetischer Besitz. Das Individuum greift in ihnen über sein eigenes Erleben hinaus in das Erleben der Vorzeit... Es scheint mir sehr wohl möglich, daß alles, was uns heute in der Analyse als Phantasie erzählt wird, die Kinderverführung, die Entzündung der Sexualerregung an der Beobachtung des elterlichen Verkehrs, die Kastrationsdrohung – oder vielmehr die Kastration – in den Urzeiten der menschlichen Familie einmal Realität war und daß das phantasierende Kind einfach die Lücken der individuellen Wahrheit mit prähistorischer Wahrheit ausgefüllt hat. Wir sind wiederholt auf den Verdacht gekommen, daß uns die Neurosenpsychologie mehr von den Altertümern der menschlichen Entwicklung aufbewahrt hat als alle anderen Quellen.«

YOLANDE JACOBI [126] betont, daß es schwierig sei, das kollektive Unbewußte topographisch auf einen bestimmten Ort in der menschlichen Psyche festzulegen. Es sei keineswegs ausgemacht, daß es sich nicht mit demselben Recht als über, um, unter und neben dem Bewußtsein vorstellen ließe. Nach dieser Auffassung wäre das Bewußtsein vollkommen eingebettet im Unbewußten. Es würde so »das Bewußtsein nur als relative Mittellage« aufgefaßt werden, wobei es »gewissermaßen auf allen Seiten von der unbewußten Psyche überragt und umgeben« wäre.

Wie manifestiert sich nun das kollektive Unbewußte? Es tritt vor allem in Erscheinung in der Form der Instinkte und der sogenannten Archetypen. JUNG [135] verwendet dabei den Begriff der Instinkte in der üblichen Weise. Er sagt unter anderem von ihnen, daß sie »typische Formen des Handelns« seien »und überall, wo es sich um gleichmäßig sich wiederholende Formen des Reagierens handelt, handelt es sich um Instinkt, gleichgültig, ob sich eine bewußte Motivierung dazugesellt oder nicht«.

Die Instinkte sind also präformierte, für eine bestimmte Spezies von Lebewesen typische, überindividuelle, unbewußte, schablonenhaft ablaufende Reaktionsweisen, die durch gewisse Umweltkonstellationen ausgelöst werden und einen gewissen Zweck erfüllen sollen.

Die Archetypen machen nach JUNG die anderen Inhalte des kollektiven Unbewußten aus. Sie sind, nach ihm, die Ursache davon, daß alle Menschen typische Formen des Auffassens besitzen. Diese überindividuellen psychischen Funktionsmodelle bedingen die strukturelle Gleichartigkeit des Unbewußten bei allen Menschen, zu allen Zeiten, jenseits aller Rassenunterschiede. Da allen Menschen diese Funktionsschablonen eigen sind, wird die Übereinstimmung der Mythen- und Sagenmotive, der Traumsymbole und der in der Kunst aller Zeiten und Kulturen zum Ausdruck kommenden Sinnbilder verständlich. Wie YOLANDE JACOBI formuliert, sind die Archetypen »ewig vererbte identische Formen und Ideen ohne spezifischen Inhalt zunächst. Der archetypische Inhalt ergibt sich erst im individuellen Leben, wo die persönliche Erfahrung in eben diesen Formen aufgefangen wird.«

Die Archetypen sprechen in Bildern, die allen Menschen gemeinsam sind. Alles Individuelle ist in ihnen nur ein Gleichnis und wird, wie im Mythus, Abbild des allgemein Gültigen, des Ewig-Menschlichen. Liebe und Haß, Geburt und Tod, Wandlung und Opfer und andere Motive erscheinen im archetypischen Bild unter ihrem überpersönlichen, allgemeinmenschlichen Aspekt. An Wendepunkten des Lebens treten etwa Träume auf, die durch archetypische Bilder geprägt sind. In gewissen Primitivkulturen wurden solche Träume nicht umsonst als »große Träume« bezeichnet. Es wird den Betroffenen in diesen Träumen in unmißverständlicher Sprache eine Einsicht vermittelt, die ihnen an der Schwelle eines neuen Lebensabschnittes not tut.

JUNG [130] arbeitete für die Interpretation solcher Träume ein eigenes Verfahren aus, die Methode der *Amplifikation*, nach welcher die einzelnen Traumelemente so lange durch ein analoges, sinnverwandtes Material von Bildern und Symbolen in den Nuancen ihrer möglichen Bedeutungen aufgezeigt werden, bis ihr Sinn mit genügender Klarheit hervorleuchtet. Die Auswahl der heranzuziehenden Analogien erfolgt dabei ohne Rücksicht auf die Zeit und den Kulturkreis, aus denen sie stammen, und ungeachtet dessen, ob sie individuelle oder kollektive Schöpfungen darstellen. Maßgebend ist allein, daß es Aussagen und Gestaltungen der menschlichen Psyche sind, die einen gemeinsamen bzw. ähnlichen Sinngehalt aufweisen. Jedes einzelne so Gesicherte wird dann erneut mit dem nächsten verbunden, bis in der ganzen Kette der Traummotive jedes für sich klargelegt ist und zum Schluß das Traumgeschehen selbst als ganzes eine letzte Erklärung erfahren kann.

Als archetypische Bilder bzw. Symbole sind beispielsweise der Drache und die Schlange zu erwähnen. Der Drache gilt schon in den ältesten Überlieferungen als die Personifikation der lebenszerstörenden wie der lebensspendenden Gewalt des Wassers. Wie der Drache gehört auch die Schlange, mit deren Wesen das sich Ringelnde verknüpft ist, zum feucht-kalten Element des Wassers und zum stofflich-weiblichen Bereich. Sie wird allgemein in den Mythen und Märchen als die Personifikation des Instinkthaften, Triebhaften in seinem noch kollektiv-unpersönlichen Aspekt gesehen.

Mit welcher Macht archetypische Bilder zeitlose menschliche Probleme und eine kommende Möglichkeit der Lebensentwicklung oder gar den bevorstehenden Tod anzeigen können, mag das folgende, nur kurz angeführte Beispiel verdeutlichen (BATTEGAY [14]):

Eine 39jährige, katholische, athletisch gebaute, einfache und primitive Frau, Mutter von 6 Kindern, Gattin eines Alkoholikers, hatte zu Beginn ihrer schizophrenen Psychose am 20. Dezember 1952 folgende Vision: »Ich sah die Mutter Gottes vorbeischweben. – Ich sah die Mutter Gottes über dem Meer, fünf Minuten lang. Dann sah ich das Kreuz, weniger lang, da habe ich eine innere Umwandlung erlebt. Ich wußte, daß es ein Zeichen Gottes ist für die Bekehrung. Ich habe dann für alle Menschen gebetet.« Anfänglich fühlte sie sich bedrückt, hernach faßte sie die Vision als eine Aufforderung zur Buße auf. Sie berichtete des ferneren über bedeutungsvolle Träume, die sie Ende März / Anfang April 1953 hatte. Zwei dieser Träume seien angeführt:

1. »Ich sah ein großes, furchtbares Wasser, ein Meer, dann ein Haus; über das ging Wasser.«

2. »Während ein paar Tagen (vor der Osternacht, 5. April 1953) hatte ich im Traum immer einen Brunnen gesehen. Eine schwarze Hand zeigte dann jeweils aus meinem Fenster hinaus, und ein Blitz kam vom Himmel.«

In der Osternacht habe sie aber diesen Traum als Vision im Wachzustand erlebt. Sie habe zu Hause Angst gehabt, sich durch eine Fenstertüre, die direkt in den Garten führe, zu begeben, da sie dann einen Wind, der immer stärker geworden sei, verspürt und am ganzen Leibe gefroren habe. In der Klinik, in der ich früher arbeitete, und in der sie aufgenommen wurde, sagte die Patientin: »...Ich habe den Heiland gesehen, ich muß bald sterben, ich sehe viel, was die anderen Menschen nicht sehen.« Am 18. April 1953 kniete sie im Klinikgarten nieder, senkte ihr Haupt zu Boden und nahm Erde in den Mund. Sie sagte, Sonne und Wind hätten ihr es befohlen: »Ich habe Erde essen müssen. Dann kam mir die Erkenntnis, daß ich es mußte, um zu büßen, was ich mit dem Mund gesündigt habe. Es gibt Menschen, die der Herrgott berufen hat, um für die Sünden anderer Menschen zu büßen.«

Wir ließen die Kranke von Fachärzten der Internen Medizin untersuchen. Es konnte kein pathologischer körperlicher Befund eruiert werden.

Am 13. Mai 1953 wurde dieser Patientin wie alltäglich um 6 Uhr morgens die axilläre Temperatur gemessen. Sie betrug 37,5 Grad Celsius. Auf eine entsprechende Frage der Krankenschwester antwortete sie, daß es ihr gutgehe. Als die Schwester um 6.10 Uhr wieder das Zimmer betrat, fand sie die Patientin tot im Bette vor. Die pathologisch-anatomische Sektion ergab eine fulminante Lungenembolie als Todesursache, die einer ganz frisch ausgelösten Thrombose der Vena cava inferior oder der Vena iliaca communis entstammte.

Wenn wir uns nun noch kurz der angeführten Vision und der Träume erinnern, kann folgendes gesagt werden: Die Urgewalt des in der Vision durch die Patientin Offenbarten ergreift uns. Ist diese Vision nicht ähnlich jener Stelle im 1. Buch Moses, 1. Kapitel, 2, wo es heißt: »Und die Erde war wüste und leer, und es war finster auf der Tiefe; und der Geist Gottes schwebte auf dem Wasser«? In der Vision der Patientin geschieht also die alt-neue Auseinandersetzung zwischen Materie und Geist, zwischen Tag und Nacht, zwischen Leben und Tod, zwischen dem Licht der allumfassenden Liebe, der Mutter Gottes, und der Finsternis, dem Meere, zwischen der guten Mutter und der furchtbaren Mutter (NEUMANN [178]). Die Vision verrät, daß die Kranke in dieses Spannungsfeld hineingestellt ist und sehnlichst auf Erlösung wartet. Sie erfährt sie dann im Erscheinen des Kreuzes, wobei das Kreuz sowohl Zeichen des Todes als auch des Sieges über ihn bedeuten kann. Zutiefst weiß sie, daß sie, Christus ähnlich, das Kreuz auf sich nehmen muß, um, wie sie selbst in anderem Zusammenhang sagte, für die Menschen zu büßen.

Auch die beiden angeführten Träume zeigen, welche Gefahr der Patientin droht: das Verschlungenwerden durch die finsteren Mächte des Unbewußten, das Erleiden des geistigen Ablebens in der Psychose, aber auch des körperlichen Todes, wie die aus ihrem Fenster zeigende schwarze Hand es ihr bedeutet. Wie erwähnt, starb sie dann tatsächlich, ohne als körperlich krank imponiert zu haben.

## 5.5  A. Adler: Das Unbewußte als »Kunstgriff« zur Aufrechterhaltung einer Fiktion

Während bei FREUD die Verdrängung der Prototyp der Unbewußtwerdung ist, bei JUNG gewisse Grundelemente als seit eh und je unbewußt angenommen werden, betrachtet A. ADLER[2] in seiner

»Individualpsychologie« als Hauptfaktor für die Gestaltung des Unbewußten den Kunstgriff der Psyche, der die Bewußtwerdung des Fiktions- und Kompensationscharakters der menschlichen Überlegenheits- und Machtgefühle verhindern soll.

An Stelle des für FREUD wesentlichen Gegensatzes zwischen Lustprinzip und Realitätsprinzip ist bei ADLER[6] ein anderer ausschlaggebend: der zwischen dem Machtstreben und dem Gemeinschaftsgefühl. Das Gemeinschaftsgefühl sei grundlegend. Demgegenüber setze sich erst sekundär, aus der Not der – nach ADLER meist organisch hervorgerufenen – Minderwertigkeit heraus, die eine Kompensation erfordere, der »Wille zur Macht« durch. Das Grundprinzip der Gemeinschaft sei in jeder Beziehung zu bejahen, und es gehe in der Psychotherapie nur darum, das auf einer falschen Grundeinschätzung der Lebenstatsachen entstandene Streben nach Macht in seinen Verkleidungen als solches zu erkennen und dadurch zu entwerten.

Charakteristisch für die Neurose ist nach ADLER mit seiner, im Gegensatz zu FREUD, überwiegend finalen Betrachtungsweise, also das Ziel, die Fiktion der Überlegenheit und das Gefühl der Macht aufrechtzuerhalten und damit deren wahren Charakter und deren Widerspruch zum realen Leben, zu den Erfahrungen der Gemeinschaft, unbewußt zu halten. Ziel der von ADLER inaugurierten psychotherapeutischen Bestrebungen ist es, eine das Gemeinschaftsgefühl aufbauende Tätigkeit zu entfalten. Einer seiner Schüler, DREIKURS[55], behauptet deshalb wohl zu Recht, daß ADLER einer der ersten gewesen sei, der die Notwendigkeit nicht nur einer individuellen, sondern auch einer Gemeinschaftspsychotherapie, der Gruppenpsychotherapie, eingesehen und sie auch praktisch auszuführen begonnen habe.

## 5.6  L. Szondi: Das »Familiäre Unbewußte«

LEOPOLD SZONDI[215] begründete 1955 eine neue Schule, diejenige der »Schicksalsanalyse«, die drei entwicklungsgeschichtliche Schichten im Unbewußten differenziert:

1. Das historisch jüngste *persönliche Unbewußte* mit *individuell* verdrängten Sexualansprüchen;

2. das *familiäre Unbewußte*, in dem *vorpersönlich unterdrückte familiäre Ahnenansprüche* dynamisch weiterleben und das Schicksal der Person gefährden können;

3. das *kollektive Unbewußte*, welches die Summe der Archetypen darstellt und die ganze phylogenetische Erbschaft der Menschheit in bezug auf die kollektiven Formen der Anschauung, Vorstellung, Wahrnehmung und Intuition beinhaltet.

SZONDI betrachtet die von ihm entwickelte »Schicksalsanalyse« als Verbindungsglied zwischen der Psychoanalyse FREUDS und der Analytischen oder Komplexen Psychologie JUNGS.


## 5.7  N. Peseschkian: Das Unbewußte in transkultureller Sicht

Auch bei PESESCHKIAN [180a], [180b] gilt nicht nur ein individueller Ansatz. Es wird vielmehr, ähnlich wie bei C. G. JUNG [135], auch der kollektivtypische Bereich zur Erklärung der Psychodynamik herangezogen. Doch wird mehr noch als in der JUNGschen Analytischen oder Komplexen Psychologie das Unbewußte im transkulturellen Vergleich zu verstehen gesucht. Die daraus abgeleitete »Positive Psychotherapie« geht nun darauf aus, auch anhand von Märchen und Parabeln aus dem orientalischen und anderen Kulturkreisen das Selbsthilfepotential eines Menschen zu erkennen und dessen positiven Werte im Rahmen der Psychotherapie zu betonen. Die Symbolbedeutung von Sprichworten und alten, in verschiedenen Kulturen angesiedelten Lebensweisheiten wird eingesetzt, um den Angesprochenen in der Psychotherapie zu einer positiveren Sichtweise zu verhelfen. Dabei wählt PESESCHKIAN ein fünfstufiges, an der sozialen Realität orientiertes Vorgehen, um den Behandelten durch eine Strukturierung der Psychotherapie eine praktische Anleitung zu geben.

# 6 Trieblehre / Objektbeziehungen

## 6.1 Grundsätzliches

Nachdem FREUD [94] in den Anfängen die Triebe in Sexual-(Arterhaltungs-) und Ich-(Selbsterhaltungs-)Triebe unterschieden hatte, ordnete er später Sexual- und Ich-Triebe den Lebenstrieben unter. Ihnen stellte er den Destruktions- oder Todestrieb gegenüber [100, 102]. Die Triebe sind an und für sich biologische Phänomene; sie haben jedoch im Psychischen ihre Repräsentanzen, durch die sie sich zu erkennen geben.

Die psychischen Repräsentanzen der Triebe sind Regungen, Strebungen, Wünsche, Vorstellungen und Phantasien, die, miteinander affektiv verbunden, als vorbewußtes Material an das Bewußte herantreten und zur Verwirklichung drängen. Biologisch betrachtet, nahm FREUD an, daß die hinter ihren Repräsentanzen wirksamen Kräfte sich auf die Formel eines kontinuierlichen Reizes zurückführen lassen, der durch Verschiebungen im Hormonhaushalt entsteht. Ein solcher Dauerreiz führt naturgemäß zu einer Spannung, die nach einer Entspannung verlangt. Da der Reiz aber kontinuierlich weiter wirkt, kommt es bald wieder zu jener Reizaufladung, die wiederum eine Entladung erfordert. So steigert sich die Reizgröße vor der Befriedigung ständig und verringert sich nach Befriedigung. Nach einer gewissen Zeit beginnt der geschilderte Vorgang von neuem. In der *Wiederholungstendenz der Triebe* äußert sich im Grunde genommen das Bestreben, früher Erlebtes zu repetieren, in der Hoffnung, daß sich der Triebreiz erschöpft und den Menschen wieder zur Ruhe kommen läßt. Die Triebe haben dementsprechend zum Inhalt, die Psyche von den störenden Triebreizen zu befreien und damit eine Entspannung herbeizuführen. Allen Trieben ist, wie NUNBERG betont, die Wiederholungstendenz gemeinsam. Es läßt sich daraus auch verstehen, daß in jedem neurotischen Symptom ein früherer Zustand wiederholt wird.

Ein weiteres Kennzeichen des Trieblebens ist nach FREUD die darin herrschende Dominanz des Unlust-Lust-Prinzips. Dieses Prinzip verfolgt die Tendenz, Unlust zu verhüten und Lust zu gewinnen. Wie wir bereits dargelegt haben, führen die Triebe zu Spannungen, die von Affekten begleitet sind. Diese können zum Teil lust-, zum Teil unlustbetont sein. Wird der Triebreiz sehr intensiv, so wird die Spannung unlustvoll. Der Zustand wird schließlich unerträglich und drängt zur Entspannung, zur Befreiung von Unlust. Die Entladung bringt gleichzeitig Befriedigung, Lust mit sich. Das Unlust-Lust-Prinzip registriert demnach das Anwachsen der Reizgröße der Triebe und führt zu einer Entladung der gestauten Energie. Es stellt also einen Regulator der Triebenergie dar.

Während die Wiederholungstendenz nur Erlebtes wieder zu beleben trachtet, *drängt das Unlust-Lust-Prinzip zu immer neuen Erfahrungen*, die lustbringend zu sein versprechen.

Die Triebe, die unter der Herrschaft des Lustprinzips stehen, die also nach immer neuen Erfahrungen streben, werden von FREUD als *Lebenstriebe* bezeichnet, wobei er vor allem an die Sexualtriebe, im weiteren Sinne an das Eros, dachte. Bloßer Wiederholungstendenz ist indessen der Trieb unterworfen, der sich neuem Erleben gegenüber ablehnend verhält, indem er Vergangenes anstrebt. Dieser Trieb wird von FREUD als *Todes- oder Destruktionstrieb* bezeichnet. Natürlich wußte FREUD, daß sich diese Triebarten nur theoretisch voneinander trennen lassen. In Wirklichkeit besteht eine dauernde Wechselwirkung und Ineinanderflechtung zwischen diesen Trieben. Auch blieb FREUDS Todestriebtheorie umstritten, da doch letztlich jeder Trieb danach strebt, und sei es in einer Grenzsituation, in der das Dasein in Gefahr steht, es auf irgendeine Weise zu erfahren (BATTEGAY[25 a]).

FREUD stellt weiter dem Lustprinzip das Realitätsprinzip gegenüber. Es ergibt sich im Verlaufe der menschlichen Entwicklung aus der »logischen Gliederung der Wahrnehmungswelt« (BRUN[49]) und der Anpassung an sie. Während im Unbewußten das Unlust-Lust-Prinzip vorherrscht, faßt das Bewußtsein, außer den Lust-Unlust-Qualitäten, die Sinneswahrnehmungen auf und führt durch die damit ermöglichte Anpassung an die Realität zu einer Sicherung der Selbsterhaltung.

FREUD betont, daß sich das Lebewesen in einer schwierigen Lage befindet: Um Lust zu gewinnen, ist es auf die Realität angewiesen. Der Mensch begegnet dieser Realität mit den der Außenwelt zugewendeten Sinnesorganen und dem an sie geknüpften Bewußtsein. Aufgabe der Realitätsprüfung ist es, zu erkennen, während als Schutzmittel des Unlust-Lust-Prinzips die Verdrängung zu erwähnen ist. Das Realitätsprinzip führt zu einer unparteiischen Urteilsfällung, welche entscheiden soll, ob eine bestimmte Vorstellung wahr oder falsch, d. h. im Einklang mit der Realität ist oder nicht, wobei Erinnerungsspuren der Realität mithelfen, einen Entscheid zu treffen. Obschon damit das Realitätsprinzip einerseits im Gegensatz zum Lustprinzip steht, ist andererseits das Lustprinzip auf das gleichzeitige Vorhandensein des Realitätsprinzips angewiesen, denn ohne eine gewisse Anpassung an die äußere Wirklichkeit wird schließlich jeder Lustgewinn in Frage gestellt.

## 6.2  Das Triebleben in der menschlichen Entwicklung

### 6.2.1  Kindheitsamnesie

FREUD stieß mit keiner seiner Aussagen auf so hartnäckigen Widerspruch wie mit derjenigen, daß bereits im Kindesalter ein differenziertes Trieb-, insbesondere ein Sexualleben bestehe. Die damals landläufige Auffassung von der kindlichen Unschuld ließ sich mit einem kindlichen Triebleben nicht vereinen. Heute wissen wir aber darum, daß der Mensch von Geburt an zutiefst triebhaft ist. Es kann deshalb auch nichts Anstößiges sein, wenn sich bereits im Kinde mannigfaltige Triebe äußern. Doch ist diese Auffassung noch keineswegs Allgemeingut geworden. Noch immer begegnen wir Menschen, die sich daran stoßen, daß das Kind triebhaft sein soll. Was sind nun die Gründe für dieses Nicht-Akzeptierenkönnen der kindlichen Triebhaftigkeit?

Als Hauptgrund dürfte wohl die Amnesie, das Vergessen, anzuführen sein, in das bei der Mehrzahl der Menschen die frühe Kindheit verfällt. Nichtsdestoweniger müssen die kindlichen Erlebnisse des 2./3. Lebensjahres in uns tiefe Spuren hinterlassen haben, wissen wir doch aus der Beobachtung kleiner Kinder, wie fein sie Umgebungsvorgänge registrieren und welch tiefgründige Bemerkungen sie etwa machen können, wenn sie die Sprache schon etwas beherrschen. Diese Erinnerungen sind im Erwachsenenleben keineswegs nicht mehr da; sie sind aber unbewußt geworden bzw. ins Unbewußte verdrängt worden. FREUD [74] verglich die Kindheitsamnesie mit jener der Hysteriker für die ihnen zugestoßenen sexuellen Traumata. Da die hysterische Amnesie, wie FREUD herausfand, speziell auf Sexualverdrängung beruht, so lag für ihn der Schluß nahe, daß auch die physiologischerweise auftretende, die Kindheit betreffende Amnesie auf einer Art physiologischer Verdrängung beruhe, und zwar ebenfalls auf einer Verdrängung sexueller Kindheitserlebnisse. Nun kann hier eingewendet werden, daß wir ja nicht nur von den sexuellen Erlebnissen der frühen Kindheit nichts mehr wissen, sondern von ihr als ganzes nichts mehr. FREUD gibt uns die Entgegnung für diese Einwände in die Hand. Er betont, daß eben nicht nur jenes Material verdrängt wird, dessen Abwehr unbewußt beabsichtigt ist, sondern daß auch indifferente Erlebnisse mit in die Verdrängung einbezogen werden. Treten nämlich unbedeutende Gefühlsvorgänge in irgendein assoziatives Verhältnis mit dem zu Verdrängenden, so werden jene mit verdrängt. Und so kommt es eben dazu, daß beinahe das ganze Kindheitserleben auf diese Weise in Vergessenheit gerät. Wir erkennen diese Vorgänge auch, wenn wir versuchen, die verdrängten Erlebnisse wieder in Erinnerung zu rufen. Es braucht dann jeweils nur ein Bruchstück eines solchen Engrammkomplexes in der Erinnerung aufzutauchen, so kommt dann ein Teil des Gesamterlebens nach dem anderen ins Bewußtsein. So gelingt es ja dann in der Psychoanalyse etwa wieder, das pathogene Erleben der frühen Kindheit in Erinnerung zu rufen, wobei zuerst vielleicht nur ein kleines, unbedeutendes Ereignis in Erinnerung kommt. Das Erinnerte zieht dann aber andere Erlebnisse dieser Zeit, die in mehr oder weniger lockerem assoziativem Zusammenhang mit ihm stehen, nach sich, bis ein Teil des Erlebens jener Jahre nach dem anderen wieder an die Oberfläche kommt.

In Übereinstimmung mit BRUN möchten wir indes annehmen, daß nicht alles Vergessen der Kindheitserlebnisse auf Verdrängung beruht. Es ist dabei wohl einfach so, daß die in der Kindheit aufgenommenen Engramme vom Kinde dermaßen voll und ganz integriert werden, daß sie später beinahe zu einem Teil seiner selbst werden. Der spätere Erwachsene weiß dann nicht mehr, woher er diese und jene Eigenschaft oder Reaktionsweise besitzt. Diese kindlichen Erinnerungen sind zwar noch da und wirksam, aber die Betroffenen sind sich nicht mehr bewußt, daß es einmal Engramme waren; sie wurden zu einem Teil ihrer selbst. So sind wir beispielsweise auch imstande zu lesen, ohne daß uns bewußt würde, welche früheren Eindrücke wir jeweils beim Lesen wieder anwenden müssen. Im Gegenteil, wollten wir dies tun, würden wir dazu wohl kaum imstande sein. Es können also gewisse früh eingeübte Engramme, vor allem früh erworbene Fertigkeiten und Gewohnheiten in ihrer bewußten Erinnerungsintensität vollkommen verblassen, obschon sie unbewußt weiterwirken und zu automatisch ablaufenden Verhaltens- und Reaktionsmöglichkeiten wurden. Dieser Vorgang der Automatisierung dient wohl auch zur Entlastung unseres Gedächtnisses.

Es muß indes nochmals unterstrichen werden, daß aber doch ein Teil des »Vergessens« der Kindheitseindrücke auf Verdrängung beruht. Wie erwähnt, kann mittels der psychoanalytischen Methode des *freien Assoziierens* die Amnesie weitgehend rückgängig gemacht werden. Es könnte hier eingewendet werden, daß bloße Phantasien, die nichts mit den Kindheitserlebnissen zu tun haben, hervorgeholt werden. Doch ist dem nicht so. Die vorher »vergessenen« bzw. abgewehrten Erinnerungen erweisen sich bei Kontrolle immer wieder als richtig, d. h., die Eltern oder andere, die über diese Vorgänge unterrichtet waren, bestätigten das in der Psychoanalyse Hervorgekommene. Kennt nicht jeder von uns eine längst vergessen geglaubte Begebenheit, die ihm später bei Gelegenheit wieder in Erinnerung kam. Welcher Mutter passiert es nicht, daß sie bei der Hinwendung zu ihren Kleinkindern wieder Handlungen ausführt, wie sie ihre eigene Mutter mit ihr getan hat? Oder daß sie unvermittelt Weisen singt, die sie als diejenigen erkennt, die ihre Mutter ihr vorgesungen hatte? SANDLER und Mitarbeiter [192b] waren meines Wissens die ersten, die darauf hinwiesen, daß aktivierte psychische Inhalte etwa mehr in der Aktion als in der bewußten Erinnerung zum Vorschein kommen.

Die Abwehr geht oft recht merkwürdige Wege. Wie wir erwähnt haben, wird Unwichtiges häufig mit abgewehrt. Andererseits ist es aber so, daß von einer Kindheitsbegebenheit meist nur Unwesentliches zurückbehalten und das Wesentliche vergessen wird. Das am stärksten Gefühlsbetonte, das Wichtigste an den Erlebnissen, gerät in »Vergessenheit«; eine Banalität kann aber zeitlebens mit deutlicher Klarheit bestehenbleiben. In der Analyse erweist sich oft, daß solche Belanglosigkeiten im Bewußtsein anstelle von etwas Wesentlichem, etwas Verdrängtem, getreten sind. Der im Bewußtsein verbliebene Erinnerungsrest ist dann lediglich eine *Deckerinnerung* für das Wesentliche, für das Gefühlsbetonte, das wegen der ihm entgegenstehenden Widerstände aus dem Bewußtsein verdrängt wurde, nicht mehr bewußtseinsfähig war.

### 6.2.2 Infantile Triebentwicklung /
### Entwicklung der Objektbeziehungen

Die ursprüngliche Mutter / Kind-Beziehung enthält nicht nur, wie früher angenommen, eine orale, sondern auch eine taktile, eine visuelle wie auch eine auditive Komponente. Die Berührung mit der warmen Haut und das optische wie akustische Erkennen der zuwendenden und »warmherzigen« Mutter scheinen primär zumindest ebenso wesentlich wie die orale Erfahrung der Mutterbrust zu sein. Die überragende Bedeutung, die dem Hautkontakt zur Umgebung in der frühesten Kindheit zukommt, wird auch dadurch deutlich, daß der Fötus im Mutterleib in einer Umgebung mit Körpertemperatur, also in einem warmen Milieu, aufwächst, und, außer mit der Chorda umbilicalis, auch durch die Haut mit dem Fruchtwasser und durch dessen Vermittlung mit der Mutter in Verbindung steht. Von BELA GRUNBERGER[116] wird das intrauterine pränatale Leben als wesentlicher Ursprung des Narzißmus, des Selbstwerterlebens sowie des Gefühls der Sicherheit und der Einzigartigkeit betrachtet. SCHULTZ-HENCKE[199] spricht von der »intentionalen Phase« der Kindheitsentwicklung als Stadium der atmosphärischen Kontaktnahme in den ersten Lebenswochen. MARGARET MAHLER[163] sagt: »Das rudimentäre Ich des neugeborenen Kindes und des Säuglings muß durch die emotionale Verbindung, die durch Pflege und Fürsorge der Mutter hergestellt wird, d. h. durch eine Art sozialer Symbiose, ergänzt werden.« Die Autorin bezeichnet die Säugling/Mutter-Dyade als Zweieinheit und weist auf die spiegelbildliche Beziehung des Kindes zur Mutter hin. Die Forschungen von D. STERN[212a] und B. BEEBE[213] und anderen Autoren, die auf das emotionale und mimische Wechselspiel zwischen Mutter und Kind bereits in den ersten Lebenstagen aufmerksam machen, lassen ebenfalls erkennen, daß die früheste Beziehung zwischen Mutter und Kind eine taktil-symbiotische ist. Selbst bei der oralen Kontaktnahme mit der Mutterbrust ist die Berührungskomponente ebenso wesentlich wie die oral-kaptative. *Ich differenziere daher eine erste, taktil-symbiotische Phase*, die ungefähr auf das erste Lebenshalbjahr anzusetzen ist, *von der oralen*, die sich mit der ersteren zwar überschneidet, doch etwa bis zum Ende des ersten Lebensjahres andauert. Das Saugen ist ein sehr komplizierter, durch das Zusammenwirken mehrerer gekoppelter Reflexmechanismen entstehender Vorgang. Bald kann man beobachten, daß der Säugling diesen Automatismus nicht nur an der Mutterbrust zur Nahrungsaufnahme auslöst, sondern auch sonst, wobei er seine eigenen Finger, vor allem den Daumen, dazu benützt. Das Kind macht sich so von der Umwelt unabhängig. Das Fingersaugen dient dann ganz offenkundig also nicht mehr der Nahrungsaufnahme, sondern dem narzißtischen Lustgewinn. Beim Säugling kann gelegentlich beobachtet werden, daß das Fingersaugen nicht zum Einschlafen, sondern zu einer Art Orgasmus führt. Es wird deshalb und gemäß den Beobachtungen bei den Perversionen angenommen, daß das Fingerlutschen eine Art primitiver Sexualbetätigung ist. FREUD[79] betonte, daß sie sich im Unterschied zu derjenigen der Erwachsenen nicht auf ein Objekt beziehe, sondern autoerotisch erfolge, daß sie extragenital, an der Mundschleimhaut, also an einer prägenitalen erogenen Zone geschehe und sich an einem der Selbsterhaltung dienenden Trieb anlehne. Er sprach in diesem Zusammenhang vom *oralen Partialtrieb*.

Der Mund ist, neben der Haut und den Sinnesorganen, der Ort, mit dem das kleine Menschenkind während und nach der taktil-symbiotischen Phase mit der Welt in Berührung bzw. in Beziehung steht. Will ein Säugling mit einem Objekt in Kontakt treten, muß er es tasten, spüren, sehen, hören oder – oral – in sich aufnehmen.

Die Art der taktil-symbiotischen oder, vom späteren Leben her gesehen, narzißtisch-fusionären Beziehung zur Umwelt – bei der die Grenzen zwischen Selbstrepräsentanz und Objektrepräsentanz mehr oder weniger verwischt sind – wirkt während des ganzen Lebens als Basis jeglichen mitmenschlichen Rapportes weiter (*siehe auch* Kapitel 8 und 11.6)! Während FREUD[79] meinte, daß die erste »prägenitale Sexualorganisation... die orale oder, wenn wir wollen, kannibalische« sei – SCHULTZ-HENCKE[199] spricht in diesem Zusammenhang von oral-kaptativem Antriebsleben –, halte ich dafür, daß zuvor, eventuell bereits intra utero, die Taktilität dem Säugling bereits Lustempfindungen vermittelt, die man wohl, in der Sicht der Psychoanalyse, ebenfalls der prägenitalen Sexualorganisation zurechnen könnte. Das Ziel dieser Art »Triebhaftigkeit« wäre es, auf fusionärem Wege wieder zur taktilen Berührung und damit zur narzißtischen Befriedigung und symbiotischen Bemächtigung des Objektes zu gelangen. Das Ziel der oralen Triebhaftigkeit ist »die Einverleibung des Objektes«, das »Vorbild dessen, was späterhin als Identifizierung eine bedeutsame Rolle spielen wird« (FREUD[79]). Diese identifikatorische Beziehung stellt, wie bereits angeführt, eine reifere als jene die Basis bildende narzißtisch-fusionäre dar und beruht auf einer aktiven Ich-Leistung.

In diesem Entwicklungsstadium ist auch zu beobachten, daß die suchende Hand des Säuglings das Objekt ergreift, und das erste Objekt, auf das sie greifend stößt, ist der eigene Körper. Dabei entsteht eine neue Lustquelle. Es kommt dabei zu einer narzißtischen Befriedigung bzw. zu einem lustvollen Erleben des eigenen Körpers und damit zum weiteren Aufbau eines gesunden Selbstgefühls. BLUM[39] beschreibt diesen Vorgang u. a. wie folgt: »Die Sexualtriebe nehmen gleichsam ihren eigenen Träger als Objekt und gestalten so die Urform des Narzißmus, der Selbst- oder Eigenliebe.« Selbstliebe und Objektliebe entsprechen in diesem Stadium einander. Auch der Sexualtrieb bedient sich primär dieser narzißtischen Grundbeziehung zum Objekt. Aus dieser Tatsache heraus ist verständlich, daß die Grundbeziehung auch zu anderen Objekten während des ganzen Lebens auf der Ausdehnung der narzißtischen Libido auf das Objekt beruht. Wie erwähnt, bauen sich erst auf dieser basalen Beziehungsaufnahme komplexere Beziehungsmuster, wie z. B. die Identifikation oder die Projektion, auf.

SPITZ[207] untersuchte bei 248 Kindern während ihres ersten Lebensjahres die autoerotischen Verhaltensweisen. Er stellte fest, daß eine positive Entsprechung zwischen dem Spiel mit dem Genitale und dem Entwicklungsquotienten eines Kindes einerseits und der Güte der Mutter-Kind-Beziehung andererseits bestehe. Da Hinweise dafür sprachen, wie entscheidend wichtig die Mutter-Kind-Beziehung für das autoerotische Verhalten ist, verglich er Kinder, bei denen die Mutter-Kind-Beziehung optimal war, mit Kindern, welche in problematischer Beziehung zur Mutter standen, und solchen, bei denen eine Mutter-Kind-Beziehung fehlte.

Es ergaben sich folgende Resultate:
1. Alle Kinder, bei denen die Beziehung zwischen Mutter und Kind optimal war, spielten mit dem Genitale. Ihre Entwicklung übertraf den Durchschnitt in jeder Beziehung.
2. Kinder, bei denen die Beziehung zu ihrer Mutter problematisch war, spielten seltener mit dem Genitale. Ihre Entwicklung verlief durchschnittlich befriedigend, aber unberechenbar.
3. Wo eine Mutter-Kind-Beziehung fehlte, spielte keines der Kinder mit dem Genitale, und die Entwicklung sank unter den Durchschnitt.

Aus den SPITZSCHEN Beobachtungen darf wohl rückgeschlossen werden, daß gerade dieser Autoerotismus wesentlich ist für einen gesunden Narzißmus, ein adäquates Eigenwertsleben, ohne das eine gedeihliche Entwicklung nicht möglich ist.

Mit dem Greifen und Ergreifen wendet sich das Interesse des Säuglings zunehmend zum Objekt, und damit tritt das Kind, wie BLUM [39] zu Recht bemerkt, in die soziale Phase des Lebens ein.

Das erste personale Objekt, das das Kind entdeckt, ist die Mutter. Sie ist das erste, immer wieder begehrte Objekt, das erste Liebesobjekt. Das erste Sachobjekt wird gefunden in Anlehnung an eine eigene Körperfunktion, und das erste Objekt, das sich vom eigenen Körper ablöst, ist der Kot. Es ist nichts als selbstverständlich, daß er deshalb das Interesse des Kindes beansprucht. Nun kommt die Reinlichkeitsgewöhnung, bei der eine erste soziale Leistung von der erstgeliebten Person, der Mutter, mit dem erstgefundenen Objekt gefordert wird. Der Darminhalt stellt, nach den Worten FREUDS [98] das erste »Geschenk« dar, durch dessen Abgabe die Gefügigkeit, durch dessen Verweigerung der Trotz des kleinen Wesens gegen seine Umgebung ausgedrückt werden kann. Es tritt damit die Bedeutung der Reinlichkeitsgewöhnung, der Art, in der das geschieht, für das spätere Verhalten im Geben und Nehmen, Können und Unterlassen, Beherrschen und Sich-Beherrschen zutage. Weigert sich zum Beispiel das Kleinkind, den »Stuhl« dann abzugeben, wenn es die Erwachsenen von ihm fordern, und setzt es ihn später ins Bett ab, macht sich bereits ein kindlicher Eigensinn bemerkbar, der zum Prototyp des dem Menschen überhaupt zugehörigen Eigensinns wird. Es ist deshalb wesentlich, wie und in welchem Zeitpunkt zur Reinlichkeit erzogen wird. Zu frühe Forderungen an das Kind, sich zu beherrschen, können auch dessen Gegenspieler, den Zwang und den Zweifel aufs Tapet bringen und deshalb zu Ausgangspunkten der Zwangsneurose werden. Eine vernachlässigende Reinlichkeitserziehung kann zur Folge haben, daß das Kind und der Erwachsene es nicht lernen, sich an die Umwelt anzupassen und dazu neigen, sie sich gefügig zu machen. Die Psychoanalyse bezeichnet diese Phase als *anale* und die mit ihr zusammenhängenden Manifestationen des Sexualtriebs und seiner »Perversionen« als Analerotik.

Wie sich also der Sexualtrieb zunächst an die Eigenliebe und hierauf an die Funktion der Nahrungsaufnahme anlehnte und mit dem entsprechenden Trieb verkoppelt war, so lehnt er sich nun an die Ausscheidungsfunktionen an. Die anale Phase und ihre Handhabung durch die betreuenden Erzieher ist außerordentlich wichtig für die spätere Gestaltung des Charakters. Besitzergreifung, Trennung vom Besitz, Geben und Nehmen, Beherrschen und Verzichten – bis zu den pathologischen Extremen des Sadismus und Masochismus – werden in ihren Proportionen wesentlich in dieser Phase beeinflußt. SCHULTZ-HENCKE [199] bezeichnet deshalb das Antriebserleben in dieser Phase der Entwicklung als anal-retentives. Die Aggressivität, der wir im Erwachsenenleben begegnen, hat in diesem Entwicklungsabschnitt mit ihren Ursprung. Ein anderer Ursprung für die Aggressivität und den Sadismus ist bereits in der oralen Phase begründet, wird doch das Saugen bald von einem beißenden Ergreifen abgelöst. FREUD sprach ja in diesem Zusammenhang von kannibalistischen Zügen des Säuglings.

Da auf der taktil-symbiotischen, der oralen und der analen Entwicklungsstufe der Triebe das Genitale als Sexualorgan noch nicht die spätere zentrale Stellung einnimmt, wird diese Entwicklungsphase als die *prägenitale Stufe der Libidoorganisation* bezeichnet, wobei wir unter Libido die auf die Sexualität ausgerichtete Triebenergie der Seele verstehen.

In der folgenden, der *phallischen Phase*, die ungefähr im dritten Lebensjahr anfängt und bis etwa zum fünften Jahr dauert, wird das Genitale zur führenden sexuellen Zone, und die erwähnten Partialtriebe verschmelzen in der Genitalfunktion zu einer höheren Einheit. Die genitalen Strebungen werden in der Folge durch die Partialtriebe nur noch vorbereitend angeregt. Es gewinnen also in dieser Phase die Geschlechtsorgane für das Kind zunehmendes Interesse. Dabei stellen sie nur ein Symbol für diese Entwicklungsphase dar. Entsprechend der noch bestehenden Undifferenziertheit des männlichen und des weiblichen Prinzips in diesem Alter machen beide Geschlechter grosso modo dieselbe Entwicklung durch. Bei Menschen beider Geschlechter wird indes ein Stück dieser sexuellen Undifferenziertheit zeit ihres Lebens bleiben, denn auch im erwachsenen

Manne wird stets auch eine gewisse weibliche Komponente vorhanden sein und umgekehrt bei der Frau ein männlicher Anteil.

Diese Auffassung bringt C. G. JUNG[132] mit den Begriffen von Anima und Animus zum Ausdruck: Er schreibt darüber unter anderem folgendes: »Was den Charakter der Seele anbetrifft, so gilt nach meiner Erfahrung der allgemeine Grundsatz, daß sie sich im großen und ganzen zum äußeren Charakter komplementär verhält. Die Seele pflegt erfahrungsgemäß alle diejenigen allgemeinmenschlichen Eigenschaften zu enthalten, welche der bewußten Einstellung fehlen... Der Komplementärcharakter der Seele betrifft... auch den Geschlechtscharakter, wie ich vielfach unzweifelhaft gesehen habe. Eine sehr weibliche Frau hat eine männliche Seele. Ein sehr männlicher Mann eine weibliche Seele. Dieser Gegensatz rührt daher, daß zum Beispiel der Mann nicht durchaus und in allen Dingen männlich ist, sondern er hat normalerweise auch gewisse weibliche Züge. Je männlicher seine äußere Einstellung ist, desto mehr sind darin die weiblichen Züge ausgemerzt; sie treten daher im Unbewußten auf. Dieser Umstand erklärt, warum gerade sehr männliche Männer charakteristischen Schwächen unterworfen sind: Sie verhalten sich zu den Regungen des Unbewußten weiblich-bestimmbar und beeinflußbar. Umgekehrt sind oft gerade die weiblichsten Frauen gewissen inneren Dingen gegenüber von einer Unbelehrbarkeit, Hartnäckigkeit und Eigensinnigkeit, welche Eigenschaften in solcher Intensität nur beim Manne als äußere Einstellung zu finden sind. Es sind Züge männlicher Art, die, von der weiblichen äußeren Einstellung ausgeschlossen, zu Eigenschaften der Seele geworden sind. Wenn wir daher beim Manne von einer *Anima* sprechen, so müssen wir folgerichtigerweise bei der Frau von einem *Animus* reden. Wie beim Manne im allgemeinen in der äußeren Einstellung Logik und Sachlichkeit überwiegen oder wenigstens als Ideale betrachtet werden, so bei der Frau das Gefühl. In der Seele aber kehrt sich das Verhältnis um, der Mann fühlt nach innen, die Frau aber überlegt. Deshalb ist der Mann leichter total verzweifelt, wo die Frau immer noch trösten und hoffen kann, darum bringt er sich eher um als die Frau. Sosehr die Frau den sozialen Umständen, zum Beispiel als Prostituierte, zum Opfer fallen kann, so sehr verfällt der Mann den

Impulsen des Unbewußten, dem Alkoholismus und anderen La-
stern.«

Die phallische Entwicklungsphase ist aber auch diejenige, in der
sich die Mannwerdung des Knaben und die Frauwerdung des Mäd-
chens abzuzeichnen beginnen. In diesem Entwicklungsabschnitt
wählt sich das Kind erstmalig ein scharf umschriebenes Liebesobjekt,
den gegengeschlechtlichen Elternteil. Seine sexuellen Sensationen,
die es zwar vorher schon hatte, werden jetzt aber von Vorstellungen
des Objektes begleitet, und es onaniert mit Phantasie darüber. Dadurch kommt es zu Konflikten. Während vorher die frustrierten
narzißtisch-fusionären Bedürfnisse zu Mangelerfahrungen führten
und die Konflikte um die Befriedigung der oralen und der analen
Triebhaftigkeit solche mit der Außenwelt waren, sind die um die
erwachende Genitalität weitgehend innere Konflikte. Wir sprechen
von der Konflikthaftigkeit um den *Ödipuskomplex*. Diese Bezeichnung ist der griechischen Sage entnommen, nach der Ödipus seinen
Vater erschlagen, die Mutter geheiratet und mit ihr Kinder gezeugt
hat. Er wurde dafür von den Göttern schwer bestraft. FREUD nahm
nun an, daß sich dieser antike Sagenstoff in der Phantasie beim
Kinde aller Zeiten wiederhole.

Das Alter zwischen dem dritten und dem fünften Lebensjahre ist
die Zeit, in der der Ödipuskomplex seine höchste Ausprägung erreicht. Die einfachste Form des Ödipuskomplexes besteht darin,
daß der Knabe die Mutter liebt und den Vater haßt, das Mädchen die
Mutter aber haßt und den Vater liebt. Doch wird der gleichgeschlechtliche Elternteil in der Regel nicht nur gehaßt, sondern auch
geliebt. Es besteht eine ambivalente Einstellung ihm gegenüber,
weshalb der Konflikt komplizierter wird. Hätte zum Beispiel der
Knabe nur feindselige Gefühle seinem Vater gegenüber, so könnte
er offen feindlich gegen ihn auftreten. Der Konflikt würde so zu
einem äußeren werden. In der Wirklichkeit sind es aber nicht nur die
Angst vor dem Vater und die aggressiven Gefühle ihm gegenüber,
sondern die zwiespältige Einstellung zu ihm, die den Konflikt ver-
schärfen.

Wenn wir kritisch zum Begriff des Ödipuskomplexes Stellung
nehmen wollen, können wir auf der einen Seite sagen, daß FREUD

damit die Kernproblematik eines wesentlichen Entwicklungsabschnittes kennzeichnete: die Wahl des gegengeschlechtlichen Elternteils als Liebesobjekt bei gleichzeitiger Konkurrenzhaltung dem
gleichgeschlechtlichen gegenüber. Andererseits müssen wir mit
ERIKSON sagen, daß der Terminus Ödipuskomplex »die Dinge natürlich insofern kompliziert, als er das, was in der Kindheit zu folgern wäre, mit dem vergleicht, das aus der Geschichte des Ödipus zu
folgern wäre. Der Name stellt somit eine Analogie zwischen zwei
Unbekannten dar.« ERIKSON [62, 63] geht dann im folgenden ein Stück
weit mit FREUD einig, wenn er sagt: »Die Psychoanalyse verifiziert
in ihrer täglichen Arbeit die einfache Tatsache, daß Knaben ihre erste genitale Zuneigung den mütterlichen Erwachsenen zuwenden,
die ihrem Körper in jeder anderen Beziehung Behaglichkeit spen-
den, und daß sie ihre erste sexuelle Rivalität gegen diejenigen Personen entwickeln, die die genitalen Besitzer jener mütterlichen Wesen
sind.« Doch wehrt sich ERIKSON dagegen, daß FREUD, wie DIDE-
ROT, den Schluß zieht, »daß der kleine Knabe, wenn er die Kraft
eines Mannes hätte, seine Mutter vergewaltigen und seinen Vater
ermorden würde«. Diese Behauptung sei sinnlos. »Denn hätte er
diese Kraft, dann wäre er kein Kind und brauchte nicht mehr bei
seinen Eltern zu leben – in welchem Falle er vermutlich andere Se-
xualobjekte bevorzugen würde« (ERIKSON). Doch wie ERIKSON
nochmals bestätigt, heftet sich »tatsächlich… die infantile Genitalität an die Beschützer und Ideale der Kindheit und erleidet dadurch
intensive Komplikationen, vor allem durch Bemächtigungsphanta-
sien«.

Wie sich die ödipale Problematik bei einem Kinde manifestieren
kann, zeigt eine mir berichtete Phantasie eines Vierjährigen: Während einiger Tage erzählte er jeweils seiner Mutter nach dem Erwachen darüber, daß ein alter Hund und ein junger Hund ins Wasser
gefallen seien. Der junge Hund sei gerettet worden, der alte aber
ertrunken. Nachdem er über diese Geschichte während einiger Tage
so berichtet hatte, erklärte er dann plötzlich, daß nun der alte Hund
auch gerettet worden sei. – Der alte Hund steht in dieser Phantasie
zweifellos für den Vater. Die Einstellung des Kindes ihm gegenüber
ist also offenbar so, daß es ihn einerseits beseitigt haben möchte, ihm

auf der anderen Seite aber doch wieder zärtliche Regungen und Gefühle entgegenbringt.

Es ist leicht vorstellbar, daß die ödipale Problematik, die sich in
jedem Kinde äußert, zu heftigen Gemütsbewegungen führt. Um so
wesentlicher ist es, wie sich die Umgebung in dieser Entwicklungsphase zum Kinde verhält.

Der Inzestwunsch, den der Ödipuskomplex beinhaltet, erzeugt
eine auf die Geschlechtlichkeit bezogene Schuld, und sie wiederum
führt zur Angst, dafür in entsprechender Weise, d. h. mit Verstüm-
melung der Genitalien, bestraft zu werden. Es bemächtigt sich deshalb des Knaben die Angst, das Genitale zu verlieren. Den sich um
diese tiefgehende Verängstigung gruppierenden Vorstellungskreis
nennen wir *Kastrationskomplex*. FREUD bemerkte dazu, daß es zwar
dem Kinde schwerfalle, an einen drohenden Penisverlust zu glauben, doch sei es zu dieser Annahme vorbereitet, denn es habe ähnliche Vorgänge wie die Kastration bereits in den beiden prägenitalen
Phasen, der oralen und der analen, erfahren. FREUD [103] sagt hierzu:
»Die Psychoanalyse hat neuerlichen Wert auf zweierlei Erfahrungen gelegt, die keinem Kinde erspart bleiben, und durch die es zunächst auf den Verlust wertgeschätzter Körperteile vorbereitet sein
sollte, auf zeitweilige, später einmal endgültige Entziehung der
Mutterbrust und die täglich erforderte Abtrennung des Darminhal-
tes.« – Das Mädchen habe die Befürchtung, der Mangel eines männlichen Geschlechtsorgans bedeute bereits Strafe oder Sühne für die
als unzulässig erlebten Triebbedürfnisse.

Das kindliche Gemüt wird, wie wir dargelegt haben, im Zusammenhang mit der Liebe zu den Eltern, mit dem Nachahmungstrieb
und der Eifersucht dem gleichgeschlechtlichen Elternteil gegenüber, vor allem aber der Anziehung, die das erstmalige Erleben des
anderen Geschlechts im gegengeschlechtlichen Elternteil auf sie
ausübt, heftig bewegt. Diese Gemütsbewegungen wirken sich in hohem Maße prägend auf die Entwicklung der späteren Persönlichkeit
aus. In dieser Kleinkinderzeit liegt es begründet, wie ein Mensch als
Erwachsener lieben und leben wird. In dieser Phase formen sich die
Umrisse seiner späteren sexuellen Ideale. Diese Zeit ist entscheidend

dafür, ob die Triebhaftigkeit mit Schuldgefühlen, mit Ekel oder moralischer Minderwertigkeit belastet ist, oder aber ob die Triebregungen als normale Manifestationsmöglichkeiten des Menschen erlebt werden.

Unter ungünstigen Bedingungen liegen im Erleben der Gemütswallungen um Ödipus- und Kastrationskomplex Ursachen für krankhafte Persönlichkeitsentwicklungen. Gewisse familiäre Situationen sind geeignet, die Ödipussituation zu übertreiben, so zum Beispiel, wenn ein Sohn einen Vater erlebt, der in seiner Trunksucht gegen die Mutter gewalttätig wird. Der aufkeimende Knabe möchte die Mutter beschützen und wehrt sich gegen den brutalen Vater. Sehr früh wird ihm die Brutalität des Vaters bewußt, und es werden sich im Knaben Aggressionen gegen ihn wie auch Liebesgefühle für die zu beschützende Mutter regen. Dabei droht ihm die Gefahr, zeitlebens an die Mutter fixiert zu bleiben und unter gestörter Liebesfähigkeit zu leiden.

Bei Mädchen wird in Zusammenhang mit dem Kastrationskomplex oft von »Penisneid« gesprochen. Nicht selten erleben die Frauen, mehr oder weniger unbewußt, die Menstruationsblutungen als einen Beweis für die stattgefundene Kastration, und sie leiden sehr unter dieser Vorstellung. Sind die äußeren Verhältnisse so, daß sie diesen Neid auf die Männlichkeit nicht aufgeben können, zum Beispiel in einem Milieu, in dem die Frauen als minderwertig gelten, so entwickeln sie einen »Männlichkeitskomplex«. Die Frau wird sich wie ein Mann benehmen und sich so gegen die »Kastration« bzw. ihre eigene Geschlechtsrolle auflehnen wollen. Findet sich jedoch das Mädchen mit dem Fehlen der männlichen Geschlechtsattribute ab, so wird es den Wert seines eigenen Geschlechtes erkennen können und sich, in der Identifikation mit der Mutter, ein Kind erwünschen. Es wird sich den Puppen, seinen jüngeren Geschwistern oder anderen Kindern zuwenden und sie mit der ihm zu Gebote stehenden Gefühlsintensität hegen und pflegen. In dieser Entwicklungsphase sind viele Möglichkeiten einer Störung in der Persönlichkeitsentwicklung, d. h. der Entstehung einer Neurose, begründet.

Unter dem Druck der »Kastrationsdrohung« wird das Kind seine

»Objektbesetzungen« aufgeben, d. h., es wird auf den gegenge-
schlechtlichen Elternteil nicht mehr seine sexuellen Phantasien und
Regungen ausrichten, sondern sich mit dem Geschlechtspartner unter den Eltern oder den Eltern überhaupt identifizieren. »Die ins Ich
introjizierte Vater- oder Elternautorität bildet dort den Kern des
Überichs… Die dem Ödipuskomplex zugehörigen libidinösen
Strebungen werden zum Teil desexualisiert und sublimiert…, zum
Teil zielgehemmt und in zärtliche Regungen verwandelt. Der ganze
Prozeß hat einerseits das Genitale gerettet, die Gefahr des Verlustes
von ihm abgewendet, andererseits es lahmgelegt, seine Funktion
aufgehoben. Mit ihm setzt die Latenzzeit ein, die nun die Sexualentwicklung des Kindes unterbricht« (FREUD[103]). Der gezeichnete Untergang des Ödipuskomplexes leitet eine Phase ein, in der die Sexualität in den Hintergrund tritt und die damit frei gewordenen
Energien anderen Zielen, intellektuellen oder sozialen, zugewandt
werden können.

### 6.2.3 Die drei Ebenen der Objektbeziehungen

Die geschilderte Entwicklung des Trieblebens und der Objektbeziehungen läßt darauf schließen, daß in jedem erwachsenen Menschen die in der Kindheit sich abzeichnenden Entwicklungsstufen
noch vorhanden sind. Dabei bilden sie, je nach der Zeit ihrer Entfaltung, unterschiedliche Ebenen, auf denen das Ich mit dem Objekt in
Beziehung tritt.

Begegnet ein Mensch einem Objekt zum erstenmal, so steht ihm
auch als Erwachsener vorerst keine andere Möglichkeit zur Verfügung, als das eigene Selbst zumindest bis zu einem gewissen Grade
auf das Objekt auszudehnen, mit anderen Worten, eine gewisse Fusion mit dem Objekt zu vollziehen. Zwar stehen ihm in seinem Ich,
von früheren Erfahrungen her, mannigfaltige Objektrepräsentanzen zur Verfügung, doch können diese nie gänzlich auf ein neu ent-
gegenkommendes Objekt verlegt werden. Es kommt daher unbewußt bei jeder neuen Begegnung im Erwachsenenleben zu einer
mehr oder weniger ausgeprägten Fusion mit dem Objekt. Das ist die

*narzißtisch-fusionäre Basisbeziehung*, die der taktil-symbiotischen Beziehung bzw. der Symbiose zwischen Mutter und Kind in der frühen Kindheit entspricht (*s*. Kap. 6.2.3). Aber auch bei weiteren Begegnungen tritt die narzißtisch-fusionäre Ebene in Funktion, so daß sich sagen läßt, daß in jeder späteren Beziehung an der Basis die frühkindliche taktil-symbiotische Relation, die einst das Kind mit der Mutter verband, reaktiviert wird.

Die erwähnte Fusion ist nicht etwa Zeugnis eines psychopathologischen Geschehens, sondern, sofern sie sich in einem Mittelmaß ergibt und nicht zu einer restlosen Abhängigkeit vom Objekt führt, ein normalpsychologisches Phänomen. Der narzißtisch-fusionäre Rapport ist gar Vorbedingung für jegliche Objektbeziehung. Er schafft erst das Interesse für ein Objekt bzw. einen Mitmenschen. DANIEL STERN[212a] beschreibt die Beziehung der Mutter zu ihrem Baby u. a. damit, daß sie »in einen natürlichen Prozeß eingebunden (sind), der sich mit einer faszinierenden Subtilität und Komplexheit entfaltet, auf die sie beide durch Jahrtausende der Evolution gut vorbereitet sind. Da sie ›intuitiv wissen‹, wie der Austausch zwischen ihnen arbeitet und sich bemerkbar macht, mußte ich die beste Methode herausfinden, von ihnen dasjenige lernen zu können, was sich mit Worten meist schlecht erzählen oder erklären läßt...« DANIEL STERN[212a] und seine Mitarbeiter haben deshalb in den Wohnungen der zu Beobachtenden Video-Bandaufzeichnungen hergestellt, die sie anschließend in ihren Laboratorien anschauen konnten. Es kann also das »Interplay« (Wechselspiel), das sich zwischen Mutter und Kind, aber auch zwischen zwei Menschen auf einer grundlegenden Beziehungsebene abspielt, mit Worten kaum gefaßt werden.

Die erwähnte narzißtisch-fusionäre Beziehung ereignet sich mehr atmosphärisch, wie gesagt, in der Art der frühkindlichen Mutter-Kind-Relation. Bei Antipathie oder bei Angst vor dem Objekt und daraus hervorgehender Abwehr kann diese Fusion nicht zustande kommen oder gestört sein, so daß dann auch keine oder nur eine beeinträchtigte Objektbeziehung möglich ist. Bei Individuen mit inkonsistentem Selbst wie z. B. bei solchen mit narzißtischen Neurosen (= narzißtischen Persönlichkeitsstörungen) oder mit Borderline-Persönlichkeitsstörungen (s. Kap. 12.2) kann es unter Umständen aber auch mit dem wenigen, ihnen zur Verfügung stehenden Narzißmus zu einer sehr starken Fusion kommen, so daß sie mehr oder weniger total abhängig werden vom Objekt. Auch bei schwer Depressiven (mit »major depressions«) mit ihrer narzißtischen Leere bzw. Entleerung lassen sich solche extremen Fusionstendenzen erkennen, die dazu führen, daß sie im erweiterten Suizid Angehörige mit in den Tod nehmen.

Wenn diese archaische Beziehung im Kapitel über »Infantile Triebentwicklung/Entwicklung der Objektbeziehungen« als taktil-symbiotische Phase bezeichnet wird, sollte damit angedeutet werden, daß neben dem akustischen und optischen Sinnesorgan alle anderen Sinne, vor allem aber der Hautsinn, entscheidend für diese archaische Beziehungsaufnahme sind. Daß SIGMUND FREUD in seinem Werk die Taktilität und das Hautorgan mit seinen das Individuum gegen die Umwelt abgrenzenden, es aber auch mit ihr verbindenden Funktionen weitgehend außer acht ließ, dürfte vor allem aus dem damals vorherrschenden Berührungstabu zu verstehen sein. Es war in jener Zeit obsolet, einem Menschen, insbesondere des anderen Geschlechts, z. B. auf die Schulter zu klopfen, da eine solche Handlung bereits als sexuelle Annäherung hätte interpretiert werden können. Obschon einerseits auch heute noch entsprechende Gefahren bei sogenannten Berührungstherapien bestehen, haben wir andererseits gelernt, die Bedeutung der Taktilität in der Kindheitsentwicklung und der entsprechenden narzißtisch-fusionären Basisbeziehung zu erkennen.

Auf dieser Grundlage baut die nächste Ebene der Objektbeziehungen auf, jene der *aktiven Ich-Leistungen* (s. auch Kap. 8). Eine archaische Form davon ist die »projektive Identifikation«* (MELANIE KLEIN [146a]), bei der eigene Persönlichkeitsanteile auf das Objekt projiziert werden, wobei dann eine Einfühlung in die vermeintliche Besonderheit des Objekts erfolgt. Meist ist es ein abgewehrter aggressiver Ich-Anteil, der auf diese Weise auf das Objekt verlegt wird und die der Betreffende in diesem zu erkennen glaubt. Damit wird

---

* Identifikation = Identifizierung

das Objekt als aggressiv erlebt, so daß es dann zu einem aggressiven Verhalten des so wahrnehmenden Individuums, zum Kampf oder zur Flucht, kommt. Seltener ist ein Verhalten zu beobachten, bei dem es sich auf die Seite der vermeintlich aggressiven Objekte schlägt, um dann gegen die eigenen Leute Mißbilligungen zu äußern oder gar aggressiv gegen sie vorzugehen.

So war es der Fall bei einem jungen Manne, der sich schämte, einer gewissen Gruppe der Bevölkerung anzugehören, der Polizei aber meldete, es fänden sich ständig Schmähbriefe gegen ihn und seine Angehörigen in seinem Briefkasten wie auch in jenen der anderen Gruppenmitglieder. Bei einer polizeilichen Nachforschung kam aber heraus, daß in Tat und Wahrheit er selbst der Briefschreiber war. Im Grunde verachtete eine Seite des Ichs im Zusammenhang mit einer schweren narzißtischen Störung die Bevölkerungsgruppe, der er zugehörte, und die zu wenig narzißtisch besetzt war. Er projizierte diese Verachtung indes auf die Umgebung und glaubte sich damit zu »retten«, daß er das »eigene Nest beschmutzte«.

Diese archaische Form der Ich-Leistung, die projektive Identifikation, dürfte indes nicht nur psychopathologisch relevant sein, sondern auch normalpsychologisch in Erscheinung treten. Im Rahmen von Zweierbeziehungen oder in Gruppen von mehreren Personen beobachten wir nämlich immer, wenn die Beziehungen besonders intensiv und nahe wurden, daß unmittelbar daran oder in einer nächsten Sitzung nicht nur eine Lockerung der Interaktionen stattfand, sondern bis zu einem gewissen Grade etwa auch ein aggressives Schweigen oder ein entsprechendes Gebaren in Erscheinung trat. Offenbar sind in diesen Momenten eigene aggressive Ich-Anteile auf das Gegenüber bzw. die übrigen Gruppenmitglieder projiziert worden, wobei zusätzlich eine Einfühlung in diese angeblich aggressive Komponente des / der anderen erfolgte, womit es dann zu einem Rückzug vom Objekt und eventuell zu einem aggressiven Verhalten ihm gegenüber kam. Die projektive Identifikation ermöglicht offenbar eine Gegenbewegung zur fusionären Nähe, so daß man ihr üblicherweise geradezu regulierende Funktionen zuschreiben kann.

Auf dieser archaischen Form der Beziehungen bauen sich auf der Ich-Leistungsebene deren höhere Formen auf, z. B. die *Verdrängung*, das *Ungeschehenmachen*, das *Isolieren*, die *Regression*, die *Identifikation*, die *Projektion*, der *Widerstand*, die *Übertragung*, die *Abgrenzung von einem Objekt*. Diese höheren Formen der aktiven Ich-Leistungen wurden von SIGMUND FREUD[104] und ANNA FREUD[70] unter dem Aspekt der Abwehrmechanismen gesehen (*s.* Kap. 9), doch wissen wir heute, daß sie nicht nur der Abwehr, sondern auch dem aktiven Lebensvollzug und der Bewältigung, dem »Coping« (LAZARUS[157a]; BATTEGAY[26c] u. a.) dienen können. Daß das Ich auch noch über eine »konfliktfreie Sphäre« verfügt, die also nicht der Abwehr dient, wurde durch HARTMANN[118] erkannt. Es sei in diesem Zusammenhang auf das Kapitel 9.13 HARTMANN: »Die konfliktfreie Ich-Sphäre« hingewiesen. Vielleicht hat HARTMANN aber zu wenig beachtet, daß dieselben Vorgänge, die einmal für die Abwehr eingesetzt werden, ein anderes Mal vollkommen konfliktfrei, kreativ zum Zuge kommen können. SIGMUND FREUD und seine Tochter ANNA haben für die Neurosenentstehung zu Recht die Aufmerksamkeit auf die Abwehrmechanismen gelenkt, dabei vielleicht aber zu wenig die Normalpsychologie berücksichtigt, bei der eben zum Vorschein kommt, daß dieselben Vorgänge nichts mit Konflikten zu tun haben müssen, sondern der Verwirklichung des Menschen in einem gegebenen Umfeld dienen können. Individuen, deren Ich vorwiegend mit der Konfliktabwehr befaßt sind, werden naturgemäß die Ich-Leistung mehr auf die Abwehr ausrichten müssen als auf die aktive Gestaltung ihres Lebens. Wir dürfen uns dabei nicht mehr vorstellen, daß bei diesem Vorgang Energien, die sonst anderweitig eingesetzt werden könnten, für die Abwehr verwendet werden müssen, wie das ursprünglich die Psychoanalyse annahm, sondern haben, eingedenk der Tatsache, daß das Gehirn beinahe ohne Energie arbeitet, anzunehmen, daß die Ich-Leistungsmöglichkeiten in verschiedene Richtungen eingesetzt werden können, je nachdem im Unbewußten oder in der Außenwelt Konflikte oder nichtkonflikthafte Aufgaben zu bewältigen sind.

Auch die Abgrenzung von einem Objekt soll nicht nur unter dem Gesichtswinkel der Abwehr gesehen werden. Schließlich ist die Fähigkeit zur Ich-Abgrenzung eine das Ich mitkonstituierende Komponente, die ihm als kreative Möglichkeit innewohnt – oder etwa, wie bei der Schizophrenie, weitgehend fehlt.

Eine nächste Ebene der Objektbeziehungen stellt der bewußte und *freie Entscheid* für oder gegen die Beziehungsaufnahme mit einem Objekt dar. Dieser freie Entschluß ist vor allem rational gesteuert, jedoch nicht unabhängig von den anderen zwei Objektbeziehungsebenen, die die Grundlage dazu bilden. Die narzißtisch-fusionäre Basisbeziehung wie die Ebene der aktiven Ich-Leistungen tragen dazu bei, die Entscheidung in dieser oder jener Richtung zu beeinflussen. Damit ist naturgemäß auch das »Freie« der Entscheidung relativiert.

---

**Die drei Ebenen der Objektbeziehungen**

Subjekt

III    *Freier Entscheid* für oder gegen ein Objekt –
      kontrollierte Nähe und Distanz

II     *Aktive Ich-Leistungen:*
      *Höhere Formen der aktiven Ich-Leistungen*
      z. B. Identifikation, Projektion, Übertragung, Verdrängung, Ungeschehenmachen, Isolierung, Regression sowie Abgrenzung von einem Objekt usw.
      – reflektierte Nähe und Distanz

- - - - - - - - - - - - - - - - - - - - - - - - - - - - - - - -

      *Archaische Form der aktiven Ich-Leistungen*
      Projektive Identifikation – unreflektierte Nähe und reaktives Distanzsuchen

- - - - - - - - - - - - - - - - - - - - - - - - - - - - - - - -

I      *Basisbeziehung:* narzißtisch-fusionär
      – unreflektierte Nähe

                                                    Objekt

Wenn wir uns nun überlegen, was die verschiedenen Ebenen der Objektbeziehung zu Nähe und Distanz eines Individuums zu einem Objekt beitragen, kommen wir zu folgendem Schluß: Während die narzißtisch-fusionäre Basisbeziehung zu einer unreflektierten Nähe führt, stellt die archaische Ich-Leistung der projektiven Identifikation nicht nur ein Phänomen der unreflektierten Nähe dar, sondern auch ein solches der unbewußten reaktiven Distanzsuche. Die erwähnten höheren Formen der Ich-Leistungen gestatten, obwohl sie sich auch im Unbewußten vollziehen, in ihren Auswirkungen eine reflektierte Nähe und Distanz, während der freie Entscheid für oder gegen ein Objekt eine weitgehend bewußte, kontrollierte Nähe oder Distanz herbeiführt. Das Schema auf Seite 73 möge unsere Ausführungen verdeutlichen.

## 6.2.4 Latenzzeit

Ungefähr im fünften Lebensjahr wird die sexuelle Entwicklung des Kindes unterbrochen. Diese Ruhepause tritt nicht nur unter dem Einfluß der Verbote, Drohungen und Strafen oder anderer Mißbilligungszeichen der Umgebung, sondern wohl auch unabhängig von äußeren Einwirkungen ein. Wir nennen diese Entwicklungsphase mit FREUD die Latenzzeit. Natürlich ist die sexuelle Latenz nicht eine vollkommene. Sie kann durch sexuelle Regungen unterbrochen werden. Daß sich die Kinder in diesem Alter hauptsächlich mit Gleichgeschlechtlichen zusammenfinden, spricht ebenfalls dafür, daß die Sexualität hintergründig weiter aktiv wirkt, da sonst die Auswahl nicht auf diese Weise stattfände. Doch werden während dieser Phase die sexuellen Regungen möglichst abgewehrt. Die so frei werdenden Triebenergien werden zum Aufbau des Ichs und, durch Anlehnung an Vertreter des eigenen Geschlechts, zur Entwicklung eines konsistenten Selbst mit entsprechender sexueller Identität verwendet. Die teilweise erfolgende Verarbeitung des Ödipuskomplexes führt dazu, daß das Kind sich auf dieser Basis mit dem gleichgeschlechtlichen Elternteil identifiziert. Es erfolgt also in der kindlichen Seele, wie BRUN[49] formuliert, »die allmähliche Aufrichtung eines *Ichideals*…, eines Ideals, das seine werbende und treibende Kraft vorwiegend aus dem leidenschaftlichen Streben bezieht, so wie der gleichgeschlechtliche Elternteil zu werden«. Die Einwirkungen der Erzieher zielen dabei darauf ab, die Ich-Ideal-Bildung zu verstärken. Wenn wir zum Beispiel einem Kinde sagen: »Das macht ein großer Knabe oder ein großes Mädchen nicht«, so spornen wir es an, sich so zu betragen wie wir, Vater oder Mutter, es tun. Es soll also eine kleine Ausgabe seiner Eltern werden. Die mahnenden, drohenden und strafenden Stimmen der Eltern oder sonstiger Erzieher werden allmählich zu einem Teil der Kinder selbst. Sie werden von den ursprünglichen Personen abgezogen und als absolute Moralforderungen und Normierungen verselbständigt. Es erfolgt, wie wir bereits dargelegt haben, eine Introjektion der väterlichen, mütterlichen bzw. elterlichen Lebens- und Moralanschauungen, die nun, wie erwähnt, zur Ich-Ideal- und zur Gewissensbildung oder, anders ausgedrückt, zur Bildung des Überichs führt. Das Überich repräsentiert dementsprechend einerseits die moralischen Beschränkungen der umgebenden Erwachsenenwelt, andererseits das Streben nach stetiger Vervollkommnung, nach Hinwendung zum Höheren im Menschenleben.

In dieser Phase der Latenz, in der sich das Ich weiter ausbaut und sich das Überich bildet, wird die in früheren Entwicklungsstadien zum Vorschein kommende Triebhaftigkeit umgestaltet oder, wie FREUD sagt, sublimiert zu sozialen und kulturellen Werten. Das Kind ist während dieser Zeit sehr aufnahmefähig und wissensbegierig. Deshalb sind die Kinder während dieser Phase sehr lernbereit, so daß es sinnvoll ist, daß der Schulbeginn gerade auf diesen Entwicklungsabschnitt fällt. Die Unterschiede zwischen den häuslichen Verhältnissen und der weiteren Umgebung, wie zum Beispiel der Schule, beschäftigen das Kind. Es erfährt, daß die Wertmaßstäbe des Elternhauses nicht die einzigen sind. Die Autorität von Mutter und Vater wird zum Teil durch diejenige des Lehrers ersetzt, die Brüder und Schwestern durch die Klassenkameraden. Es können sich in der Psyche des Kindes erschütternde Gemütsbewegungen abspielen, wenn Schule und Elternhaus zu divergente Welten und Normen (Normenkonflikt) vertreten. Neurotische Störungen kön-

nen auftreten, so zum Beispiel Schlaf- und Appetitmangel, Sprach-
fehler, boshaftes und aggressives Verhalten, Pseudodebilität, Kon-
zentrationsunfähigkeit, Schulschwänzen usw.

Es ist in dieser Entwicklungsphase einerseits wesentlich, daß sich
die Anforderungen von Elternhaus und Schule der persönlichen
Leistungsfähigkeit des Kindes anpassen. Andererseits dürfen ihm
nicht alle Schwierigkeiten aus dem Wege geräumt werden. Je nach
Charakter kann einem Kinde die Überwindung von mehr oder weniger großen Schwierigkeiten zugemutet werden, und es wird daran
wachsen. Wird aber ein Kind überfordert, so kann sich das auf seine
Zukunft verheerend auswirken, es wird sich später in seinem Erwachsenenleben scheuen, Pflichten und Verantwortung auf sich zu
nehmen, weil es durch die schlechten Erfahrungen in der Kindheit
traumatisiert wurde. Doch kann es auch beeinträchtigt werden,
wenn die Anforderungen in dieser Phase zu klein sind. Wird ein
Kind zu sehr verwöhnt und verweichlicht, so wird es nicht imstande
sein, spätere Belastungen und Widerwärtigkeiten zu tragen und zu
überwinden. Primär Verwöhnte sind immer sekundär Frustrierte
(W. SCHINDLER [195]).

In der Latenzzeit kann es aber auch vorkommen, daß Kinder
keine oder nur eine bedingte Schonungszeit in bezug auf die Sexualität erfahren. Sie werden dann gequält und beunruhigt durch die
in ihnen wache sexuelle Triebhaftigkeit, so daß neurotische Störungen wie Bettnässen, Angst, Appetitlosigkeit oder exzessive Onanie,
ungehemmte Sexualerforschung oder aber Verhaltensweisen auftreten, die von den Erziehern oft fälschlicherweise als Unarten ausgelegt werden.

## 6.2.5 Pubertät

Die Latenzzeit dauert ungefähr bis zum 10./11. Lebensjahr. Um
diese Zeit fängt die sogenannte Vorpubertät an. Die Pubertät beginnt heute etwa im 12./13. Lebensjahr und ist die Zeit der begin-
nenden Geschlechtsreife. Während die Jugendpsychologen vor dem
Ersten Weltkrieg einhellig der Meinung waren, daß die Sexualreife

der männlichen Jugend im 15. Lebensjahr beginne, ergeben sich heute andere Gesichtspunkte. Es hat eine sogenannte Akzeleration der Sexualreife stattgefunden. Sie ist heute etwa auf das 12./13. Lebensjahr anzusetzen. MUCHOW [174] hat 1959 die beginnende Pubertät noch auf das 13./14. Lebensjahr angesetzt. Ebenso hat sich die Menarche gegenüber früheren Generationen um durchschnittlich zwei bis drei Jahre vorverschoben.

Die Pubertät kann verschieden lang dauern, je nach Rasse, sozialen Verhältnissen und individuellen Schwankungen. Eine protrahierte Pubertät findet sich sehr oft bei realitätsunangepaßten, milieugeschädigten und verwahrlosten Jugendlichen.

Das Pubertätsalter bringt eine vielfältige Problematik mit sich. Der in diesem Lebensabschnitt erfolgende »Schub der Sexualität« (NUNBERG [179]) droht, die Abwehrmechanismen des Ichs, die es unter der Einwirkung des Überichs inzwischen gegen die Triebe aufgerichtet hat, zu durchbrechen. Das Ich wehrt sich gegen den Ansturm der Sexualität, die damit zusammenhängende Onanie und dementsprechenden Phantasien. Es kommt zu einem oft überaus heftigen Konflikt zwischen den Triebansprüchen und den Ansprüchen des Ichs. Der Jugendliche wird deshalb hin und her gerissen zwischen völliger Askese und Zurückdämmung des Trieblebens einerseits und Triebexzessen andererseits.

In der Überwindung überschießender Triebenergie erwächst den Jugendlichen immer wieder eine schwere Aufgabe. Es zeigt sich im allgemeinen, daß sich in diesem Kampfe auch die intellektuellen Fähigkeiten steigern. Beim Jugendlichen macht sich in dieser Phase meist eine Intellektualisierung bemerkbar. Sie stellt den Versuch dar, die Triebvorgänge dadurch meistern zu können, daß man sie mit Vorstellungen verknüpft, mit denen sich im Bewußtsein umgehen läßt. Die intellektuellen Interessen steigern sich, doch scheinen sie gewissen Phantasien zu dienen. Der Jugendliche sucht die Konflikte zwischen Trieb und Ich bzw. Ichideal (Überich) durch Überintellektualisierung, durch Grübeln über Leben und Tod, Liebe und Haß, Chaos und Weltordnung zu lösen.

Das Pubertätsalter ist auch der Entwicklungsabschnitt, in dem sich die Jugendlichen normalerweise von ihren Eltern abzulösen beginnen. Sie werden in dieser Zeit hin und her gerissen zwischen ihrer Tendenz, sich von der elterlichen Behütung zu befreien, und ihrem Bedürfnis nach seelischem Halt, nach Anlehnung, nach Anleitung, Hilfe und Rückendeckung durch die Eltern. Ihre Gefühle den Eltern gegenüber sind meist zwiespältig. In dieser Situation beleben sich Ödipus- und Kastrationskomplex wieder. Die Jugendlichen lehnen in diesem Zeitabschnitt etwa den gleichgeschlechtlichen Elternteil ab. Dem andersgeschlechtlichen gilt demgegenüber ihre Zuneigung. Allerdings ist die Gefühlseinstellung dem Geschlechtspartner unter den Eltern gegenüber oft nicht nur ablehnend, sondern ambivalent. Die Heranwachsenden können plötzlich Zuneigung zu ihm verspüren. In der Weiterentwicklung werden die Jugendlichen die Liebe, die sie für den andersgeschlechtlichen Elternteil empfinden, von ihm ablösen und sie meist auf einen Partner übertragen, der sie unbewußt an den Typus der Mutter oder an denjenigen des Vaters erinnert. Lassen wir hier BRUN[49] zu Worte kommen, der in diesem Zusammenhang unter anderem folgendes sagt: »Der Mann sucht im geliebten Weibe unbewußt das Abbild der Mutter, das Weib im Manne, den es lieben wird, das Bild des geliebten und verehrten Vaters... So sucht auch der reife Mann in allen späteren Liebesbeziehungen vielfach immer noch unbewußt die ›Mutter-Imago‹, d. h. das verdrängte Bild der Mutter, während für die Liebeswahl des Weibes meist die ›Vater-Imago‹ maßgebend ist und bleibt...«

Vom Ausgang der in der Pubertät sich abspielenden Triebkonflikte, vom Ausgang der Ablösung vom andersgeschlechtlichen Elternteil und von der schließlichen Art der »Objektfindung« hängt es ab, ob sich eine Persönlichkeit ungestört weiterentwickelt oder nicht.

## 6.2.6 Entwicklungsstörungen des Trieblebens / der Objektbeziehungen

Die Entwicklungsstörungen des Trieblebens entstehen dadurch, daß eine, normalerweise einer früheren Entwicklungsphase angehörige Regung in einer höheren erscheint und in irgendeiner Form der Befriedigung zustrebt.

Es sind also im Grunde genommen infantile Strebungen, die mit Ausbruch der Krankheit in der Pubertät oder später in Erscheinung treten. Dabei kann der Trieb selbst in seiner Entwicklung gestört sein oder aber die Einstellung des Menschen zum Triebobjekt. Im allgemeinen sind jedoch beide Störungen miteinander gekoppelt.

Bleibt ein Individuum auf irgendeiner Stufe der Triebentwicklung fixiert, zeigt sich die bekannte Wiederholungstendenz der Triebe, wobei die sich manifestierenden Triebregungen in der Art der festgehaltenen Entwicklungsstufe auftreten. Je nachdem wird beispielsweise die Taktilität, die Mund- oder die Analzone ihre während der entsprechenden frühkindlichen Entwicklungsstufe eingenommene Stellung beibehalten und für die Betroffenen, bewußt oder unbewußt, eine zentrale Bedeutung zur Triebbefriedigung erlangen statt dem Genitale, wie es bei den ungestört Entwickelten der Fall ist.

So beobachten wir beispielsweise bei den Alkoholkranken eine Fixierung auf der narzißtisch-fusionären und / oder der oralen Stufe der Triebentwicklung. Ihre – orale – Anspruchshaltung an ihre Umgebung und ihr Fusionswunsch mit einem Objekt sind oft derart, daß sie von allen »ernährt« und umhegt zu werden wünschen. Daß sie sich dabei häufig zu kurz gekommen fühlen, liegt auf der Hand. Nicht selten trinken sie, um im Rahmen einer Gruppe von Kumpanen gesellig sein zu können und jene Gefühle »eingeflößt« zu erhalten, zu »spüren«, die sie in ihrer Kindheitsentwicklung entweder nur ungenügend oder übergebührlich erhalten haben. Bei 122 Alkoholkranken, die in der Basler Psychiatrischen Universitätsklinik hospitalisiert worden waren, zeigte sich, daß in der Kindheit bei 8 oder 6,6 % eine gestörte Beziehung zur Mutter vorgelegen hatte oder die Mutter gestorben war, bei 25 oder 20,6 % der Vater fehlte oder die Relation zu ihm gestört war und bei 29 oder 23,7 % beide Eltern ausgefallen waren oder gestörte Beziehungen zu ihren Kindern unterhalten hatten. 2 oder 1,6 % hatten eine verwöhnende Erziehung empfangen (KIELHOLZ, BATTEGAY [144]). – Die narzißtischen und oralen Triebbefriedigungswünsche der Alkoholabhängigen sind unersättlich. Es dürfte kein Zufall sein, daß ein »Schoppen« Bier getrunken wird und die Alkoholkranken gerne »mämmele« (etwas grobes Dialektwort für Alkohol trinken). Auffallend ist in dieser Beziehung, daß die Alkoholiker überdurchschnittlich häufig ältere Frauen heiraten (BATTEGAY [15], IM OBERSTEG [125]). Daß ihr oraler Anspruch nicht befriedigbar ist, zeigt sich schon darin, daß sie trotzdem weiter trinken und, haben sie wieder Alkohol einzunehmen begonnen, nicht mehr aufhören können zu trinken und die Kontrolle über sich selbst verlieren.

Die Triebenergien sind leicht verschiebbar und können, wie wir dargelegt haben, auf andere Ziele abgelenkt bzw. für ein ihnen ursprünglich fremdes Ziel eingesetzt werden. Man spricht in diesem Zusammenhang von einer Sublimierung der Triebe. Bei Störungen im Triebleben geht diese Ablenkbarkeit auf nicht sexuelle Ziele verloren; die nicht veränderte Libido verschiebt sich aber auf andere, nicht sexuelle Organe und Funktionen, wobei dann meist eine Störung dieser Organe und deren Funktionen auftritt, oder es können anscheinend überwundene frühere Triebregungen wieder aufleben. Das Triebleben der betroffenen Kranken kehrt dann zu einer früheren Phase der Entwicklung zurück. Wir nennen diesen Vorgang Regression.

### 6.2.7  Destruktions- oder Todestrieb

FREUD [100] konnte beobachten, daß das Verdrängte oft nicht als Vergangenes erlebt werden kann, sondern als gegenwärtiges Erlebnis in der Beziehung mit dem Psychotherapeuten wiederholt wird. Er spricht in diesem Zusammenhang von einem Wiederholungszwang, der sich im Triebleben des Menschen bemerkbar mache. FREUD sagt dazu u. a. folgendes: »Auf welche Art hängt aber das Triebhafte mit dem Zwang der Wiederholung zusammen? Hier muß sich uns die Idee aufdrängen, daß wir einem allgemeinen, bisher nicht klar erkannten – oder wenigstens nicht ausdrücklich betonten – Charakter der Triebe, vielleicht allen organischen Lebens überhaupt auf die Spur gekommen sind. *Ein Trieb wäre also ein dem belebten Organismus innewohnender Drang zur Wiederherstellung eines früheren Zustandes*...« Und was ist der früheste Zustand, doch wohl derjenige, in dem das, was später organisch wurde, sich noch im anorganischen Zustand befand. Das Endziel soll also, nach FREUD[100] »ein alter, ein Ausgangszustand sein, den das Lebende einmal verlassen hat und zu dem es über alle Umwege der Entwicklung zurückstrebt. Wenn wir es als ausnahmslose Erfahrung annehmen dürfen, daß alles Leben aus *inneren* Gründen stirbt, ins Anorganische zurückstrebt, so können wir nur sagen: *Das Ziel alles Lebens ist der Tod,* und zurückgreifend: *Das Leblose war früher da als das Lebende.*« Mit diesen Überlegungen führte FREUD das Prinzip des *Todestriebs* ein, der nach ihm *Antagonist der Sexual- oder Lebenstriebe* ist.

Ein Problem, das FREUD in diesem Zusammenhang beschäftigte, ist dasjenige des Triebpaares Sadismus/Masochismus und deren Manifestationsformen im Seelenleben. Beide beinhalten das Dominantwerden von Aggressionen, die im einen Fall gegen ein Objekt, im anderen gegen die eigene Person gerichtet sind. FREUD nahm dabei einen Destruktions- oder Aggressionstrieb an.

Wie wir anläßlich der Besprechung der oralen und der analen Phase bereits vermerkten, ist der *Sadismus* eine triebhafte Äußerungsform des oral-analen Entwicklungsabschnittes. Eine frühere Auffassung der Psychoanalyse lautete dahin, daß das Ich bzw. die Ich-Triebe destruktive und aggressive Tendenzen beinhalteten. Als Beweis hierfür wurde u. a. angeführt, daß es zur Bemächtigung eines Objekts, bestehe sie nun in einer Besitzergreifung, in einem verstandesmäßigen Erkennen und Begreifen, einer aggressiv-destruktiven Grundtendenz bedürfe. Nach der Ansicht von BLUM[39] können beide Formen des Destruktionstriebes beobachtet werden, sowohl der oro-anale Sadismus als auch der ichgebundene Zerstörungstrieb. FREUD ordnete nun in einer letzten, zusammenfassenden Schau die Destruktionstriebe dem lebenszerstörenden Prinzip, dem Todestrieb, zu und faßte ihn als Antagonisten zum Eros, zum Liebes- und Lebenstrieb, auf.

Auch der Masochismus wird in dieser Sicht als eine Manifestationsart des Destruktionstriebes angesehen. Es ist das Bedürfnis gewisser Menschen mit gestörter seelischer Entwicklung, wie ein kleines, hilfloses und böses Kind behandelt zu werden. Dabei ist am Ursprung dieser Einstellung oft ein Schuldgefühl, das meist durch eine verständnislose Erziehung in den Entwicklungsjahren hervorgebracht wurde; es soll durch die schmerzhaften und quälerischen Prozeduren gesühnt werden. In den Phantasien von Neurotikern mit gestörtem Sexualleben sind dementsprechend nicht selten Phantasien wach, mißhandelt, geschlagen, beschmutzt, erniedrigt, zum absoluten Gehorsam gezwungen und nicht zuletzt auch kastriert zu werden.

Eine 29jährige Tochter eines Metzgermeisters war durch den Vater bis zu dessen Tod entsetzlich gequält worden, besonders dann, wenn sie zusammen mit der Mutter in seinem Geschäft mithalf. War die Mutter aber abwesend, konnte er bedeutend freundlicher zu ihr sein. Sie fühlte sich ihm dann sehr verbunden. Nachdem sie wegen einer Kleinigkeit mit ihm gestritten hatte, starb er nun aber in ihren Armen an einem Herzinfarkt. Sie war durch das unvermittelte Ableben des Vaters aufs tiefste schockiert. Da er nur Schulden hinterließ, mußte sie aber, wie die Mutter, das Erbe ausschlagen. Unmittelbar darauf erkrankte sie an einer panischen Infarktangst. Sie war überzeugt, wie ihr Vater an einem Myokardinfarkt sterben zu müssen. Ihre Verängstigung wurde schließlich derart, daß sie in die psychiatrische Klinik eintreten mußte. Während der in der Folge mit ihr – vorerst klinisch, dann ambulant – durchgeführten Psychoanalyse machten sich vor allem Schuldgefühle ihrem Vater gegenüber geltend. Sie maß sich unbewußt offensichtlich Schuld an seinem Ableben bei. Er war ja gestorben, nachdem sie mit ihm gezankt und ihn auch früher schon so oft in ihrem Inneren verwünscht hatte. Daneben hatte sie ihn aber auch geliebt. Ihre Schuldgefühle galten dementsprechend auch der Mutter. Sie hatte sich ja in deren Abwesenheit besser mit dem Vater verstanden als in ihrer Präsenz. In einem Traum wurde sie denn auch einmal mit dem Manne einer durch sie als mütterlich erlebten Freundin in deren Abwesenheit intim. Die Schuldgefühle der Patientin äußerten sich in schwersten masochistischen Tendenzen. Hatte sie beispielsweise etwas Angenehmes erlebt, so wurde sie unmittelbar darauf durch schwerste Herzangst und später durch mannigfaltige weitere Ängste, zum Beispiel »überzuschnappen«, gequält. Es war ihr erst möglich, ihre masochistischen Tendenzen als solche zu erkennen, als sie einmal von zwei SS-Männern träumte, die grausam mit ihr verfuhren. In den Einfällen bemerkte sie, daß sie eine mächtige Quälinstanz in sich habe, die ohne weiteres zwei SS-Schergen entspreche. Nicht nur der in ihrem Erleben durch sie verschuldete Tod ihres Vaters, sondern auch ihre, durch sie offensichtlich als sündhaft erlebte Liebe zum Vater, d. h. ihre ödipale Bindung an ihn, hatten ihre masochistische Opferbereitschaft zur Folge. Während einer Phase der Psychoanalyse litt sie unter Blendgefühlen, so daß sie eine dunkle Brille tragen mußte. Wir erinnern uns in diesem Zusammenhang, daß Blendung in den Altkulturen Griechenlands und Israels eine schwerste Bestrafung darstellte. Nach FREUD [100] ist nun die Augenangst ein Ersatz für die Kastrationsangst. Man muß demnach annehmen, daß sich die Patientin wegen ihres – allerdings sehr ambivalenten – »Verhältnisses« zum Vater mit Blendung bestrafte.

FREUD sprach auch von einem dem Menschen zutiefst innewohnenden Urmasochismus; der Säugling zeigt beispielsweise die Tendenz, sich die Finger, das Händchen oder gar die große Zehe in den Mund zu stopfen und daran zu saugen und zu nagen. Es liege also eine primäre Tendenz zur Selbstzerstörung im Bereiche der Wahrscheinlichkeit.

Die Einführung des Todes- und Destruktionstriebes in die Trieblehre fand nicht ungeteilten Beifall. Viele Autoren wenden sich dagegen. So richtet sich zum Beispiel BRUN [49] gegen diese Auffassung. Der Organismus wehre sich bis zum letzten Atemzug gegen den

Tod, sei aber in keiner Weise aktiv an ihm beteiligt. Wo es doch so zu sein scheine, liege in Wirklichkeit entweder eine passive Resignation, ein Sich-Abfinden mit dem Tode oder ein pathologischer Triebvorgang vor (Askese, Suizid usw.). Gerade der Selbstmord, der von den Anhängern der Todestriebhypothese gerne als Beweis ihrer Richtigkeit angeführt werde, sei relativ so selten, daß er doch wohl kaum als Äußerung eines normalen, in allen Lebewesen wirkenden Primärtriebes angesehen werden könne.

Eine Untersuchung an 58 Drogenabhängigen und 213 Alkoholkranken, die in der Basler Psychiatrischen Universitätsklinik hospitalisiert waren, in der wir die Beziehungen zwischen Sucht und Suizid analysierten, scheint ebenfalls FREUDS Annahme eines Todestriebes zu widerlegen (BATTEGAY [17]). So fanden wir unter anderem, daß die Altersverteilungskurve der von uns untersuchten süchtigen Suizidversuchspatienten einen Altersgipfel zwischen dem 31. und dem 40. Lebensjahr aufweist. Die Altersverteilung unterschied sich damit von einem Kollektiv unausgewählter Selbstmordversuchspatienten (THILGES und BATTEGAY [219] u. a.), die ihre tentamina suicidii gehäuft zwischen dem 21. und dem 30. Lebensjahr ausführen. Toxikomane und Alkoholkranke versuchen demnach vorerst mit dem Suchtmittel, über ihre Konflikte hinwegzukommen. Erst wenn sie das Vergebliche ihres Bemühens erkennen, legen sie Hand an sich. Dazu kam, daß im Leben von nahezu der Hälfte der Drogenabhängigen und etwa einem Viertel der Alkoholiker mehr als ein Suizidversuch zu verzeichnen war. Aus unseren Untersuchungsresultaten geht hervor, daß diese Patienten in ihrer Verzweiflung offenbar alles versuchten, um nicht Hand an sich legen zu müssen. Es war zutiefst ihr Wunsch, mit Hilfe des Suchtmittels in eine andere, bessere Welt hineinzugeraten. Auch die häufige Wiederholung der Suizidhandlungen deutet darauf hin, daß diese Patienten im Grunde gehofft haben, durch ihre Tat ihre Umwelt zu mobilisieren und damit in eine »andere Welt«, ein »diesseitiges Jenseits« (BATTEGAY [26b]), in und mit ihrer leib-seelischen Existenz, zu gelangen. Wir haben uns mit unzähligen Patienten nach Suizidversuchen unterhalten, auch mit nicht-süchtigen, und dabei kaum je bemerken können, daß diese

Menschen tatsächlich und endgültig ihr Leben auszulöschen wünschten. Es ging ihnen weit mehr darum, sich einen anderen, neuen Zugang zum Dasein zu verschaffen. Da den Nicht-Süchtigen aber der Ausweg aus der oralen Ersatzhandlung nicht offensteht, kommt es bei ihnen bereits 10 Jahre früher zum Suizidversuch. Doch ändert diese Tatsache nichts daran, daß zumindest die Mehrzahl dieser Patienten im Grunde, in veränderten Bezügen, weiterleben und nicht etwa um jeden Preis den Tod erleiden wollen.

### 6.2.8  Kritiker der Freudschen Trieblehre

In seinen »Erinnerungen, Träume, Gedanken« äußert sich JUNG [133] etwa sarkastisch über die Zentrierung FREUDS auf die Sexualität. Er schreibt darin über eine Begegnung mit FREUD u. a. folgendes:

»Es war unverkennbar, daß die Sexualtheorie FREUD in ungewöhnlichem Maße am Herzen lag. Wenn er davon sprach, wurde sein Ton dringlich, fast ängstlich, und von seiner kritischen und skeptischen Art war nichts mehr zu bemerken. Ein seltsam bewegter Ausdruck, dessen Ursache ich mir nicht erklären konnte, belebte dabei sein Gesicht. Das machte mir einen starken Eindruck: die Sexualität bedeutete ihm ein Numinosum. Mein Eindruck wurde bestätigt durch ein Gespräch, das etwa drei Jahre später (1910) wiederum in Wien stattfand. – Ich erinnere mich noch lebhaft, wie FREUD zu mir sagte: ›Mein lieber Jung, versprechen Sie mir, nie die Sexualtheorie aufzugeben. Das ist das Allerwesentlichste. Sehen Sie, wir müssen daraus ein Dogma machen, ein unerschütterliches Bollwerk.‹ Das sagte er zu mir mit voller Leidenschaft und in einem Ton, als sage ein Vater: ›Und versprich mir eines, mein lieber Sohn: geh jeden Sonntag in die Kirche.‹ Etwas erstaunt fragte ich ihn: ›Ein Bollwerk – wogegen?‹ Worauf er antwortete: ›Gegen die schwarze Schlammflut –‹ hier zögerte er einen Moment, um beizufügen: ›des Okkultismus.‹ Zunächst war es das ›Bollwerk‹ und das ›Dogma‹, was mich erschreckte; denn ein Dogma, d. h. ein indiskutables Bekenntnis, stellt man ja nur dort auf, wo man Zweifel ein für alle Mal unterdrücken will. Das hat aber mit wissenschaftlichem Urteil

nichts mehr zu tun, sondern nur noch mit persönlichem Macht-
trieb.«

Hier müssen wir JUNG entgegen- und FREUD zugute halten, daß
er es mit dem Mut seines Einsatzes für die Sexualität immerhin dazu
brachte, ein Tabu zu brechen und Licht in den Triebbereich zu bringen, der vorher noch beinahe vollkommen im Dunkel lag.

Auch ADLER hat FREUDs Trieblehre, die zum Zentrum der
Psychoanalyse wurde, nicht akzeptiert. Wie sich die Wege JUNGS,
der sich mit seiner Analytischen (Komplexen) Psychologie besonders für die von FREUD weniger beachteten okkulten Sphären in unserer Psyche interessierte, vom Meister trennten, so löste sich auch
ADLER vom engeren psychoanalytischen Kreis ab und gründete
1911 eine Schule, die *Individualpsychologie*. ADLERs Interesse galt
besonders den sozialen Beziehungen des Individuums und dem
menschlichen Zusammenleben. ADLERs Betrachtungsweise war im
Gegensatz zur FREUDschen kausalen eine finale. Auch in der Auffassung der Sexualität waren die Ansichten ADLERs und seines
früheren Lehrers verschieden. Er erblickte in der Sexualität des
Menschen hauptsächlich einen Ausdruck seiner Beziehung zu den
Mitmenschen.

Eine Art der Fehlanpassung – für ADLER[5] war naturgemäß die
Anpassung eines Menschen an seine mitmenschliche Umwelt ein
wesentliches Kriterium – belegte er mit dem Ausdruck »männlicher
Protest«, den er im Jahre 1910 geprägt hat. Er faßte unter diesem
Begriff alle die Strebungen zusammen, die aus dem Gefühl ent-
sprangen, nicht oder nicht genügend männlich zu sein und die
Macht als Überkompensation verwenden zu müssen. Bei Frauen
bedeute dieser Protest oft eine Kompensation ihres in unserem Kulturkreis, in dem Männer noch immer für berufliche Aufgaben be-
vorzugt werden, bestehenden Insuffizienzgefühls. ADLER benützte
in späteren Jahren diesen Ausdruck seltener und beschränkte ihn auf
die Frauen, die gegen ihre Geschlechtsrolle in Protest stehen. Ein
solcher Protest zeige sich in sexuellen Störungen und in einem eher
für Männer passenden Verhalten. Bleibe der »männliche Protest«
während längerer Zeit bestehen, so sei er Zeichen einer fortgesetzten
Fehlanpassung, einer Neurose.

Zu den Kritikern der FREUDschen Trieblehre zählt auch MEDARD BOSS [44] mit seiner Daseinsanalyse, der, im Unterschied zu den Psychoanalytikern, die Assoziationen der Analysanden wie auch deren Träume in ihren offenbaren Bedeutsamkeiten verstehen und nicht gemäß vermuteten unbewußten Zusammenhängen deuten wollte. Es gilt in der Daseinsanalyse, sich durch das Gesagte und Geträumte, wie es sich bietet, direkt ansprechen zu lassen. In dieser Sicht können klassische Deutungen, die auf der psychoanalytischen Theorie des Unbewußten ruhen, Fehldeutungen darstellen.

# 7 Traumlehre

Wenn wir über den Traum sprechen wollen, müssen wir uns kurze
Zeit auch über den Schlaf unterhalten. – In Untersuchungen von
DEMENT und KLEITMAN[54a] über den Schlaf konnte gezeigt werden,
daß Schlafphasen auftreten, in denen nicht etwa die seelische Aktivität ruht, sondern im Gegenteil in vollem Gange ist. Und zwar treten
diese Zustände während der Nacht wiederholt für etwa eine halbe
Stunde auf. Sie sind gekennzeichnet durch ein Elektroenzephalo-
gramm, das nicht dem gewohnten Schlafbild entspricht, sondern
Hinweise für eine hohe Gehirnaktivität enthält. Die Forscher bezeichnen diese Phasen als REM-Schlaf (Rapid Eye Movements) – es
werden in diesen Schlafphasen rasche Augenbewegungen beobachtet – oder als sogenannten paradoxen Schlaf. Die Bezeichnung ist
nur insofern gut, als während dieser Zeiten ein Elektroenzephalo-
gramm auftritt, das demjenigen im Wachzustand ähnlich sieht. Es
sind aber gerade die Schlafphasen, in denen stärkere Sinnesreize verwendet werden müssen, um einen Menschen zu wecken. Es ist, als
ob seine Sinne nach innen gerichtet wären. Die Phase des paradoxen
Schlafs ist, wie man durch Wecken von Schlafenden festgestellt hat,
diejenige, in der offenbar intensiv geträumt wird. Doch wird, nach
neueren Untersuchungen zu schließen, auch in anderen Phasen des
Schlafes geträumt. Dabei ist die Frage offen, ob die Traumqualität
der verschiedenen Phasen die gleiche ist. Es scheint, als ob in der
REM-Phase eine besondere Fähigkeit bestehe, längerdauernde sze-
nische Träume vollständig zu engraphieren. Dieser Umstand macht
auch ihre totale Ekphorie möglich. Wie FREUD, ohne Kenntnis dieser modernen Forschungsresultate, erkannte, ist der Traum für das
Seelenleben des Menschen wichtig, da sich darin eine psychische

Aktivität abspielt, die das am Tage oder in der Vorgeschichte Erlebte weiter vollzieht, neu strukturiert und verbindet und, in verschlüsselter Traumsprache, oft neue Lösungen alter Fragen offeriert. FREUD[75] sagt sogar expressis verbis: »Daß alles Material, das den Trauminhalt zusammensetzt, auf irgendeine Weise vom Erlebten abstammt, also im Traum reproduziert, erinnert wird, dies wenigstens darf uns als unbestrittene Erkenntnis gelten. Doch wäre es ein Irrtum anzunehmen, daß ein solcher Zusammenhang des Trauminhaltes mit dem Wachleben sich mühelos als augenfälliges Ergebnis der angestellten Vergleichung ergeben muß. Derselbe muß vielmehr aufmerksam gesucht werden und weiß sich in einer ganzen Reihe von Fällen für lange Zeit zu verbergen. Der Grund hierfür liegt in einer Anzahl von Eigentümlichkeiten, welche die Erinnerungsfähigkeit im Traume zeigt und die, obwohl allgemein bemerkt, sich doch bisher jeder Erklärung entzogen haben.«

Seit Menschengedenken ist indes bekannt und vor allem durch C. G. JUNG und seine Schule immer wieder hervorgehoben worden, daß sich im Traumgeschehen nicht nur die individuelle Lebensgeschichte widerspiegelt, sondern ebensosehr ein archetypischer, überindividueller Gehalt. Es ist dementsprechend kein Zufall, daß einzelne Traumsymbole oder gar ganze Träume seit Jahrtausenden immer wieder die Schlafenden bewegen und somit davon künden, daß gewisse Bereiche im menschlichen Unbewußten kollektiv angelegt sind. Da besonders diese überpersönlichen, »großen« Träume die Menschen schon immer beschäftigten, hat es seit eh und je auch Traumdeutung gegeben. Berufstraumdeuter, Priester, Ärzte, Dichter, Okkultisten und Philosophen haben sich mit dem Problem des Traumes beschäftigt, und es ist wohl kaum ein größerer Geist an diesem Problem vorbeigegangen. Auch das Volk hat nie vom Glauben abgelassen, daß ihm Träume etwas zu sagen hätten. So beobachten wir unter älteren Patientinnen auch heute nicht selten, daß sie von vornherein an einen weissagenden Gehalt der Träume glauben und auch von den Traumbüchern ihrer Eltern und Großeltern berichten. Das Verdienst FREUDS ist es, die Traumdeutung auf eine wissenschaftliche Grundlage gestellt zu haben. FREUD[75] erkannte die ungeheure Wichtigkeit des Traumes als Sprache des Unbewußten. Er sagt in diesem Zusammenhang wörtlich: »Die Traumdeutung aber ist die Via regia zur Kenntnis des Unbewußten im Seelenleben.« Er fand die Traumprobleme auf seinem Wege, während er bemüht war, Psychoneurosen zu heilen, wobei die Kranken unter anderen Vorfällen ihm jeweils auch über Träume berichteten, die nach Einreihung in einen Sinnzusammenhang zwischen Leidenssymptom und auslösenden psychischen Faktoren verlangten. Das Traumproblem rückte jedoch erst dann in den Mittelpunkt seines wissenschaftlichen Interesses, als er den Weg der Selbstanalyse einschlug und sich selbst bzw. seine unbewußten Regungen in seinen Träumen zu erkennen versuchte. Dabei bemerkte er nun auch, daß die psychische Realität nicht etwa nur, wie er anfänglich annahm, aus den einmal erlebten äußeren Geschehnissen heraus erwächst, sondern vielmehr eine andersartige Welt darstellt. Er sagt dazu, »daß die psychische Realität eine besondere Existenzform ist, welche mit der materiellen Realität nicht verwechselt werden soll«.

Wie BALLY[12] betont, ist aber FREUD nicht, wie er selbst glaubte, unbefangen an den Traum herangegangen, denn er gliederte ihn in die Reihe psychopathologischer Bildungen wie die hysterischen, die Zwangs- und die Wahnphänomene ein und betrachtete ihn demgemäß als eine Abkehr von der realitätsgerechten Haltung, welche ausschließlich in der Lage sei, die Außenweltsanforderungen zu meistern. Dabei wissen wir heute, wie wesentlich gerade auch das im Traume in Erscheinung tretende unbewußte Potential für die Lebensbewältigung ist. Doch sind FREUDS Verdienste um die Traumerfassung dessenungeachtet groß, da er die Grundprinzipien, auf die bei der Traumdeutung zu achten ist, im wesentlichen erkannt und damit entscheidend zu einem vertieften Verständnis des Menschen beigetragen hat.

## 7.1 Tagträume

In den sogenannten Tagträumen haben wir Erscheinungen, die in ihrem Wesen den Träumen nahekommen und uns deshalb auch einen Zugang zum Verständnis des Traumgeschehens liefern können:

1. Wir erkennen in den Tagträumen, die besonders bei pubertierenden Jugendlichen schon normalerweise, gehäuft bei konfliktbehafteten Heranwachsenden, auftreten, *eine Folge der Innenwendung*. Die Pubertät ist die Zeit, in der das Ich neu entdeckt wird. Es ist dem Jugendlichen nicht mehr so selbstverständlich wie dem Kinde, und es erfolgt deshalb die Wendung des Blickes nach innen.

2. Das Tagträumen stellt eine *irreale Wunscherfüllung* dar. Befindet sich der Heranwachsende, ob Kind oder Jugendlicher, in einer affektiven Spannung infolge eines Konfliktes, so besteht die Möglichkeit des Ausweichens in den Bereich der Irrealität und des Tagträumens.

3. Es kann das Tagträumen auch ein *spielerisches Vorausnehmen der Wirklichkeit* darstellen. Der Jugendliche spielt in der Phantasie des Tagträumens Rollen, die er noch nicht in der äußeren Realität zu spielen vermag.

4. In den Tagträumen manifestieren sich die *schöpferischen Potenzen* der kindlichen oder jugendlichen Psyche. Es entfalten sich diese Träumereien frei in der Seele und werden nicht durch die äußere Wirklichkeit zurückgebunden. In diesen utopischen Phantasien liegt eine wesentliche Kraft für die späteren Erwachsenen begründet, wobei allerdings das spätere Schöpfen den äußeren Gegebenheiten wird Rechnung tragen müssen. Wäre aber im Kindesalter nie die schöpferische seelische Phantasie frei entfaltet worden, so wäre sie wahrscheinlich auch nicht in der Lage, im Erwachsenenleben irgendeine, wenn auch gebundene, schöpferische Wirksamkeit auszuüben.

5. Nach KOBI[147] spiegelt sich in den Tagträumen auch eine *eidetische Begabung* wider, wobei wir darunter die Fähigkeit verstehen, einmal gesehene Bilder nach einer mehr oder weniger langen

Zeitspanne mit einer beinahe halluzinatorischen Deutlichkeit und Genauigkeit vor dem sogenannten inneren Auge wieder aufleuchten zu lassen.

FREUD[89] sagt nun, daß mit dem Einsetzen des Realitätsprinzips in der Entwicklung eine Art Denktätigkeit abgespalten werde, die von der Realitätsprüfung frei gehalten bleibe und allein dem Lustprinzip unterworfen sei. »Es ist das Phantasieren, welches bereits mit dem Spielen der Kinder beginnt und später als *Tagträumen* fortgesetzt die Anlehnung an reale Objekte aufgibt.« Trete diese Ablösung von der Realität im Erwachsenenalter auf, so stelle sie eine Regression oder eine Stagnation auf kindlicher oder jugendlicher Stufe, nämlich auf der Stufe des Lust-Ichs bzw. der bedingungslosen Wunscherfüllung, und damit eine Abkehr vom Realitätsprinzip dar.

Die erwähnten Merkmale der Tagträume zu kennen, ist deshalb so wichtig, weil der unabhängig von der Realität eintretende Lustgewinn, d. h. die irreale Wunscherfüllung, das spielerische Vorausnehmen der Wirklichkeit, das freie psychische Schöpfen uns auch in den Träumen entgegentritt. Nach FREUD[97] sind Tagträume Kern und Vorbilder der nächtlichen Träume. »Der Nachttraum ist im Grunde genommen nichts anderes als ein durch die nächtliche Freiheit der Triebregungen verwendbar gewordener, durch die nächtliche Form der seelischen Tätigkeit entstellter Tagtraum.«

DESOILLE[54b], LEUNER[157b], SCHORR[195a] u. a. haben psychotherapeutische Methoden entwickelt, die mit dem gelenkten Wachtraum zum Teil eine kathartische Entladung unbewußter Konflikte, zum Teil deren Erhellung intendieren und damit den Betroffenen Erleichterung und Einsicht verschaffen wollen.

## 7.2 Traumpsychose

FREUD[105] vergleicht den Traum auch mit dem Zustand einer Psychose, da beide für ihn das Charakteristikum der Abkehr von der äußeren Realität beinhalten. Er sagt dazu folgendes: »Der Schlafzustand stellt eine Abwendung von der realen Außenwelt her,

und damit ist die Bedingung für die Entfaltung einer Psychose gegeben... Aber in der Psychose wird die Abwendung von der Realität
auf zweierlei Weise hervorgerufen, entweder indem das Unbewußt-
Verdrängte überstark wird, oder weil die Realität so unerträglich
leidvoll geworden ist, daß sich das bedrohte Ich in verzweifelter
Auflehnung dem unbewußten Triebhaften in die Arme wirft. Die
harmlose Traumpsychose ist die Folge einer bewußt gewollten, nur
zeitweiligen Zurückziehung von der Außenwelt, sie schwindet auch
mit der Wiederaufnahme der Beziehungen zu dieser.« Allerdings
müssen wir hier FREUD im Lichte neuerer tiefenpsychologischer Erkenntnisse über die Psychosen sagen, daß bei den Psychotikern kein
Realitätsverlust auftritt, sondern infolge ihrer emotionalen und kognitiven Vulnerabilität (ZUBIN und SPRING[226]) und dem dadurch gegebenen mangelnden Reizschutz deren Ich einer Dauerüberflutung
mit Reizen ausgesetzt ist, die es nicht zu verarbeiten vermag und in
einer Art Bewältigungsversuch zu – für die Betroffenen »erklärba-
ren« – Wahnvorstellungen und -ideen verarbeitet.


## 7.3  Traum und Wunscherfüllung

Der Traum stellt eine seelische Aktivität dar, in der unbewußte Strebungen und Wünsche das Bewußtsein erreichen, wobei diese Tendenzen dazu angetan sein könnten, den Schlafenden zu wecken, allerdings nur wenn sie keiner Kontrolle unterzogen wären. Diese
Kontrolle der unbewußten Strebungen und Wünsche ist gerade eine
wesentliche Aufgabe des Traumes. Durch sie werden die Wunschregungen nur in entstellter Form erfüllt, so daß der Schlaf fortgesetzt
werden kann. Nach ROSKAMP[191] führt der Traum »also zu einer
begrenzten Spannungsabfuhr«. FREUD[75] bezeichnet daher den
Traum als den »Wächter des Schlafes«. Erinnern wir uns nach dem
Aufwachen an einen Traum, so ist indes nicht ohne weiteres ersichtlich, daß im Traum eine Wunscherfüllung eingetreten ist. Der *manifeste Trauminhalt* ist oft ein scheinbar unzusammenhängendes,
sinnloses Gebilde. Mit Hilfe der von FREUD inaugurierten Methode
des *freien Assoziierens* gelingt es dann aber, den *latenten Traumge-*

*danken* zu erkennen. Damit wird es möglich, den Sinn des Traumes und die Wunscherfüllung darin zu erkennen. Doch muß das Material, das in den freien Assoziationen gewonnen wird, erst noch *gedeutet* werden, damit es erfaßt werden kann. Es wird, mit anderen Worten, die Traumsprache in die Sprache des Wachlebens übersetzt. Die seelische Aktivität, die den hintergründigen, latenten Traumgedanken entstellt und ihn zum manifesten Traum gestaltet, nennen wir *Traumarbeit*. In der Traumdeutung oder Traumanalyse bemühen wir uns umgekehrt um die Verwandlung des manifesten Trauminhaltes in den latenten Traumgedanken, wobei wir ihn allerdings in unserer alltäglichen Sprache zu formulieren suchen. Die Wunscherfüllung, von der wir gesprochen haben, offenbart sich im Traume häufig nicht in der Art eines bewußt lustvollen Erlebens. Dabei müssen wir uns vergegenwärtigen, daß in unserer Psyche eine Instanz ist, die nicht nur die Wunschregungen zensuriert, sondern etwa Selbstbestrafungstendenzen vertritt, die dann im Traume, von Angst begleitet, zum Vorschein kommen können. – Bei der noch zu besprechenden Traumzensur wird sich herausstellen, daß sich in ihr die (später ebenfalls noch zu behandelnde) Instanz des Überichs bzw. des Ichideals manifestiert.

So kann zum Beispiel ein sehr gewissenhafter, arbeitsamer und immer auf die Befriedigung seiner Vorgesetzten bedachter Patient darüber berichten, daß er im Traum von seinem Arbeitgeber gerügt worden sei, weil er ein schmutziges Fenster zu langsam gereinigt habe. Schließlich sei er sogar fortgeschickt worden. Der Patient, dessen tiefster Wunsch es vielleicht gewesen wäre, in seiner Berufsarbeit und in seinem Leben überhaupt nicht stets nur den Anforderungen der anderen entgegenzukommen, sondern mit vollem Recht auch seinen eigenen Anliegen zu leben und gemäß einem ihn nicht überfordernden Rhythmus zu arbeiten, wird nun im Traume, offensichtlich durch sein überstrenges Überich, bestraft. Es ist also hier die Versagung der Wunscherfüllung – durch das Überich –, die in diesem Traume zum Ausdruck kommt.

## 7.4 Tagesrest, Verschiebung, Verdichtung

Wie auch in dem erwähnten Beispiel zu erkennen ist, wirken gewisse Tageserlebnisse bei der Gestaltung der Träume mit. Die Tagesreste sind nicht nur äußere Ereignisse, sondern auch innere Erlebnisse, wie beispielsweise Sorgen, Befürchtungen usw. Doch sind nur jene Tagesreste an einem Traum beteiligt, die sich mit gewissen unbewußten Gedanken, Konflikten, Strebungen oder Wünschen verbinden.

Eine Patientin, die an der feierlichen Einweihung eines neuen Geschäftshauses ihrer Firma zugegen war, selber aber in ihrem Leben noch nie jene liebende Zuwendung und Anerkennung, die sie sich seit eh und je ersehnte, erfahren durfte, träumt, daß anläßlich eines Geschäftsfestes der Koch ausgefallen sei. Sie bedient nun im Traum die gesamte Gesellschaft, geht von einem Beteiligten zum anderen und liest sorgfältig aus dem Zubereiteten für jeden aus. Doch muß sie bald erkennen, daß ihr das Essen nicht ausreicht, um alle zu sättigen, und sie erwacht bedrückt. – Die Patientin, die sich, wie erwähnt, seit Kindheit als ungenügend geliebt erlebte, will nun die Liebe der Umwelt erreichen, indem sie alle Beteiligten ernährt. Doch es gelingt ihr nicht. Der Traum bedient sich also eines Tagesrestes, nämlich der Einweihung des neuen Hauses. Es kam aber nur deshalb dazu, weil die Patientin sich so sehr ein neuartiges Dasein, ein neues Haus wünschte, in dem jene Liebe Einzug gehalten hätte, deren sie bisher so sehr entbehrte.

Der Tagesrest, der im manifesten Trauminhalt in Erscheinung tritt, ist aber nicht selten nur ein relativ wenig wichtiger Anteil des Tagesgeschehens. Der latente Trauminhalt beschäftigt sich demgegenüber mit bedeutungsvolleren Geschehnissen des Vortages. Das gleichgültige Erlebnis, das im manifesten Trauminhalt zum Vorschein kommt, ist dementsprechend nur ein Stellvertreter des psychisch zentraleren Geschehens. Es findet also eine *Verschiebung* statt von bedeutungsvollen nach bedeutungslosen Inhalten, die es aber infolge ihrer scheinbaren Bedeutungslosigkeit leichter haben, die

Traumzensur, die das Abschirmen des Bewußten vom Unbewußten bezweckt, zu überlisten. Allerdings wird damit die am Ursprung stehende affektintensive Regung an der Bewußtwerdung gehindert, verdrängt, und nur das Gleichgültige verschafft sich Zutritt zu der Sphäre des Bewußten. FREUD[76] sagt zum Vorgang der *Verschiebung* u. a. folgendes: »*Während der Traumarbeit übergeht die psychische Intensität von den Gedanken und Vorstellungen, denen sie berechtigterweise zukommt, auf andere, die nach meinem Urteil keinen Anspruch auf solche Betonung haben.* Kein anderer Vorgang trägt so viel dazu bei, um den Sinn des Traumes zu verbergen und mir den Zusammenhang von Trauminhalt und Traumgedanken unkenntlich zu machen. Während dieses Vorganges, den ich die *Traumverschiebung* nennen will, sehe ich auch die psychische Intensität, Bedeutsamkeit oder Affektfähigkeit von Gedanken sich in sinnliche Lebhaftigkeit umsetzen... gerade in einem undeutlichen Traumelement kann ich aber oft den direktesten Abkömmling des wesentlichen Traumgedankens erkennen. – Was ich Traumverschiebung genannt habe, könnte ich auch als *Umwertung der psychischen Wertigkeiten* bezeichnen.«

Sprechen wir vom Begriff der Verschiebung, so schließen wir eigentlich schon den Begriff der *Verdichtung* mit ein. Wird, wie wir dargelegt haben, der Akzent entlang einer Assoziationskette verschoben, so werden oft einzelne Elemente ausgelassen, und deren Energien heften sich nun an ein Element, das gänzlich belanglos sein kann. Das unbedeutende Element kann so zum Stellvertreter mehrerer wichtiger latenter Traumgedanken werden, die im manifesten Trauminhalt nicht vorhanden sind. Der Traum bzw. dessen Elemente sind also auch das Resultat einer Verdichtungsarbeit.

FREUD[75] berichtet als Beispiel über folgenden Traum:

»Ich habe eine Monographie über eine (unbestimmt gelassene) Pflanzenart geschrieben. Das Buch liegt vor mir, ich blättere eben eine eingeschlagene farbige Tafel um. Dem Exemplar ist ein getrocknetes Spezimen der Pflanze beigebunden.«

Das augenfälligste Element dieses Traumes ist die *botanische Monographie*. Diese stammt aus den Eindrücken des Traumtages, in
einem Schaufenster einer Buchhandlung hatte ich tatsächlich die
*Monographie über die Gattung ›Zyklamen‹* gesehen. Die Erwäh-
nung dieser Gattung fehlt im Trauminhalt, in dem nur die Monographie und ihre Beziehung zur Botanik übrig geblieben sind. Die ›botanische Monographie‹ erweist sofort ihre Beziehung zu der *Arbeit
über Kokain*, die ich einmal geschrieben habe; vom Kokain aus geht
die Gedankenverbindung einerseits zur Festschrift und zu gewissen
Vorgängen in einem Universitätslaboratorium, anderseits zu meinem Freund, dem Augenarzt DR. KÖNIGSTEIN, der an der Verwer-
tung des Kokains seinen Anteil gehabt hat. An die Person des Dr. K.
knüpft sich weiter die Erinnerung an das unterbrochene Gespräch,
das ich abends zuvor mit ihm geführt, und die vielfältigen Gedanken
über die Entlöhnung ärztlicher Leistungen unter Kollegen. Dieses
Gespräch ist nun der eigentliche aktuelle Traumerreger; die Monographie über Zyklamen ist gleichfalls eine Aktualität, aber indiffe-
renter Natur; wie ich sehe, erweist sich die ›botanische Monographie‹ des Traumes als ein *mittleres Gemeinsames* zwischen beiden
Erlebnissen des Tages, von dem indifferenten Eindruck unverändert
übernommen, mit dem psychisch bedeutsamen Erlebnis durch ausgiebigste Assoziationsverbindungen verknüpft.« Soweit FREUDS
Verdichtungsbeispiel.

Das Phänomen der Verschiebung und Verdichtung führt zu einer
Reihe von Charakteristika des manifesten Traumes: So kann zum
Beispiel im Traum ein Mensch durch einen anderen ersetzt werden,
weil etwa die Haarfarbe der beiden gleich ist, oder weil beide zur
selben Zeit vom Träumer gesehen wurden. Es wird im Traum nicht
immer scharf zwischen den Objekten unterschieden. Ein Teil kann
für das Ganze in Erscheinung treten oder umgekehrt, eine Situation
kann eine andere ersetzen, gleichgültig wie sie zusammengehören.
Wie NUNBERG [179] betont, kümmert sich der Traum nur um die Eignung für plastische Darstellung.

Das Traumdenken richtet sich also nicht nach den Gesetzen der
Logik, sondern es wird von den Prozessen der Verschiebung und
der Verdichtung beherrscht. Da diese Denkart für die Angehörigen

von Primitivkulturen und für Kinder typisch ist, wird sie als *Primärvorgang* bezeichnet. Dieser Primärvorgang vollzieht sich außerhalb des Bewußten, auch dann, wenn er, wie im Traum, an das Bewußte herangetragen wird. Der Primärvorgang gehört dementsprechend den unbewußten Vollzügen an.

## 7.5  Wunscherfüllung, Zensur, Entstellung im Traum

Infantile Wünsche, die in der Entwicklung Versagungen erfuhren, können im Traum etwa zum Vorschein kommen und eine halluzinatorische Erfüllung erfahren. Die früher abgewehrten Regungen bleiben – unbewußt – wirksam. Die Instanz, die sie vom Bewußten abhält und sie in das Unbewußte *verdrängt*, nennt FREUD *Zensur*. Während des Schlafes ist nun diese Instanz gelockert. Es wird deshalb mehr an Verdrängtem zum Bewußten zugelassen als im Wachzustand. Da der Schlaf aber nach FREUD ohnehin eine Abwendung von der Realität darstellt, kann sich die Zensur diese Lockerung ihrer Tätigkeit zur Nachtzeit leisten.

FREUD[75] äußert hierzu noch weitere Gedanken: »... wenn sich der kritische Wächter zur Ruhe begibt – wir haben die Beweise dafür, daß er doch nicht tief schlummert –, so schließt er auch das Tor zur Motilität. Welche Regungen aus dem sonst gehemmten Unbewußten sich auch auf dem Schauplatz tummeln mögen, man kann sie gewähren lassen, sie bleiben harmlos, weil sie nicht imstande sind, den motorischen Apparat in Bewegung zu setzen, welcher allein die Außenwelt verändernd beeinflussen kann. Der Schlafzustand garantiert die Sicherheit der zu bewachenden Festung.«

FREUD weist darauf hin, daß zwar Träume beobachtet werden können, welche unverhüllte *Wunscherfüllungen* sind. Doch sind die Wunscherfüllungen meist verhüllt oder gar unkenntlich. Es muß eine Tendenz zur Abwehr gegen sie vorhanden sein, die dazu führt, daß sie nur *entstellt* zum Ausdruck kommen.

Die erwähnte *Traumentstellung* stimmt weitgehend mit dem Phänomen der Zensur überein. Es sind dementsprechend ähnliche Bedingungen für beide vorauszusetzen. FREUD[75] sagt in diesem Zusammenhang folgendes: »Wir dürfen also als die Urheber der Traumgestaltung zwei psychische Mächte (Strömungen, Systeme) im Einzelmenschen annehmen, von denen die eine den durch den Traum zum Ausdruck gebrachten Wunsch bildet, während die andere eine Zensur an diesem Traumwunsch übt und durch diese Zensur eine Entstellung seiner Äußerung erzwingt.«

Fragen wir uns nun, wie und – vereinfacht ausgedrückt: topisch betrachtet – wo diese Instanz wirkt, so gibt uns FREUD[75] hierauf wieder Antwort: »Wenn wir uns erinnern, daß die latenten Traumgedanken vor der Analyse nicht bewußt sind, der von ihnen ausgehende manifeste Trauminhalt als bewußt erinnert wird, so liegt die Annahme nicht ferne, das Vorrecht der... Instanz sei eben die Zulassung zum Bewußtsein.«

Die Zensurinstanz, unter der die Traumbildung entsteht, ist aber keine besondere, nur im Traum sich manifestierende Größe. Sie ist vielmehr dem – im Traumzustand in dieser Art und Weise zur Geltung kommenden – Überich bzw. Ichideal, das wir noch besser kennenlernen werden, gleichzusetzen.

FREUD[75] bemerkt wörtlich: »Unter dieser Zensur stellen wir uns aber keine besondere Macht vor, sondern wählten diesen Ausdruck für die den Traumgedanken zugewandte Seite der das Ich beherrschenden, verdrängenden Tendenzen. Gehen wir in die Struktur des Ichs weiter ein, so dürfen wir im Ichideal und den dynamischen Äußerungen des Gewissens auch den *Traumzensor* erkennen.«

Selbst im Schlafzustand wirkt die Überich-Instanz – als Zensur – also weiter. Auch dann soll das Ich vor den verdrängten infantilen Wünschen behütet werden. Deshalb kommen die Traumgedanken nur verstellt zum Bewußtsein, so daß die Ruhe des Schläfers und das Bewußte doch nicht gestört werden.

## 7.6 Traumarbeit

Die durch die Zensur bedingte Verhüllungstätigkeit, durch die *latente Traumgedanken in manifeste Trauminhalte* umgewandelt werden, nennt FREUD[75] *Traumarbeit*. Er sagt hierzu u. a. folgendes: »... der Trauminhalt erscheint uns als eine Übertragung der Traumgedanken in eine andere Ausdrucksweise... Der Trauminhalt ist gleichsam in einer Bilderschrift gegeben, deren Zeichen einzeln in die Sprache der Traumgedanken zu übertragen sind. Man würde offenbar in die Irre geführt, wenn man diese Zeichen nach ihrem Bildwert anstatt nach ihrer Zeichenbeziehung lesen wollte.«

Doch ist es nicht leicht, die latenten Traumgedanken zu enthüllen. Es sind gleichzeitig mehrere Kräfte an der Traumbildung beteiligt. Die Traumelemente sind heterogen. Es beteiligen sich:

1. *die vorbewußten Tagesreste,*
2. *die unbewußten Wunschregungen,*
3. *die im Schlafzustand zwar gelockerte, aber doch noch wirksame »Zensur«.*

Die Traumarbeit verwendet diese Konstituenten und integriert sie zum manifesten Trauminhalt. Es gelingt ihr dieser Prozeß dadurch, daß sie die Zensur lockert, ohne den Schlaf zu stören. Die besonders durch die Stillegung der Motilität während des Schlafes mögliche Milderung der Zensur führt zu einer Intensivierung des Austausches zwischen Unbewußtem und Vorbewußtem. Die Traumarbeit basiert indes auf unbewußtem Geschehen. Sie geht daher mit den Gesetzmäßigkeiten vor sich, die wir zum Teil – in der Verdichtung und Verschiebung – schon kennengelernt haben.

»Außer den beiden Momenten der Traum*verdichtung* und der Traum*verschiebung*, die wir bei der Verwandlung des latenten Gedankenmaterials in den manifesten Trauminhalt als wirksam aufgefunden haben« (FREUD[75]), sind noch weitere Faktoren anzuführen, die einen »unzweifelhaften Einfluß auf die Auswahl des in den Traum gelangenden Materials üben« (FREUD[75]).

So betont FREUD[75], der Traum werde dem Zusammenhang zwischen allen Stücken der Traumgedanken dadurch gerecht, daß er dieses Material in einer Zusammenfassung vereinige.

Die Traumarbeit führt zu gewissen Charakteristiken des Traumes. So wird beispielsweise ein logischer Zusammenhang als Gleichzeitigkeit wiedergegeben. Andererseits ist *scheinbar logisches Traumdenken kein Zeichen einer im Traum erfolgenden intellektuellen Arbeit*. Durch das scheinbare Denken werden *nicht die Beziehungen der Traumgedanken zueinander*, sondern deren *Inhalt* wiedergegeben. Die *Verursachungen* werden im Traum durch ein *Nacheinander*, einmal durch ein Aufeinanderfolgen von Träumen, ein andermal durch die unmittelbare Verwandlung eines Bildes in ein anderes dargestellt. Die *Alternative »Entweder – oder«* kann der Traum überhaupt nicht ausdrücken; er pflegt die Glieder derselben wie gleichberechtigt in einen Zusammenhang aufzunehmen. Auch *Gegensätze* und *Widersprüche* werden vernachlässigt. Eine Negation scheint für den Traum nicht zu existieren. Gegensätze werden oft zu einer Einheit zusammengezogen. Naheliegender ist es, daß *Ähnlichkeit, Übereinstimmung, Gemeinsamkeit* durch Zusammenziehung zu einer Einheit dargestellt werden. Eines der am häufigsten verwendeten Mittel der Traumarbeit ist die *Umkehrung*, die *Verwandlung ins Gegenteil*. Dabei kann es zu einer inhaltlichen, aber auch zu einer zeitlichen Umkehrung bei der Traumentstellung kommen. Es kann überhaupt gesagt werden, daß zwischen latenten Traumgedanken und Traum eine »Umwertung aller psychischen Werte« (FREUD[75]) stattfindet. Was dort dominiert, kann hier nur flüchtig angetönt sein. Der Traum emanzipiert sich vom Zeitgefüge der äußeren Realität. Er ist *anachronistisch*. Aber auch *in bezug auf den Ort entfernt sich die Traumvorstellung von den realen Gegebenheiten*.

Die sich von den oben erwähnten drei Komponenten des Traumes herleitenden Elemente sind heterogen. Sie lassen sich teils vom *Vorbewußten* (Tagesreste), teils vom Unbewußten und teils von Einwirkungen der Zensur herleiten. Der Traum bekäme als primäres Ergebnis der Traumarbeit indes ein uneinheitliches Gepräge. Doch kommt es zu einer *sekundären Bearbeitung* dieser verschiedenartigen Elemente des Traumes, durch die aus den heterogenen Bestandteilen etwas Ganzes, mehr oder weniger Zusammenpassendes, gestaltet wird. Dabei wird oft das Material willkürlich zusammengestellt, und, wo Lücken überbrückt werden sollen, werden Einschiebungen vorgenommen. Der neue, sekundäre Sinn entspricht naturgemäß nicht mehr den – latenten – Traumgedanken.

Wie kommt es zu dieser sekundären Bearbeitung des Traummaterials: FREUD[75] gibt hierfür die Antwort: »Es ist unzweifelhaft, daß die zensurierende Instanz, deren Einfluß wir bisher nur in Einschränkungen und Auslassungen im Trauminhalt erkannten, auch Einschaltungen und Vermehrungen desselben verschuldet.« Nach dem Gesagten zu schließen, ist es also vor allem die Zensur, die in der sekundären Bearbeitung nochmals eine Entstellungsarbeit leistet.

Aus der Beschreibung der Traumarbeit ergibt sich, wie schwer es sein kann, die Träume auf den latenten Trauminhalt hin zu entwirren. Es gilt in der Psychoanalyse, die Traumarbeit in entgegengesetzter Richtung wieder aufzulösen.

## 7.7 Regression im Traum

FREUD unterscheidet eine den Nützlichkeitscharakter tragende geistige Tätigkeit, die dem *Realitätsprinzip unterworfen sei, von einer zweiten*, die auf unmittelbaren Lustgewinn aus sei. Diese dem *Lustprinzip* unterworfene Tätigkeit stehe den Aufgaben und Anforderungen des Lebens nicht vernünftig gegenüber, sondern entsprechend irrationalen Wünschen. FREUD spricht von dieser zweiten Erlebnisform als einer entwicklungsgeschichtlich ursprünglicheren, und er nimmt an, daß wir im Traum durch *Regression* wieder auf diese Art der geistigen Tätigkeit zurückkommen. Das Kind lebe diese Daseinsweise bewußt, der Erwachsene, der sich an die Gegebenheiten der äußeren Realität halten müsse, habe sie ins Unbewußte verdrängt. Das Unbewußte enthält nach ihm also das genetisch Frühere, die Erlebnisweisen der Kindheit, ja sogar der Vorfahren. Es ist also hier schon in nuce angelegt, was C. G. JUNG, auf den wir in diesem Zusammenhang noch zu sprechen kommen, mit seinem Kollektiven Unbewußten weiter aufgebaut hat. Im Traum werden die onto- oder phylogenetischen Erlebnisweisen wiederbelebt, oder, mit anderen Worten, es findet im Traum eine Regression auf kindliches oder archaisches Erleben statt. Diese kindliche oder archaische Erlebnisart bringt es mit sich, daß der Traum die Realität mit ihren Versagungen nicht kennt, halluzinatorischen Charakter trägt und als Bild erscheint.

FREUD spricht im Zusammenhang mit dem Traum von Regression, »wenn sich im Traum die Vorstellung in das kindliche Bild rückverwandelt, aus dem sie irgendeinmal hervorgegangen ist«. Er sagt an anderer Stelle weiter: »*Das Gefüge der Traumgedanken wird bei der Regression in sein Rohmaterial aufgelöst.*« Und dieses Rohmaterial sei nichts anderes als das wiedererlebte Ereignis selbst. Schließlich würden die infantilen Szenen halluzinatorisch, also in Bildern, gesehen und streiften erst durch die Traumarbeit und in der Folge durch die Mitteilung diesen Charakter ab. Zu dieser Regression kann es im Traume erleichtert kommen, weil im Schlafe, wie erwähnt, eine Abkehrung von der äußeren Realität erfolgt. Mit dieser Abwendung von der Außenwelt hört naturgemäß der Zustrom der Sinneseindrücke von der externen Realität auf. Energie, die vorher dort gebunden war, wird damit frei. Sie steht nun für die Belebung regressiver, d. h. infantiler – oder archaischer – Bilder zur Verfügung.

## 7.8 Darstellung durch Symbole

Die im Traum durch die Regression aktivierten Bilder haben oft Symbolcharakter. So drücken sie in mittelbarer, jedoch allgemein gültiger Form und Aussagekraft individuelle psychische Inhalte aus. Da ihnen die Unmittelbarkeit fehlt und sie zudem meist vieldeutig sind, können sie nicht leicht in ihrem Bedeutungsgehalt entziffert werden.

FREUD[75] sagt zur Darstellung in Symbolen im Traume u. a. folgendes: »Diese Symbolik gehört nicht dem Traume zu eigen an, sondern dem unbewußten Vorstellen, speziell des Volkes, und ist in der Folklore, in den Mythen, Sagen, Redensarten, in der Spruchweisheit und in den umlaufenden Witzen eines Volkes vollständiger als im Traume aufzufinden... Wir wollen uns hier darauf beschränken zu sagen, daß die Darstellung durch ein Symbol zu den indirekten Darstellungen gehört, daß wir aber durch allerlei Anzeichen gewarnt werden, die Symboldarstellung unterschiedslos mit den anderen Arten indirekter Darstellung zusammenzuwerfen, ohne noch diese unterscheidenden Merkmale in begrifflicher Klarheit erfassen zu können... Was heute symbolisch verbunden ist, war wahrscheinlich in Urzeiten durch begriffliche und sprachliche Identität vereint. Die Symbolbeziehung scheint ein Rest und Merkzeichen einstiger Identität.« Der tiefere Gehalt der Symboldarstellung sei damit wohl genetischer Natur. Doch bediene sich der Traum dieser Symbolik zur verkleideten Darstellung seiner latenten Gedanken. Indessen lasse uns die Technik der Deutung nach den freien Einfällen des Träumers für die symbolischen Trauminhalte meist im Stich, und es scheine »eine Rückkehr zur Willkür des Traumdeuters, wie sie im Altertum geübt wurde...« aus Motiven wissenschaftlicher Kritik ausgeschlossen. – Heute wissen wir allerdings, daß die Symboldeutung nicht nur eine sekundäre Hilfsmethode bei der Trauminterpretation ist, sondern, neben der assoziativen Methode der Traumdeutung, den tiefsten Einblick in die Menschenpsyche zu gewähren vermag.

Wenn FREUD auch die seit der Antike bekannte Methode der »symbolischen« Traumdeutung ablehnte, erkannte er immerhin bereits in der ersten Auflage seiner »Traumdeutung« den Symbolgehalt der Träume und das Gewicht, das der Symboldeutung zukommen könnte. FREUD weist sehr zu Recht auf die vielfältigen Interpretationsmöglichkeiten der Symbole hin, die eine Unsicherheit in die Traumdeutung bringen, wie sie ihm zuwider war, da er die menschliche Psyche im Grunde genommen mit jener Exaktheit zu erforschen suchte, die die Naturwissenschaften auszeichnet. Zitieren wir ihn selbst: »Die Unsicherheiten, die unserer Tätigkeit als Deuter des Traumes noch anhaften, rühren zum Teil von unserer unvollkommenen Erkenntnis her, die durch weitere Vertiefung fortschreitend gehoben werden kann, zum anderen Teil hängen sie gerade von gewissen Eigenschaften der Traumsymbole ab. Dieselben sind oft viel- und mehrdeutig, so daß, wie in der chinesischen Schrift, erst

der Zusammenhang die jedesmal richtige Auffassung ermöglicht.«
Doch fährt er kurz danach fort: »Nach diesen Einschränkungen
und Verwahrungen führe ich an: Der Kaiser und die Kaiserin (Kö-
nig und Königin) stellen wirklich zumeist die Eltern des Träumers
dar, Prinz oder Prinzessin ist er selbst. Dieselbe Autorität wie dem
Kaiser wird aber auch großen Männern zugestanden, darum erscheint in manchen Träumen zum Beispiel GOETHE als Vatersym-
bol... – Alle in die Länge reichenden Objekte, Stöcke, Baum-
stämme, Schirme (des der Erektion vergleichbaren Aufspannens
wegen!), alle länglichen und scharfen Waffen: Messer, Dolche, Pi-
ken, wollen das männliche Glied vertreten. Ein häufiges, nicht recht
verständliches Symbol desselben ist die Nagelfeile... – Dosen,
Schachteln, Kästen, Schränke, Öfen entsprechen dem Frauenleib,
aber auch Höhlen, Schiffe und alle Arten von Gefäßen. – Zimmer im
Traume sind meist Frauenzimmer...« Die angeführten Beispiele
zeigen, daß FREUD die Traumsymbole, besonders was die Sexualität
anbetrifft, in ihrem Gehalt bekannt waren.


7.9  Die Traumdeutung bei C. G. Jung, Archetypen

Für die JUNGsche Schule der »Komplexen« oder »Analytischen
Psychologie« ist der Traum nicht bloß die sichtbar gewordene Erscheinung eines hintergründigen Wunsches. Dementsprechend
wird von JUNG [134] und seinen Schülern auch nicht von einem manifesten Trauminhalt, hinter dem sich die latenten Traumgedanken ver-
stecken, gesprochen.

Der Traum ist nach JUNG aus der Gesamtsituation des Träumers
heraus zu verstehen. Er ist zu verstehen, aus seinem Leben, aus seiner bewußten Stellungnahme zur Welt, zu denen der Traum als
Ausdruck des Unbewußten kompensatorisch, korrigierend und
ausgleichend hinzukommt. Der Traum enthält in dieser Sicht erstens all das, was JUNG als persönliches Unbewußtes bezeichnet,
nämlich das, was der Mensch in seinem Leben erfahren, durchgemacht hat, und aus dem Rampenlicht der Aktualität in die Dunkel-
heit des Vergessens geraten ist. Er beinhaltet also auch jenes Mate-

rial, das in der Hetze des Alltags oder durch die Ungunst der Verhältnisse nicht genügend bearbeitet oder zur Seite geschoben wurde, und gibt somit denjenigen, die die Sprache des Traumes verstehen, Gelegenheit, sich ernsthaft mit den noch unerledigten Anliegen auseinanderzusetzen oder sie in einer anderen und neuen Weise anzupacken. Vergangenheit und Gegenwart werden im Traum aneinander geknüpft, und es entsteht dadurch eine Kontinuität im menschlichen Leben. Es erklärt sich somit nicht nur die Gegenwart aus den Erfahrungen der Vergangenheit, sondern auch die Zukunft zeichnet sich keimhaft, andeutungsweise bereits in den im Traumgeschehen offenbar werdenden Verarbeitungen des Vergangenen ab. Nach der JUNG-Schule (AEPPLI[8], TEILLARD[216] u. a.) ist der Mensch aber nicht nur verbunden mit seiner persönlichen Vergangenheit, sondern auch mit der gesamten Menschheitsgeschichte. Es sind, nach dieser Auffassung, in unserem Unbewußten auch Kenntnisse über alles, was je sich unter den Menschen ereignete, vorhanden. Damit werden jene Urbilder (Archetypen) verstanden, die seit Menschengedenken die Menschen bewegen, und derer sich das Individuum bedient, wenn in ihm allgemein und zeitlos gültige Grunderlebnisse der Menschheit aufs neue wach werden. Diese Urbilder der Menschheit die jedem Menschen eigen sind, in welchem Kulturkreis er auch lebe, gehören zu jenem Bereich in der menschlichen Psyche, den JUNG als das »Kollektive Unbewußte« bezeichnet hat.

Der Traum enthält demnach *zweitens* auch urtümliche menschliche Erfahrung. In den Träumen tritt sie in Urbildern, in archetypischen Symbolen, an den einzelnen Menschen heran. Unter diesem Aspekt wird ihm so möglich, aus dem Urgehalt menschlicher Erfahrung zu schöpfen, damit Neues zu entwickeln und die Zukunft zu gestalten.

Die Archetypen in der Menschenpsyche sind in ihrer schillernden Gestalt nur intuitiv zu erfassen. Es erscheint in ihnen all das, was die Menschenpsyche seit Anbeginn bei der Begegnung mit den Naturgewalten, mit Gut und Böse, mit Vater und Mutter, mit den wilden und den zahmen Tieren, mit den göttlichen und den teuflischen Mächten usw. erlebt hat. Obschon, wie JUNG betont, die Reihe der menschlichen Urerfahrungen noch weiter fortgesetzt werden könnte, ist die Zahl der archetypischen Symbole beschränkt. Es ist nur eine begrenzte Zahl menschlicher Grunderlebnisse vorhanden, und sie werden in den Archetypen zum Bild. Diese Archetypen finden immer wieder Ausdruck in der menschlichen Seele, und die fortwährende Wiederholung bringt es mit sich, daß sie stets aufs neue von Generation zu Generation wiederbelebt werden.

Nach JUNG[134] sind die archetypischen Gestaltungen des Unbewußten nichts anderes als a priori vorhandene Formen oder biologische Normen psychischer Tätigkeit. Es sind Schablonen der menschlichen Seelentätigkeit, die seit Urzeiten als solche bestanden. Sie sind als Erbgut jedem Menschen mitgegeben. Die Archetypen bestimmen, nach dieser Ansicht, ohne unser Wissen, bis zu einem gewissen Grade unser Tun, wobei sich daraus, in dieser Sicht, die – zumindest partielle – Determiniertheit unseres Tuns und Lassens ergibt. Nicht nur die körperlichen Funktionen, sondern auch die psychischen vollzögen sich offensichtlich nach Mustern, die seit Urzeiten dem Menschen eigen seien. AEPPLI[8] sagt dazu wörtlich: »In den wesentlichen Dingen tun wir, was der Mensch immer getan hat, im Glück und in der Not, im Zusammenleben der Familie, im Werk des Tages und vor allem dann, wenn eine ungewohnte Entscheidung an ihn herantrat. Der tiefste Lebensgrund und das typische Verhalten des Menschen bleiben sich gleich, wenn sie auch die für jeden Einzelmenschen bezeichnende individuelle Gestaltung haben.«

Die Archetypen sind dementsprechend also nicht früher bewußt gewesene, verdrängte persönliche Inhalte der Psyche, sondern kollektiv angelegte Formen, in die persönliches Erleben des Einzelnen hineingegossen wird. Die Beziehungen zu Mutter, Vater und Geschwistern wie auch diejenigen der Eltern zu den Kindern werden nicht nur persönlich gestaltet, sondern sind auch typisch für den Menschen an sich. Sie sind Gesetzmäßigkeiten unterworfen, die immer galten, seitdem Menschen bestehen. Nur mehr oder weniger stark ausgeprägte Nuancen sind durch das individuelle Schicksal geprägt und gezeichnet.

Welche Beziehungen haben nun die Archetypen nach der Ansicht der Analytischen oder Komplexen Psychologie zu den Symbolen?

Lassen wir in diesem Zusammenhang JACOBI [126] zu Worte kommen,
die darüber u. a. folgendes aussagt: »Erscheint der Archetypus im
Jetzt und Hier von Raum und Zeit, kann er im Bewußtsein in
irgendeiner Form wahrgenommen werden, dann sprechen wir von
*Symbol.* Damit ist gesagt, daß jedes Symbol zugleich auch ein Archetypus ist, daß es von einem nicht-wahrnehmbaren, einem
›Archetypus per se‹ determiniert sein, d. h. eine ›archetypische
Grundzeichnung‹ haben muß, um als Symbol angesehen werden zu
können, daß aber nicht auch ein Archetypus mit einem Symbol notwendigerweise identisch ist. Als zunächst inhaltlich unbestimm-
bares Gebilde, als ›Bereitschaftssystem‹, als ›unsichtbares Kraftzen-
trum‹ usw., wie wir den ›Archetypus per se‹ schon charakterisiert
haben, ist er allerdings immer ein potentielles Symbol, und sein ›dy-
namischer Kern‹ ist jederzeit – d. h. wenn eine allgemeine psychische Konstellation, eine entsprechende Bewußtseinssituation vorliegt – bereit, sich zu aktualisieren und als Symbol in Erscheinung zu
treten.« Wenn wir die JACOBIsche Aussage zu erläutern versuchen,
können wir sagen, daß nach JUNG die Archetypen die Grundlagen
der Symbole sind. Das Unbewußte lieferte sozusagen die archetypische Form, die an und für sich leer und unvorstellbar sei. Vom Bewußtsein her werde diese Form aber durch ein von ihr angezogenes
Vorstellungsmaterial aufgefüllt und symbolhaft wahrnehmbar gemacht. Diese Symbole seien es, die uns in den Traumbildern entge-
genträten. Nicht alle Symbole seien aber voll und ganz archetypisch
determiniert. Jedes Individuum besitze auch selbst in seiner Psyche
bis zu einem gewissen Grade die Fähigkeit zur Symbolbildung.
Viele dieser individuellen Symbole blieben einmaliger Ausdruck
eines Einzelnen und dienten lediglich dazu, bisher unbewußtes psychisches Geschehen anzudeuten, erfaßbar zu machen, für die Betreffenden selbst wie für die mitmenschliche Umwelt. Die Symbole
würden dementsprechend nie bewußt ersonnen. Sie seien Spontan-
bildungen der unbewußten psychischen Tätigkeit.

## 7.10  Der Traum im Dienste des Machtstrebens und des Gemeinschaftsgefühls (A. Adler)

Während FREUD nach den *Causae* der menschlichen Verhaltensweisen und Haltungen forschte, ist die *finale* Betrachtungsweise für ADLERS »Individualpsychologie« charakteristisch. Es kommt nach ADLER weniger darauf an, womit man geboren ist, als was man damit im Leben anfängt. Auch wird bei ADLER der Umwelt bei der Persönlichkeitsformung jene kausale Wichtigkeit genommen, die wir von FREUD her kennen. Nach ADLER ist das Kind nicht das Produkt seiner realen Erlebnisse, sondern der Auslegung, die es ihnen gibt. Wer irgendeinem äußeren Hindernis begegnet oder aber durch seine Anlage behindert ist, kann entweder resignieren oder aber das Entgegenstehende als eine Herausforderung betrachten. Dort, wo ursprünglich eine Schwäche erlebt wurde, wird sich durch Überkompensation eine spezielle Fähigkeit, eine Stärke, entwickeln. Der Mensch leide, nach der Ansicht ADLERS, ganz allgemein unter Minderwertigkeitsgefühlen, weil er sich als Kind den Eltern gegenüber als klein und ohnmächtig erlebt habe. Aus diesem Insuffizienzgefühl erwachse die Notwendigkeit, das Selbstgefühl zu erhöhen, indem man andere beherrschen oder irgendeinen Weg finden wolle, sich gegenüber anderen überlegen zu fühlen. ADLER sprach in diesem Zusammenhang vom Zwang, als »ganzer Mann« aufzutreten, und vom »männlichen Protest« der sich als unterlegen erlebenden Frau. Das Machtstreben ist es also, das nach ALFRED ADLER den Menschen zeitlebens beherrscht. So ist es, nach diesem Forscher, im Sinne des Neurotikers, alle Fiktionen aufrechtzuerhalten, damit er in seinem Erleben im Mittelpunkt des Umweltinteresses verharren könne. Im Notfall wird also Hilflosigkeit »arrangiert«, um den »Betroffenen« zum Zentrum der Besorgnis werden zu lassen. – ADLER[3] spricht in diesem Zusammenhang direkt vom »Arrangement der Neurose«. Nun hat nach ADLER auch der Traum die Aufgabe, jene Stimmung zu erzeugen, die zur Erreichung des vorschwebenden Zieles die geeignete ist. Das Streben nach Macht einerseits und das Gemeinschaftsgefühl andererseits, die beide den Menschen auch am Tage wesentlich beeinflußten, machten sich auch in den Träumen

geltend. Da sich besonders in der Kindheit, speziell in der Eltern-
und Geschwisterbeziehung, das Problem der eigenen Durchsetzung stelle, verwende der Traum oft Kindheitssituationen. Da,
nach diesem Forscher, das, was sich während des Schlafes abspielt,
nichts anderes ist als die Brücke vom Vortag zum nächsten Tag, ist
es auch verständlich, wenn er annimmt, daß ein Mensch seine
Träume zu Hilfe ziehen kann, um die von ihm gehegten – sozialen
– Absichten zu unterstützen. ADLER[4] sagt wörtlich: »... *die
vorhandene, voraussehende Funktion des Traumes... deutet die
Vorbereitungen entsprechend der Lebenslinie des Träumers einer
aktuellen Schwierigkeit gegenüber an,* und läßt niemals die Siche-
rungsabsicht vermissen.«

Zwar erkannte ADLER sehr richtig den hohen Stellenwert, den
die Selbstbehauptung des Menschen im sozialen Gefüge spielt,
doch vernachlässigte er, besonders was den Traum anbetrifft, die
vielfachen anderen Aspekte, die sich uns im Hinblick auf die Man-
nigfaltigkeit des Unbewußten bieten. So kam zu kurz, daß im
Traum auch Seiten zur Sprache kommen, die keineswegs etwa nur
dem Machtstreben oder dem Gemeinschaftsgefühl dienen, sondern
vielmehr das ganze Tun und Lassen eines Individuums beinhalten,
andeuten oder in Frage stellen. Auch entgeht ihm der besonders
durch die JUNGsche Schule beleuchtete, aber bereits auch durch
FREUD erkannte, überindividuelle, archaische Gehalt des Traumes,
der uns Kunde gibt von dem, was im Menschen seit Urzeiten begründet liegt. Allzu sehr ist das Traumgeschehen bei ADLER nur
auf die aktuelle Lebenssituation ausgerichtet. Dessen Trauminhalt
ist so zwar einfach zu deuten. Der Reichtum seiner verhüllten Aussagen bleibt aber verborgen.

## 7.11  Der Traum in daseinsanalytischer Sicht (M. Boss)

Das Träumen und das Wachen lassen sich nach daseinsanalytischer Auffassung nicht als zwei verschiedene gegenständliche Bereiche miteinander vergleichen wie etwa zwei verschiedene Tiergat-
tungen. Der Vergleich sei deshalb schon falsch, weil es ja immer

derselbe Träumende sei, der vom Wachen ins Träumen komme, und sich damit eine Identität durch jedes Wachen und Träumen durchziehe. Sowohl der Wachzustand als auch das Träumen sind unter diesem Aspekt Weisen oder Modifikationen des menschlichen Daseins. – Und doch wird versucht, die Unterschiede zwischen der Daseinsweise des wachen und derjenigen des träumenden Menschen zu erkennen. Denn nur eine möglichst scharfe Abgrenzung der beiden Daseinsweisen lasse das Wesen des Traumes erkennen.

Einmal sei festzuhalten, daß im Traumzustande uns nicht weniger Verhaltensweisen und Weltbezüge zur Verfügung stünden als im Wachen. Im Gegenteil, es sei uns im Grunde genommen die Welt im Traume viel mehr erschlossen als im Wachzustand. Das Wesen des Menschen stehe in diesem Sinne nachts, in den Träumen, viel heller vor uns als am hellichten Tage, wo wir auf unsere täglichen Pflichten eingeengt seien.

Die Daseinsanalyse will nun, im Unterschied zur Psychoanalyse, die einzelnen Traumphänomene nicht deutend beurteilen, sondern als solche im Blick behalten. BOSS[44] spricht sogar davon, daß die FREUDschen und JUNGschen Traumdeutungen »Traum-*Um*deutungen« darstellten. Die Daseinsanalyse will damit das Traumgeschehen als eine besondere Modifikation des menschlichen Daseins in seinen jeweiligen, sich aus ihm selbst ergebenden Bedeutungsgehalten auslegen, »den Traumgegebenheiten deutend im Sinne eines differenzierten Auslegens der ihnen eigenen und sie ausmachenden Bedeutungsfülle« nachgehen. Doch ergibt sich die Schwierigkeit: Ein sicheres Kriterium für das Unterscheiden der wachen von der träumenden Weise des In-der-Welt-Seins können die Daseinsanalytiker nicht angeben. Warum diese Schwierigkeiten der Differenzierung? Lassen wir hier MEDARD BOSS[42] sprechen, der dazu u. a. wie folgt Stellung nimmt:

»Oder liegt am Ende der Grund zu so erzwungener Resignation in dem Umstande, daß bisher das Wachen und das Träumen im besten Falle nur als zwei Gegenstandsbereiche von Erfahrungs- oder Vorstellungszusammenhängen gedacht wurden, mehr oder weniger scharf voneinander durch das Erwachen geschieden? Und wurde da nicht erst noch das Scheidende, das Erwachen, als eine Art von Selbstverständlichkeit unbedacht im Dunkeln gelassen?«

Nach den Daseinsanalytikern kann gesagt werden, daß der Mensch, ob er nun wach ist oder träumt, immer dasselbe Dasein austrägt. Denn jeder Traum ist immer nur der Traum eines ganz bestimmten Menschen, der sich beim Erwachen das Geträumte zu vergegenwärtigen vermag. BOSS wendet sich der Frage zu, weshalb man denn nur von Er-wachen, aber nicht von Er-träumen spreche. Seine Antwort ist: »Weil man, heißt es, sich immer in derselben Welt befinde, wenn man aufwache, die Träume hingegen versetzten uns immer wieder in andere Welten. In Wirklichkeit treffen jedoch beide Aussagen nur in dem umgekehrten Sinne zu, daß das Wesen des Erwachens gerade darin besteht, daß dem Menschen dabei die Welt wieder als dieselbe begegnet. Jeder neue Traumbeginn dagegen läßt dies gerade nicht zu.« Zwar kann man, um mit der Daseinsanalyse zu sprechen, im Träumen etwa wiederholt auf das gleiche stoßen, nie aber auf dasselbe. In den verbreiteten Träumen von einem Examen beispielsweise, das ein Träumer stets zu wiederholen hat, begegnet ihm immer nur das gleiche Ereignis. Läge eine wirkliche Rückkehr vor, so würde das Examen, wie bei einer wachen Wiederholung mit Erinnerung an das frühere Traumexamen, wieder dort aufgenommen, wo man es das letzte Mal abbrach. Tatsächlich ist es aber nur stets wieder die gleiche Tätigkeit, nicht dieselbe, die uns im Traum erwartet. Das Träumen zeigt nie die Möglichkeit einer Rückkehr in dieselbe frühere Traumwelt an. Darum kann es keine kontinuierliche Entfaltung des Traumlebens geben, und darum auch nie eine geträumte Lebensgeschichte, die neben der wachen Lebensgeschichte einherliefe. Umgekehrt kann gesagt werden, daß ohne Kontinuität des Wachseins die Diskontinuität des »träumenden Existierens« gar nicht erkannt würde. Trauminterpretation ist demnach erst mit dieser Kontinuität des Wachseins möglich. Wir können, wie BOSS betont, nur im Wachen vom Träumen reden, nie aber im Träumen das Wachen zum Problem werden lassen, so daß in dieser Sicht die unmittelbare Zugehörigkeit des Träumens zum Wachen abgeleitet werden kann. Wenn aber der wachen Weise unseres Daseinsvollzuges Kontinuität und Geschichtlichkeit gegeben sei, so müsse sie auch sein Träumen mit einschließen. Das Träumen könnte so in seinem Wesen – der Diskontinuierlichkeit und Ungeschichtlichkeit – als im Geheimnis der geschichtlichen Kontinuität des Daseins gründend betrachtet werden.

# 8 Ich – Es – Überich / Das Selbst

Nach der Ansicht MEYERS [169] hat FREUD keinen Zweifel daran gelassen, daß diese (Es-Ich-Überich-)Gliederung an die Stelle der älteren Unbewußt-Vorbewußt-Bewußt-Einteilung treten und diese ganz ersetzen sollte. Wir können diesem Autor in dieser Hinsicht nicht zustimmen und werden im Laufe unserer Ausführungen darzulegen versuchen, wie beide Gliederungen zwar ineinandergreifen, aber sich auch wertvoll ergänzen (s. auch Kap. 5.1 und 6.2.3). Wir werden im folgenden näher auf die Unterteilung Ich – Es – Überich eingehen und immer wieder Verbindungen zum System unbewußt – vorbewußt – bewußt herzustellen suchen. Außerdem werden wir aufgrund der in den letzten Jahren entwickelten Narzißmustheorien versuchen, den Begriff des Selbst zu klären. Dabei wird in diesem Kapitel nur soweit auf das Selbst eingegangen, als es zur Begriffsklärung notwendig ist. Im Kapitel 11.6 »Narzißtische Neurosen (= Narzißtische Persönlichkeitsstörungen) / Borderline-Persönlichkeitsstörungen« wird dann nochmals der Begriff des Selbst und des Narzißmus, auch in seiner historischen Dimension, diskutiert, um die narzißtischen Neurosen wie auch die Borderline-Persönlichkeitsstörungen besser in ihren Besonderheiten erfassen zu können. In Kapitel 12.2 wird auf die spezielle Technik der Psychotherapie bei diesen Störungen eingegangen werden.

Die Psychoanalyse nahm ursprünglich zweierlei Triebarten im Menschen an, die Sexualtriebe und die Ich-(Selbsterhaltungs-)Triebe. Es sollen ihnen zwei qualitativ verschiedene Energien zugrunde liegen, wobei die eine als Sexualenergie (Libido), die andere als Ich-Energie, als Interesse, erscheint. Das Ich ist nun eine Art triebregulierende Instanz. Doch gehört es nicht ganz dem bewußten Realitätsprinzip an, denn vieles im Ich geht, wie FREUD erkannte, unbewußt vor sich. Dabei muß daran erinnert werden, daß jede unbewußte Regung, die ins Bewußte übertreten will, eine Schranke überschreiten muß. Es wird also an der Grenze zum Bewußten die uns schon von früher her bekannte Zensur ausgeübt. Bei der in der psychoanalytischen Erhellung angestrebten Bewußtmachung tritt diese Zensur als Widerstand in Erscheinung. Sowohl die Zensur als auch der durch sie zustande kommende Widerstand sind aber Ich-Funktionen, und beide verlaufen größtenteils unbewußt, so daß eben auch Teile des Ichs unbewußt sein müssen.

Wollen wir aber das Ich verstehen lernen, müssen wir kurz nochmals einen Blick auf das Unbewußte und das Bewußte werfen.

Das Unbewußte ist der Bereich unserer Psyche, in dem sich menschheitsgeschichtlich determinierter psychischer Besitz und ontogenetisch erworbenes seelisches Gut treffen und zu einem Ganzen verschmelzen.

Ein psychischer Akt kann, nach FREUD, zwei Zustandsphasen durchlaufen, zwischen welche eine Art Zensur eingeschaltet ist. In der ersten Phase ist er unbewußt und gehört dem System des Unbewußten an. Wird er bei der Prüfung von der Zensur abgewiesen, so ist ihm der Übergang in die zweite Phase versagt; er bleibt dann »verdrängt« und muß unbewußt bleiben. Gelingt ihm aber dieser Übertritt, so fängt die zweite Phase an, und er ist dem zweiten System, dem Bewußten, zugehörig. Sein Verhältnis zum Bewußtsein ist aber nach FREUD durch diese Zugehörigkeit noch nicht eindeutig bestimmt. Er ist noch nicht bewußt, wohl aber bewußtseinsfähig, d. h., er kann nun ohne besonderen Widerstand beim Zutreffen gewisser Bedingungen Objekt des Bewußtseins werden. Im Zustande der Bewußtseinsfähigkeit gehört der Akt, wie bereits früher erwähnt, dem sogenannten Vorbewußten an, aus dem er ohne weiteres ins Bewußte übertreten kann.

Von vornherein bewußt sind alle Wahrnehmungen, die von außen herankommen (Sinneswahrnehmungen), und von innen her, was wir Empfindungen und Gefühle heißen. Doch wie ist es mit den Denkvorgängen? Wie BLUM[39] sagt, ist der Gedanke eine vorbewußte Vorstellung dadurch, daß letztere sich an einem Material vollzieht, das unerkannt bleibt, ersterer aber durch die Verbindung mit Wortvorstellungen zustande kommt.« Akte und Vorstellungen, die nicht verbalisiert werden können, sind in dieser Sicht nicht bewußtseinsfähig. Nur wenn etwas in Worte gefaßt werden kann, wird es für das Bewußtsein gewonnen oder wiedergewonnen. Nach FREUD [102] sind die »Wortvorstellungen… Erinnerungsreste, sie waren einmal Wahrnehmungen und können wie alle Erinnerungsreste wieder bewußt werden«. Für FREUD kann also nur bewußt werden, was schon einmal bewußte Wahrnehmung war, und was von innen her bewußt werden will, außer den Gefühlen, muß versuchen, sich in äußere Wahrnehmungen umzusetzen. Dies wird mittels der Erinnerungsspuren möglich. Etwas Unbewußtes kann also bewußt gemacht werden, indem wir auf dem Wege der Wortbesetzung in den freien Einfällen vorbewußte Mittelglieder zwischen dem Unbewußten und dem Bewußten herstellen. Durch Vermittlung der Wortvorstellungen werden die inneren Denkvorgänge zu Wahrnehmungen gemacht. Allerdings kommt FREUD mit diesen Erklärungen in Verlegenheit, wenn er dem Bewußtsein gewisse Eigenschaften zuerkennt, die dem Kinde noch nicht eigen sein können. Vor allem fehlen ihm die Wortvorstellungen. Dabei spielen sie in der FREUDschen Erklärung des Bewußtwerdens eine ausschlaggebende Rolle. Wir erkennen also hier, daß es qualitativ verschiedene Weisen, bewußt zu sein, wie auch verschiedene Weisen der Realität geben muß. Doch hindert die ausschließlich auf der Wahrnehmung der äußeren Realität aufgebaute Theorie über das Bewußtsein daran, verschiedene Weisen des Bewußtseins und verschiedene Realitätsweisen anzuerkennen.

In der FREUDschen Sicht ist das *Ich*, das von den Wahrnehmungen ausgeht und Vorbewußtes beinhaltet, auch unbewußt. Wenn diese Instanz mit Ich bezeichnet wird, so muß der anderen psychischen Instanz, die sich unbewußt verhält und in die sich das Ich fortsetzt, ebenfalls ein Name gegeben werden. In Anlehnung an die Arbeiten GRODDECKS [115] wird sie als Es bezeichnet. Das Es steht mit dem Ich in Verbindung, enthält aber auch das Verdrängte, das vom Ich durch den Verdrängungswiderstand scharf geschieden ist. Das Verdrängte kann durch das Es mit dem Ich in Verbindung treten.

FREUD [102] sagt über die Instanzen von Ich und Es: »Es ist leicht einzusehen, das Ich ist der durch den direkten Einfluß der Außenwelt unter Vermittlung von Wahrnehmung und Bewußtsein veränderte Teil des Es, gewissermaßen eine Fortsetzung der Oberflächendifferenzierung. Es bemüht sich auch, den Einfluß der Außenwelt auf das Es zur Geltung zu bringen, ist bestrebt, das Realitätsprinzip an die Stelle des Lustprinzips zu setzen, welches im Es uneingeschränkt regiert. Die Wahrnehmung spielt für das Ich die Rolle, welche im Es dem Trieb zufällt. Das Ich repräsentiert, was man Vernunft und Besonnenheit nennen kann, im Gegensatz zum Es, welches die Leidenschaften enthält.«

Das *Es* ist dementsprechend jener Bereich, in dem sich die basale psychische Energetik vorfindet, aus der sich das Personale, das Ich erst hinausentwickelt. Dieser allem Psychischen zugrunde liegende Energiebereich äußert sich vor allem in den Trieben. Sie stehen dem Menschen nicht bewußt zur Verfügung – auch wenn er sie sekundär zensurieren und kontrollieren kann –, sondern er wird durch sie – in Richtung auf ein Objekt – getrieben. Es wird ja auch im Volksmund gesagt: »Es treibt mich, etwas zu tun.« GRODDECK [115] bemerkt zu Beginn seiner Abhandlung »Über das Es«: »Diese Betrachtung handelt vom Es. An Stelle des Satzes: Ich lebe, verficht sie den Gedanken: Ich werde vom Es gelebt.« Das Es wäre unter diesem Aspekt die treibende Kraft unseres Lebens, mit der wir uns zeitlebens auseinanderzusetzen und aus der wir unsere Individualität im stetigen Bezug zur äußeren Realität zu gestalten haben. Demzufolge ist uns das Es dauernder Quell zur Lebensbewältigung, aber auch – entsprechend dem in ihm herrschenden Lustprinzip – eine gefährdende Macht, die uns gerade auch wieder von der Realität des Lebens wegführen kann.

Zur Ableitung des *Überichs* ist folgendes zu sagen: FREUD stellt beim Hinweis auf den menschlichen Narzißmus fest, daß eine Liebeswahl bestehen muß, die durch den »normalen« primären frühkindlichen Narzißmus vorgezeichnet sei: die Wahl des eigenen Selbst als Objekt der Liebe. Unseren spontanen Handlungsimpulsen stehe diese Selbstachtung des Ichs als Ideal gegenüber. Unser aktuelles Ich werde an diesem Ideal gemessen. Im Idealich projiziere sich das Ich selbst als sein Ideal vor sich hin. Diesem Idealich gelte in den späteren Jahren die Selbstliebe, welche in der Kindheit das wirkliche Ich genossen habe. Der Narzißmus erscheine auf dieses neue ideale Ich verschoben, welches sich wie das infantile im Besitze aller wertvollen Vollkommenheiten befinde. Der Mensch wolle die narzißtische Vollkommenheit seiner Kindheit nicht entbehren, und wenn er sie nicht habe festhalten können, indem er durch die Mahnungen während seiner Entwicklungszeit gestört und in seinem Urteil geweckt worden sei, so suche er sie in einer neuen Form wieder zu gewinnen: Er wolle sie nun in dem durch die Einwirkungen der Gesellschaft – mit ihren ethisch-moralischen Vorstellungen und Erwartungen – entstandenen Ichideal erlangen. FREUD [93] sagt wörtlich: »Was er als sein Ideal vor sich hin projiziert, ist der Ersatz für den verlorenen Narzißmus seiner Kindheit, in der er sein eigenes Ideal war.« Diese Idealbildung begünstige die Verdrängung. Es sei eine besondere, dem Ichideal als Wächter beigefügte Instanz da, das Gewissen, das durch den kritischen Einfluß der Eltern und später der Erzieher, Lehrer und anderer Personen des Lebensmilieus entstanden sei, welches die vom Ichideal herrührende Triebbefriedigung überwache. Nach FREUD [93] wäre es nicht zu verwundern, »wenn wir eine besonders psychische Instanz auffinden sollten, welche die Aufgabe erfüllt, über die Sicherung der narzißtischen Befriedigung aus dem Ichideal zu wachen, und in dieser Absicht das aktuelle Ich unausgesetzt beobachtet und am Ideal mißt. Wenn eine solche Instanz existiert, so kann es uns unmöglich zustoßen, sie zu entdecken; wir können sie nur als solche agnoszieren und dürfen uns sagen, daß das, was wir unser *Gewissen* heißen, diese Charakteristik erfüllt.« Als Folge der Versagungen, die von den ersten Liebesobjekten in der frühen Kindheit ausgingen, beeinflusse diese Instanz das Verhalten und Handeln des Ichs im Sinne der geltenden Moral.

Für das Kleinkind ist demnach bis zum Zeitpunkt, an dem es bei der Befriedigung seiner Bedürfnisse auf die ersten Widerstände stößt, das eigene Ich das Ideal. Jeder Mensch entwickelt sich von diesem narzißtischen Ideal weg, strebt ihm aber etwa in krankhaften Zuständen wieder zu, beispielsweise in der Hochstimmung der Manie. Wie gelangt aber der Mensch zum Verzicht auf sein narzißtisches Idealich und die daran haftende Allmacht? Dieses Ideal richtet sich nach dem Lustprinzip, lehnt alles, was Unlust bringt, ab oder projiziert es auf eine als feindselig erscheinende Außenwelt. Die Anforderungen der Realität bewirken es, daß unlustvolle Reize aufgenommen werden müssen. Es entsteht so allmählich im Ich ein Abbild der Außenwelt, das sich von ihr nicht wesentlich unterscheidet. Die Anerkennung der Außenwelt setzt eine gewisse Fähigkeit des Ichs voraus, die Libido den Objekten zuzuwenden. Die Anerkennung der Realität hängt nicht nur von der Beschaffenheit des wahrnehmenden und handelnden Ichs ab, sondern auch von jener erwähnten kritischen Instanz, die sich im Ich herausgebildet hat und welche zu den Erfahrungen des Ichs Stellung nimmt, sie sanktionieren muß, um ihnen vollen Realitätswert zu verleihen.

Diese Instanz, die wir als Ichideal kennengelernt haben, fällt mit der primären Selbstbeobachtung zusammen und besitzt kritische Fähigkeiten. Die äußeren und inneren Eindrücke werden zunächst vom Ich wahrgenommen, das Wahrgenommene wird dann von dieser Instanz beobachtet und von ihr anerkannt oder verworfen. Diese innere Instanz wird erst auf dem Umweg über den Sinnesapparat des Ichs erregt. Die Eindrücke dieser Instanz sind nicht primäre Sinneswahrnehmungen. Ihre Aufgabe der Selbstbeobachtung als Ich-Funktion wäre also, die Unlustempfindung zu signalisieren und den Ablauf Lust/Unlust zu regulieren. Eine Aufgabe der Selbstbeobachtung ist es, als kritisierende, auswählende, hemmende Instanz zu wirken, die die Vorgänge vom Ich – die Wahrnehmungen, Empfindungen und Gefühle – beobachtet, registriert und zensuriert. Selbstbeobachtendes (wahrnehmendes) und kritisierendes Ich fließen normalerweise ineinander, und ihr Verhältnis ist harmonisch. Bei Konflikten aber werden sie getrennt sichtbar. So kommt es beispielsweise im Traum vor, daß die beobachtende Instanz in einer vom Träumer abgespaltenen, beobachtenden Instanz auftritt. Besonders deutlich wird diese Instanz aber im Beziehungs- und Verfolgungswahn der Schizophrenen. – Die im Ich aufgerichtete beobachtende und kritisierende Instanz entsteht, wie sich aus dem Gesagten ergibt, durch Aufnahme äußerer, hauptsächlich unlustbetonter Eindrücke ins Ich. In der psychischen Krankheit kann diese Instanz manifest werden, und sie wird dann abgelehnt. Sie wird beispielsweise im Wahn zu einem bedrohlichen Faktor, den die Kranken von sich weisen müssen. Diese Instanz kann also zum sonstigen Ich in Gegensatz geraten. Sie entstammt der Außenwelt, den Wertungen der Erziehungspersonen und ist, um ein anderes Beispiel zu nehmen, auch in den Minderwertigkeitsgefühlen zu erkennen, wo sie den Wert des Ichs verneint. Beim Gesunden wird diese kritische Instanz vom Bewußtsein wenig bemerkt. Sie wirkt aber im Traume als Zensur und stellt im Schlafe diejenige psychische Instanz dar, die im Wachzustande auswählende, hemmende, kritisierende Einflüsse auf die Intentionen, Wünsche und Regungen des Menschen ausübt. Wenn wir sie im System unbewußt/vorbewußt/bewußt lokalisieren wollen, so ist zu sagen, daß sie dem Vorbewußten zugehört. Der Mensch hat also, um mit NUNBERG [179] zu sprechen, »nicht nur durch ›Schauen‹ ein fremdes Wesen in sich aufgenommen, sondern auch durch ›Hören‹. Er hat eine besondere Instanz in sich entwickelt, die sozusagen innerlich hört und sieht, ohne jedoch bei psychischer Gesundheit die Intensität der direkten Wahrnehmungen zu erreichen, eine Instanz, die eine unbezwingliche Macht über das Ich gewinnt…« Bei paranoidem Wahn wird, wie erwähnt, dessen Kontroll- und Kritikfunktion unwirksam zu machen versucht, indem diese Instanz in die Außenwelt, in einen Verfolger, projiziert wird. Allerdings ist dieser unbewußte Versuch vergeblich, da sich die personifizierte Kontroll- und Kritikinstanz nur um so unerbittlicher gebärdet. Der Verfolgungswahn ist demnach als ein Versuch der Entlastung vom quälenden, mit dem Ichideal verbundenen Gewissen zu betrachten. In ihm kehrt es aber zum Teil als drohende, zum Teil als vollzogene Strafe wieder. Wie NUNBERG [179] anführt, bedeutet das Wort »Gewissen« »Mit-Wissen«, mitwissen durch inneres Wissen, d. h. durch inneres Hören und Sehen. Wir erinnern uns noch daran, daß die Instanz der Selbstkontrolle und -kritik, die das Gewissen ist, keine Sinnesqualitäten besitzt, denn es kann nicht direkt, sondern nur durch Vermittlung des Ichs, das allein über den Wahrnehmungsapparat verfügt, wahrnehmen. Diese sich aus dem Ich herausbildende Macht wird Überich genannt. Das Überich ent-

steht bei der Aufnahme der Reize der Außenwelt durch die Sinnes-
organe. Später sondert es sich vom Ich ab. Die sich im Ich von den
Objekten der Außenwelt vermittels aller Sinnesorgane bildenden
Eindrücke werden ins Ich aufgenommen, verselbständigen sich
schließlich zu einem Gebilde, dem Überich. Es ist im Überich die
Ordnung der Außenwelt enthalten.

Wie ist nun die Beziehung zwischen Ichideal und Überich?
EIDELBERG[60] gibt hierauf die Antwort: Das Ichideal und das Gewissen bilden zusammen das Überich. Doch benützt FREUD, wie
auch dieser Autor betont, die Begriffe »Ichideal« und »Überich«
gelegentlich synonym.

In seiner Schrift »Ich und Es« kommt FREUD[102] zum Schluß, daß
das Überich das Ergebnis jenes Vorgangs ist, den er als Untergang
des Ödipuskomplexes bezeichnet, d. h. als die Folge des Aufgebens
des frühkindlichen Wunsches, den gegengeschlechtlichen Elternteil
zu besitzen und den gleichgeschlechtlichen auszuschalten. So werden die sinnlichen Strebungen zur Mutter und die aggressiven gegen
den Vater des männlichen Kindes eingedämmt. Die sinnliche Liebe
zur Mutter verwandelt sich in eine zärtliche, aus der Aggression
gegen den Vater wird eine Anerkennung seiner Autorität. Der
Knabe beginnt zu sublimieren, wie FREUD sagt, und sich der Realität
anzupassen. Während im Ichideal die Regungen des Es wider-
spruchslos angenommen würden, werde durch die Bildung des
Überichs die Übereinstimmung der Strebungen des Ichs und des Es
gestört. Das Überich schiebe sich zwischen das Ich und das Es ein
und beeinflusse die Strebungen des Es wie des Ichs.

Das Überich widerspiegelt, wie wir dargelegt haben, die Ordnung der Außenwelt und damit auch deren Anforderungen. Es wird
so zu einem Repräsentanten der Gesellschaft im Ich. Je mehr das
Überich Macht über das Ich gewinnt, desto mehr wird letzteres gezwungen, sich der Gesellschaft anzupassen. Das Überich als Reprä-
sentant der Gesellschaft nimmt kaum Rücksichten auf die Bedürfnisse des einzelnen und gewinnt deshalb einen harten Zug. Es kann
grausam werden und vom Menschen Verzichte oder Selbstaufopfe-
rung verlangen. Das Überich ist ein gestrenger Richter, der den
Menschen zwingt, auf den billigen Sinnengenuß zu verzichten und

ihm für das Übertreten seiner Idealforderungen Strafen auferlegt, so daß beispielsweise Schuldgefühle auftreten.

Die Einsetzung der Überich-Instanz ist aufs innigste mit dem Schicksal des Ödipuskomplexes verknüpft. Gelingt die Überwindung des Ödipuskomplexes, geht eine Identifizierung mit der Elterninstanz vor sich, womit der Kern des Überichs angelegt ist. Das Ich paßt sich den Notwendigkeiten des realen Lebens, also zum Beispiel Vater und Mutter als solche anzunehmen, an und ersetzt unbrauchbare Objektbeziehungen durch eine realitätsgerechtere Haltung. FREUD [105] selbst sagt dazu u. a. folgendes: »Von der Umwandlung der Elternbeziehung in das Überich kann ich Ihnen nicht so viel sagen, wie ich gerne möchte, zum Teil weil dieser Vorgang so verwickelt ist, daß seine Darstellung sich nicht in den Rahmen einer Einführung fügt, wie ich sie Ihnen geben will, zum anderen Teil, weil wir selbst nicht glauben, ihn voll durchschaut zu haben. Begnügen Sie sich also mit den folgenden Andeutungen. Die Grundlage dieses Vorganges ist eine sogenannte Identifizierung, d. h. eine Angleichung eines Ichs an ein fremdes, in deren Folge dieses erste Ich sich in bestimmten Hinsichten so benimmt wie das andere, es nachahmt, gewissermaßen in sich aufnimmt... Die Identifizierung ist eine sehr wichtige Form der Bindung an die andere Person, wahrscheinlich die ursprünglichste*, nicht dasselbe wie eine Objektwahl. Man kann den Unterschied etwa so ausdrücken: Wenn der Knabe sich mit dem Vater identifiziert, so will er so *sein* wie der Vater; wenn er ihn zum Objekt seiner Wahl macht, so will er ihn *haben*, besitzen; im ersten Falle wird sein Ich nach dem Vorbild des Vaters verändert, im zweiten Falle ist dies nicht notwendig... Wenn man ein Objekt verloren hat oder es aufgeben mußte, so entschädigt man sich oft genug dadurch, daß man sich mit ihm identifiziert, es in seinem Ich wieder aufrichtet, so daß hier die Objektwahl gleichsam zur Identifizierung regrediert... Die für diese Auffassung entscheidende Tatsache ist nun, daß diese Neuschöpfung einer überlegenen

---

* Ich sehe allerdings aufgrund meiner Beobachtungen die narzißtisch-fusionäre Beziehung (s. Kap. 6.2.3) als ursprünglichste an, in der die frühe taktil-symbiotische Mutter-/Kindbeziehung wieder auflebt.

Instanz im Ich aufs innigste mit dem Schicksal des Ödipuskomplexes verknüpft ist, so daß das Überich als der Erbe dieser für die Kindheit so bedeutungsvollen Gefühlsbindung erscheint. Wir verstehen, mit dem Auflassen des Ödipuskomplexes mußte das Kind auf die intensiven Objektbeziehungen verzichten, die es bei den Eltern untergebracht hatte, und zur Entschädigung für diesen Objektverlust werden die wahrscheinlich längst vorhandenen Identifizierungen mit den Eltern in seinem Ich so sehr verstärkt.« Es wiederholten sich solche Identifizierungen als Niederschläge aufgegebener Objektbeziehungen später im Leben des Kindes immer wieder. Das Überich nehme so im Verlaufe der Entwicklung Einflüsse jener Personen an, die an die Stelle der Eltern getreten seien, also der Erzieher, Lehrer, anderweitiger Vorbilder. Das Überich werde immer unpersönlicher, da es auch Einflüsse anderer idealer Vorbilder aufnehme. FREUD[105] widerspricht sich, wenn er kurz danach sagt, daß sie eigentlich nicht mehr das Überich, sondern nur noch das Ich beeinflußten, da das Überich durch die frühesten Elternimagines bestimmt worden sei. Das Überich sei aber nicht einfach ein Überrest der ersten Objektbeziehungen. Es habe die Bedeutung einer energischen Reaktionsbildung gegen dieselben. Seine Beziehung zum Ich erschöpfe sich nicht darin: So wie der Vater sollst du sein, sie umfasse auch das Verbot: so wie der Vater darfst du nicht sein, d.h. nicht alles tun, was er tut. Manches bleibt ihm vorbehalten. Doch befriedigte diese Erklärung der Überich-Entstehung auch FREUD[102] selbst nicht ganz. Er erkannte, daß er ödipale Konflikt und seine Lösung unseren Charakter und die Haltung, die wir im Leben einnehmen, nicht genügend zu erklären vermag. Er griff deshalb über die individuelle Lebensgeschichte hinaus zur Phylogenese. So sagt er zum Beispiel: »Das Ichideal hat infolge seiner Bildungsgeschichte die ausgiebigste Verknüpfung mit dem phylogenetischen Erwerb, der archaischen Erbschaft, des Einzelnen.«

Wie stellen wir uns nun zu FREUDs Theorie der Überich-Bildung? Natürlich ist das Vorbild der Eltern für das Entstehen der menschlichen Grundhaltung wesentlich. Die Auseinandersetzung mit den Eltern oder Ersatzpersonen ist das Muster für alle weiteren Begegnungen. Diese Grundhaltung wird von FREUD mit Recht allen wei-

teren Ichinhalten gegenübergestellt. Doch hat für FREUD diese Instanz nur einschränkenden Charakter. Ist sie aber nicht überhaupt
Voraussetzung dafür, daß die menschliche Existenzform so ist, wie
sie ist? Wäre es denkbar, daß ein menschlicher Daseinsstil bestünde,
wenn nicht das frühe Vorbild derjenigen, denen das Kind als erste
begegnet, richtungsweisend wäre? Es ist in diesem Sinne das Überich nicht nur als einschränkende Instanz zu verstehen, sondern
ebensosehr als eine richtungsweisende, die dem Menschen eine
Orientierung in seinem Leben und damit Halt verleiht. In der
Krankheit allerdings kann das Überich Forderungen aufstellen, die
das Leben des Individuums einengen, beschränken oder in Frage
stellen können. Vor allem in den schweren (endogenen) Depressionen kann die Überich-Instanz derart hart und anklagend sein, daß
die Patienten an Versündigungs- und Verschuldungsideen leiden,
die sich häufig bis zum Wahn steigern. Das Vorbild der Umwelt und
deren Gebote, die im Überich Eingang fanden, werden von diesen
Kranken als so unerreichbar erlebt, daß die Betroffenen in ihrem
eigenen Schulderleben versinken. Es zeigt sich bei diesen Menschen
schon in gesunden Tagen oft ein überdimensioniertes Überich, das
sie beengt und, wie TELLENBACH [217] schildert, dazu führt, sich vollends der Ordnung und der Ordentlichkeit zu verschreiben.

So verhielt es sich bei der etwa 40jährigen Gattin eines Rechtsan-
waltes, die seit Jahren an Phasen ihrer episodischen, schweren (endogenen) Depression erkrankte. Stets war sie ihrem strengen, un-
nachsichtigen Überich ausgesetzt. Sie mußte ihre Wohnung immer
perfekt instand halten und, besonders während der Depressionen,
täglich mehrmals Ordnung in den Kleiderschränken ihrer Kinder
»herstellen«. Auch war ihr Ordentlichkeit das Wesentlichste im Leben. Sie lebte in einer Mischehe und trachtete danach, die religiösen
Feiertage des Ehemannes mit besonderer Sorgfalt zu begehen. Aber
auch die Festtage ihrer eigenen Religionsgemeinschaft merkte sie
sich sorgsam. Die Geburtstage ihrer Kinder, die sonstigen Gedenk-
tage ihrer Familie und des Staates, die Ferientermine und anderweitige Fixpunkte im Kalender nahm sie außerordentlich wichtig. Das
ganze Jahr war für sie voller wichtiger Daten, die sie sich einzuhalten

vornahm. Auch in der Kindererziehung mußte sie streng einer Ordnung nachleben. Sie las psychologische Bücher und sah immer wieder nach, ob beispielsweise ihr jüngstes Kind den Anforderungen gewisser Teste entsprach oder nicht. Da sie stets ein Versagen beim Kind herausfand, gab es ihr immer wieder Grund, sich schuldig zu fühlen. In den Krankheitsphasen vermehrten sich die geschilderten Tendenzen. Sie verrieten deutlich die Grausamkeit ihres Überichs. In ihrer tiefsten Depression erklärte sie jeweils dem Arzt, sie sei nicht krank, sondern faul. Sie habe zuviel Geld, sonst wäre sie schon längst gesund. Nie vermochte sie es sich zu verzeihen, wenn sie nicht alles perfekt erledigen konnte. In der langjährig mit ihr durchgeführten analytisch orientieren Psychotherapie wurde stets von neuem versucht, ihr Überich und die damit zusammenhängende übermäßige Ordnungshörigkeit in Frage zu stellen und ihr – zumindest eine gewisse – Distanz zu ihren Überich-Anforderungen zu vermitteln. Vor Beginn der Psychotherapie hatte sie wiederholt Suizidversuche unternommen. Sie schien tatsächlich zu einer – zwar nur bescheidenen – Kritik des Überichs fähig geworden zu sein. Als sie aber wieder einmal von der Klinik, gemäß ihrem eigenen Wunsch, entlassen worden war, fühlte sie sich offensichtlich überfordert durch ihr eigenes Überich und seine Auswirkungen in Form zahlloser Ordnungs- und Ordentlichkeitsanforderungen. In einem unbeachteten Moment stürzte sie sich aus dem Fenster ihrer Wohnung auf die Straße. Ihre »Gesetzeshörigkeit« war offenbar für sie so stark gewesen, daß sie sich nicht imstande gefühlt haben dürfte, den damit zusammenhängenden Anforderungen zu genügen. Der Sturz aus dem Fenster ins Freie mag ein letzter – allerdings todbringender – Versuch der Patientin gewesen sein, sich von ihrem harten Überich zu befreien. Früher hatte sie oft gesagt, sie wisse nicht, wie zu leben. Ihr Überich hatte es ihr verunmöglicht, Zugang zum Leben zu finden. Der Suizid mag in ihrer depressiven Resignation zwar einer letzten Hoffnung nach Freisein von beengender und beängstigender Ordnung entsprungen sein. Doch führten die strengen Forderungen des Überichs zur Anpassung an die äußere Ordnung in der engeren und weiteren Umgebung zur restlosen Lebensverneinung und zum Selbstmord.

Der Melancholiker, der unter Gewissensqualen leidet, hat also ein Überich, das Forderungen stellt, die das Ich nicht verwirklichen kann. Wie kommt es zustande?

Der Vergleich der Melancholie mit der normalen Trauer, den FREUD [96] vollzieht, ergibt, daß beide einem Objektverlust ihre Entstehung verdanken. Die Trauerarbeit besteht nun darin, der Aufforderung der Realitätsprüfung zu folgen, anzuerkennen, daß das geliebte Objekt nicht mehr besteht und alle Libido aus ihren Verknüpfungen mit ihm abzuziehen, um sie dann neuen Objekten zuzuwenden (FREUD). Die Melancholiker vermögen aber diesen Schritt nicht zu vollziehen. Auch der Melancholiker hat einen Objektverlust erlitten, und zwar ist dieser Objektverlust nach FREUD durch eine Kränkung oder Enttäuschung zustande gekommen, indem von seiten der geliebten Person eine Erschütterung der Objektbeziehung eingetreten sei. Die nun freie Libido werde in der Folge aber nicht auf ein anderes Objekt verschoben, sondern ins Ich zurückgezogen (ABRAHAM [1], FREUD [96]). FREUD sagt in diesem Zusammenhang: »Dort fand sie aber nicht eine beliebige Verwendung, sondern diente dazu, eine *Identifizierung* des Ichs mit dem aufgegebenen Objekt herzustellen. Der Schatten des Objektes fiel so auf das Ich, welches nun von einer besonderen Instanz wie ein Objekt, wie das verlassene Objekt beurteilt werden konnte. Auf diese Weise hatte sich der Objektverlust in einen Ichverlust verwandelt, der Konflikt zwischen dem Ich und der geliebten Person in einen Zwiespalt zwischen der Ichkritik und dem durch Identifizierung veränderten Ich« (Zwiespalt zwischen dem Überich und dem durch Identifizierung mit dem aufgegebenen Objekt, bzw. durch Introjektion des aufgegebenen Objektes, veränderten Ich).

Aber nicht immer tritt die Melancholie nach einem realen Liebesverlust auf (KIELHOLZ [143]). Es kann eine innere Fähigkeit zum Lieben verlorengehen, wenn es aus irgendwelchen Gründen, sei es infolge eines unter Umständen objektiv auch nur geringfügigen Umwelterlebnisses oder aber infolge einer biochemischen Störung, zu einer mehr oder weniger ausgesprochenen Entleerung des Selbst bzw. einer narzißtischen Leere kommt, bei der dem Individuum nicht nur das Objekt verlorengeht, sondern auch der Bezug zu Es,

Ich und Über-Ich sowie zum eigenen Körper, so daß die Betroffenen einem narzißtisch ungemilderten, archaischen Über-Ich und Entfremdungserlebnissen in bezug auf Ich, Es und eigenen Körper ausgesetzt sind.

HEINZ KOHUT[148, 149] hat im Rahmen seiner Selbst-Psychologie neben den drei Instanzen Ich, Es, Über-Ich, die zusammen die psychische Struktur bilden, eine in allen drei Instanzen wurzelnde zentrale Repräsentanz des Individuums, das Selbst, beschrieben. Wie ich an anderem Ort (BATTEGAY[23]) festhalte, »ist das Selbst aus jenen Teilen des Ichs, Es und Über-Ich zusammengesetzt, die kompaßartig dem Individuum eine – dauerhafte – Richtung geben. Es ist jene Repräsentanz, die dem Individuum den Eindruck eines ganzen Zusammengehörigen vermittelt.« In der KOHUTschen Sicht stellt das Selbst den Narzißmus dar, den er als die gesunde Selbstliebe ansieht. Dieser Autor kennzeichnet den Narzißmus nicht als krankhaftes Phänomen, sondern als eine jedem gesunden Individuum zugehörige Eigenliebe. Ein krankhafter Narzißmus, ein übermäßiges Ausgerichtetsein auf das Selbst, entwickelt sich unter diesem Gesichtspunkt aus der physiologischen Eigenliebe heraus, und zwar dann, wenn das Selbst infolge ungenügender Erfahrung von elterlicher Zuwendung, Stimulation und Kognitionsmöglichkeiten oder aber übermäßiger emotionaler Zufuhr, Stimulation und maßlosen Angebots von Kognitionsmöglichkeiten oder infolge dauernder Anpassungserwartung der Eltern gegenüber dem Kind (ALICE MILLER[170]) rudimentär bleibt und deshalb eine kompensatorische Überzuwendung zu diesem – schwachen – Selbst erwartet wird. KOHUT kommt mit seiner Auffassung dem FREUDschen primären Narzißmus (FREUD[93]) nahe, der unter diesem Begriff die dem Kind zugehörige primäre, frühkindliche Eigenliebe meint. FREUD sieht aber den (primären) Narzißmus mehr als KOHUT als angeborene Gegebenheit an. Für KOHUT ist offensichtlich, daß ein gesundes Selbst nur durch eine adäquate elterliche Zuwendung in früher Kindheit – aus angelegten Möglichkeiten heraus – entsteht. Ich sehe das Selbst als jene vor allem in der frühen Kindheit geweckte zentrale Libido (Information) des Individuums an, die ihm normalerweise dauerhaft den Eindruck vermittelt, eine leib-seelische Einheit darzustellen, die gestern, heute und morgen, trotz immerwährender Wandlung, im Grunde stets die gleiche und gleichempfindende bleibt. Das Selbst wäre unter diesem Aspekt jene narzißtische Libido, die Es, Ich, Über-Ich und den Körper miteinander zu einem Ganzen verbindet und sie als einander zugehörige und zu der eigenen Person gehörend empfinden läßt. In der Depression, vor allem in der schweren (endogenen) Depression (= Melancholie), ist eine mehr oder weniger ausgesprochene narzißtische Entleerung / Leere zu beobachten. Es erfolgt meines Erachtens nicht, wie FREUD [96] annahm, ein Rückzug auf das eigene Ich und eine Identifizierung des Ichs mit dem aufgegebenen Objekt, sondern die Depression entsteht, weil dem Individuum keine oder nur noch wenig narzißtische Libido bzw. Information zur Verfügung steht. Der / die Betroffene vermag sein / ihr eigenes Ich nicht mehr narzißtisch zu besetzen und erlebt es daher etwa als fremd, so daß ihm / ihr der Suizid auch deshalb erleichtert wird. Aber auch das eigene Es und das Über-Ich werden narzißtisch nicht mehr besetzt. Da das Über-Ich nicht mehr narzißtisch gemildert wird, wirkt es in archaischer Gewalt auf das Individuum ein. Die eigenen Triebe und Antriebe, der eigene Körper werden als fremd und gefahrbringend erlebt. Auch die Objekte können nicht mehr narzißtisch besetzt werden, so daß die Basis zu der von FREUD [96] angeführten Identifizierung des Ichs mit dem Objekt fehlt.

Die Grundbeziehung des Menschen zu einem Objekt ist meines Erachtens, wie erwähnt, die Ausdehnung des Narzißmus auf das Objekt bzw. der Einschluß des Objekts in die Selbstliebe, wobei in diesem Prozeß Objektrepräsentanzen in Ich, Es und Über-Ich entstehen. Dementsprechend ziehe ich nicht wie die klassische Psychoanalyse eine Grenzlinie zwischen narzißtischer Libido und Objektlibido, sondern sehe sie als ein und dieselbe an. Ist dieser Prozeß der Ausdehnung der narzißtischen Libido auf das Objekt, wie in der Melancholie, wegen der in den Depressionszuständen zu beobachtenden narzißtischen Entleerung nicht möglich, so ist auch die Grundlage nicht da, auf der aktive Ich-Leistungen, wie z. B. die Identifikation mit einem Objekt, sich vollziehen könnten. Allerdings beobachten wir bei den Melancholikern – kompensatorische – fusionäre Phantasien, mit denen sie ihr geschwächtes Selbstgefühl zu stärken hoffen. Damit droht ihnen der Sinn für das Objekt und dadurch auch das Objekt verlorenzugehen. Sie wähnen, für das Objekt entscheiden zu können bzw. müssen, nicht weil sie sich mit ihm identifizieren, sondern weil sie, in ihrer Fusionstendenz, keine Grenze mehr zwischen sich und dem Objekt erkennen.

Der von FREUD [102] angeführte *»sekundäre Narzißmus«*, der dadurch charakterisiert ist, daß er »die Libido, welche dem Ich durch die beschriebenen Identifizierungen (mit Objekten) zufließt«, darstellt, läge dementsprechend in der Melancholie auch darnieder, da in der Depression, wegen mangelnder narzißtischer Besetzung, das Ich zu keinen oder kaum irgendwelchen aktiven Leistungen, auch nicht oder kaum mehr zu Identifizierungen fähig ist. Denkt man in diesem Zusammenhang indes an die fusionären Beziehungen des Melancholikers zu den Objekten, so kann gesagt werden, daß er, wie erwähnt, in seiner Phantasie versucht, sein Selbst (Selbstgefühl) durch Objekte zu verstärken. Damit käme ich dem FREUDschen »sekundären Narzißmus« nahe, ohne jedoch eine Identifizierung mit Objekten (aktive Ich-Leistung) anzunehmen, sondern, wie angeführt, in der Annahme einer – kompensatorischen – Fusion zwischen Selbst und Objekt bei den Betroffenen.

Möchte man das Selbst (= Narzißmus) volkstümlich definieren, so könnte man es als die notwendige Betriebswärme für die Instanzen Es, Ich und Über-Ich wie auch für den Körper und damit auch für die Objektbeziehungen (BATTEGAY [23]) bezeichnen. KOHUT spricht von einem Körper-Selbst. Wir wissen, daß der Körper nur dann beschwerdefrei funktioniert, wenn ein Individuum seine somatischen Funktionen narzißtisch zu besetzen vermag. Ist das nicht oder nicht mehr der Fall, so leiden die Betroffenen unter funktionellen somatischen Störungen bzw. körperlichen Schmerzsyndromen, wobei die »Organwahl« noch weitgehend unabgeklärt ist. Es ist zu vermuten, aber keineswegs gesichert, daß immer jenes Organ »gewählt« wird, dem im Rahmen der Erlebens- und Beziehungssituation eines Individuums ein besonderer Stellenwert zukommt. Oft wissen narzißtisch gestörte Menschen sehr wenig um ihre Gefühle, vielleicht auch deshalb, weil sie nicht das Selbstvertrauen haben, das es ihnen ermöglichte, zu ihren Gefühlen zu stehen. Wir beobachten

bei ihnen das Phänomen der Alexithymie (SIFNEOS[203], VON RAD[222]),
d. h. der mangelnden Fähigkeit, ihre Emotionen zu »lesen«, bzw.
das Kennzeichen, daß sie ihren Körper im Grunde als eine Maschine
betrachten, die zwischenfallsfrei arbeiten sollte. MARTY et al.[167] haben in diesem Zusammenhang von einer »pensée opératoire« gesprochen. Das schmerzhafte Körperorgan ist dann vielleicht das für
sie einzig deutlich sichtbare Zeichen, daß ihnen etwas fehlt.

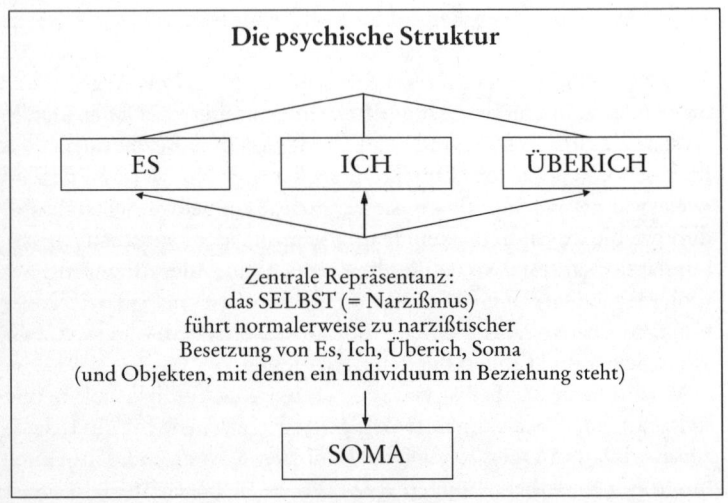

Schematisch dargestellt können wir die psychischen Instanzen und
das Selbst wie oben dargestellt zeigen.

Nicht nur bei den Melancholien, sondern auch bei anderen
Krankheitsformen sehen wir das Überich in überschießender Funktion. So zum Beispiel bei der Zwangsneurose. Nach der Theorie der
Psychoanalyse ist die Libido bei dieser Erkrankung auf die anal-
sadistische Entwicklungsstufe regrediert. Doch kommen beim
Zwangsneurotiker die anal-sadistischen Strebungen keineswegs offen zum Vorschein. Im Gegenteil. Die Zwangsneurotiker sind über-
trieben reinlich, gewissenhaft, skrupulös, »gesetzestreu«, und sie
quälen sich mit Selbstvorwürfen. Es kommen diese Charakter-

züge dadurch zustande, daß sich das Ich unter dem mächtigen Einfluß des Überichs gegen die Triebregungen des Es wehrt, wobei das Überich dazu neigt, über das Ziel hinauszuschießen. Die Betroffenen müssen sich nicht nur angepaßt verhalten. Das Überich sorgt gerade auch dafür, daß sie bestraft werden. Diese Menschen tun dann gerade das Gegenteil von dem, was das Ich unter dem Einfluß des Es vollbringen möchte, und sie quälen sich durch Entsagung, die beinahe so weit geht, daß jegliche Lebensregung überhaupt in Frage gestellt und alles nur noch in den Dienst von Zwangshandlungen gestellt wird, die die Regungen des Es in Schach halten sollen. Das Überich kämpft also gegen die Strebungen des Es und zwingt dabei das Ich, sich unumschränkt in seinen Dienst zu stellen. Erinnern wir uns bei dieser Gelegenheit, daß es zur Überich-Bildung dadurch kam, daß eine Identifikation mit dem Vorbild der Eltern und später der Umwelt bzw. eine Introjektion der Eltern- und Umweltsvorbilder erfolgte, die zur Bildung einer Instanz führte, welche in Gegensatz zum Ich treten kann. Es geht schon daraus hervor, wie wesentlich es ist, die Kinder nicht mit einem Übermaß von Geboten und Verboten zu umgeben, ihnen nicht zu strenge Maßregeln aufzuerlegen, sie nicht zu früh zur Reinlichkeit zu erziehen usw. Allerdings, ganz ohne dem Heranwachsenden irgendwelche Richtlinien und Grundsätze zu vermitteln, geht es auch nicht ab. Das heranwachsende Kind wäre kaum bereit, auf eine Triebbefriedigung zu verzichten, würde es diese Beschränkung nicht aus Liebe für ein die äußere Ordnung vertretendes Liebesobjekt, meist die Mutter, auf sich nehmen. Und dieses Liebesobjekt wird dann ins Ich introjiziert. In der Sicht der klassischen Psychoanalyse genießt dieses Ich-Ideal, das wir bereits erwähnt haben, die Selbstliebe, die in der Kindheit das wirkliche Ich genossen hat. Ich möchte dazufügen, daß zu allen Zeiten das wirkliche Ich narzißtisch besetzt sein muß, wenn nicht eine Depression auftreten soll. Wir können dementsprechend auch nicht mehr ganz der Aussage beipflichten, daß das, was der Mensch als sein Ideal vor sich hin projiziert, der Ersatz für den verlorenen Narzißmus seiner Kindheit sei, in der er sein eigenes Ideal war, denn der Narzißmus geht im Menschen nur in krankhaften Zuständen verloren. Doch ist das kleine Menschenkind in der frühe-

sten Kindheit sein eigenes Ideal, weil es sich zuerst selbst erfahren
muß, und je mehr der Mensch in die soziale Welt hineinwächst,
desto mehr projiziert er, beeinflußt durch Vorbilder, sein Ideal vor
sich hin. Ebenso können wir nicht mehr voll und ganz der Aussage
beipflichten, daß der Narzißmus der Kindheit dem Lust-Ich entspreche, das Ich-Ideal aber seiner an den Forderungen der Erzieher
erfolgten Modifikation. Wir müssen vielmehr formulieren, daß das
Lust-Ich der Kindheit wie auch das spätere Ich-Ideal narzißtischen
Besetzungen entsprechen, wobei aber zweifellos Forderungen der
Erzieher einerseits und kognitive Prozesse beim Kind andererseits
zu der erwähnten Modifikation beitragen. Nach der klassischen Anschauung kann ferner gesagt werden: Dem Ichideal füge sich das Ich
aus Liebe, dem – zusätzlich das urteilende Gewissen enthaltenden –
Überich aber lediglich aus Angst vor Strafe. Das Ichideal soll mehr
ein Abbild der geliebten Objekte im Ich sein und das Überich ein
solches der gehaßten und gefürchteten. In der Praxis ist es aber sehr
schwer, diese beiden Instanzen zu unterscheiden. Im Ichideal wird
mehr mütterliche Libido gebunden sein, im Überich mehr väterliche. In Wirklichkeit schmelzen aber beide zusammen. Sie sind nur
durch Spitzfindigkeiten voneinander zu unterscheiden. In diesem
Zusammenhang muß an BOSS[44] erinnert werden, der, diese Art
theoretische Konstruktionen anvisierend, von einem »atomisieren-
den Denken« in FREUDS Theorie spricht. Es sei ein Faktor, der den
Menschen aus seinem ganzen Weltzusammenhang herausreiße und
ihn in eine Menge von getrennten Instanzen und Partialtrieben auf-
teile. Wir müssen hier BOSS entgegenhalten, daß dieses – im wahr-
sten Sinne des Wortes – analytische Denken und Aufsplittern zum
Verständnis der Psyche wesentlich ist. Ohne eine klare theoretische
Konzeption können wir das Aufgedeckte nicht in größere Zusammenhänge bringen. Doch versuchen wir heute, die menschliche
Psyche mehr in einem ganzheitlichen Lichte und in ihrem vollen
Erlebnisgehalt wahrnehmen zu lernen. Wir richten unser Augen-
merk nicht mehr nur auf die Bedeutung psychischer Instanzen im
»objektiven Funktionszusammenhang«, sondern lassen die Innenwelt des Menschen auch so zu uns sprechen, wie sie sich uns kund-
tut. Die Reduktionen auf psychische »Apparate« wie Ich, Überich

und Es könnten das unvoreingenommene Verhältnis der menschlichen Wirklichkeit verbauen. Es sind jedoch wertvolle Hilfskonstruktionen, mit denen wir versuchen, die Grundzüge der Dynamik der Menschenpsyche zu verstehen. KAREN HORNEY[124] betont, indem sie sich FREUD entgegenstellt, daß keine letzte Instanz, kein Überich angenommen werden müsse, um neurotische Schuldgefühle zu erklären. Die Motive hinter solchen Gefühlen seien immer in der Furcht vor den – sozialen – Konsequenzen begründet. Sie beinhalteten:

1. die Furcht vor der Mißbilligung durch die mitmenschliche Umgebung,
2. die Verteidigung gegen diese Furcht,
3. die Verteidigung gegen das Äußern von Anklagen durch die Mitwelt.

Nach dieser Autorin wäre es also nicht das Überich, diese nach FREUD die Autoritäten der Außenwelt beinhaltende innerpsychische Instanz, die befürchtet werde, sondern im Grunde der reale Liebesentzug durch die Mitmenschen.

Wenn die Theorie FREUDs etwa den Aspekt einer, zwar recht folgerichtigen, Konstruktion aufweist, erkannte er in praxi, daß der Therapeut mit seiner »gleich schwebenden Aufmerksamkeit« alle Äußerungen des Patienten, und zwar wie sie sich anbieten, ohne sie von vornherein einreihen zu wollen, auf sich wirken lassen muß. FREUD bezeichnete, um das allerwichtigste Indiz für sein tiefgehendes Verständnis der Menschenpsyche zu nennen, als das wesentlichste, im Verlaufe einer Psychoanalyse auftretende Phänomen die später noch zu besprechende und von ihm »Übertragung« genannte mitmenschliche Beziehung. Er rückte das tiefe Attachement des Patienten an seinen Arzt in den Mittelpunkt seines Heilverfahrens wie auch das Phänomen der Gefühlsbeziehung des Arztes zum Patienten, die sogenannte Gegenübertragung. Dabei wußte FREUD, daß sich nur auf dieser Gefühlsbasis eine Wandlung des Patienten ergibt. Der Analytiker solle dem Patienten Zeit lassen, sich zu entfalten, ihm ernstes Interesse entgegenbringen und sich selbst vollkommen auf alles vom Patienten zu Vernehmende hin konzentrieren.

In der praktischen Zuwendung zum Patienten befreit sich also

FREUD bis zu einem gewissen Grade vom theoretischen Bilde seiner Lehre. Er weiß, wie wir seither noch deutlicher erkannt haben, daß es in der Psychoanalyse nicht nur darauf ankommt, die Patienten – analytisch – zu erfassen, sondern mit ihnen und für sie offen zu sein. FREUD fordert den Arzt gar auf, die Kranken sich fast unbegrenzt auf dem Tummelplatz der mitmenschlichen Übertragungssituation entfalten zu lassen. Es geht also auch ihm darum, daß Patient wie Arzt ungelebte Möglichkeiten im Analysanden erkennen und sie zur Entfaltung bringen. Die Theorie der Neurosenlehre ist zwar ein unentbehrliches Rüstzeug dafür, die inneren Begrenzungen und Möglichkeiten zu erkennen und zu verstehen. In der Psychoanalyse gilt es dann aber auch, diese Hilfskonstruktionen zu überwinden, für den Patienten vorbehaltlos offen zu sein und ihm eine Chance zu vermitteln, möglichst viele seiner – inneren – Potenzen in der äußeren Realität zu entfalten.

# 9 Die Abwehrmechanismen des Ichs

Wie ich in Kap. 6.2.3 dargelegt habe, können die gleichen höheren Ich-Leistungen sowohl dem aktiven, kreativen Lebensvollzug wie auch der Abwehr als bedrohlich erlebter unbewußter und bewußter Dynamik dienen. Die als Abwehrmechanismen eingesetzten aktiven Leistungen des Ichs sind lediglich Sondererscheinungen jener bei den Menschen allgemein erkennbaren Tendenzen, sich vor neuen Eindrücken zu schützen. Es ist das Bestreben des Menschen schlechthin, sich nicht nur immer zu erneuern, sondern auch der Notwendigkeit der permanenten Wandlung aus dem Wege zu gehen. Obschon sich das menschliche Individuum einerseits nichts sehnlicher wünscht, als von einem Mitlebenden angesprochen zu werden, fürchtet es andererseits, durch diesen Anspruch zu einer Modifizierung seiner Haltung verpflichtet zu werden. Nichts ist dem Menschen zu beschwerlich, um eine partizipierende Partnerschaft zu suchen. Doch spürt er, daß dieses mitmenschliche Verhangensein ihn bindet und dazu verpflichtet, sich an den bzw. die ihn Umgebenden anzupassen oder sich ihnen gegenüber zu behaupten. Er kann deshalb nie auf einer einmal eingenommenen Position verharren, sie festhalten, ein für allemal. Er muß immer wieder seine Stellungen, die er eben noch verteidigt hat, und seine Stellungsnahmen aufgeben, um neue zu erwerben und zu erneuerten Einsichten zu gelangen. Was ist ihm langweiliger, als wenn sich nichts ereignete? Und doch möchte er sich nicht aus seiner Ruhe bringen lassen.

Die an und für sich – zur Verhütung allzu intensiven, erschöpfenden und damit bedrohlichen Erlebens nützliche – Abwehr des an den Menschen Herankommenden kann übers Ziel hinausschießen. Oder der Mensch kann an der Abwehrhaltung an sich Gefallen fin-

den und sie zum Kult, der nach ständiger Wiederholung strebt, erheben. Unter diesem Aspekt kann diese menschliche Wehrhaftig-
keit gegenüber Neuem in gewissen Situationen zwar Stärke bedeuten, in anderen aber das Zeugnis eines aus Angst vor der Wandlung
geborenen Wiederholungsbedürfnisses oder -zwanges beinhalten.

Wenn sich nun der Mensch gegen das Anfluten unbewußter Regungen zur Wehr setzt, kann darin die Tatsache begründet liegen,
daß sein Ich stark genug ist, sich durchzusetzen. Es kann aber auch
bedeuten, daß peinliche Vorstellungen, die mit Konfliktsituationen
der Vergangenheit, meist der Kindheit, zusammenhängen, zurück-
gehalten werden sollen. Nach FREUD [104] umfaßt der Begriff der Abwehr alle Vorgänge mit der Tendenz, das Ich gegen Triebansprüche
zu sichern. Dabei unterscheidet er besondere Formen dieser Abwehrmechanismen des Ichs, die allerdings in meiner Sicht, wie angeführt, auch zur positiven Bewältigung von inneren oder äußeren
Spannungen und Problemen eingesetzt werden können. Sie sollen
im folgenden besprochen werden.

## 9.1 Verdrängung

Unter den Abwehrmechanismen des Ichs dürfte die Verdrängung
die wirksamste sein. Ihr gelingt es, unliebsame Triebtendenzen und
sie begleitende unlustbetonte Gefühle vom Ich fernzuhalten. Der
damit verbundene Bewußtseinsentzug, den diese Triebregungen
und die Begleitaffekte erfahren, kann aber auch gefährliche Konsequenzen haben. Die Einheit der Persönlichkeit wird damit eventuell
endgültig zerstört. Für immer bleiben damit Bereiche des Trieblebens abgespalten und unerreichbar für das Ich. Es ist nicht mehr
möglich, sie in den Daseinsvollzügen sinnvoll zu verwirklichen.
Teile der Persönlichkeit bleiben so unverwirklicht, ungelebt. Die
Verdrängung ist demnach etwa ein nicht ungefährlicher Prozeß. Sie
kann zur Basis für Neurosenbildungen werden. Das Leben muß
sich dabei unter Ausschluß mehr oder weniger großer Triebbereiche
– als Kompromiß – vollziehen. Es ist ein verbogenes, teilhaftes Leben, das noch geführt werden kann. Auch stehen dafür nur noch

Teilenergien zur Verfügung, da der Verdrängungsprozeß dauernd Kräfte benötigt. Die seelische Kümmerentwicklung, die folgt, ist dementsprechend nicht nur Produkt der Verdrängung, sondern auch der Energieinvestition zu ihrer Aufrechterhaltung und damit des Energieverlusts für die Weiterentfaltung.

Bei der Verdrängung wird der Vorstellungsinhalt affektiv belastender Gedankenbildungen vergessen und von der Reproduktion im Gedächtnis ausgeschlossen. Ihr Hauptcharakteristikum ist die »Abhaltung vom Bewußtsein«, die Ausschließung von der »Reproduktion im Gedächtnis«. Nach FREUD verwendet das Ich bei der Verdrängung die gleiche Technik wie beim normalen Denken. Das Denken sei ein probeweises Handeln mit kleinen Energiemengen, ähnlich wie die Verschiebung kleiner Figuren auf der Landkarte, ehe der Feldherr seine Truppenmassen in Bewegung setze. Das Ich nehme die Befriedigung der bedenklichen Triebregung voraus und erlaube ihr, die Unlustempfindungen zu Beginn der gefürchteten Gefahrsituation zu reproduzieren. Das Ich wende eine Probebesetzung an und wecke damit den Lust-Unlust-Mechanismus. Dabei könne es dazu kommen, daß ein Angstanfall entwickelt werde und sich das Ich gänzlich von der anstößigen Erregung zurückziehe. Anstelle der Probebesetzung könne das Ich der beunruhigenden Erregung aber auch eine Gegenbesetzung entgegenstellen. Die Gegenregung und das ursprüngliche Triebanliegen, dem sie entgegentritt, wachsen schließlich zur Symptombildung zusammen. Das neurotische Symptom ist ein Kompromiß zwischen Triebregung und Gegentendenz. Eine vollständige Verdrängung kann nie gelingen. Entweder es kommt zu mehr oder weniger vordergründiger Angst. Oder aber der hintergründige Affekt und der damit zusammenhängende Triebanspruch verraten sich in einem – die ursprüngliche Strebung immer noch larviert darstellenden – Symptom.

Nachdem ein junger Mann darüber berichtet hatte, daß er zwangshaft an Planschbecken vorbeigehen und nach nackten kleinen Kindern Ausschau halten müsse, ließ sich nach langjähriger Psychoanalyse erkennen, daß er, gemäß den strengen moralisch-ethischen Grundsätzen des Elternhauses, alle seine – entsprechend seinem

Alter wachsenden – Triebregungen (unbewußt) zu verdrängen suchte. Zwar hatte er nun bewußt nur noch wenig gegen unliebsame Triebtendenzen zu kämpfen. Seine Energien blieben scheinbar frei für das Bewältigen intellektueller Aufgaben. Doch verriet das Zwangssymptom deutlich, daß seine Triebhaftigkeit nach wie vor aktiv und keineswegs vollkommen verdrängt war. Das Symptom, das zwangshaft wiederkehrte, ließ symbolisch die Art des Verdrängten erkennen: Es sind alle jene Ansprüche, die das Kind in ihm ersehnte, das nie jene bedingungslose Liebe und Umsorgung durch die Eltern erfahren hatte, die es sich wünschte, und das sich in der Folge auch nie jene Triebansprüche gestattete, welche für jedes Kind im Grunde das Natürlichste in der Welt darstellen. Sein – scheinbar erfolgreicher – Kampf gegen die Triebregungen forderte von ihm einen Aufwand an Energie, der ihm das Bestehen anderer Lebensaufgaben erschwerte. Er hatte also nicht mehr Energien für die Bewältigung der Lebensaufgaben zur Verfügung. Im Gegenteil. Der hochintelligente junge Mann konnte keine Examina bestehen und war beruflich unter seinem intellektuellen Niveau tätig. Erst als er erkennen gelernt hatte, wie sehr er in der Identifikation mit seinen Eltern, die ihn im Grunde nie geliebt, sondern nur dressiert hatten, seine Triebhaftigkeit vollends verdrängt hatte, gelang es ihm allmählich aufzuleben. Er holte den versäumten Teil seiner Ausbildung nach, begab sich ins Ausland, um Sprachen zu lernen, und begann in zarten »Gehversuchen«, Kontakt mit dem anderen Geschlecht aufzunehmen. Es bedurfte bei diesem jungen Menschen der Aufhebung der Verdrängung, um ihn lebensfähig zu machen, ihn einer Zukunft in sich tragenden Entwicklung zuzuführen.

Man darf sich die analytische Bearbeitung dieses Abwehrmechanismus nicht zu leicht vorstellen. Die davon Betroffenen setzen zwar oft vieles daran, gesund zu werden, doch geben sie unbewußt noch mehr Energie dafür aus, immer so – neurotisch – zu bleiben, wie sie sind. Die Abwehrmechanismen, die den affektbelasteten Konflikt vom Bewußtsein fernhalten, wirken sich in der Analyse aus als Widerstand oder als Motor zur »Übertragung« der Gefühle für frühere, in die ehemalige Konfliktsituation, meist der Kindheit, ver-

wickelte Beziehungspersonen, auf den Analytiker. – Wir werden
später noch näher auf die Auswirkungen der Abwehrvorgänge in
der Psychoanalyse eingehen. Doch kann jetzt schon gesagt werden,
daß gerade diese Abwehrmechanismen die Behandlung auch erleichtern, da erstens ihr Manifestwerden das Berührtsein des Konfliktes anzeigt und zweitens damit eine enge Gefühlsbindung zum
Therapeuten eingetreten ist.

Ein nächstes Beispiel mag verdeutlichen, wie das Symptom eine –
durch Verdrängung bedingte und oft fatale – Kompromißlösung
zwischen Triebregungen und Gegenstrebungen darstellen kann:
    Eine etwa 40jährige Patientin war die erstgeborene Tochter und
sehr eifersüchtig auf ihre jüngere Schwester. Während sie sich als
sehr streng behandelt und damit überfordert fühlte, sah sie, daß die
Eltern bei ihrer Schwester keine so strengen Maßstäbe gebrauchten.
Die Patientin, die sich zutiefst zu kurz gekommen, vernachlässigt
erlebte, gestand sich bis zu ihrem 20. Lebensjahr ihre Frustration
kaum je ein. Sie arbeitete immer fleißig und versagte sich, wie ihre
Eltern, vor allem ihre Mutter, es mit ihr getan hatten, jede Triebbefriedigung. Nicht einmal den Genuß der Naturschönheiten gestattete sie sich ohne Skrupel. Plötzlich begann sie, unter einem unwi-
derstehlichen Zwang zu leiden, sich von einer bestimmten Brücke
im Wallis hinunterstürzen zu müssen. Sie mußte hospitalisiert werden. Ihre Triebverdrängung auf der einen Seite und ihre Selbstbestrafungstendenzen auf der anderen Seite waren derart intensiv, daß
es nicht gelang, sie in irgendeiner Weise zu beeinflussen. – Auch bei
dieser Patientin zeugte das Symptom – der Zwang, sich von einer
Brücke im Wallis hinunterstürzen zu müssen – davon, daß die Patientin auf der einen Seite sich, wie die Eltern es mit ihr taten, jegliche Triebbefriedigung versagte, auf der anderen Seite aber doch
ihrer Triebe nicht mächtig wurde und sich deshalb im Rahmen – der
von ihr im stillen geliebten Berge – in die Tiefe stürzen zu müssen
fürchtete. Das Symptom ist bei dieser Patientin, ebenso wie beim
erwähnten Kranken, ein Kompromiß zwischen Trieberfüllung und
-verdrängung.
    Eine etwa 50jährige Kranke, die in ihrer Ehe mit ihrem charakter-

lich komplizierten und autoritären Gatten, einem Wissenschaftler, vieles erdulden mußte und bei einer neuerlichen Belastung durch ihn anfänglich mit Angst reagierte, erwachte eines Morgens, ohne sich mehr an das Heiratsdatum erinnern zu können. Die Patientin wirkte ratlos, und der Ehemann machte sich Sorgen, daß seine Frau, gleich wie schon mehrere ihrer Angehörigen, einen apoplektischen Insult erlitten habe. Es wurde zur Sicherheit sofort eine eingehende neurologische Untersuchung angeordnet. Doch es konnte kein pathologischer Befund erhoben werden. Bei der Besprechung mit der Patientin zeigte sich, daß sich in ihr offenbar, speziell nach der erwähnten neuen Belastung, Aggressionen gegen ihren Mann aufgestapelt hatten, die sie aber unbewußt nicht wahrhaben wollte. Sie konnte sich indes dieser feindseligen Gefühle nicht ganz erwehren. Zwar blieben sie zum Teil verdrängt. Zum Teil aber war es ihr nicht geglückt, sie zurückzudrängen. Das Symptom des Vergessens des Heiratsdatums war schließlich ein Kompromiß, der einerseits für den Geübten die Aggression klar erkennen ließ, andererseits ihr aber doch gestattete, friedfertig zu bleiben und sogar Hilfe durch ihren Gatten zu erfahren. Mit in diesem Symptom enthalten ist ihr – bisher durch ihren Ehemann kaum erfüllter – Wunsch, einmal selbst diese Umsorgung zu erfahren, die sie ihm seit Jahr und Tag – nolens volens – angedeihen ließ.

Insbesondere bei der letzterwähnten Patientin wird es deutlich, weshalb die Neurotiker oft ihre Abwehrhaltung den Trieben gegenüber nicht aufgeben wollen. Sie ziehen aus ihren Symptomen einen sogenannten sekundären Krankheitsgewinn (FREUD [97]).

Wie wir bei allen drei angeführten Beispielen sehen konnten, brachte das Symptom auch einen gewissen Ersatz für die verdrängte Triebregung. Beim ersten Patienten vermittelte der Zwang, nackte Kinder zu erspähen, eine Teilerfüllung seiner sonst verdrängten Triebhaftigkeit. Sie gestattete es ihm auch, sich seiner sonst frustrierten Kindlichkeit anzunehmen. Bei der im zweiten Beispiel erwähnten Kranken bedeutete der Zwang, ins Wallis fahren zu müssen, um sich dort von einer Brücke hinunterzustürzen, ebenso wenigstens eine Erfüllung ihres Wunsches, mit den Bergen in Kontakt zu kommen. Es ist unschwer zu erkennen – wir haben bereits darauf hingewiesen –, daß die temporäre Amnesie der letzterwähnten Patientin ihr wenigstens für kurze Zeit den Wunsch erfüllte, einerseits von ihrem schwierigen Gatten befreit, andererseits einmal durch ihn umsorgt zu sein.

Wir nennen also Verdrängung den Vorgang, bei welchem eine Zensurinstanz zwischen dem Bewußten und dem Unbewußten, im Vorbewußten, behindernd auf einen psychischen Akt einwirkt, so daß er den Weg ins Bewußte nicht finden kann. Die Verdrängung hat zur Folge, daß die Vorstellung, die bis ins Vorbewußte vorgedrungen ist, nicht ins Bewußte eindringen kann. Gleichzeitig ist die mit ihr verbundene Triebenergie daran verhindert, sich in Affekt und Motilität Ausdruck und Entlastung zu verschaffen.

Eine etwa 40jährige Patientin, die in ihrer Ehe zutiefst unglücklich war, verdrängte ihre mit ihrer mißlichen Situation zusammenhängenden Gefühle derart, daß ihr bewußt alles zum besten bestellt schien. Sie war zeichnerisch sehr begabt, ebenso hatte sie ein überdurchschnittliches Geschick zum Modellieren. Ihre Figuren hinterließen alle einen sphinxhaften Eindruck. Nur an den leuchtenden Augen dieser Gestaltungen konnte man ahnen, daß vieles ausgesagt werden wollte. Die Kranke hatte im übrigen vor kurzem an episodisch wiederkehrenden Schreianfällen zu leiden begonnen. Sie schrie dann so laut, daß man sie über mehrere Straßen hin hörte. In der psychiatrischen Klinik, in die sie eintreten mußte, wurde ihr gestattet, zu Beginn einer solchen Attacke in einen Keller zu fliehen. Es war etwas Erschütterndes, die Patientin von der Tiefe her über das ganze Klinikareal schreien zu hören. Der Kranken war es keineswegs bewußt, was ihre Schreianfälle aussagen sollten. Wir ahnten indes, daß in diesen Attacken die jahrelang hintangehaltenen Gefühle steckten, die endlich einmal ihren Ausweg finden mußten. Sie war nun in ein Alter gekommen, in dem sie ihre affektive Dauerfrustration doch nicht mehr ertragen konnte. – Ihre Triebenergien waren am Bewußtwerden durch eine Zensurinstanz und damit am Ausgedrücktwerden behindert worden. Das Symptom allein kündete – für die Patientin war der Zusammenhang allerdings vor

Beginn der Therapie nicht erkennbar – vom Vorliegen eines tieferen Triebkonfliktes. Die Kranke hatte, so könnte man argumentieren, während Jahren versucht, sich mit den Realitäten abzufinden, sich den Gegebenheiten anzupassen.

Die Verdrängung kann indes auch unter dem Aspekt gesehen werden, daß die Betreffenden versuchen, sich an die äußere Realität anzupassen, den zu erwartenden Unannehmlichkeiten und Gefahren aus dem Wege zu gehen und damit ihre Problematik aktiv zu bewältigen.

Anpassung an die Realität bedeutet nun aber nicht unter allen Umständen etwas Pathologisches. Wenn beispielsweise ein Kind seine sexuellen Regungen gegenüber dem bzw. Ansprüche an den gegengeschlechtlichen Elternteil verdrängt, so ist es insofern der Realität adäquat, als es sich einerseits den realen Gegebenheiten der sexuellen Unerreichbarkeit der Eltern, andererseits seiner eigenen psychosomatosozialen Unreife anpaßt. Das Kind entzieht sich auf diese Weise Triebregungen, die bei seiner Hilflosigkeit überfordernd wirken müßten. Wenn aber ein Erwachsener, ein biologisch ausgereifter Mensch, aus unbewußten, infantilen Inzestmotiven heraus auf eine Partnerschaft mit dem anderen Geschlecht verzichtet, so ist er, zumindest im erotischen Bereich, der Realität nicht angepaßt. Bei diesem Erwachsenen besteht die ursprüngliche kindliche Verdrängung weiter, und sie wirkt sich in seinen realen Beziehungen hindernd aus. Das Ich des Erwachsenen ist durch die einmal vollzogene Verdrängung bis in die Gegenwart in seiner Bewegungsfreiheit eingeschränkt und vollzieht, unter gänzlich veränderten Umständen, anachronistisch, neuerlich eine Verdrängung. Wir kommen somit auf eine neue Tatsache. Die Verdrängung, die der Erwachsene vollzieht, ist oft eine Wiederholung jener, die beim Kinde geschieht, wenn es seine Triebansprüche, aus biologischer und sozialer Anpassung, noch verdrängen muß. Bei der Verdrängung im Erwachsenenalter müssen aber nicht immer die äußeren Umstände beteiligt sein. Es sind auch innere Faktoren, zum Beispiel das die Erwartungen der Eltern und der späteren Umwelt repräsentierende Überich, die die Verdrängung bewirken können. Die Angst vor der Kritik des Überichs, des Gewissens, und das damit einhergehende Schuldgefühl sind denn auch oft die Ursache für die Verdrängung. Die Triebansprüche erscheinen dem Erwachsenen mit allzu strengem Überich wie jene in der Kindheit als verboten, als ein Tabu, das nicht berührt werden darf. Um dieses Tabu nicht zu verletzen, werden die Triebanliegen daran gehindert, ins Bewußtsein zu dringen. Sie können höchstens in der verschlüsselten, kompromißhaften Form des Symptoms die Zensur, die vor das Bewußte geschaltet ist, überlisten. Eine ungehinderte Entfaltung können sie aber nicht erfahren. Es ist naheliegend, daß bei diesen Menschen seelische Kümmerentwicklungen, Neurosen, entstehen müssen.

Die Verdrängung, die, wie wir darzustellen versuchten, die Realitätsanpassung und -bewältigung durch Fernhalten der Triebregungen vom Bewußtsein erleichtern sollte, wird damit zum lebenshemmenden Moment.

Die in das Symptom eingebundenen Triebregungen sind im Grunde durch die Verdrängung nicht diskreter geworden. Im Gegenteil, das Verbot, das sie erfahren, kann sie bis zu einer unerträglichen Intensität steigern. Wird die Triebhaftigkeit durch das Ich aus Angst vor äußeren oder inneren, introjizierten, im Überich repräsentierten, Autoritäten zurückgedämmt, so wird sie zu einem um so mächtigeren Faktor. Während bei gesunder Entwicklung die Triebe in das Leben integriert werden können, droht dem von solcher Triebverdrängung Betroffenen, ganz in deren Bann bzw. unter die Domination der durch sie provozierten Symptome zu gelangen. – Es wird damit aber nicht einem blinden Ausleben der Triebe das Wort geredet. Vielmehr geht es darum, daß der Mensch so angenommen wird, wie er ist, als ein triebhaftes Wesen, das allerdings auch in der Lage ist, dort, wo es für seine Entwicklung sinnvoll ist, die Triebe zu sublimieren. Unter Sublimierung verstehen wir mit FREUD [97] den Vorgang, bei dem eine Sexualstrebung – oder aber auch eine andere Triebregung – ihr auf direkten Lustgewinn gerichtetes Ziel aufgibt und ein anderes annimmt, welches genetisch mit dem aufgegebenen zusammenhängt, aber selbst nicht mehr den ursprünglichen Triebcharakter trägt, sondern ein soziales ist.

Ohne Sublimierung, ohne Umorientierung von Trieben, wäre Kultur nicht möglich. Blindes Ausleben der Triebe, das Dominieren des Lustprinzips führt nur zur blinden Verwirklichung dieser Strebungen, ohne daß soziale Ziele berücksichtigt werden. Das Lustprinzip duldet keinen Verzug, kann nicht mit Möglichkeiten rechnen, hat keine Voraussicht. Ohne die dem Menschen eigene Möglichkeit zur Triebverlagerung auf geistige Ziele wäre all das nicht möglich geworden, was die Menschen an Kulturwerten geschaffen haben. Die lebensverneinenden Triebverdrängungen jedoch, wie sie bei den Neurotikern anzutreffen sind, gehen zu weit. Dazu bewirken sie oft reaktiv das Gegenteil ihrer Intention, eben das Dominantwerden der Triebhaftigkeit im Symptom.

Die Verdrängung hat, wie bereits aus unseren Ausführungen hervorging, zum Ziel, das Ich gegen Triebansprüche zu sichern. Das Ich fühlt sich durch sie gefährdet, und es entsteht das Signal der Angst. Was durch das Ich befürchtet wird, ist eine Störung der Integrität des Charakters, eine Erschütterung des – wenn auch oft nur vermeintlichen – psychischen Gleichgewichts. Was nicht zu den im Ich vereinigten Vorstellungen paßt, wird verdrängt oder andersartig abgewehrt.

## 9.2  Ungeschehenmachen

Eine 19jährige Tochter einer infantilen, selbstunsicheren Pyknika, die, ohne ihren Vater zu kennen, bei der Mutter und der Großmutter mütterlicherseits aufwuchs, fühlte sich zu Hause von den beiden Frauen beinahe erdrückt. Insbesondere die Mutter partizipierte an allen Lebensanliegen der Patientin. Im Alter von 12 Jahren mußte sie wegen aufgetretenen Asthmas einen Psychiater aufsuchen. Mit 15 Jahren schwärmte sie in exzessiver Weise erstmals für einen Mann – einen Filmschauspieler. Es folgte später eine Liebe zu einem Lehrer, den sie nur vom Sehen kannte und der sie eines Tages ungerechterweise ausgescholten hatte. Obschon sie nach diesem einmaligen Zusammentreffen nie mehr mit ihm zusammenkam, verstärkte sich ihre Liebe fortwährend, und jede Bewegung dieses Mannes wurde als ein Zeichen seiner Gegenliebe gedeutet. Alle ihre Gedanken und Phantasien kreisten um diesen Mann. Sie konnte deshalb nach Schulabschluß an keiner Stelle bleiben. Die Mutter der Kranken, die inzwischen schizophren geworden war, kam immer mehr in ein symbiotisches Verhältnis mit der Patientin hinein. Schließlich begann sie den vermeintlichen Freund darzustellen und der Tochter Liebeserklärungen zu machen. Mutter und Tochter verwickelten sich in ein intimes Verhältnis. Bald darauf manifestierte sich bei der Patientin ein Putzzwang. Sie scheuerte dermaßen die Parkettböden einer Neubauwohnung, daß beinahe nichts mehr davon übrigblieb. Während einer mehrjährigen Psychoanalyse kam erst nach langer Zeit die Rede auf das Verhältnis zwischen Mutter und Tochter. Als die Patientin angstvoll über ihre intimen Beziehungen zur Mutter berichtet hatte, begann der Putzzwang temporär zu weichen. Da der Arzt ins Ausland verzog, mußte sie den Analytiker wechseln. Die Ursache des Putzzwanges war zwar entdeckt, doch hatte sie in der Psychoanalyse noch nicht genügend Gelegenheit, die damit zusammenhängenden Konfliktinhalte durchzuarbeiten. Immerhin wurde soviel offensichtlich, daß der Putzzwang das – schuldbeladene – intime Verhältnis zwischen Mutter und Tochter auslöschen sollte. Es genügte ihr das einfache Verdrängen des Triebkonfliktes nicht. Vielmehr war es ihre – unbewußte – Absicht, ihn – mittels des Putzzwangs – vom Erdboden wegzuwischen bzw. ihn auf magische Weise ungeschehen zu machen. Damit wurde sie nicht mehr direkt mit dem Triebanliegen konfrontiert und scheinbar von ihm befreit. Doch wurde es – im Zwangssymptom, das nun das ganze Leben der Patientin zu beherrschen begann – um so mehr über sie dominant. Das »Auslöschen« des Triebkonfliktes hatte nicht zu dessen Lösung, sondern im Gegenteil zu dessen Übermächtigwerden durch das Krankheitssymptom geführt. Sie war damit nicht dem Realitätsprinzip und dem Bestehen der Realitätsforderungen näher gebracht worden, sondern sie wurde erst recht Opfer ihrer Triebhaftigkeit.

FREUD[104] sagt von der Technik des sogenannten Ungeschehenmachens u. a. folgendes: »Sie ist sozusagen negative Magie, sie will durch motorische Symbolik nicht die Folgen eines Ereignisses (Eindruckes, Erlebnisses), sondern dieses selbst wegblasen. Mit der Wahl dieses letzten Ausdruckes ist darauf hingewiesen, welche Rolle diese Technik nicht nur in der Neurose, sondern auch in den Zauberhandlungen, Volksgebräuchen und im religiösen Zeremoniell spielt. In der Zwangsneurose begegnet man dem Ungeschehenmachen zuerst bei den zweizeitigen Symptomen, wo der zweite Akt den ersten aufhebt, so, als ob nichts geschehen wäre, wo in Wirklichkeit beides geschehen ist. Das zwangsneurotische Zeremoniell hat in der Absicht des Ungeschehenmachens seine zweite Wurzel. Die erste ist die Verhütung, die Vorsicht, damit etwas Bestimmtes nicht geschehe, sich nicht wiederhole. Der Unterschied ist leicht zu fassen; die Vorsichtsmaßregeln sind rationell, die ›Aufhebungen‹ durch Ungeschehenmachen irrationell, magischer Natur.«

Auch die stete Wiederholung des Zwangszeremoniells zielt darauf ab, etwas ungeschehen zu machen.

Eine 22jährige Tochter eines Alkoholikers und einer affektiv insuffizienten Mutter, die sich als ältestes von drei Geschwistern stets benachteiligt fühlte, lebte in ihrer Kindheit stets in großer Angst vor ihrem Vater. Sie erinnerte sich, daß er nur einmal nette Worte für sie fand. Doch erzählte sie diese Begebenheit mit offensichtlichem Stolz. Etwas widerstrebend berichtete sie dann darüber, daß ihr Leben im Grunde unglücklich verlaufen sei. Als Hilfslaborantin – eine Krankenschwesternlehre scheiterte trotz ihrer guten Intelligenz – ziehe es sie immer zu den schwer leidenden Patienten; sie möchte ihnen helfen. Noch nie habe sie eine langdauernde Freundschaft zu einem Manne gepflegt. Doch habe sie schon etliche kurzdauernde Bekanntschaften gehabt. Sie falle immer wieder auf die gleiche Art Männer: solche, die etwa 20 Jahre älter als sie und geschieden seien. Auch seien sie stets dissozial. Offenbar werde sie durch diesen Männertyp angezogen. Bei der Hinwendung an diese älteren Männer suchte sie einerseits doch noch jene Liebe des – vor 3 Jahren verstorbenen – Vaters zu empfangen, die sie noch nicht erhalten hatte. Andererseits wollte sie aber – unbewußt – auch ihre vermeintliche »Schuld« ihm gegenüber abtragen. Sie hatte ihm seinerzeit nicht beigestanden, was allerdings gar nicht in ihren Kräften gestanden hatte.

– Mit ihren wiederholten Bindungen an Männer, die bedeutend älter als sie und dissozial waren, wollte sie im Grunde ihren Vater wiederaufleben lassen und eine verpaßte Gelegenheit, ihm beizustehen, zurückgewinnen. Sie machte damit in ihrer Phantasie den Tod des Vaters rückgängig, ungeschehen und versuchte in anachronistischer Weise, in den momentanen sozialen Vollzügen, gegenüber ihrem Vater Verpaßtes immer wieder nachzuholen.

Erinnern wir uns an die Politik. Noch ist die Zeit nicht fern, in der ein Volk einen abgeschlossenen Friedensvertrag – über dessen Wert oder Unwert wir nicht sprechen wollen – ungeschehen machen wollte, um an seiner »Größe« nicht zweifeln zu müssen.

Ob das Ungeschehenmachen bei einem Individuum oder bei einem ganzen Volk geschehe, immer trägt es den Charakter einer anachronistischen Scheinlösung eines in der Vergangenheit liegenden, jedoch noch immer ungelösten und – mehr oder weniger – unbewußten Konfliktes. Sosehr auch dem Ungeschehenmachen als Motiv die erstrebte Realitätsanpassung zugrunde liegen möge, so sehr führt sie den Betroffenen in der Regel von der Realität weg. Er entzieht sich den momentanen Anforderungen und verschreibt sich mehr oder weniger der Vergangenheit.

Eine 40jährige Frau, die in geordneten und wohlhabenden Verhältnissen aufwuchs, heiratete einen arbeitsscheuen und betrügerischen Mann. Die beiden Eheleute und ihr Kind konnten nirgends wohnen bleiben, weil der Mann nicht arbeitete und oft die Miete nicht bezahlte. Wohl half die Patientin mitverdienen. Doch immer mehr begann sie sich nun in der Notwohnung, in die sie schließlich ziehen mußten, als besser als die anderen zu fühlen und sich mehr und mehr von ihnen zurückzuziehen. Schließlich fing sie an, zeitweilig unter Dyspnoe zu leiden. Sie vermochte nur noch mit Mühe zu schlafen. Bei alledem konnte sie ihre mißliche Lage immer schlechter annehmen. In ihrer Not griff sie zu einem Hustenmittel, das der Betäubungsmittelreihe angehört. Sie steigerte die Dosierung zusehends, magerte ab, so daß sie bald nicht mehr zu arbeiten vermochte. Im Spital und insbesondere bei der Gruppenpsychotherapie zeigte sich, daß sie im Grunde und ihr weitgehend unbewußt die Realität nicht akzeptieren konnte. In ihren Gefühlen strebte sie danach, noch immer in ihrer Kindheitswelt leben zu können. Der Griff zum Suchtmittel erleichterte ihr das Ungeschehenmachen. Sie konnte zwar nun ihr Schicksal temporär besser ertragen und sich auch in ihr Los einigermaßen schicken. Doch war damit keine Verbesserung ihrer Anpassungsfähigkeit an die Umweltanforderungen eingetreten. Ihr Griff zu den Medikamenten und der damit verbundene Versuch des Ungeschehenmachens bedeuteten vielmehr Flucht vor der Realität, vermehrte Zuwendung zum Lustprinzip. Nach wenigen Jahren, nachdem der Gatte erneut seiner Kriminalität verfallen war, erkrankte die Patientin an einem Mammakarzinom. Die Operation kam zu spät, und sie starb wenige Monate danach. Es war offensichtlich, daß sie ihr Schicksal nicht annehmen konnte. Das Mammakarzinom trat in einem Moment auf, in dem ihr – verständlicherweise – besonders daran gelegen sein mußte, das Vorgefallene ungeschehen zu machen.

## 9.3  Das Isolieren

Das Ich bedient sich auch der Technik des Isolierens, um Triebregungen abzuwehren. Beim Isolieren wissen zwar etwa die Patienten um den pathogenen Konflikt. Sie vermögen aber keinen Zusammenhang zu den Symptomen zu erkennen. Das Erlebnis bzw. die Erlebniskette ist ihrer Gefühle entblößt, und ihre assoziativen Beziehungen sind unterdrückt oder unterbrochen, so daß sie wie isoliert dastehen. So kann beispielsweise ein Patient um seinen Ödipuskomplex wissen, ohne aber den ursprünglichen Affekt, der mit dem Triebkonflikt verbunden war, und ohne dessen Beziehungen zur momentanen Symptomatik zu kennen.

Bei der Zwangsneurose können wir diese Tendenz zum Isolieren oft beobachten. Doch kommt hier noch hinzu, daß durch ein Zeremoniell unerwünschte Gedankenverbindungen zwischen dem am Ursprung liegenden Konflikt und der momentanen Situation auch motorisch verhindert werden sollen. Es kommt bei diesen Kranken zu einem Isolierungszeremoniell. Die Abwehr des Ichs erfährt eine motorische Verstärkung. Der abzuwehrende Triebkonflikt kann zwar dem Patienten bekannt sein, das betroffene Individuum versucht aber, mit Hilfe des Zeremoniells, sich selbst und der Umgebung vor Augen zu führen, daß es nichts mit den in ihm wachen Triebregungen zu tun hat.

Beim Isolieren, wie bei den übrigen der bisher besprochenen Abwehrformen, zeigt sich, daß sich das Ich stets wieder seine Stärke beweisen muß. Die intendierte Abdichtung gegenüber den Trieben bewirkt jedoch schließlich meist gerade das, was damit vermieden werden sollte. Die Triebregungen werden in und mit ihrer ganzen Macht wahrgenommen. Es muß immer wieder Energie in die Abwehr gesteckt werden, weil trotzdem die Triebe immer noch rege sind oder gar erst recht mächtig werden. Es kommt zu einem zermürbenden Kampf zwischen Triebanliegen und Abwehr, der ungeheuer viel Energie verbraucht. Zwar ist das Individuum scheinbar vom Anfluten der Triebe befreit. Doch ist der Abwehrkampf zum Selbstzweck geworden, da er alle Potenzen des Individuums zu absorbieren droht.

Nicht nur bei den Neurotikern sehen wir diese Gesetzmäßigkeiten, sondern auch in der Gesellschaft. Vor lauter geschriebenen und ungeschriebenen Gesetzen, Prinzipien, Vorurteilen und Zeremoniellen werden die Menschen zwar von vielen Entscheidungen befreit. Doch droht ihnen dabei, zu erstarren und den Zugang zum Leben zu verlieren. Ergeben sich heute Jugendliche nicht auch deshalb den Drogen, weil sie die stille Abwehr der Erwachsenengesellschaft gegen jegliche Dynamik verspüren? Obschon die Erwachsenen sich heute oft bis ins hohe Alter ihrer Jugendlichkeit und Aufgeschlossenheit rühmen, es oft auch mit der von ihnen gepriesenen Moral nicht so genau nehmen, versuchen sie der Jugend gegenüber oft noch die gleichen Tabus aufzurichten, denen sie in der Kindheit gegenüberstanden. Die Revolte dieser Jugendlichen gilt nicht zuletzt den Abwehrmechanismen der Gesellschaft. Statt zu einem fruchtbaren Dialog zu gelangen, versteifen sich aber häufig die Fronten, und es kommt zu einem zermürbenden Kampf, der den Beteiligten kaum etwas bringt, sie von ihren Lebensaufgaben ab-

lenkt oder gefährdet (Drogen!). Die Abwehrmechanismen des Einzelnen haben Parallelen in Abwehrmechanismen der Gesellschaft.
Wir möchten darunter nicht etwa echte Traditionen, echte Ordnung
verstanden wissen. Vielmehr denken wir an jene Vorurteile, an jene
konventionellen Haltungen und Einstellungen, die die echte Begegnung der Generationen verhindert und das Leben in Schablonen
hineinzupressen versucht. Wenn die Erwachsenengesellschaft gewohnte Ansichten und Verhaltensweisen, ohne sie zu überdenken,
festzuhalten wünscht, so läuft sie Gefahr, in sinnlose Stereotypien
zu verfallen. Das Motiv der Gesellschaft mit ihren Abwehrmechanismen mag schon das Bewahren ihr wesentlicher Grundsätze sein.
Doch wird oft vergessen, daß Bewahren nur dann möglich ist, wenn
es zu einem Bewähren in der Auseinandersetzung mit Andersar-
tigem geworden ist.

## 9.4 Regression

Als eine weitere Methode der Abwehr benützt das Ich die Regression. Es ist naheliegend und wird wohl kaum jemanden überra-
schen, daß bei Triebansprüchen, die vom Ich als eine Gefahr erlebt
werden, eine Rückkehr auf frühkindliche Verhaltensweisen auftritt.
Das Ich will sich vor seinen Triebregungen, die sich ja stets auf die
Umwelt des Individuums beziehen, dadurch schützen, daß es – für
sich und die Umwelt – zum Kind wird. Es ist auf diese Weise davor
befreit, sich verantwortlich mit einem Partner, auf den der Trieb
gerichtet wäre, auseinanderzusetzen. Damit, daß das Individuum
auf kindliche Verhaltensweisen zurücksinkt, kann es aber nicht nur
die Triebe abwehren und sich »exkulpieren«, sondern es kann auch
in einen – scheinbar unmittelbaren – Kontakt, zum Beispiel mit dem
gegengeschlechtlichen Elternteil, gelangen. Die Beziehungen zum
andersgeschlechtlichen Elternteil, die durch die – sexuellen – Triebansprüche gefährdet waren, werden durch die Regression auf eine
frühere Entwicklungsstufe verbessert, und es gelingt dem Heranwachsenden auf diese Weise, das von den Eltern als Leitbild gelebte
Vorbild zu introjizieren. Das, was seinem Triebanspruch in der rea-

len Beziehung versagt bleibt, nimmt das sich entwickelnde Kind also durch Introjektion, durch Einverleibung auf. Mit dieser Form der Triebabwehr ist ein wesentlicher Schritt zur Charakterbildung getan. Während in der phallischen Phase der Entwicklung, die etwa vom 3.–5. Lebensjahr dauert, der gegengeschlechtliche Elternteil als Liebesobjekt noch begehrt wird, kommt es in den folgenden Jahren, der Latenzzeit, die bis zum 10./11. Lebensjahr reicht, durch Triebabwehr in Form von Regression auf die orale Stufe, wie wir eben gesagt haben, zu einer Einverleibung, oder, anders ausgedrückt, zu einer Verinnerlichung. Das, was äußerlich begehrt wurde, wird nun, nach Abwehr der Triebregung, in die Psyche aufgenommen und zum Ichideal erhoben. Es ergreift der Heranwachsende auf diese Weise symbolisch, verinnerlicht, Besitz von seinem ersten Liebesobjekt, wobei das Triebanliegen in seiner offenen Form für den Ungeübten kaum mehr zu erkennen ist. Regression auf eine frühere Triebentwicklungsstufe bedeutet in der Kindheit also nicht notwendigerweise Rückschritt ganz allgemein. Vielmehr führt gerade das Rückschreiten auf eine frühere Triebentwicklungsstufe dazu, daß Valenzen frei werden für eine raschere geistige Entfaltung. »Reculer pour mieux sauter« ist ja ein altbekanntes französisches Sprichwort. Doch kann diese Art von Regression auch pathologische Dimensionen annehmen. So erkennen wir bei Drogen- und Alkoholabhängigen, daß sie in der Regel narzißtisch Beeinträchtigte und oral Fixierte sind. Entweder sie wurden in ihrer Kindheit nicht genügend umsorgt durch ihre Mütter. Sie werden sich deshalb zeitlebens danach sehnen, ihr narzißtisches Bedürfnis nach Umsorgtwerden und ihren oralen Trieb noch befriedigt zu erhalten. Oder aber sie wurden narzißtisch und in bezug auf ihren Mund in der frühen Kindheit übergebührlich befriedigt. Diese späteren Erwachsenen werden deshalb narzißtisch frustriert und oral fixiert bleiben, weil nichts in der Welt ihnen ihre narzißtische und orale Verwöhnung wiederbringen kann. Diese Art Verwöhnte sind im Grunde stets sekundär Frustrierte (W. SCHINDLER[195]). Die später überdimensioniert an das Ich herantretenden narzißtischen Bedürfnisse und oralen Triebforderungen werden nun dadurch abgewehrt, daß die Betroffenen zwar auf dieser Entwicklungsstufe ver-

harren, sich aber mit einer Scheinbefriedigung ihres Zuwendungs-
bedürfnisses und ihres oralen Triebes abfinden. Sie begnügen sich
damit, sich beispielsweise im Übermaß Tabletten zuzuführen oder
einen »Schoppen« zu genehmigen. Wenn der Haremswächter in der
Oper »Entführung aus dem Serail« zuerst die Mutter- und dann die
Großmutter-Weinflasche trinkt, so ahnen wir dahinter jenes frustrierte, deshalb aber besonders starke narzißtisch-fusionäre Be-
mächtigungsbedürfnis und jene mächtige Oralität, die mit Hilfe
einer Scheinverwirklichung durch das Suchtmittel befriedigt und
abgewehrt werden sollen. Bei einer Untersuchung an 207 Toxiko-
manen zeigte sich, daß 19 oder 9,2 % infolge Todes ohne Mutter
oder aber mit gestörter Beziehung zur Mutter aufwuchsen. 46 oder
22,2 % wurden ohne Vater oder mit gestörter Beziehung zu ihm
aufgezogen, 56 oder 27,0 % mußten infolge Todes der Eltern, Schei-
dung, gestörter Beziehung zu den Eltern, Aufwachsens bei Pflege-
eltern, Heimerziehung auf eine echte elterliche Liebe verzichten
(KIELHOLZ, BATTEGAY[144]). Bei den untersuchten 122 Alkoholkranken zeigte das frühkindliche Milieu im wesentlichen damit über-
einstimmende Verhältnisse. Nur bei 13 oder 6,3 % war eine verwöhnende Erziehung festzustellen. Wenn SCHULTE[197] und J.H.
SCHULTZ[201] die Verwöhnung als zentrale Ursache der Süchte anse-
hen, so müssen wir demgegenüber sagen, daß die Frustration narzißtischer und oraler Bedürfnisse bei der Suchtgenese die weitaus
größere Rolle spielt, besonders wenn dazu unsere vorherige Aussage, daß primär Verwöhnte immer sekundär Frustrierte sind, mitberücksichtigt wird.

Eine narzißtisch-orale Regression erkennen wir auch bei den Melancholikern.

Depressive wie Süchtige versuchen, die sich ihnen versagende
Umwelt, das sich ihnen entziehende Objekt durch Integration in die
eigene Welt zu erfassen und in Besitz zu nehmen, sich seiner zu
bemächtigen und es sich »einzuverleiben«. So können depressive
Kranke durch ihren Leidensappell ihre nahen Angehörigen geradezu in Beschlag nehmen bzw. »auffressen« (ABRAHAM[1], FREUD[96],
BATTEGAY[16]).

Neben der Regression auf die narzißtisch-fusionäre oder die orale besteht aber auch die Möglichkeit eines Zurückschreitens auf die oder eines Haftenbleibens auf der analen Stufe. Das Kind beginnt in der analen Phase erstmalig seine Selbstbestimmung und Selbstbehauptung im Kontakt mit seinen Eltern oder Erziehern zu üben. Dabei kann es sich in dieser Phase entweder übermäßig anpassen oder aber umgekehrt jegliche ihm von der Umgebung auferlegte Ordnung ablehnen. Wird ein Kind zu früh zur Reinlichkeit erzogen, so besteht die Gefahr, daß es alles Triebhafte als »schmutzig« ablehnt. Es wird ein hartes, unbarmherziges Überich gebildet, das gegen alle vom Es herkommenden Triebansprüche lieblos vorgeht. Unter der Domination eines solchen Überichs, einer in ihm enthaltenen Gewissensinstanz entwickelt das Ich einen unbedingten Gehorsam. Es wird übergewissenhaft und sich immer und überall bemühen, »rein«, schuldlos, makellos zu bleiben. Alles Triebhafte wird dementsprechend als »unrein« abgelehnt werden. Doch lassen sich die triebhaften Strebungen nicht beliebig verdrängen. Die unterdrückten Triebansprüche erzwingen in irgendeiner Weise ihre Verwirklichung. Es kommt zu einem Kampf zwischen den Abwehrtendenzen des durch das Überich dominierten Ichs und den Triebanliegen. Sosehr es also einerseits im Interesse des Ichs bzw. des Überichs sein mag, die Triebe abzuwehren, so sehr hat insbesondere das Überich doch auch das Bestreben, dem Betroffenen und der Umwelt zu zeigen, welch »verwerfliche« Tendenzen das Individuum beseelen. Einerseits sollen Triebe abgewehrt werden, andererseits sollen gerade auch die »Bestrafung« und die Abwehr darin bestehen, daß sie als solche entlarvt werden. Die entstehenden neurotischen Symptome, die Zwänge, stellen deshalb einerseits symbolische Trieberfüllung, andererseits magische Trieb- und Angstabwehr dar.

Eine 60jährige Kranke war bis vor etwa 25 Jahren Angestellte eines kleinen Handwerksbetriebes. Sie war besonders der Meisterin innigst verbunden. Doch konnte sie es nicht ganz verwinden, daß diese Frau nach langen Jahren noch ein drittes Kind gebar. Die Patientin fühlte sich danach immer hintangestellt, obschon die Meistersfrau sich nach wie vor sehr nett und menschlich zu ihr verhielt.

Unsere Kranke mag gelegentlich Todeswünsche gegen das Kind gehegt haben. Nachdem die Meisterin bei einem durch Kochgasexplosion verursachten Feuer an einer Rauchvergiftung umgekommen war, als sie ihr kleines Kind retten wollte – und konnte –, begann die Patientin ein paar Monate darauf psychisch auffällig zu werden. Sie befürchtete, daß Papiere, die sie in die Hand nahm, zu brennen beginnen könnten. Papier vermochte sie nicht mehr in die Hand zu nehmen, ohne immer wieder kontrollieren zu müssen, ob es sich nicht entzündet habe. Besonders schlimm wurden diese Zwangsbefürchtungen, als der Arbeitgeber sich mit einer ihrer Mitarbeiterinnen verlobte. Schließlich verließ sie die Stelle, doch die Zwangsideen blieben. Sie befürchtete weiterhin den Brand von Papieren und litt darunter so sehr, daß sie immer wieder erschöpft psychiatrische Krankenhäuser aufsuchen mußte. – Was sagen nun die Zwangshandlungen aus? Die Patientin hegte nicht nur Liebesgefühle der Meistersfrau gegenüber, sondern auch Aggressionen. Besonders aber dem Meister gegenüber war sie ambivalent eingestellt, als er sich anschickte, sich mit einer zweiten Frau zu verbinden. Die Befürchtung, daß Papiere brennen und Unheil anrichten können, dürfte darin begründet liegen, daß sie zuinnerst einmal sich dafür rächen möchte, daß das kleine Kind im Vergleich zu ihr durch die Meisterin vorgezogen wurde und es ihr durch seine Rettung die »Adoptivmutter« entriß, dann aber auch dafür, daß der Meister sich wieder zu vermählen gedachte. Ein brennendes Papier ist schließlich auch als Brandfackel zu verwenden, die jene Stätte, die sie einerseits liebte, andererseits aber auch haßte, versengte. Doch waren in ihr auch Gegentendenzen wirksam, die zum Inhalt hatten, die Aggressionstriebe, die vom Überich als »schmutzige« Triebe taxiert werden, vom Bewußtsein zu verdrängen. Ihre Zwänge führten bei der Patientin aber nicht etwa nur zu einer Triebverhüllung. Sie entlarvten sie vielmehr in symbolischer, jedoch auch unmißverständlicher Weise.

## 9.5  Identifizierung (= Identifikation)

Wenn Identifizierung auch aus Liebe und Zuneigung erfolgen kann, so kann ihr Motiv aber auch in einer Abwehr von Triebregungen begründet liegen. Während das Kind in der ödipalen (phallischen) Phase der Entwicklung Liebe zum gegengeschlechtlichen und Ablehnung gegenüber dem gleichgeschlechtlichen Elternteil, meist allerdings in ambivalenter Weise, empfindet, so wehrt es die entsprechenden Triebregungen in der folgenden Phase der Entwicklung ab. Es hat das Vergebliche seines Bemühens, den gegengeschlechtlichen Elternteil in seinen Besitz zu bringen, erkannt und wendet sich nun, wieder in ambivalenter Weise, dem – zuvor abgelehnten und gefürchteten – gleichgeschlechtlichen Elternteil zu. Das Kind wird sich dabei mit ihm identifizieren, vor allem um zu lernen, ihm ebenbürtig zu werden. Der im Wege stehende Elternteil braucht so nicht mehr gefürchtet zu werden. Es unterwirft sich ihm, um von ihm aufzunehmen, zu introjizieren, was er nur kann. Die Introjektion des gleichgeschlechtlichen Elternbildes wird ihm helfen, die Realität so anzunehmen, wie sie ist. Sie wird dem Knaben auch gestatten, mit dem Vater zurande zu kommen, und dem Mädchen mit der Mutter. Vielleicht dürfen wir aus diesen psychodynamischen Gesetzmäßigkeiten, die sich uns soeben aufgezeigt haben, schließen, daß eine Möglichkeit, mit einem »Feinde« umzugehen, das Angleichen an ihn ist, um ihn mit eigenen Waffen schlagen zu können. Hat der Heranwachsende gelernt, das Vorbild des gleichgeschlechtlichen Elternteiles in sich aufzunehmen, so wird die Strebung der Ödipuseinstellung ihres triebhaften Charakters entkleidet. Wenn es dem Knaben bzw. dem Mädchen gelungen ist, den geliebten und gehaßten Vater bzw. die geliebte und gehaßte Mutter in sich aufzunehmen, sich mit ihm bzw. ihr zu identifizieren und sich seine bzw. ihre Gebote und Verbote zu eigen zu machen, wird er bzw. es befähigt, auf die sinnliche Strebung zum geliebten Elternteil zu verzichten. Hiermit tritt der Heranwachsende in die sogenannte Latenzzeit ein. Das Vorbild des Vaters oder der Mutter oder beider, das aufgenommen wurde, an das sich der Jugendliche anglich, wird zum Leitbild und Richtmaß für die weitere Entwicklung werden. Mit der Über-

windung der ödipalen Einstellung muß das Kind auf den Triebanspruch gegenüber dem andersgeschlechtlichen Elternteil verzichten. Dieser Verzicht ist ihm nur auf dem Wege der Identifizierung
mit dem gleichgeschlechtlichen Elternteil möglich. Solche Identifizierungen wiederholen sich während der Entwicklung des Kindes
vielfach. Es kommt bei dieser Identifizierung mit den Eltern und
anderen respektierten Bezugspersonen, wie bereits dargelegt, zur
Bildung einer Instanz im Ich, dem Überich, die die Wertmaßstäbe
der erwähnten Autoritätspersonen enthält. Die Instanz des Überichs, die also zahllose Vorbilder in sich aufnimmt, wird mit der Entwicklung stets unpersönlicher. Das Kind bzw. der Jugendliche ist
zwar nun einerseits von seiner Triebnot durch Identifizierung mit
dem ihm gleichenden Elternteil befreit. Doch ist es bzw. er abhängig
geworden von jenen moralischen Vorstellungen, die ihm durch die
Eltern und andere Bezugspersonen vorgelebt werden. Das Überich
enthält nicht so sehr das Gesamtbild der Eltern- oder Autoritätsper-
sönlichkeiten, sondern hauptsächlich deren Gewissenseinstellung.
Das Überich ist der Träger der Idealforderungen eines bestimmten
Kulturkreises. Es ist eine Instanz, die dem Individuum, wenn sie
nicht übermächtig ist, die Realitätsanpassung durch Verzicht auf
unmittelbare Trieberfüllung erleichtern kann. Sie kann aber, ist sie
zu dominant, jegliche Lebensregung in Frage stellen und die Entfaltung des jungen Menschen mehr oder weniger stark behindern. Jegliche Triebregung wird zu unterdrücken versucht werden, und es ist
die Gefahr gegeben, daß die Triebanlagen nur in grotesker Weise in
Erscheinung treten, in den – neurotischen – Symptomen, wie zum
Beispiel in Zwangserscheinungen. Gelegentlich werden die Betroffenen bereits Angst erleben, wenn sie auch nur die lebensnotwen-
digsten Triebbedürfnisse verspüren.

Eine nun 60jährige Tochter vermögender Eltern wurde dahinge-
hend erzogen, daß sie sich gänzlich dem Schöngeistigen und der
Kultur sowie, vielleicht dazu im Gegensatz, dem Haushalt zuwenden sollte. Die Patientin empfand es immer beinahe als Sünde, wenn
sie an irgendwelche Wünsche ihrerseits dachte. Immer war sie bereit, für ihre stets kränkelnde Mutter dazusein. Der Vater, ein er-

folgreicher Kaufmann, hatte wenig Zeit für sie. Doch mußte sie ihn, kam er müde heim, jeweils bedienen. Die Patientin pflegte überhaupt keinen Kontakt zu jemandem außerhalb der Familie. Immer mehr band sie sich vor allem an ihre Mutter. Sie sorgte für sie, wollte nun aber auch immer mehr, von der Mutter Liebe und Umsorgung zurückerhalten. Traf diese mütterliche Zuwendung nicht in dem erwünschten Maße ein, hatte es unsere Patientin mit der Angst zu tun. Infolge ihrer Verängstigung und infolge Überbeanspruchung ihrer Mutter mußte sie schließlich in eine psychiatrische Klinik eintreten. Auch dort fiel auf, daß sie sich zwar einerseits stets mit den anderen Patientinnen oder mit dem Spital identifizierte und, wo möglich, helfend mitwirkte, doch andererseits auf der Krankenstation in außerordentlich starkem Maß darum bemüht war, eine kindliche Umsorgung zu erfahren. Die Triebabwehr mit Hilfe der Identifizierung mit der Umgebung und eine überaus starke Überich-Bildung hatten ihr die direkte Konfrontation mit ihren triebhaften Lebensbedürfnissen erspart. Sie konnte sich scheinbar vollkommen in den Dienst der Umgebung, der als Autorität erlebten Umwelt, stellen. Daß aber die Abwehr doch nicht vollständig geglückt war, zeigten ihre Angst und ihre Regression auf ein infantiles Gebaren.

Gelegentlich kann die Identifizierung, die in besonderem Maße der Angleichung an die Realität dienen soll, hinderlich für die Realitätsanpassung werden. Wir alle kennen Menschen, die sich durch restlose Identifizierung mit den Vorgesetzten, d. h. durch ein restloses Hintansetzen der eigenen Anliegen, an die Gegebenheiten anzupassen versuchen. Dabei sind sie sich nicht bewußt, daß solch bedingungsloses Anpassen durch Identifizierung immer neue und schwerwiegendere Opfer fordert. Einmal wird die Umgebung, die solche Identifikation wittert oder erkennt, immer gefräßiger, und sie wird immer mehr tun, um die Selbständigkeit des sich Identifizierenden noch mehr in Frage zu stellen. Dann aber sind durch Identifizierung abgewehrte Triebe keineswegs erledigt. Sie stauen sich an und werden auf irgendeine Weise versuchen, sich Geltung zu verschaffen. Zudem wird das Überich, das den Triebverzicht fordert, bei Erfüllung seiner Forderung ebenso stets begehrlicher. Wir

Psychotherapeuten versuchen deshalb, bei den Patienten solche übermäßige Identifizierungstendenzen, die der Triebabwehr dienen, in Frage zu stellen. Nur wenn sie es fertigbringen, auf solche Art Triebabwehr zu verzichten, wird ihr Ich und damit ihre Individualität gestärkt werden. Versuchen sie indes immer wieder, durch Identifizierung ihre Triebhaftigkeit abzuwehren und bei ihren Vorgesetzten stets als »liebes Kind« dazustehen, so werden sie schwach bleiben und Entfaltungsmöglichkeiten ungelebter Bereiche ihrer Persönlichkeit verpassen.

Doch ohne Identifizierungsbereitschaft mit den Mitmenschen wäre das Individuum nicht gruppen- und deshalb nicht gesellschaftsfähig. Seine Möglichkeit der Triebabwehr durch Identifizierung sichert ihm seine Gesellschaftsfähigkeit. Würde das Individuum restlos seine Triebe ausleben, gänzlich dem Lustprinzip gehorchen, könnte es sich mit niemandem identifizieren. Verfallen Schizophrene gänzlich an die Triebanliegen ihres Unbewußten, sind sie nicht mehr identifizierungs- und nicht mehr gruppenfähig. Aber bereits wenn wir Psychiater von »schizoiden« Persönlichkeiten sprechen, meinen wir, daß sie ihrem inneren Entwurf, ohne der Außenwelt genügende Beachtung zu schenken, leben. Auch bei diesen Schizoiden fehlt es demnach an Möglichkeiten oder an Bereitschaft, eigene Triebregungen durch Identifizierung mit anderen in den Hintergrund zu stellen. Das Kennzeichen dieser schizoiden Persönlichkeiten ist es ja gerade, sich nicht genügend mit den sie Umgebenden, mit ihren Vorgesetzten, Partnern, Untergebenen identifizieren zu können.

Ohne Triebabwehr durch Identifizierung wäre es aber auch nicht möglich, Worten und Gedanken anderer Menschen zu folgen. Nur durch eine zumindest temporäre und partielle Identifizierung kann durch andere Gedachtes und Gesagtes nachvollzogen werden. Wer überhaupt keine Bereitschaft hat – sich mit ihnen identifizierend –, auf andere einzugehen, wird sie nicht verstehen. Auch wäre gemeinsames Arbeiten, Schaffen und Wirken ohne Identifizierung nicht möglich. Eine Belegschaft eines Unternehmens, die sich mit dem Betrieb nicht, wenigstens bis zu einem gewissen Grade, identifizierte, könnte auf keinen Fall Produktives leisten.

Wenn wir uns im Extremfall aber nur noch mit der Gesellschaft identifizierten, uns nur noch anpaßten, würde unser Ich verkümmern, unentwickelt bleiben. Wir würden zum Spielball der Sozietät und keine Gelegenheit haben, uns selbst zu finden, unseren eigenen Weg zu bestimmen. Bei extremer Triebabwehr durch Identifizierung im Dienste der Anpassung an die Gesellschaft wird schließlich der Fall eintreten, daß wir zwar gesellschaftsfähig leben, dabei aber verkümmern. Ein Gesellschaftssystem, das blinden Gehorsam, restlose Identifizierung mit dem Kollektiv fordert, führt letztlich zum Tode des Individuums. Die geforderte Triebabwehr dient zwar angeblich der Förderung der Menschheit. Geht aber der Mensch als Individuum dabei unter, was bleibt dann überhaupt noch zu fördern? Dem einzelnen Menschen wird der Untergang im Kollektiv, in einer »Großen Mutter« (NEUMANN [178]), drohen, und er wird Gefahr laufen, nur noch Wir sein zu dürfen und zu können sowie jegliche Bewußtheit zu verlieren. Haben die einzelnen ihre Bewußtheit eingebüßt, wird auch das Kollektiv unbewußt dahintreiben. Maximale Triebabwehr im Dienste der Identifizierung und Realitätsanpassung kann also letztlich zu einer restlosen Unangepaßtheit führen, weil dem Ich keine Energie zur bewußten Orientierung mehr übrigbleibt. Ein solchermaßen geschwächtes Ich wird schließlich allerdings auch die Triebe nicht mehr abwehren können und ihr Opfer werden. Der Versuch einer maximalen, extremen Triebabwehr im Dienste der Identifizierung mit der Gesellschaft und die damit verbundene Einbuße der bewußten Individualität öffnet den Trieben also erst recht Tür und Tor. Das Kollektiv wird schließlich zu einer trieb- und affektgeleiteten Masse werden (BATTEGAY [19]). Im optimalen Falle jedoch geht die Triebabwehr mittels Identifizierung nie über jenes Ausmaß hinaus, das zur Bewältigung der den Menschen gestellten Aufgaben erforderlich ist. Bei den Dimensionen der von den Menschen zu bewältigenden modernen technischen Projekte und sozialen Programme ist naturgemäß eine erheblichere Identifizierung nötig, als sie bei noch bescheideneren Aufgaben notwendig war. Soll aber der Mensch die auf ihn zukommenden Probleme lösen können, muß er als Individuum mit und in seiner Bewußtheit bestehenbleiben. Gemeinschaftsanpassung darf nie zur blinden Bündelung werden. Das sehende, bewußte Individuum, das seiner Identifizierung, auch mit der Gesellschaft, Schranken setzen kann, muß stets das Primat behalten.

Gelegentlich identifizieren sich die Menschen aber nicht mit einem Kollektiv, auch nicht mit einem beliebigen einzelnen, sondern nur mit einem einzigen, einem Übergeordneten. Sie erheben ihn, ebenfalls zur Abwehr befürchteter Triebregungen, zum omnipotenten Vater und sind bereit, alles von ihm zu akzeptieren und stets auf sein Geheiß so zu handeln, wie er es verlangt. ETZIONI[65] sagt nun zur Frage der Identifizierung vom soziologischen Standpunkt aus folgendes: »Die Identifizierung mit einer Person, einem Leiter oder dem ›Kopf‹ der Organisation ermöglicht eine psychologische ›Hebelwirkung‹, die die abstrakte innere Verpflichtung gegenüber den Vorschriften der Organisation dadurch erzwingt, daß sie ein konkreteres und ›emotional positives‹ Bild schafft, mit dem man sich leichter identifizieren kann.« Soweit der Autor. Wenn wir ihn richtig verstehen, könnten wir auch sagen, daß die Gruppe dem Kollektiv erst durch die Leiterfigur erfaßbar wird. Psychologisch betrachtet, erklärt sich die im Vergleich zur Identifizierung mit dem Kollektiv oft leichter entstehende Gleichsetzung mit dem Leitenden vielleicht auch dadurch, daß der Gruppenzugehörige auf diese Weise erwartet, mit an der Macht des Leiters teilzuhaben. Wenn sich ein Gruppenmitglied mit der Führerfigur identifiziert, so ordnet es sich ihr nicht nur unter, sondern es hat damit auch Anteil an deren Potenz, oder es wähnt zumindest, Anteil an deren Macht zu haben. Ist allerdings eine ganze Gruppe nur noch bereit zur Identifizierung mit dem Leiter, so kommt es zur Ausbildung einer lediglich zweistufigen Hierarchie, bestehend aus dem Führer einerseits und den Geführten andererseits. Die Gruppe wäre damit entartet zu einer »Masse im Kleinen«, in der die Einzelnen, außer dem Führer, einander gleichgeschaltet und nicht mehr frei in ihren Entscheidungen, sondern restlos abhängig von Lust und Laune des allmächtig gewordenen Leiters sind.

Identifizierung braucht aber kein pathologischer Prozeß zu sein. Normalerweise überwindet ja der Heranwachsende seine feindselige Haltung gegenüber dem gleichgeschlechtlichen Elternteil, indem er sich mit ihm identifiziert und dadurch an Stärke gewinnt. Wenn sich ein Junge mit fünf Jahren in seiner ödipalen Problematik gerne mit seinem Vater balgt, sich ein halbes Jahr später aber stolz von ihm in den Kindergarten führen läßt und erklären kann, daß er so stark werden möchte wie der Vater, so zeigt sich ein erster Anlauf zu einer solchen Identifizierung mit dem Vater. Diese Identifizierung erfolgt zwar zur Triebabwehr, zur Vertreibung des Lustprinzips, doch erleichtert sie den Heranwachsenden die Realitätsanpassung.

Die menschliche Identifizierungsbereitschaft ist einerseits eng verbunden mit seiner Existenz als soziales Wesen. Ohne diese Identifizierung wäre ihm keine Vergesellschaftung möglich. Ist ein Mensch zu keinerlei Identifizierung fähig, so droht ihm, vollkommen auf sich selbst zurückgeworfen und seiner Triebwelt ausgeliefert zu sein. Ist er aber andererseits nur noch Identifizierung, so droht ihm Gefahr, sich an die Umwelt zu verlieren. Er wird nicht mehr als Eigenständiger frei und bewußt leben können und von den Objekten abhängig werden.

## 9.6 Projektion

Eine weitere Form der Triebabwehr ist die Projektion. Der Entwurf innerer Probleme, Wünsche oder Befürchtungen nach außen in die Umwelt oder auf umgebende Menschen ist nicht nur ein psychopathologisches Phänomen. Vielleicht wäre es für die Menschen zu hart, immer und jederzeit erfahren zu müssen, daß eine Störung im persönlichen, im zwischenmenschlichen oder im beruflichen Bereich hauptsächlich auf sie selbst zurückzuführen ist. Manche würden restlos an sich verzweifeln, erkennten sie ihre Tendenzen, sich ihrer inneren Strebungen, Wünsche, Aggressionen auf diese Weise zu entledigen. Oft würde der Mensch in seiner Initiative erlahmen, nähme er den projektiven Charakter seiner Vorstellungen von einem Konkurrenten oder einem Gegner bewußt wahr. Je reifer der Mensch wird, desto mehr wird er es jedoch lernen müssen, seine Projektionen zurückzunehmen und nach deren Ursachen in ihm zu fahnden. Versucht ein Mensch, sich durch Projektion eines inneren Konfliktes zu entledigen, wird er seinen Problemen ausweichen und der Gefahr ausgesetzt sein, seinen Lebensweg zu verfehlen. Aber nicht nur für sich selbst ist ein solches Individuum gefährlich, sondern für die ganze Umgebung, in der es lebt. Es wird in der Familie, im Geschäft oder in einer sonstigen sozialen Umgebung zu Spannungen kommen, weil der Projizierende seine Nächsten, aber auch die ihm ferner Stehenden verkennt und sie damit kränkt. Besonders Menschen, die in führenden Positionen stehen und anderen vorgesetzt sind, sollten in der Lage sein, ihre projektiven Tendenzen zu erkennen. Sind sie dazu nicht imstande, schaden sie sich und der Institution.

Die Projektion ist aber ein Trieb- und Angstabwehrmechanismus, der allen Menschen eigen ist. Ohne entsprechende Schulung nimmt der Mensch seine inneren Vorgänge nur in Lust-, Unlustempfindungen oder in der Projektion wahr. Ein kleines Kind zum Beispiel, dem irgendein Wunsch – ob berechtigterweise oder zu Unrecht, sei dahingestellt – versagt wird und das nun von aggressiven Regungen erfüllt ist, hat kein anderes Mittel zur Verfügung als die Projektion, um mit seinen Triebregungen fertig zu werden. Es wird dann beispielsweise sagen, daß die Mutter böse sei oder etwa sogar die Tischkante, wenn es sich das Haupt an einem Tisch angeschlagen hat. Das Aggressive in sich, aber auch das Unlustvolle, Verängstigende wird abgewehrt, vom Ich – durch Projektion – ferngehalten und damit eine Distanz zwischen dem Ich und dem Gefahrenquell geschaffen. Besonders eindrücklich sind die Projektionstendenzen beim Schizophrenen. Das – schwache – Ich dieser Kranken versucht, sich seiner Aggressionen zu erwehren, indem es sie in die Außenwelt, auf Objekte, projiziert und sich vermeintlich in diese einfühlt (projektive Identifikation, MELANIE KLEIN [146a]). Dadurch kommt es etwa zu einem Verhalten, das durch Angriff und/oder Flucht gekennzeichnet ist. Meist hat die sich in der Vorstellungswelt vollziehende projektive Identifikation aber keine so schwerwiegenden Verhaltenskonsequenzen. Gelegentlich ziehen sich die Betroffenen auch in autistischer Weise von der Mitwelt zurück. Böse Verfolger werden dann halluzinatorisch gehört (Stimmen) und eventuell auch gesehen, wie sie ihnen Leid und Leiden zufügen. Erstens brauchen sie so nicht das peinigende Gefühl zu haben, ich-schwach, mangelnd ausgerüstet für das Bestehen der Realitätsanforderungen zu sein, und zweitens können sie so mit ihrer Aggressivität – scheinbar – fertig werden. Die Außenwelt ist es nun, die ihre Schwäche, ihr Versagen bedingt und aggressiv ist. Die Triebregungen, die die Ohnmacht des Ichs bedingen, sind damit scheinbar abgewehrt. Es ist eine, zumindest vermeintliche, Distanz zwischen Ich und bedrohenden Instanzen geschaffen. In Wirklichkeit allerdings treibt das Ich eine Spiegelfechterei. Tatsächlich wird es weiterhin bedroht durch die Triebmächte des Unbewußten, während es sie in den Projektionen erfolgreich zu bekämpfen glaubt.

Projektionen erfolgen beim Erwachsenen aber nicht nur, um Triebregungen abzuwehren, sondern auch um das Überich zu beschwichtigen. Aus Gewissensangst heraus verlegt das Individuum die durch das Überich als verboten, gefährlich und schuldhaft taxierten erotischen, aggressiven oder anderweitigen Triebregungen in die mitmenschliche Umwelt (FREUD[104], BATTEGAY[20], BINDER[36] u. a.). Es versucht, sich vor dem Überich ein Alibi zu verschaffen und es zu täuschen. Diese Täuschung kann gelingen, und es erlebt dann nicht sich als schuldig, sondern seine Mitmenschen. Die Projektion, die das Überich täuschen will, kann dementsprechend gefährlich werden. Das Ich wehrt auf diese Weise nicht den auf das Ich zukommenden Trieb, sondern das damit und mit der Wächterinstanz des Überichs verbundene Warnsignal Angst ab. Das Ich kann so unmerklich Opfer der Triebe werden. Obschon primär aus Überich-Angst die Triebe abgewertet werden sollen, kann der dadurch entstehende Wunsch zur Täuschung der Gewissensinstanz zu einem gänzlichen Verfallen an die Triebe führen. Es ist bekannt, daß gerade solche Individuen etwa jegliche Gesetze über Bord werfen, die ein zu starkes Überich haben. Das jede Lebensregung in Frage stellende Überich wird, beispielsweise mit Hilfe eines Projektionsmechanismus, zu täuschen versucht. Damit wird die Gewissensangst ausgeschaltet, und die Betreffenden sind »frei«, zu tun und zu lassen, was sie gut dünkt.

Für den Psychoanalytiker ist es entscheidend, den Projektionscharakter von Äußerungen der Patienten zu erkennen. Wie oft versuchen doch Patienten, sich als schuldlos darzustellen und ihre Umgebung mit allen Fehlern zu behaften. Bemerkt der Therapeut den projektiven Charakter von Äußerungen der Analysanden nicht, wird er vom Patienten induziert, und er kann ihm nicht helfen. Nur wenn er jene heilsame Distanz einzuhalten vermag (BENEDETTI[34]), die es ihm gestattet, eine Projektion als solche zu entlarven, wird er dem Kranken helfen können. Die Neurotiker verstehen es oft sehr gut und raffiniert, ihre Fehlverhaltensweisen zu verwischen und ihr hartes Schicksal nur äußeren mißlichen Umständen zuzuschreiben. Dabei suchen ja gerade oft die Neurotiker selbst ein für sie ungünstiges Milieu auf, um auf eine solche Umgebung um so besser projizieren zu können. Damit ist ihnen ermöglicht, krank zu bleiben, einen »sekundären Krankheitsgewinn« (FREUD[80]) zu erzielen und sich nicht ändern zu müssen. Das neurotische Arrangement, von dem ADLER[3] spricht, stützt sich meist auf ein solches Milieu, das Projektionen gestattet und dem Patienten auf diese Weise jegliche Verantwortung abnimmt. Mit der Projektion wird eine eigene Verantwortlichkeit abgelehnt, von sich gewiesen. Nicht die Betreffenden haften für das von ihnen Gesagte und Gedachte, sondern es sind die anderen, auf die die Projektionen fallen, denen die – angebliche – Schuld zukommt. Wir alle sind Opfer von Projektionen. Ohne daß wir auf die äußere Umwelt unsere eigenen Vorstellungen und Phantasien entwürfen, könnten wir uns wohl nirgends wohl und heimisch fühlen. In diesem Sinne tragen wir unsere Umwelt in und mit uns. Denn was wir in der Außenwelt sehen, entspricht nicht notwendigerweise einer äußeren Wahrheit. Vielmehr könnte unser Erleben der äußeren Welt weitgehend durch Projektionsmechanismen bedingt sein. Wenn ein Individuum sich in allen Gruppensituationen immer wieder ähnlich erlebt und sich auch stets wieder ähnliche Situationen schafft, so ist der Grund hierzu nicht selten in seinen Projektionen auf die Umwelt zu suchen. In diesem Sinne gäbe die Projektion dem Menschen eine Heimat, allerdings etwa eine gefährliche, wenn sich das Individuum gänzlich in seine projektive Welt verkröche.

Wenn Jugendliche Amerikas, aber auch Europas, in den letzten

Jahren zunehmend zu Cannabis, LSD, Cocain und anderen Halluzi-
nationen bewirkenden Substanzen greifen, so liegt letztlich bei ihnen auch der Wunsch vor, mit der sie bedrängenden Triebhaftigkeit,
die in der Gesellschaft keine Abfuhr finden kann, fertig zu werden
und sie in lusterregenden Projektionen zu genießen. Die Triebenergien finden, trotz des Schwindens alter Tabus, bei der Automation
der Arbeit, der reduzierten Arbeitszeit und dem auch in der Freizeit
in steigendem Maße normierten Leben der Gegenwart häufig keine
genügende Möglichkeit, sich in produktive soziale Aktivität umzuwandeln. Der Prozeß der Sublimierung von Triebenergien in
Arbeitskraft oder Interessen ist heute nicht selten erschwert, da
einerseits die Menschen sich weniger körperlich bewegen als früher,
andererseits oft die entsprechende Muße fehlt. Der Aufschwung des
Sports in den letzten Jahren und Jahrzehnten ist zweifellos dem
Umstand zu verdanken, daß viele Triebenergien im Arbeitsprozeß
nicht genützt werden und auf irgendeine andere Weise zum Zuge
kommen müssen. Auch das Aufkommen und die Verbreitung der
Hobbies dürfte zumindest zum Teil darin seine Wurzel haben. Werden diese gesunden Möglichkeiten der Triebabfuhr und des Ener-
gieeinsatzes nicht genutzt, so besteht die Gefahr, daß besonders die
Jugendlichen mit ihrer Triebhaftigkeit nicht fertig werden. Die
durch Haschisch, Marihuana, LSD, Cocain und andere Mittel provozierte Flucht in eine projektive Wunschwelt ist lediglich als ein –
gefährlicher und vergeblicher – Versuch zu werten, die anstürmen-
den Triebe abzuwehren und sie in scheinbar harmloser Art in der
projektiven Phantasie zu genießen. Die Projektion ist demnach, wie
alle anderen Abwehrmechanismen, nicht als ein restlos geglücktes
Verfahren des Ichs, die Triebe einzudämmen, zu betrachten. In der
projektiven Phantasie werden die Triebe zwar nicht mehr als eigene
erkannt. Doch verraten sie durch die Intensität des Erlebens des
Projizierenden, daß nicht die Angeschuldigten, sondern sie selbst
deren Urheber sind. Wie in den übrigen Abwehrmechanismen des
Ichs kommt auch in den Projektionen ein Kompromiß zwischen
Triebregung und Gegenstrebung zustande. Nicht nur beim einzel-
nen, sondern auch bei ganzen Völkern ist es offensichtlich, daß zum
Beispiel gerade diejenigen, die andere vehement als Aggressor be-

zichtigen, selbst durch Aggressionen dominiert werden. Sie wollen sie nicht wahrhaben. Ihr Ich hält sie sich fern. Doch können sie damit um so unkontrollierter ihr Werk vollbringen.

## 9.7 Verschiebung

Die Abwehrmechanismen des Ichs haben generell zum Ziel, die Triebregungen zu tarnen. Dabei haben wir gesehen, daß sie damit nicht restlos und für immer erledigt werden, sondern in getarnter Form doch in Erscheinung treten, gekoppelt an die Gegenstrebung. Es kommt so zum neurotischen Symptom, das noch die Triebregung verrät, gleichzeitig aber auch zeigt, welche Gegentendenzen in Gang gesetzt werden, damit das Ich nicht mit den unbewußten Tendenzen konfrontiert werde. Die Triebabwehr gelingt einmal besser, einmal schlechter, doch haben alle erwähnten Abwehrmechanismen zur Folge, daß die Triebtendenzen zwar ihren Triebcharakter nicht direkt kundtun, doch, zumindest für den Kenner, ihn um so stärker verraten. Bei der Verschiebung ist es indes oft schwierig zu erraten, was dahintersteckt. Die unbewußte Vorstellung kann sich auf eine andere verschieben, die nur wenig mit der ursprünglichen zu tun hat. Irgendeine oberflächliche oder zufällige Gemeinsamkeit, wie gemeinsame Haarfarbe von zwei Menschen, ähnliche Kleidung, gleicher Dialekt, oder aber eine gedankliche Verbindung zweier Personen über ein Zwischenglied, das nicht zum Bewußtsein kommen muß, kann zu einer solchen Verschiebung der Triebstrebung von einem Objekt auf das andere führen. Damit braucht die als bedrohlich erlebte Vorstellung nicht ausgehalten zu werden. Im Bewußtsein bleibt die auf ein anderes Objekt verschobene Vorstellung. Sie scheint damit harmlos.

Eine etwa 30jährige Patientin, die seit Jahren unter einer Myokardinfarktangst gelitten hatte, träumte unter anderem, daß es nicht ihr Herz sei, das operiert werden müsse, sondern ihre Leber und die Nieren. Diese Organe müßten transplantiert werden. In Tat und Wahrheit betreffe die Operation ihren Unterleib. In den Einfällen ergab sich dann, daß die Herzangst im wesentlichen einer Verschiebung entsprach. Was tatsächlich bei dieser Patientin gestört war, betraf hauptsächlich die sexuelle Sphäre. Es stellte sich heraus, daß sie sich vor den Männern fürchtete. Wenn sie auf der Straße ging, hatte sie bis vor kurzem noch geglaubt, daß ihr Männer von hinten her einen Schlag auf den Kopf versetzen wollten. In Gesellschaft mit Männern fühlte sie sich ihnen restlos ausgeliefert. Ihre männlichen Bekannten versuchte sie zu halten, indem sie sich ihnen, auch ohne Liebe, hingab. Dabei hatte sie nicht irgendwelche anderen Interessen als jene, diese Männer, die sie im Grunde auch fürchtete, gnädig zu stimmen und für sie nicht bedrohlich werden zu lassen. Allerdings verlor sie ihre Bekannten jeweils trotzdem. Sie erkannten offenbar jeweils, daß die Patientin nicht imstande war, eine echte Beziehung aufzunehmen, sondern sich nur aus ihr weitgehend unbewußten Motiven mit ihnen einließ. – Beim Durcharbeiten des Traumes wurde es der Patientin erstmalig klar, daß sie ihren Triebkonflikt ebenso auf die Herzinfarktangst verschob, wie beim Träumen eine Verschiebung vom Herzen auf andere Organe (Leber und Nieren) erfolgte.

Die Verschiebung eines Triebkonfliktes auf ein Organ ist ein relativ unbedeutendes Symptom einer tieferliegenden – psychischen – Störung und kann nur durch eine analytisch orientierte Psychotherapie gründlich angegangen werden. Damit wollen wir nicht etwa sagen, daß das körperliche Symptom nicht ernst genommen werden soll. Im Gegenteil. Ein somatisches Symptom kann nie ernst genug körperlich abgeklärt werden, damit verhängnisvolle Fehldiagnosen vermieden werden können. Auch erweist es sich als günstig, wenn sich der Arzt initial bereit findet, sich auf der Ebene mit dem Patienten zu treffen, die er ihm anbietet. Verweigert der Arzt das Eingehen auf die – unbewußt – angebotenen körperlichen Symptome, auf die der Triebkonflikt verschoben wurde, fühlt sich der Patient von vornherein frustriert. Er stellt den Therapeuten gleichsam auf die Probe, ob er vorerst bereit ist, seine Sprache zu verstehen, die Verschiebung anzunehmen. Erst wenn der Patient damit die menschliche Nähe des Therapeuten verspürt hat, wird er bereit sein, auf allfällige tiefere Ursachen seines Leidens einzugehen.

Verschiebungen sind aber keineswegs immer psychopathologische Phänomene. Es ist auch normalerweise gelegentlich der Fall, daß ein Gedankeninhalt auf einen anderen verschoben wird und der wirklich relevante Gedankengang nur mühsam, assoziativ wieder an die Oberfläche gehoben werden kann. Unser Gedächtnis arbeitet nach dem Prinzip der Verschiebung. Indem anstößige Triebregungen abgewehrt werden, wird die Triebenergetik auf Inhalte verlagert, die der äußeren Realität eher gemäß sind und eher den moralischen Forderungen der Umwelt und des Überichs entsprechen.

Die Sublimierung, von der FREUD spricht und die wir bereits erwähnt haben, entspricht, nach dem Gesagten zu schließen, nicht nur einem Verdrängungsprozeß, sondern auch einem Verschiebungvorgang von tiefen, unbewußten Triebanliegen auf soziale, geistige, kulturelle oder ethische Ziele. So erweist sich der Abwehrmechanismus des Ichs, den wir Verschiebung nennen, als ein schöpferisches Prinzip. Ohne Verschiebung könnte sich die Bewußtheit des Menschen nicht mehren und erweitern. Wohl erst mit der Möglichkeit dieser Verschiebung war es dem Menschen überhaupt gegeben, bewußt zu werden. Ohne Verschiebung der Triebenergetik von einem Vorstellungsinhalt auf den anderen käme es zu keinen Assoziationsketten, und ohne die Verschiebung wäre auch das freie Assoziieren in der Psychoanalyse nicht möglich.

Die Verschiebung ist jedoch oft nur schwer zu erkennen. Die Betroffenen haben die Möglichkeit, einen solchen Verschiebungsmechanismus bei dessen Gewahrwerden zu tarnen. Die Tarnung einer solchen Verschiebung eines Triebkonfliktes geschieht meist unbewußt, als sogenannter Widerstand. Erst durch mehr oder weniger langwierige Bearbeitung des Widerstandes wird es dann gelingen, die Wege der Verschiebung der Triebenergetik kennenzulernen und auf die ursprünglichen Konfliktspannungen zu stoßen. Die Methode des freien Assoziierens gestattet ein Durcharbeiten und Durchkämmen der vielen verschlungenen Verschiebungswege wie auch der sonstigen Abwehrmechanismen und eine allmähliche Konfrontation mit den an der Wurzel der Symptome liegenden Spannungen. Auch ist es mit Hilfe der Technik des freien Assozi-

ierens möglich, die ursprüngliche Konfliktsituation in der Auseinandersetzung Arzt–Patient nochmals zu durchleben.

MICHAEL und ENID BALINT[11] machen darauf aufmerksam, daß
sich Gefühlskonflikte nicht nur innerpsychisch verschieben können, sondern auch von einer Person auf eine andere innerhalb einer
Familiengemeinschaft. Wenn ein Patient wegen eines psychischen
oder psychosomatischen Symptoms in die Praxis eines Arztes
kommt, so ist nicht sicher er (sie) es, der (die) primär an einem Gefühlskonflikt leidet, sondern nicht selten dessen (deren) Ehegatte
oder ein sonstiges Familienmitglied. Der den Arzt aufsuchende Patient ist dann lediglich das »Symptom« der Krankheit eines anderen
oder der gesamten Familie. Der Triebkonflikt hat sich auf einen anderen Vertreter der Familiengruppe verschoben. Allerdings wird der
Arzt oft nicht den abwesenden Patienten zu sehen bekommen, sondern nur das anwesende Familienmitglied, und er wird versuchen
müssen, über den einen auf den anderen einzuwirken.

Durch das Ich eines Menschen abgewehrte Triebstrebungen werden gelegentlich nicht nur auf andere psychische Inhalte oder auf
Familienmitglieder verschoben, sondern nicht selten auf breitere
Kreise. Es sind genügend Beispiele in der Geschichte bekannt, aus
denen klar hervorgeht, daß sich narzißtische Versagenserlebnisse
und Triebfrustrationen in der Kindheit und in der späteren Entwicklung eines Menschen, die ihm nicht bewußt sind, auf nationali-
stische Ideale im Betroffenen selbst, aber auch des ganzen Volkes
verschieben. Dabei ist allerdings anzunehmen, daß eine Volksge-
meinschaft, die dermaßen unbewußt Gefühlskonflikte eines einzigen übernimmt, mit ähnlichen narzißtischen Problemen und Verkürztheiten sowie Triebversagungen nicht fertig geworden ist. Die
wahren Ursachen eines solchermaßen bedingten Nationalismus
bleiben meist im Dunkel. Sein Rauschcharakter weist aber deutlich
genug darauf hin, wie sehr er durch tiefe und unbewußte narzißtische Bedürfnisse und Triebe bedingt ist. Auch verhält es sich so, daß
die vom Ich auf den Nationalismus verschobenen Kompensations-
wünsche im Bereiche des Selbst und Triebe häufig dermaßen angeregt werden, daß die Abwehr des Ichs, trotz des initialen Abwehr-
manövers, gänzlich durchbrochen wird und es schließlich erst recht

zum Opfer der tiefen Regungen wird. Die von solchen Vorgängen betroffenen Individuen werden sich nicht mehr bewußt eine Schranke setzen, sondern gänzlich Spielzeug ihrer und des Tonangebenden Strebungen werden. Wir haben in der nahen Vergangenheit zur Genüge erfahren, wohin ein solcher Verschiebungsprozeß auf den Nationalismus führt. Doch ist es nicht nur die Verschiebung von kompensatorischen Größenvorstellungen und Gefühlskonflikten auf den Chauvinismus, sondern auch jede beliebige andersgerichtete Verschiebung, die gefährlich werden kann, weil sie schließlich, wenn die mit dem abgewehrten narzißtischen Bedürfnis und dem abgewehrten Trieb verbundenen Emotionen intensiv genug sind, trotz der primären Abwehr, erst recht zu einer Triebentfesselung führt.

## 9.8  Verkehrung der Triebe ins Gegenteil

Werden Triebregungen gleichermaßen vom Überich und von der Außenwelt abgelehnt, kann es etwa zum Abwehrmechanismus der Triebumkehr kommen. Es wird das Triebziel verändert, nicht aber das Triebobjekt. Bei den endogenen Psychosen kann diese Form der Triebabwehr am besten beobachtet werden. Der ursprünglich gegen das Liebesobjekt gerichtete Haß des Melancholikers wird zum Selbsthaß, das Schlagenwollen eines Schizophrenen zur Selbstverstümmelung usw., doch nicht zuletzt auch deshalb, weil das Ich bei Depressionen nicht mehr (genügend) narzißtisch besetzt zu werden vermag und bei der schizophrenen Ich-Fragmentation eine Entfremdung zum eigenen Ich eintritt. Aber auch bei Gesunden kann dieser Wechsel des Triebzieles etwa beobachtet werden.

Die Veränderungen vollziehen sich also, wie auch NUNBERG[179] betont, nicht so sehr an der Vorstellung des Objektes als vielmehr an der Richtung des Triebes. Bei der Verkehrung des Triebes in sein Gegenteil falle auf, daß ein Trieb, dessen Befriedigung an einem Objekt erfolge, von diesem abgelenkt werde, es aufgebe und sich in einen narzißtischen verwandle. Bei der Wendung des Triebes könne sich die eigene Person mit dem Objekt identifizieren. Da, beispielsweise bei Melancholikern, das Überich wie die Umwelt das Ausleben von Aggressivität an einem Objekt nicht gestatteten, opferten die Betroffenen sich selbst. – Die narzißtische Entleerung der Melancholiker trägt meines Erachtens, wie erwähnt, aber wesentlich dazu bei, daß das Ich als fremd erlebt wird und zum Ziel der eigenen Aggressionen werden kann. – FREUD[96] sagt zu dieser Veränderung der Triebrichtung, wie sie bei Melancholikern festzustellen sei, folgendes: »Nun lehrt uns die Analyse der Melancholie, daß das Ich sich nur dann töten kann, wenn es durch Rückkehr der Objektbesetzung sich selbst wie ein Objekt behandeln kann, wenn es die Feindseligkeit gegen sich selbst richten darf, die einem Objekt gilt und die die ursprüngliche Reaktion des Ichs gegen Objekte der Außenwelt vertritt.« An anderer Stelle sagt er[96]: »Die unzweifelhaft genußreiche Selbstquälerei der Melancholiker bedeutet... die Befriedigung von sadistischen und Haßtendenzen, die einem Objekt gelten und auf diesem Wege eine Wendung gegen die eigene Person erfahren haben... (Es) pflegt (so)... den Kranken noch zu gelingen, auf dem Umweg über die Selbstbestrafung Rache an den ursprünglichen Objekten zu nehmen und ihre Lieben durch Vermittlung des Krankseins zu quälen, nachdem sie sich in ihre Krankheit begeben haben, um ihnen ihre Feindseligkeit nicht direkt zeigen zu müssen.« Es ist bei der Triebumkehr nicht so, daß die Abwehr des Triebanliegens vollständig gelänge. Mit dem eigenen Leiden sollen gleichzeitig auch die Angehörigen bestraft werden.

So führte eine Patientin ihre Suizidversuche meist dann aus, wenn der Gatte Ferienpläne hegte. Bei einer anderen, älteren endogenen Depressiven war es so, daß sie eine speziell für sie eingesetzte Privatkrankenschwester nicht nur gänzlich für sich beanspruchte, sondern durch ihr Leiden sozusagen auffraß. Die Krankenschwester konnte kaum mehr von ihr weichen, so sehr hatte die Patientin das Bedürfnis, ihr ihr Leiden, aber auch ihr vermeintliches Versagen immer wieder zu schildern und ihr ihre – ebenfalls vermeintliche – Schuldhaftigkeit zu beschreiben. Die Krankenschwester ließ sich dermaßen einspannen oder, um den anderen Ausdruck zu verwenden, auffressen, daß sie selbst die Welt mit den Augen der Kranken zu sehen begann. Beim Aufhellen aus der Depression zeigten sich bei der Patientin schwerste Aggressionen gegen ihren Mann und ihren Sohn, weniger gegen die Krankenschwester. Wie sehr übrigens diese Krankenschwester tatsächlich durch die Patientin an ihre eigene Welt assimiliert, in sie inkorporiert worden war, zeigte sich darin, daß in dieser Phase des Abklingens der Depression der Patientin und deren Wiederzuwendung zum Leben auch die Schwester von Aggressionen gegen die Angehörigen der Kranken erfüllt war.

Wir haben die Auffassung der Psychoanalyse darzulegen versucht, daß der durch Umkehrung abgewehrte Trieb nicht ungefährlicher ist. Zwar gelingt es damit, das Aufkommen von Angst, was bei der Verwirklichung der ursprünglichen Triebstrebungen der Fall wäre, zu vermeiden. Indem aber das Ich selbst zum Opfer des Aggressionstriebes wird, hat das Triebanliegen nur um so schwerwiegendere Folgen. Das Ich und das Überich werden beschwichtigt, indem die Triebregung nicht als solche verwirklicht wird. Mit dieser Umkehr des Triebes gerät das Ich indes erst recht in Gefahr. Es wird zum Opfer, ohne daß es durch das Gefahrensignal der Angst gewarnt wird. Angst wird ja verhütet, weil dem Ich die Triebstrebung als abgewehrt erscheint, wenn es sein ursprüngliches Ziel aufgibt. Allerdings scheint das Ich, wenn es bereits Opfer des rückgewendeten Aggressionstriebes geworden ist, die Gefahr oft zu erkennen. Wir beobachten ja häufig bei Melancholikern wie auch bei autodestruktiven Schizophrenen – sekundär – Angst als Warnsignal für die Gefahr, in der sich das Ich befindet.

Auch Neurotiker, die die Sprechstunde des Psychiaters aufsuchen, bringen etwa Beispiele solcher Triebumkehr. Wenn beispielsweise ein leitender Angestellter eines Betriebes einen Vortrag hält und alle durch seine Redekunst blenden möchte, dabei aber selbst ein ganz ausgesprochenes Ohnmachtsgefühl verspürt, haben wir ein solches Beispiel vor uns. Die Rückwendung eines Triebes gegen das eigene Ich ist zwar nicht immer so offenbar wie bei den Melancholikern und Schizophrenen, doch wird oft auch beim sogenannten Normalen, gerade in Situationen höchster persönlicher, sozialer oder politischer Macht- und Potenzentfaltung, das Phänomen der Triebumkehr offenbar, wobei das Ich zum Opfer und damit hart in Frage gestellt wird. Dabei dürfte allerdings auch eine Störung im narzißtischen Bereich bei den Betreffenden mitwirken. Es sind ja häufig in ihrem Selbst Beeinträchtigte, die durch Macht und Potenz ihre Selbstinfragestellung kompensieren wollen.

Wenn auch die Rückwendung des Aggressionstriebes auf das eigene Ich in der Intensität, wie sie bei Psychotikern und bei gewissen Neurotikern vorkommt, ein psychopathologisches Phänomen darstellt, müssen wir uns andererseits doch fragen, ob diese Möglichkeit der Rückwendung des Triebes auf das Ich nicht auch einen gewissen Schutz vor einem allzu starken Verfallen an die Triebe darstellen kann. Wenn sich, wie erwähnt, ein allzusehr als Redner glänzen wollender Mann plötzlich ohnmächtig fühlt, so kann diese Regung eine für ihn sinnvolle Korrektur bedeuten, indem sie ihm zeigt, daß (kompensatorisch entwickelte) Bäume nicht in den Himmel wachsen können, und ihn davor behütet, sich noch mehr in den von ihm verfolgten Richtungen der narzißtischen Kompensation und der Triebverwirklichung zu bewegen. Wie alle Arten der Abwehr kann also auch die Triebumkehr zu einer Realitätsanpassung verhelfen. Werden die frustrierten Regungen des Selbst und die Triebe aber nur noch auf das eigene Ich rückgewendet, so ist die Folge eine totale Abkehr von der äußeren Wirklichkeit und eine vollkommene Beziehungslosigkeit des Individuums.

HARTMANN, KRIS und LOEWENSTEIN[120] betonen, daß normalpsychologisch nicht jede auf das Ich rückgewendete Aggression autodestruktiv sein müsse. Sie könne bei dieser Rückwendung auch neutralisiert werden und dabei das Ich und das Überich mit motorischer Energie beliefern. Damit habe die Aggression einen Anteil an der Ausrüstung des Ichs für sein Funktionieren in der Aktion.

## 9.9  Widerstand/Gegenbesetzung/Reaktionsbildung

Wo abgewehrte Triebregungen im Verlaufe einer Psychoanalyse ins Bewußtsein gehoben werden sollen, regt sich ein Widerstand gegen das entsprechende Bemühen. ANNA FREUD[70] sagt hierzu u. a. folgendes: »Das Ich wird in der Analyse überall dort aktiv, wo es einen Vorstoß des Es durch Gegenaktionen verhindern möchte. Da es die Aufgabe der analytischen Methode ist, den Vorstellungen, welche den verdrängten Trieb repräsentieren, Zugang zum Bewußtsein zu verschaffen, also solche Vorstöße zu fördern, wird die Abwehrhandlung des Ichs gegen die Triebrepräsentanz automatisch zum aktiven Widerstand gegen die analytische Arbeit. Da ferner der Analytiker mit seinem persönlichen Einfluß für die Einhaltung der analytischen Grundregel eintritt, die das Auftauchen solcher Vorstellungen in der freien Assoziation ermöglicht, richtet sich die Triebabwehr des Ichs auch als direkte Gegenwehr gegen die Person des Analytikers. Feindseligkeit gegen den Analytiker und erhöhte Abwehr gegen das Auftauchen von Es-Regungen fallen automatisch zusammen.«

Der von ANNA FREUD geschilderte Widerstand des Ichs gegen analytisches Angehen abgewehrter Triebregungen kann bei der psychoanalytischen Arbeit immer wieder beobachtet werden.

Ein 40jähriger Akademiker, der in einem größeren Betrieb arbeitet, dort zwar recht tüchtig ist, aber dennoch immer wieder die Anerkennung seiner Vorgesetzten sucht, betont, daß es ihm hauptsächlich um das Berufsinteresse gehe. Er kann es zu Beginn nicht wahrhaben, daß andere Motive hinter seinem Verhalten stecken. So schildert er, daß er aus Interesse für die Sache bis zu seinem höchsten Chef vorgedrungen sei, seinen unmittelbaren Vorgesetzten aber nicht begrüßt habe, da er ihm wahrscheinlich nicht beigestanden wäre. Auf Frage erwähnte der Patient, daß in seiner Jugend der Vater in der Familie tonangebend gewesen sei. Die Mutter sei aus einfacheren Verhältnissen gekommen. Stets habe er so gebildet und gelehrt werden wollen wie der Vater. Als ihm sein Verhalten im Geschäft so gedeutet wurde, daß er, statt eine sachliche Auseinandersetzung mit dem Nächstverantwortlichen zu wagen, eine allmächtige Vaterfigur aufgesucht habe, um bei ihr Schutz zu finden, konnte er diese Aussage nicht sogleich annehmen. Er versuchte zu beweisen, daß er doch niemals zu seinem unmittelbaren Vorgesetzten hätte gehen können. Seine Aussage wurde durch den Therapeuten wiederholt in Zweifel gezogen, indem ihm das Anachronistische seines Verhaltens noch deutlicher gezeigt wurde. Plötzlich wurde dem Analysanden sein Fehlverhalten klar, und er sah ein, daß er in ähnlichen Situationen die Angst, durch einen solchen »Vater« nicht anerkannt zu werden, aushalten müsse und nicht agieren dürfe. – Damit der Patient seine Triebregung klar erkannte, mußte demnach wiederholt ein Anlauf genommen werden gegen seinen abwehrenden Widerstand.

Was will im Grunde der Widerstand des Ichs? Wir können es kurz so formulieren: Das Ich wünscht, daß die Triebanliegen abgewehrt bleiben und es nicht aufs neue beunruhigen. Soll jedoch ein Individuum von einer Neurose gesunden, wird nichts anderes übrigbleiben, als das Ich mit lange in der Versenkung gehaltenen Triebregungen zu konfrontieren und es damit zu verängstigen. Ohne ein Mindestmaß von Angst ist eine Aufhebung der Triebabwehr, wie überhaupt eine sinnvolle Triebverwirklichung, nicht möglich. Der Widerstand des Ichs gegen das Analysieren will demnach dazu beitragen, Angst zu vermeiden. Zwar wird dem Ich damit Unangenehmes erspart. Doch werden ihm auch Triebregungen entzogen, die es zu seiner Entfaltung benötigte. Die bei der Konfrontation des Ichs mit den Triebenergien entstehende Angst verursacht zwar Leiden, doch wirkt sie sich auch schöpferisch aus. Sie sorgt dafür, daß die Triebenergetik irgendeine sinnvolle Abfuhr und Verwirklichung findet. Die als Warnsignal des Ichs auftretende Angst ist zugleich Motor zur Umwandlung, zur Sublimierung von Triebregungen in soziale Werte. Weder ohne Triebregungen noch ohne sie auszeugende Angst hätte der Mensch jenen Impetus, der es ihm gestattete, seine Werke, seine Kultur zu errichten. Besonders in der Psychoanalyse, doch auch im sonstigen Leben zeigt sich indes, daß der Mensch nicht nur streben und vorwärtskommen, sondern auch in

Ruhe gelassen werden möchte. Wo sich ihm Kräfte störend und beunruhigend zeigen, wird er deshalb versuchen, sie zu vertreiben.

Der Widerstand des Ichs und die der Aufrechterhaltung einer – scheinbaren – Ruhe dienende Tendenz des Unbewußten, alles Erlebte und Vollzogene stets von neuem wiederholen zu wollen, bedingen es, neben dem sekundären Krankheitsgewinn, daß der Patient an seinen neurotischen Fehlverhaltensweisen festhalten, sie nicht preisgeben will.

Solche Widerstände gegen die Aufdeckung der Triebabwehr zeigen sich aber nicht nur in der therapeutischen Situation. Sie machen sich auch dann geltend, wenn ein Neurotiker erwartet, durch die äußere Realität zur Aufgabe von Triebabwehrmechanismen gezwungen zu sein. NUNBERG [179] sagt hierzu, indem er vom Hysteriker spricht, u. a. folgendes: »Der Hysteriker entwickelt nun eine besondere Wachsamkeit, um sich der Wahrnehmung des Objektes oder einer vom verdrängten Triebe getragenen Vorstellung zu entziehen. Er bekommt vielleicht eine Absence, wenn die verpönte Wahrnehmung sich dem Bewußtsein aufdrängen will, oder er hat sonst Skotome (Gesichtsfeldausfälle) für solche Wahrnehmungen und Vorstellungen. Diese Wachsamkeit hat also die besondere Aufgabe, die unliebsame Vorstellung vom Bewußtsein fernzuhalten. Sie entsteht dadurch, daß die den Triebrepräsentanzen entzogene Energie die Wahrnehmungsfläche des Ichs besetzt. Dieser Vorgang wird Gegenbesetzung genannt... Sie kann entweder durch Verstärkung eines Gegensatzes zustande kommen (an Stelle von Haß tritt einer bestimmten Person gegenüber ein Übermaß an Liebe auf) oder durch Besetzung der Wahrnehmungsfläche selbst.« Zwar sind wir heute kaum mehr geneigt, den Prozeß der Gegenbesetzung mit einer Besetzung der Wahrnehmungsfläche zu erklären. Dieses zweidimensionale Bild scheint uns für das Charakterisieren psychischer Prozesse zu einfach. Doch erkennen wir im täglichen Leben, daß uns unliebsame Assoziationen durch eine *Gegenbesetzung* im Hintergrund gehalten werden, damit wir um so »ungestörter« unsere Aufgabe bewältigen können. Besonders bei Aggressionsimpulsen werden wir uns etwa um so friedfertiger und hilfsbereiter zeigen. Die Nächstenliebe dürfte ihre Wurzel nicht selten in einer durch

Gegenbesetzung umgewandelten Triebregung, meist einer Aggression, haben. Gegenbesetzung ist demnach auch ein normalpsychologisches Phänomen. Je nach Situation wird der Gesunde unbewußt Triebregungen in sich verspüren, denen er unter den gegebenen Umständen nicht freien Lauf geben kann. Die Triebkraft, die dem ursprünglichen Triebanliegen zugrunde liegt, wird dazu führen, daß ebenbürtige Kräfte eingesetzt werden, um die Triebregungen abzuwehren. Diese Gegenbesetzungen – man könnte sie auch Gegenregungen nennen – liefern die notwendige Energie für Werke am Menschen und für den Menschen. Ohne diese Fähigkeit zur Gegenbesetzung wären wir wohl noch auf der archaischen Stufe unmittelbarer Triebbefriedigung. Durch diesen Gegenbesetzungsmechanismus gelingt es uns, den Triebmechanismus in uns – partiell – in ein soziales Streben umzuwandeln. Ist das Ich aber zu schwach, entsprechende Kräfte zu mobilisieren, wird keine Gegenbesetzung zustande kommen, und der betroffene Mensch wird seinen Trieben wehrlos ausgeliefert sein. Ist es nicht letztlich ein Versagen dieser Art Abwehrmechanismen, wenn sich die Menschen immer wieder kriegerisch auseinanderstürzen, statt sich, als Folge von Gegenbesetzungen, liebend zu helfen, ihr Los gegenseitig zu verbessern? Doch wollen wir nicht in den Fehler verfallen, die Gegenbesetzung oder, wie dieser Mechanismus in der Psychoanalyse heißt, den Widerstand zu verherrlichen. Die Gegenbesetzung ist auch ein Hemmschuh für die Entwicklung. Ohne Gegenbesetzung hätten aber die Triebanliegen zu leichtes Spiel mit dem Ich. Wie bei allen Abwehrmechanismen des Ichs gesagt werden konnte, bedarf es des gesunden Mittelmaßes zwischen Triebverwirklichung und Triebabwehr, um den Realitätsanforderungen entsprechend gerecht zu werden.

FREUD [104] weist darauf hin, daß eine solche Gegenbesetzung auch bei der Zwangsneurose greifbar wird. Sie erscheint hier als Ichveränderung, als *Reaktionsbildung* im Ich, indem jene Einstellung verstärkt wird, welche der zu verdrängenden Triebrichtung gegensätzlich ist (Mitleid, Gewissenhaftigkeit, Reinlichkeit). Die Reaktionsbildungen bei der Zwangsneurose sind Übertreibungen normaler, im Verlauf der Latenzzeit entwickelter Charakterzüge.

Auch bei der Hysterie kann es nach FREUD[104] zu einer Ichveränderung durch Reaktionsbildung kommen, wobei sie sich etwa sogar als Hauptsymptom des Zustandes aufdrängt. So wird beispielsweise der Haß gegen eine geliebte Person durch ein Übermaß von Zärtlichkeit für sie und Ängstlichkeit um sie niedergehalten. Bei der Hysterie beschränken sich die Reaktionsbildungen – im Unterschied zu den Verhältnissen bei der Zwangsneurose, bei der die Reaktionsbildungen die allgemeine Natur von Charakterzügen zeigen – auf ganz bestimmte Relationen, zum Beispiel auf die Beziehung zum Kind. Die Betroffenen sind deswegen nicht im ganzen liebesbereiter.

CREMERIUS[52] weist an Hand der Reaktionsbildung im Leben Philipps II. darauf hin, daß die Leistungsfähigkeit der Reaktionsbildung sehr gering ist. Es gelingt der Abwehr nicht, den verdrängten Triebwunsch zu erledigen. Bei Philipp II. machte sich der Triebkonflikt bzw. die Reaktionsbildung des Ichs in der selbstaufgebenden Unterwerfung unter den Vater (Abwehr des Hasses) geltend. Als Zeichen der mangelnden Erledigung durch diese Reaktionsbildung wertet CREMERIUS[52] Philipps Bemühen um Frieden und Erlösung wie seine immer wiederkehrenden Reparationsversuche.

Unter *Widerstand* verstehen wir eine durch Verschiebung der Triebenergie vom Es aufs Ich zustande gekommene Gegenbesetzung, die zum Zwecke hat, psychisches Material, das Leiden, Angst verursachen könnte, vom Bewußtsein fernzuhalten. Im Vorgang der Gegenbesetzung ist mitenthalten, daß psychische Inhalte ins Unbewußte verdrängt werden, oder, anders ausgedrückt, keine Aktualität erhalten, ist doch unbewußt all das, was im Moment nicht durch unsere innere Aufmerksamkeit erhellt wird oder werden darf. Damit ist auch ausgesagt, daß die Entwicklung des betreffenden Individuums behindert wird oder sogar Rückschritte im Sinne einer Regression gemacht werden, wenn die Gegenbesetzung zu einem unbewußten Nichtwahrhabenwollen einer bereits begonnenen Triebentwicklung führt.

Die vom Ich ausgehende Gegenbesetzung gegen das Aufkommen

– unbewußter – Triebregungen sowie narzißtischer Bedürfnisse und damit zusammenhängender Vorstellungen ist bei der Entstehung einer Neurose am Werk. Sie ist auch dann – als Widerstand – aktiv, wenn, wie in der Psychoanalyse, auf diese Triebenergien und narzißtischen Regungen hingearbeitet werden will. Diese Triebe und narzißtischen Strebungen, die abgewehrt werden sollen, stehen mit einer gewissen Umweltsituation, meist der Kindheit, in Zusammenhang. Alles, was im späteren Leben an jene Situation auch nur im entferntesten erinnern könnte, führt dazu, daß jene abgewehrten Regungen wieder zum Vorschein zu kommen drohen. Es wird deshalb alles getan, um sie permanent abzuwehren. Doch gelingt die Abwehr nie ganz. Es kommen zwar die ursprünglichen Triebregungen und narzißtischen Bedürfnisse nicht als solche zum Vorschein, sondern ein Symptom, wie beispielsweise die Angst oder – im Bereiche des Narzißmus – etwa ein kompensatorisches Phänomen, die darauf hindeuten, daß das Ich mit dem Abgewehrten nicht ganz fertig wird. Oder aber es zeugt irgendeine funktionelle körperliche Erkrankung davon, daß die Triebkonflikte und früh erfahrenen narzißtischen Mangelerfahrungen eben doch nicht rest- und gefahrlos abgewehrt werden können.

Neben dem (als Beispiel) besonders beleuchteten, vom Ich mittels Gegenbesetzung erfolgenden Widerstand werden von FREUD und seinen Schülern noch andere Widerstandsarten beschrieben, so der *Verdrängungswiderstand*, der *Widerstand, der vom sekundären Krankheitsgewinn ausgeht*, und der *Übertragungswiderstand* (NUNBERG [179]), die alle drei vom Ich ausgehen, um es vor den Triebregungen zu schützen. Die Widerstände sind in der Mehrzahl eine Leistung des Ichs. Doch kennen wir auch den *Es-Widerstand* und den *Überich-Widerstand*. Der *Es-Widerstand* trachtet danach, dem Es durch Agieren Befriedigung zu verschaffen, indem er sich dem Bewußtwerden unbewußter Triebregungen und narzißtischer Regungen entgegenstellt, die ohne jegliche Beteiligung des Ichs nach – wiederholtem – Ausdruck verlangen. Der *Überich-Widerstand* zeigt sich darin, daß eine ursprüngliche Abwehr von Trieben und narzißtischen Verwirklichungstendenzen infolge der strengen Anforderungen des Überichs aufrechterhalten oder aber verstärkt wird. Unterwirft sich bei diesem Prozeß das Ich diesen strengen Anforderungen des Überichs, so hat es dabei einen masochistischen Lustgewinn.

## 9.10 Übertragung

Es ist ein Charakteristikum unseres menschlichen Wesens, daß wir durch eine konfliktbeladene Situation oder ein Mangelerleben und die daran geknüpften Triebregungen und Verkürztheiten, die wir nicht wahrhaben konnten oder wollten, zeitlebens gebannt bleiben. Was an einstürmenden Umweltreizen von außen und damit zusammenhängenden Regungen von innen vom kindlichen Ich abgewehrt wird, bleibt uns zeitlebens ein Faszinosum, aber nicht so, daß wir es bewußt machen möchten, sondern nur so, daß wir unbewußt in allen künftigen Situationen des Lebens die längst vergangene suchen. Wir setzen oft – unbewußt – alles daran, jene Lebenssituation wiederzuerleben, die entsprechend zu verarbeiten uns nicht gelang. Es ist so, wie wenn wir in dauernder Wiederholung einerseits versuchten, den Konflikt bzw. die Frustration noch zu lösen bzw. zu beheben, andererseits ihn bzw. sie aber doch auf die alte Weise – durch Abwehr – zu erledigen.

Übertragung bezeichnet einen Vorgang, bei dem mit einer Triebregung einhergehende Affekte und Vorstellungen von einem Objekt auf ein anderes, von einer Situation auf eine andere »übertragen« werden. Der Übertragungsvorgang beruht einerseits auf dem Umstand, daß im menschlichen Unbewußten Geschehnisse, die zeitlich nichts miteinander zu tun haben, anachronistisch aneinandergekoppelt werden. Neu an das Ich herantretende Wahrnehmungen werden so umgedeutet, daß sie alten, längst im Ich abgelagerten Eindrücken möglichst gleichkommen. Allerdings müssen die neuen in irgendeiner Beziehung den alten gleichen, damit dieser Mechanismus ausgelöst wird. Es ist also, als ob das Ich immer wieder Gelegenheit suche, sich mit einer psychotraumatisch wirkenden Situation der Kindheit – wenn auch in inadäquater, abwehrender Weise – auseinanderzusetzen. Vielleicht muß das Ich in jeder neuen Lage sich vergewissern, daß das Triebanliegen abgewehrt, »erledigt« ist. Nur wenn es sich immer wieder als stark genug erweist, die ursprünglichen Triebregungen, die in einer neuen Situation aufkommen, abwehren zu können, wird es sich als sicher erleben und frei von Angst bleiben. Damit hängt aber zusammen, daß es nicht nur stets von neuem die ursprünglichen Triebanliegen abzuwehren versucht, sondern auch in jeder neuen Umgebung die alten Beziehungspersonen zu erkennen glaubt. Gegenwärtige Eindrücke werden ganz allgemein nicht unbefangen erlebt. Immer wird das Vergangene das Erleben der Gegenwart beeinflussen. Doch ist beim Neurotiker die Tendenz, die Gegenwart der Vergangenheit gleichzusetzen, viel ausgesprochener. Der Neurosekranke will die Triebanliegen, die er in der kindlich-familiären Situation unbewußt nicht wahrhaben wollte, in jeder neuen Lage wieder bekämpfen. Oder er will sich auf die Probe stellen, indem er immer wieder in neuen Lebenslagen die längst vergangene Konflikt- oder Mangelsituation erlebt. Der Neurotiker will aber nicht nur das ursprüngliche Triebanliegen abwehren. Er spürt insgeheim, daß irgend etwas in ihm sich nur ungenügend entfalten konnte und hofft doch noch auf dessen Entwicklung. Das in der Kindheit nicht Gelebte möchte er in einem – allerdings ungeeigneten, anachronistischen – Rahmen nachvollziehen, nicht nur, um Triebe abzuwehren, sondern auch um sie zu erfüllen. Wenn diese Patienten in den ihnen begegnenden Personen der Gegenwart ihre Väter, Mütter, Geschwister, Lehrer usw. wiedererleben, so geschieht es dementsprechend nicht zuletzt auch, um doch noch, zumindest eine fiktive, Gelegenheit zur Trieberfüllung zu haben. Dieses Phänomen der Übertragung alter Gefühlseindrücke und Gefühlskonflikte auf neue Situationen und neu entgegenkommende Personen gestattet es in der Psychoanalyse, im Verhältnis zwischen Analytiker und Analysanden alte, noch nicht verarbeitete Konflikte zu reaktivieren. Es ist das entstanden, was FREUD[97] eine *»Übertragungsneurose«* nennt. KOHUT[148] versteht unter dem Begriff »Übertragungsneurosen« ganz allgemein jene Neurosenformen, bei denen eine Übertragung zu einem Objekt möglich ist, während jene Neurosen, bei denen die Objektbeziehung einer narzißtisch-fusionären entspricht (KOHUT spricht auch von einer »idealisierenden Übertragung auf ein Selbstobjekt«), als narzißtische Persönlichkeitsstörungen (= narzißtische Neurosen) bezeichnet werden (s. Kapitel 11.6 u. 12.2). Das Wiederaufleben dieses kindlichen Verschmelzungsbedürfnisses in der therapeutischen oder einer anderweitigen Beziehung hat zum unbewußten Motiv, das eigene, infolge Mangelerfahrung in der frühen Kindheit inkonsistente Selbst mit einem Objekt zu verstärken, wobei damit aber das Objekt vom Ich kaum mehr als getrennt erlebt wird.

In der Zweierbeziehung der Psychoanalyse hat der Patient Gelegenheit, die unerledigte Konflikt- oder Frustrationssituation emotional neu durchzuleben und damit zu verarbeiten. Nach und nach wird er in der Auseinandersetzung mit dem Analytiker erkennen können, was an seinem Erleben und Verhalten anachronistisch und irrational ist. Doch kann gelegentlich die Übertragung vom Ich dazu benützt werden, das Bewußtwerden alter Gefühlskonflikte zu verhindern. Dann nämlich, wenn sich der Patient seine Gefühle für den Therapeuten nicht eingestehen kann oder sie nicht in ihrer Art und in ihrem Wesensgrund als übertragungsbedingt erkennt. Im einen Falle wird das Ich im Widerstand gegen die aktivierten Übertragungstendenzen verharren, im anderen aber wird das Ich sich den Übertragungscharakter seiner Gefühle nicht eingestehen wollen und seine Gefühle, ohne daß sie ihm bewußt werden, ebenso unbewußt in die Aktion umzusetzen, zu agieren suchen. Diese Art der Abwehr verdrängter Gefühlsregungen im Verlauf der Psychoanalyse nennen wir »*Übertragungswiderstand*«. Dieser Übertragungswiderstand dient dazu, die Abwehrenergien noch zu verstärken. Dem Betroffenen ist die Herkunft seiner Gefühle und Affekte unbewußt, doch nimmt er sie meist wahr; er hält sie allerdings von der jeweiligen Situation determiniert, während sie in Wahrheit in einer Kindheitssituation wurzeln. Liebe und Haß können dem Patienten bewußt sein, doch ist er sich darüber nicht im klaren, daß sie in längst zurückliegenden Situationen begründet sind. In einer anderen Übertragungsform kommen dem Betroffenen nicht einmal die Gefühle und Affekte zum Bewußtsein; sie verschaffen sich vielmehr in unbewußt ablaufenden Aktionen (im *Agieren*) Ausdruck.

Eine Patientin, die sich durch einen früheren Freund und überhaupt durch Männer ungenügend beachtet fühlte, bemerkte am Anfang einer Psychotherapiestunde, daß sie der Arzt nicht genügend beachte. Sie erzählte dann einen Traum, in dem ihr früherer Freund vorkam und eine andere Frau ihr gegenüber vorzog. – Der Patientin wurde im Verlaufe der Stunde bewußt, daß sie ihre Gefühle gegenüber ihrem Freund auf den Therapeuten übertragen hatte. Ihr ursprünglicher Triebkonflikt war damit der Bearbeitung zugänglich. Es wurde ihr ersichtlich, daß sie diesen am Ursprung ihrer Schwierigkeiten stehenden Konflikt agiert hatte. Von diesem Moment an bis zum endgültigen Annehmenkönnen ihrer mit dem Konflikt zusammenhängenden Frustrationen blieb allerdings noch ein langer Weg.

NUNBERG [179] sagt zum Agieren u. a. folgendes: »Es zeigt sich also, daß der Wiederholungszwang die letzte Zuflucht des Ichs im Abwehrprozeß ist. Was nicht auf andere Weise erreicht werden kann, wird so lange agiert, nicht aber erinnert, bis sich eine zeitweilige Erschöpfung der Triebenergie einstellt.« Der Vollständigkeit halber müssen wir aber betonen, daß das Agieren nicht nur in Übertragungssituationen vorkommen kann. Das Agieren kann auch einen unbewußten Ausdruck einer Triebregung oder eines narzißtischen Bedürfnisses darstellen, ohne daß das Ich beteiligt sein müßte. Es wird hier der Lustgewinn erzielt durch direktes Umsetzen unbewußter Regungen in die Aktion. Stellt sich in diesen Fällen ein Widerstand gegen das Bewußtwerden dieser Strebungen ein, so gehört er dem Bereich des unbewußten Es an. Wir sprechen deshalb von einem *Es-Widerstand*.

Wir kennen, wie bereits angeführt, noch einen Überich-Widerstand. Er hat zum Ziele, dem Ich jegliche Triebbefriedigung am Objekt zu vereiteln und die Aggressionen des Überichs auf das Ich selbst zu lenken. Unterwirft sich das Ich den überstrengen Anforderungen des Überichs, so hat es dabei oft einen masochistischen Lustgewinn.

FREUD [85] sagt zur Übertragung u. a. folgendes: »Jedesmal wenn wir einen Nervösen psychoanalytisch behandeln, tritt bei ihm das befremdende Phänomen der sogenannten *Übertragung* auf, d. h. er wendet dem Arzte ein Ausmaß von zärtlichen, oft genug mit Feindseligkeit vermengten Regungen zu, welches in keiner realen Beziehung begründet ist und nach allen Einzelheiten seines Auftretens von den alten und unbewußt gewordenen Phantasiewünschen des Kranken abgeleitet werden muß. Jenes Stück seines Gefühlslebens, das er sich nicht mehr in die Erinnerung zurückrufen kann, erlebt der Kranke also in seinem Verhältnis zum Arzt wieder, und erst durch ein solches Wiedererleben in der ›Übertragung‹ wird er von der Existenz wie von der Macht dieser unbewußten sexuellen Regungen überzeugt. Die Symptome, welche, um ein Gleichnis aus der Chemie zu gebrauchen, die Symptome von früheren Liebeserlebnissen (im weitesten Sinne) sind, können auch nur in der erhöhten Temperatur des Übertragungserlebnisses gelöst und in andere psychische Produkte übergeführt werden. Der Arzt spielt bei dieser Reaktion nach einem vortrefflichen Worte von S. FERENCZI[67a] die Rolle eines *katalytischen Ferments*, das die bei dem Prozesse freiwerdenden Affekte zeitweilig an sich reißt...« Das Handhaben der Übertragung erfordert vom Analytiker Takt und Wissen. Er muß wissen und fühlen, daß die ihm vom Patienten entgegengebrachten Affekte im Grunde genommen nicht ihm gelten. Dabei darf er sich nicht etwa gänzlich unberührt zeigen. Zuviel Distanz ließe keine Übertragung aufkommen. Er muß dem Patienten teilnehmendes und mitfühlendes Interesse entgegenbringen, allerdings ohne die Distanz zu den Gefühlen und Problemen des Analysanden zu verlieren. Nur bei einer – im Verlaufe einer Lehranalyse gewonnenen – Bewußtheit, die es dem Analytiker gestattet, ungetrübten Blickes die Emotionen des Patienten auf seine Ursprünge zurückzuführen, wird es möglich sein, daß dem Neurotiker geholfen werden kann. Läßt sich der Psychoanalytiker von den ihm entgegengebrachten Gefühlen umfangen, wird es ihm nicht möglich sein, als Therapeut zu wirken. Es ist nicht von ungefähr, daß FREUD selbst sich quer hinter das Sofa, worauf der Patient lag, setzte. Er behielt so jene Freiheit und Unbefangenheit, die es ihm ermöglichten, ungetrübten Sinnes die Äußerungen und Verhaltensweisen des Patienten zu überprüfen. Umgekehrt darf es den Therapeuten nicht befremden, wenn beispielsweise von einer Patientin auf ihn zärtliche Gefühle übertragen werden. Er hat sich bewußt zu werden, daß hier Gefühle auftreten, die primär nicht ihm gelten und längst darauf warteten, irgendeinmal zum Vorschein zu kommen. Jeder Neurotiker hat zutiefst den Wunsch, sich, wenn auch unbewußt, in der Wiederholung nochmals von seinem immer noch Aktualität beanspruchenden, abgewehrten Gefühlskonflikt oder von seiner noch weiter floriden narzißtischen Mangelerfahrung ergreifen zu lassen, um ihn oder sie endgültig lösen zu können.

Gerade das Entstehen der Übertragung hat die Gegner der Psychoanalyse gestört. Sie äußerten ihr Befremden darüber, daß im Patienten ein Gefühl für den Therapeuten entstehen könnte, auch wenn dieses Gefühl seine Wurzeln in der Vergangenheit hat. Dabei sind sich diese Gegner nicht bewußt, daß bei jeglicher therapeutischen Begegnung Übertragungsgefühle entstehen können. Der Patient oder die Patientin wird etwa auch zu einem Chirurgen oder Gynäkologen eine Übertragung entwickeln, deren Ursprung wesentlich in seinem (ihrem) Kindheitserleben und im Erleben des gleich- bzw. andersgeschlechtlichen Elternteils oder der Geschwister wurzelt. Der einzige Unterschied zwischen dem tiefenpsychologisch nichtgeschulten und dem in dieser Beziehung ausgebildeten Arzt wird sein, daß sich der eine dieser Gefühlsbeziehung des Patienten oder der Patientin zu ihm bewußt wird, während der andere sie entweder nicht wahrnimmt oder in Gefahr steht, falls er sie erkennt, sie falsch zu interpretieren.

FREUD [88] hat schon den Begriff der *Gegenübertragung* eingeführt. In den letzten Jahren fand die Gegenübertragung indes noch vermehrte wissenschaftliche Bearbeitung (GADDINI [109], PAULA HEIMANN [122], LOCH [159] u. a.). Es werden damit jene Gefühle des Therapeuten für die Patienten bezeichnet, die ihren Ursprung in der Vergangenheit und in den unbewußten Einstellungen des Analytikers haben. Für den Psychoanalytiker ist es wesentlich, daß er auf diese seine aus dem Unbewußten kommenden Gefühle achtet, damit sie nicht den Therapiefortgang stören. Es könnte beispielsweise der Fall eintreten, daß der Therapeut eine positive Gefühlsübertragung auf den Analysanden / die Analysandin hat oder sich gar mit ihm /

ihr zu sehr identifiziert oder mit ihm / ihr eine Fusion eingeht, so
daß dann die Gefahr besteht, daß die Psychoanalyse sich endlos aus-
dehnt. Oder es kann der Fall eintreten, daß beispielsweise der Therapeut übermüdet ist und er unbewußt feindselige Gefühle gegenüber dem Analysanden hegt, der ihn trotz seiner Müdigkeit beansprucht. Es wird in diesen Situationen zu einem Einschlafen des
Therapeuten kommen können als Zeichen seines ihm vorerst unbewußten Widerstandes gegen weiteres Zuhören. Andere Komplikationen aus mangelnder Kenntnis der Gegenübertragung und der sie
bedingenden Triebkonflikte sind bekannt.

Vielleicht mag ein Beispiel aus unserer Erfahrung etwas Licht auf
das Wesen der Übertragung werfen:

Ein etwa 20jähriger junger Mann, der bei einem übergewissenhaf-
ten, strengen Vater und einer überbehütenden, besorgten Mutter
aufwuchs, hatte es bisher sehr schwer, Kontakt mit den Mitmenschen aufzunehmen. Auch wollten ihm trotz seiner hohen Intelligenz und seiner guten Vorsätze keine Examina gelingen. Er war mu-
sikalisch begabt und schwärmte seinerseits seit relativ kurzer Zeit
für den jüdischen Komponisten Meyerbeer, andererseits, wie seit
Jahren, noch immer für Adolf Hitler und Richard Wagner, in denen
er offensichtlich Vertreter des Vater-Landes – der Vater stammte
ursprünglich aus Deutschland und hatte aus seiner totalitären Ge-
sinnung im Familienleben wohl kein Hehl gemacht – erlebte.

Nun hatte der Patient drei Monate nach Beginn seiner Psychoanalyse folgenden Traum: Die Konfirmation seines auf ihn folgenden Bruders – sie waren insgesamt drei Brüder, der Patient, der älte-
ste – wurde pompös begangen, und viele illustre Persönlichkeiten
nahmen daran teil. Das Fest fand in der psychiatrischen Klinik – in
die er zu den Analysenstunden kam – statt. Ein riesiger Tisch war
gedeckt, und es saßen daran 150 Gäste. Unter den Gästen befand
sich Adolf Hitler. Mit der ganzen Gesellschaft ging man ins Theater.
Es wurde eine Oper mit unheimlich reicher Ausstattung gegeben –
ein Wagnersches Werk. Die Oper dauerte 4–5 Stunden. Nach der
Opernaufführung konnte man mit den Sängern sprechen und ihnen
gratulieren. Danach war es sehr spät. Als die Oper beendet war,
wurde noch geklatscht. »Ich war der letzte, der hinausging. Als wir

hinausgingen, merkten wir, daß wieder geklatscht wird. Ich dachte, nun geht der Vorhang wieder auf, merkte dann aber, daß eine Probe eines neuen Stückes begonnen hatte; es spielte im Orient. Ein Hofstaat Sklaven, Mohren, huldigte einem Sultan. Unzählige Male fielen sie vor ihm nieder. Nach der Theateraufführung ging man wieder in die Friedmatt (psychiatrische Klinik) zum Essen. Während vor der Theatervorstellung nur ein kleiner Imbiß eingenommen worden war, gibt es nun ein opulentes Mahl. In der Friedmatt war es nicht etwa Nacht, sondern heiterer, hellichter Tag, obschon die Vorstellung bis 23.30 Uhr ging.« Es war eine endlose Tafel, und der Patient saß nicht weit von Adolf Hitler, der sich in einer Tischrede heftig gegen Richard Wagner ausließ.

Vom Kopf bis zu den Füßen wurde Hitler durch den Patienten beobachtet. Der Patient begann im Traum zu überlegen: »Jetzt hast du den, dem du lange gehuldigt und für den du geschwärmt, jetzt hast du ihn in greifbarer Nähe vor dir. Willst du sprechen mit ihm? Willst du doch wieder zurück und wieder schwärmen für ihn?« Der Patient sagte sich dann: »Wenn er auch noch so in greifbarer Nähe ist, auf keinen Fall möchte ich mich mit ihm weiter in Verbindung setzen.«

In den Einfällen stellte sich heraus, daß der Patient in seinen kindlichen Phantasien bei seinem Gang zum Therapeuten in die Klinik jedes Mal das Gefühl hatte, in einen Herrschaftsgarten mit schönen Villen zu kommen. Das Verwerfen Hitlers im Traum sei deshalb geschehen, weil der Diktator früher Wagner verherrlicht hätte, im Traum ihn aber heruntergerissen habe. Der Patient habe im Traum gedacht, jemand, der so schwanke, gehöre in den Hintergrund. Dann erklärte der Analysand, daß er früher für Wagner gewesen, seit kurzem aber für Meyerbeer eingenommen sei. Meyerbeer komme bei ihm nun lange vor Wagner. – Im Verlaufe der weiteren Psychoanalyse wurde klar, daß sich in der therapeutischen Situation die kindlich-familiären Beziehungen wiederbelebt hatten. Es war ja schließlich die Konfirmation des mit Neid bedachten Bruders, die so viele illustre Leute anlockte. Im Traum wurde ihm der Rahmen der Friedmatt, in dem die Analysenstunden abgehalten wurden, zu einem familiären. Daß er sein früheres Idol Adolf Hitler, welches er

– wie sein Vater – unbewußt zum Schutze seiner Schwäche aufgerichtet hatte, zugunsten von Wagner im Traum – in der Wirklichkeit zugunsten Meyerbeers – verließ, war ein Zeichen dafür, daß er sich nun mehr seiner schwächeren Seite, seinen noch ungelebten Möglichkeiten zuwandte. Wagner nahm im Traum die Stelle Meyerbeers ein; es hatte somit eine Verschiebung von Meyerbeer auf Wagner stattgefunden. Es war ja auch nicht mehr das alte, sondern bereits ein neues Theaterstück, und zwar eines, das sich im Orient abspielte. An Hand der aufkeimenden Gefühle des Patienten für den, wie der Therapeut, aus der jüdischen Gemeinschaft stammenden Meyerbeer wurde klar, daß er auf den behandelnden Arzt Gefühle übertrug, die er früher bei seinem Vater oder dessen totalitären Vertreter anzubringen versuchte, aber nicht adäquat konnte. Es ist wohl auch kein Zufall, daß das Theaterstück, welches als zweites kam, von einem Sultan handelte und in den Orient verlegt wurde. In der Analyse, im Kontakt mit dem Therapeuten, lebten offenbar Gefühle wieder auf, die er in seiner Kindheit nie verarbeiten konnte. Auf der einen Seite hatte er in seiner Kindheit seinen kühlen und scheinbar doch so mächtigen Vater – ambivalent – geliebt und ihn für omnipotent gehalten. In Tat und Wahrheit war der Vater nur äußerlich stark, innerlich aber schwach, und er litt unter pädophilen Tendenzen. Auf der anderen Seite fühlte sich der Patient dagegen so schwach und verletzlich, daß ihm der Vater mit seinem eisernen Panzer nicht zu helfen vermochte. Er mußte also, sollte er gesund werden, in der Psychotherapie einen Vater erleben, bei dem er auch seine Schwächen, seine Schattenseite, leben konnte und durfte. Es ist deshalb wohl kein Zufall, daß gerade das Merkmal des Therapeuten, das er mit Meyerbeer teilt, den Patienten so ansprach. Das ist ein Zeichen dafür, daß es trotz Schwäche und Verletzlichkeit möglich ist, zu überleben und ein sinnvolles Dasein zu erfahren. Mit der Vaterübertragung auf den Therapeuten war also eine Loslösungsmöglichkeit des Patienten von seinem Vater und seinem omnipotenten Vertreter und damit eine Lösung seiner eigenen Problematik gegeben. Er konnte die schwache Seite in sich – die er mit seinem Vater gemeinsam hatte – annehmen, sie als ihm zugehörig erleben und sich freier entfalten.

## 9.11  Andere Schulen zur Übertragung

JUNG [131] versucht das Wesen der Übertragung zu fassen und betont vorerst wie FREUD, daß ihr ein außerhalb des Bewußtseins verlaufender Vorgang zugrunde liege. Es sei im Rahmen der Psychotherapie eine neurotische Bindung, ein neues Symptom, das geradezu durch die Behandlung veranlaßt werde. Das unverkennbare äußere Kennzeichen der Lage sei, daß beispielsweise das gefühlsbetonte Erinnerungsbild des Vaters auf den Arzt übertragen werde. Der Arzt erscheine dem Patienten damit als Vater, und der Patient werde gewissermaßen zum Kind gemacht. JUNG betont in diesem Zusammenhang, daß natürlich die Kindlichkeit des Patienten nicht erst jetzt entstanden sei. Sie sei immer vorhanden, jedoch verdrängt gewesen. Jetzt, in der Psychotherapie, trete sie an die Oberfläche und wolle die kindlich-familiäre Situation wiederherstellen, da der längst vermißte Vater – in der therapeutischen Beziehung – wieder gefunden worden sei. Soweit sind die Ansichten JUNGs denjenigen FREUDs gleich. JUNG warnt nun aber davor, das Phänomen der Übertragung als nur persönlich determiniert aufzufassen. Was sich im Übertragungsphänomen offenbare, zum Beispiel das Erleben eines omnipotenten, kastrierenden oder aber eines verständnisvollen, gütigen, die Schwächen stützenden Vaters, ist, nach JUNG, archetypisch bedingt. Die archetypischen Bilder würden durch die Psychoanalyse an die Oberfläche des Bewußten gehoben oder gezerrt. Er sagt deshalb an einer Stelle: »Ich persönlich bin jedes Mal froh, wenn die Übertragung milde verläuft, oder praktisch sich nicht bemerkbar macht.« JUNG ist in seiner Stellungnahme dem Übertragungsphänomen gegenüber jedoch nicht konsequent, sagt er doch an anderem Ort, daß FREUD richtig diese Bindung als von hoher therapeutischer Bedeutung erkannt habe, indem dadurch ein mixtum compositum der geistigen Gesundheit des Arztes mit der gestörten Gleichgewichtslage des Kranken entstehe. Ob es kollektiv-unbewußte Inhalte sind, die den Patienten bedrängen, oder aber in der Lebensgeschichte einmal abgewehrte Inhalte, die nun hervorgehoben werden müssen, ist unseres Erachtens für den Therapeuten wenig relevant. Wie es sich auch verhält, der Therapeut hat dem

Patienten immer dazu zu verhelfen, sie verarbeiten zu können, sich nicht von ihnen unbewußt leiten zu lassen und sie adäquat in sein Leben zu integrieren.

ADLER[3] ist nicht der Ansicht, daß der unbewußten Erinnerung an frustrierende oder beengende Kindheitserlebnisse eine Rolle bei der Auslösung einer Neurose bzw. bei der Übertragung im Rahmen der Psychotherapie zukomme. ADLER hält mehr als die Ursache eines psychischen Leidens das Ziel, das mit der Krankheit erreicht werden soll, für wichtig. Für ADLER tritt uns das neurotische Wollen, Fühlen und Denken und der Zusammenhang der Neurose als ein von langer Hand gefärbtes Arrangement, als ein Mittel zur Bewältigung des Lebens entgegen. Die Anfänge aber führten uns regelmäßig in die früheste Kindheit zurück, in der mit dem Ausweisen der Konstitution, im Rahmen eines Milieus, die ersten tastenden Versuche unternommen würden, um zu einem sich aufdrängenden Ziel der Überlegenheit zu gelangen. Bereits das Kind hat nach ADLER dieses Ziel. Niemand erleide seine Erfahrungen tendenzlos, sondern mache sie aktiv. Was in den Erfahrungen und Erlebnissen wirkt und sich wirksam zeigt, ist, nach ADLER, ein auf ein Ziel gerichteter Lebensplan, der es ausmacht, daß wir unsere Erinnerungen immer in einer aufmunternden oder abschreckenden Weise in der Stille reden hören, oder daß wir sie erst verstehen und richtig werten können, wenn wir diese Stimme in ihnen entdeckt haben. In der Psychotherapie geht es ADLER darum, das neurotische System oder den Lebensplan aufzudecken. Der Arzt wird dabei alles daransetzen müssen, die Tendenzen des Patienten zu erkennen, den Arzt in eine Position der Unterlegenheit zu bringen und damit den neurotischen Lebensplan fortzusetzen. Es solle der Therapeut sich auch nicht in eine übergeordnete Rolle hineinmanövrieren lassen, denn sie stelle bereits den Teil eines Versuches des Patienten dar, den Arzt dann um so mehr herunterzureißen. Deshalb sei eine bestimmte, wenn auch wohlwollende Aufdeckung des neurotischen Lebensplanes notwendig, wobei dem Patienten im allgemeinen die Führung im Gespräch überlassen werden könne. Der Arzt habe dabei so vorzugehen, daß er seinem Patienten stets seine störenden Arrangements und Konstruktionen vorhersage, sie immer aufsuche und erkläre, bis der Patient, dadurch erschüttert, sie aufgebe.

Diese Auffassungen ADLERS, die zweifellos ebenfalls einen wesentlichen Aspekt der zwischenmenschlichen Beziehungen beleuchten, nämlich das Machtstreben des Menschen, sind, nach unserer Auffassung, als zu einseitig zu betrachten. Die finale Betrachtungsweise ADLERS kann nicht die ganze Komplexität der gegenseitigen mitmenschlichen Beziehungen und die Beziehung Arzt–Patient erfassen. Zudem beeinflußt unseres Erachtens früheres Erleben doch wesentlich – als Funktionsmuster – das gegenwärtig oder künftig Intendierte. Es ist auch kaum zu denken, daß ein Lebensplan von Kindheit bis ins Greisenalter stur darauf ausgeht, nur Macht zu mehren. Vielmehr wird es, besonders bei Leuten, die in ihrer Kindheit ungenügend oder übergebührlich umsorgt wurden, darum gehen, ihre Kindheitssituation in der Übertragung wieder zu beleben, ein Stück ihrer Kindheit nachzufühlen und vielleicht dauernd in diesem Lebensabschnitt zu verharren. Der Psychoanalytiker wird demgemäß darauf zu achten haben, daß die Übertragung als solche erkannt werde und sich auflöse. Denn nur auf diese Weise wird es zu einer endgültigen Versöhnung mit den eigenen Lebensmöglichkeiten in der Realität kommen.

SCHULTZ-HENCKE[199] sieht in der Übertragung »einen selbstverständlichen Tatbestand«. Der Mensch – es müsse nicht unbedingt ein Neurotiker sein – stelle sich gegenüber den Gegenwartsproblemen so ein, wie sie seinen Kindheitserfahrungen entsprächen. Er sagt wörtlich: »Daß die ›an‹ den Eltern erworbenen, nahezu reflexhaften Gefühlsreaktionen, Haltungen, Zuneigungen und Abneigungen… ›automatisch‹ auf die späteren Partner übertragen werden, ist einfach eine psycho-logische Selbstverständlichkeit…«

Wenn MEDARD BOSS[44] mit dem Begriff der Übertragung von einer in der Luft hängenden Abstraktion FREUDS spricht, können wir ihm nicht beipflichten. Immerhin liegen diesem Begriff der »Übertragung«, wie BOSS[44] übrigens im gleichen Buch selbst zugibt, »unbestreitbare, faktische mitmenschliche Beziehungsphänomene« zugrunde. Und solche Prozesse lassen sich naturgemäß nie ganz mit einem Wort fassen. Doch deutet dasjenige der »Übertragung« wohl an, was dem damit bezeichneten Vorgang zugrunde liegt, nämlich die Bereitschaft besonders desjenigen Menschen, der seine Vergangenheit nicht bewältigt hat, eine gegenwärtige Situation anachronistisch einer vergangenen gleichzusetzen, sie zu verwechseln.

## 9.12  Zu den Ursachen der Triebabwehr

Wenn wir in dieser Weise von der Triebabwehr gesprochen haben, drängt es sich auf, einen Blick auf die Gründe zu werfen, warum das Ich einen bestimmten Triebvorstoß als Gefahr empfindet und deshalb Angst entsteht. In diesem unserem Bemühen kommt uns die Schrift ANNA FREUDS [70] »Das Ich und die Abwehrmechanismen« zu Hilfe.

### 9.12.1  Triebabwehr aus Überich-Angst

ANNA FREUD führt zuerst die *Triebabwehr aus Überich-Angst*, wie sie sich in der Neurose des Erwachsenen zeigt, an. Es liege bei den (erwachsenen) Neurotikern ein Triebwunsch, der bewußt werden und mit Hilfe des Ichs Befriedigung finden möchte, vor. Sie sagt wörtlich: »Das Ich wäre auch nicht abgeneigt, aber das Überich erhebt Einspruch. Das Ich fügt sich der höheren Instanz und nimmt gehorsam den Kampf gegen die Triebregung mit allen seinen Folgen auf. Das Charakteristische an diesem Vorgang ist, daß das Ich den Trieb, den es bekämpft, selbst gar nicht als gefährlich empfindet. Das Motiv, dem es bei der Abwehr folgt, liegt nicht in ihm. Der Trieb wird dadurch gefährlich, daß seine Befriedigung vom Überich verboten ist und seine Durchsetzung einen sicheren Konflikt zwischen Ich und Überich heraufbeschwört. Das Ich des erwachsenen Neurotikers fürchtet also den Trieb, weil es das Überich fürchtet. Seine Triebabwehr erfolgt unter dem Druck der Überich-Angst.« Soweit ANNA FREUD. Die Gefahr für das Ich käme demnach vom bestrafenden Überich her.

Das Überich läßt keine Übereinkunft zwischen Ich und Trieb zustande kommen. Es repräsentiert die Idealforderungen, die die Sexualität, die Aggression, ja überhaupt jegliche Triebhaftigkeit verpönen und für asozial erklären. Das Überich fordert Sexualentsagung und Aggressionseinschränkung bzw. Triebhemmung, und zwar in einem Maß, das mit psychischer Gesundheit nicht mehr vereinbar ist. Aus Angst vor der Strafe durch das Überich verzichtet das Ich auf Trieberfüllung, und es unternimmt nur noch das, was von dieser triebfeindlichen Instanz gestattet ist. Die Neurose des Erwachsenen stellt oft nichts anderes dar als einen Versuch, das Überich zu beschwichtigen, indem die Triebe abgewehrt werden. Wollen wir also einen solchermaßen strukturierten Neurotiker behandeln, müssen wir alles daransetzen, das Überich in seiner Macht zu beschränken und es in Frage zu stellen. Wenn wir gesehen haben, daß eine allzu strenge Überich-Haltung zur Neurose führen kann, sollte in der Erziehung alles vermieden werden, was die Entstehung einer solchen überstrengen Gewissensinstanz fördern könnte. ANNA FREUD sagt dazu wörtlich: »Die Erziehungsmittel, die später vom Überich verinnerlicht werden, müßten milde gehalten sein; das Beispiel der Eltern, das das Überich sich durch Identifizierung aneignet, soll das Bild ihrer wirklichen menschlichen Schwächen und ihrer Triebfreundlichkeit enthalten, statt eine in Wirklichkeit gar nicht durchzuführende strenge Übermoral vorzuspielen.« Damit meint die Autorin nicht eine nur gewährende Haltung der Erzieher. Ein gesundes Mittelmaß zwischen Gewähren und Versagen bietet den Heranwachsenden auf der einen Seite das notwendige Verständnis, auf der anderen Seite die Möglichkeit, sich mit den Autoritäten – in aggressiver Weise – auseinanderzusetzen. Es soll durch die Eltern kein ideales Vorbild gelebt oder vorgetäuscht werden, denn auf diese Weise wird das kindliche Überich überstreng und unduldsam werden. Vielmehr ist dem Kind zu ermöglichen, seine ihm eigene Triebhaftigkeit in der Außenwelt zu äußern, damit es sie nicht unterdrücken muß und nicht auf diesem Wege aus Angst vor dem Überich neurotische Kümmerentwicklungen gefördert werden. Eine nur auf Ideale ausgerichtete Erziehung ist nicht nur für den einzelnen gefährlich, sondern für die gesamte Gesellschaft, wenn solche pädagogischen Tendenzen verbreitet sind. Wird allein das

Bewußte gefördert, und werden die Tendenzen des Unbewußten unterdrückt, so entstehen einerseits illusionistische Weltvorstellungen, andererseits aber, kompensatorisch, Anstauungen von unbewußten Strebungen, Trieben, die nach Verwirklichung drängen und dann in überschießender Gewalt durchbrechen können. Geben wir in diesem Zusammenhang ERICH NEUMANN[176] das Wort. Er charakterisiert die besonders im letzten Jahrhundert, aber noch bis in die Gegenwart wirkende, alte Ethik so, daß sie unschwer als eine durch ein allzu strenges Überich determinierte – und damit die Gefahr eines unkontrollierten kollektiven Triebdurchbruchs beinhaltende – zu erkennen ist: »Die alte Ethik ist psychologisch gesprochen eine ›Teilethik‹. Sie ist eine Ethik der Bewußtseinshaltung und läßt die Tendenzen und Wirkungen im Unbewußten unberücksichtigt und unbewertet. Charakteristisch dafür ist der Satz Augustins, in dem er Gott dankt, daß er ihm nicht für seine Träume verantwortlich sei. Die alte Ethik fordert Unterdrückung und Opfer und erlaubt prinzipiell auch die Verdrängung, d. h., sie sieht nicht auf den Status der Psyche, der Gesamtpersönlichkeit, sondern begnügt sich mit der ethischen Haltung des Bewußtseins als eines Teilsystems der Persönlichkeit. Das begünstigt kollektiv eine illusionistische Form der Ethik, die sich nur auf das Tun des Ichs und des Bewußtseins bezieht. Dieser Illusionismus ist aber gefährlich, weil er im Zusammenleben der Gruppe und des Kollektivs zu negativen Kompensationserscheinungen führt, in denen die verdrängte und unterdrückte Schattenseite durchbricht, innerhalb des Gemeinschaftslebens in der Sündenbockpsychologie, im internationalen Zusammenleben, in den epidemischen Ausbrüchen atavistischer Massenreaktionen, den Kriegen... Die alte Ethik ist deswegen unzureichend, weil gerade die von ihr nicht berücksichtigte kompensatorische Beziehung zwischen Bewußtsein und Unbewußtem sich als eine Hauptursache der Menschheitskrise erwiesen hat und damit das entscheidende ethische Problem unserer Zeit ist. – Die (neue) ethische Forderung, die Verantwortung auch für die unbewußten Prozesse zu übernehmen, ist leicht abzuleiten aus der individuellen seelischen Problematik des modernen Menschen...«

## 9.12.2  Triebabwehr aus Realangst

Doch nun zurück zu der Triebabwehr in der Neurose. Gelingt es bei entsprechender Erziehung und Triebgewährung Neurosen immer zu vermeiden? Nein, wir wissen, daß beim Kind eine andere Form von Angst als die beim Erwachsenen eben besprochene, durch die Einwirkungen des Überichs entstehende Gewissensangst auftreten kann, nämlich die *Realangst*. Es kommt folglich beim Kinde auch infolge dieser Realangst zu einer Triebabwehr. Wenn das Kind nämlich erlebt, daß seine Triebe und etwa auch seine narzißtischen Wünsche nach Zuwendung und Beachtet-werden durch die Umwelt, die Erwachsenen nicht akzeptiert, ja sogar bestraft werden, wird es sie als Gefahr erleben. Das Ich fürchtet die Triebe und die Selbstbestätigungstendenzen auch, weil es die Außenwelt fürchtet. Seine Abwehr erfolgt in diesem Fall unter dem Druck der Angst vor der Außenwelt bzw. der Realangst. Er erscheint unter diesem Aspekt also für die Neurosenentstehung gleichgültig, vor wem das Ich Angst hat. Die Angst des Ichs setzt den Abwehrmechanismus in Gang. Das neurotische Symptom, das ins Bewußtsein tritt, das bei aller Abwehr Kunde gibt von der das Ich bedrohenden Gefahr und der damit verbundenen Verängstigung, läßt aber nicht mehr erkennen, welcher Art von Angst des Ichs es entspringt.

Dieser zweite Grund der Triebabwehr, die Realangst, kommt von einer zu hohen Einschätzung der Macht der Außenwelt über das Kind. Die Kastration, die es unbewußt für verbotene sexuelle Genüsse oder aggressive Handlungen erwartet, entspricht ja nicht mehr den Gepflogenheiten unserer Kulturstufe. »Aber«, wie ANNA FREUD[70] sagt, »unsere Erziehungsmaßnahmen haben doch immer noch eine entfernte Ähnlichkeit mit diesen barbarischen Strafen früherer Zeiten, gerade genug, um irgendwelche dunklen Ahnungen und Befürchtungen, die sich als Restbestände durch Vererbung erhalten, wieder neu zu aktivieren.« Oft ist es aber auch die Angst, lächerlich gemacht und gekränkt, »vernichtigt« zu werden, die einen Neurotiker ängstigt, besonders wenn er in seinem Selbst einen Mangel aufweist. Wird es uns aber gelingen, diese entfernten Andeutungen von Kastration und Gewalt in der Erziehung zu vermeiden und jene archaischen Strafängste zu verhüten? Auf jeden Fall nur, wenn es glückt, die Triebentwicklung und den Narzißmus des Kindes als Gegebenheiten hinzunehmen und damit auch seine Realangst abzuschwächen.

### 9.12.3 Triebabwehr aus Angst vor der Triebstärke

ANNA FREUD spricht noch von einer *weiteren Art der Triebabwehr*, nämlich jener aus *Angst vor der Triebstärke*. Das Ich des Menschen ist seinem Wesen nach kein geeigneter Boden für eine ungehemmte Triebbefriedigung. Zwar ist es noch triebfreundlich, solange es sich in der frühen Kindheit noch nicht vom Es differenziert hat. Sobald aber vom Ich die Entwicklung vom Lustprinzip zum Realitätsprinzip durchgemacht wurde, ist es triebfremd geworden. ANNA FREUD[70] sagt hierzu: »Dieses Mißtrauen des Ichs gegen die Triebansprüche ist immer vorhanden, wird aber unter normalen Verhältnissen nur wenig sichtbar. Es wird von dem viel lähmenderen Kampf überdeckt, den Überich und Außenwelt auf dem Boden des Ichs gegen die Es-Regungen führen. Aber diese stille Feindseligkeit gegen den Trieb steigert sich zur Angst, wenn das Ich sich von dem Schutz dieser höheren Mächte verlassen fühlt oder wenn die Ansprüche der Triebregungen übermäßig steigen.« Das Ich hat also Angst, in seiner Organisation zerstört, durch die Triebe überflutet zu werden. Auch diese Angst setzt Abwehrmechanismen gegen die Triebe in Bewegung. Diese Angst vor der Triebstärke und die entsprechende Abwehr können wir schon normalerweise in den Phasen beobachten, in denen die Triebe physiologischerweise das psychische Gleichgewicht umzustürzen drohen, zum Beispiel in der Pubertät. Pathologischerweise begegnen wir dieser Art der Angst und der Angstabwehr oft im Beginn eines psychotischen Schubes.

Wie das Ich die an es herankommenden Triebe als eine Gefahr wahrnimmt, erlebt es auch die an es heranstürmenden bzw. die die Triebe begleitenden Affekte. Das Ich stellt sich zum Affekt aber nicht so ein wie zum Triebe. Während bei der Beurteilung der Gefährdung des Ichs durch die Triebe vor allem das Realitätsprinzip als

Maßstab genommen wird, ist es beim Affekt vor allem das Lustprinzip, das letztlich entscheidet, ob er zugelassen werden soll. Das Ich sucht sich um jeden Preis unlustvolle Affekte fernzuhalten. Es ist beispielsweise um so rascher bereit, Triebe abzuwehren, je stärker sie mit Schmerz oder Trauer einhergehen.

In der Psychoanalyse wird nun versucht, diese Abwehrmechanismen rückgängig zu machen, auf die Ursachen der Angst zu stoßen und sie bewußt werden zu lassen. An der Stärke des Widerstandes gegen das Auflösen der Abwehr wird sich uns offenbaren, wieviel Energie zur Verdrängung aufgewendet werden mußte. Wenn wir eine Abwehr rückgängig machen, die aus Angst vor dem Überich erfolgte, werden Schuldgefühle die Folge sein, die nun therapeutisch zugänglich werden. Wird eine von der Außenwelt erzwungene Abwehr abgebaut, wird Realangst die Folge sein. Der Analysand wird bei Wegfall der Abwehr dieselbe Angst empfinden, die ihn ursprünglich zu deren Abwehr veranlaßt hatte. Wird die Abwehr gegen die Triebe gemindert, so wird die Angst vor der Triebstärke angefacht werden, jene Angst, die das Ich unter allen Umständen zu verhüten trachtete.

In der Psychoanalyse, die den Abwehrvorgang rückgängig machen soll, wird es dann wichtig sein, sich mit den ins Bewußtsein eintretenden Ängsten auseinanderzusetzen, wobei es im einen Falle gelingen sollte, Ich und Überich zu einer besseren Verständigung zu bringen, in einem anderen Falle, die Realität und/oder die Realitätswahrnehmung so zu beeinflussen, daß das neurotische Kind oder der neurotische Erwachsene keine Angst mehr zu haben braucht. In einem dritten Falle wird es darum gehen, den Neurotiker allmählich zu lehren, sich sein Luststreben bewußtzumachen und unter Kontrolle zu halten und/oder Unlust zu ertragen. Besonders das Kind muß es ja ohnehin lernen, immer größere Quantitäten von anströmenden Triebregungen und Unlust zu ertragen, ohne sofort Abwehrmechanismen in Gang zu setzen. Die Abwehr der Angst vor der Triebstärke abzubauen, kann indes gefährlich sein. Es kann beinhalten, daß das Ich Gefahr läuft, vom Es her überschwemmt zu werden. Nur dort, wo es, wie erwähnt, gelingt, gleichzeitig die Es-Regungen bewußt werden zu lassen und damit das Ich zu stärken,

wird sich die Reduktion der Abwehr gegen die Angst vor der Triebstärke günstig auswirken können. Wo aber das Ich zu schwach ist,
sollte die Abwehr dieser Art von Angst nicht vermindert werden,
denn sie bewahrt diese Patienten vor dem Ausgeliefertsein an die
Psychose. In diesem Falle hätte der Therapeut nicht Krankheit gemindert, sondern erst recht den Krankheitsprozeß, den das Ich,
durch das Signal der Angst alarmiert, abwehren wollte, in Gang gesetzt.

## 9.13  Hartmann: »Die konfliktfreie Ich-Sphäre«

HARTMANN[118] weist darauf hin, daß das Ich sich zwar an den Konflikten – mit den anderen psychischen Instanzen und der Umwelt –
bilde, darin aber nicht die einzige Wurzel der Ich-Entwicklung
liege. »Nicht jede Auseinandersetzung mit der Umwelt, nicht jeder
Lern- oder Reifungsvorgang ist ein Konflikt. Es gehören also hier-
her auch die nicht-konfliktuöse Entwicklung des Wahrnehmens,
der Intention, der Dingauffassung, des Denkens, der Sprache, der
Wiederholungsphänomene, der Produktion…« (HARTMANN). Wie
wir inzwischen aus der Lern- und der Verhaltenspsychologie wissen
(BORGER und SEABORNE[41], FOPPA[68], GÖRRES[113], LORENZ[161] u. a.),
spielen bei der Entwicklung des Menschen in die Gesellschaft hinein
Lern- und Anpassungsprozesse und damit das Entstehen von Be-
wältigungsstrategien (Coping; BATTEGAY[26c]; LAZARUS[157a] u. a.)
eine wesentliche Rolle. Dieses Konditionierungs- und Adaptations-
geschehen kann ohne Konflikt vor sich gehen. Übende Wiederholung und damit verbundene Ausrichtung auf eine Norm erfolgen
allmählich, ohne daß der normative Effekt der Gesellschaft mit den
individuellen Intentionen und Motiven notwendigerweise in Konflikt geraten müßte. Es können zwar dabei Spannungen zwischen
dem Individuum und der ihm in den Erziehern entgegentretenden
Gesellschaft entstehen. Doch treten sie nicht eo ipso auf. HART-
MANN nennt die Gesamtheit jener Funktionen, soweit sie sich individuell oder generell faktisch außerhalb des Bereiches psychischer
Konflikte abspielen, »konfliktfreie Ich-Sphäre«. Es bestehe eine

»friedliche« neben der konfliktbehafteten Entwicklung. Die analytische Ich-Psychologie sei zuvor ganz vorwiegend Konfliktpsychologie gewesen. Die konfliktfreien Wege einer realitätsangepaßten Verarbeitung und Entwicklung seien demgegenüber in den Hintergrund getreten. Der Intelligenzfaktor, das Lernen und der damit verbundene Anpassungsvorgang entsprächen biologischen Funktionen, neben und teilweise unabhängig vom Problemkreis Trieb und Abwehr. Mit dieser Erkenntnis hat HARTMANN unsere Sicht erweitert. Wenn wir den Erfolg und die Auswirkungen einer Triebabwehr zu beurteilen haben, werden wir uns »nicht nur fragen, was mit der Triebregung geschehen ist und auf welche Weise sich das Ich geschützt hat. Es werden uns vielmehr auch die Folgen für jene Ich-Funktionen, die nicht unmittelbar am Konflikt beteiligt sind, mehr als bisher interessieren.«

Unter diesem Blickwinkel leiten sich Ich-Stärke oder Ich-Schwäche nicht nur aus ihrer Beziehung zum Es und zum Überich ab. Der Zusammenhang zwischen Realitätsbewältigung und Ich-Stärke ist ein sehr komplexer. Unterschiede in der intellektuellen Entwicklung, der motorischen Entwicklung usw. sind nicht nur in der Bewältigung der Konflikte des Kindes begründet, sondern vielmehr auch mit genetisch-konstitutionell determinierten Entwicklungsmöglichkeiten, die bei den verschiedenen Individuen qualitativ und quantitativ unterschiedlich angelegt sind. Die psychische Entwicklung des heranwachsenden Kindes ist, wie HARTMANN sagt, überdeterminiert, d. h., sie ist sowohl abhängig von der Problematik der inneren Konflikte als auch von den psychischen »Apparaten« der Realitätsbewältigung.

Mit JEANNE LAMPL-DE GROOT[156] sind wir der Auffassung, daß es eines der großen Verdienste HARTMANNS ist, die vielfältigen Ich-Funktionen, die im Reifungsprozeß sich entwickeln, näher studiert und sie in ihrer Funktion klar erkannt zu haben. Wie gesagt, wesentlich dabei ist, daß das Ich auch primär autonome Funktionen besitzt – RAPAPORT[184] hat in seinen Arbeiten über die Autonomie des Ichs unsere Kenntnisse darüber noch erweitert –, die sich nicht im Konflikt mit Es oder Umwelt entwickeln, sondern die ihre eigenen spezifischen Reifungsprozesse durchlaufen und dabei einen Beitrag zur

– aktiven und passiven – Anpassung des Individuums an seine Umwelt leisten. Diese Fähigkeit des Ichs impliziert auch die von KUIPER[153] unterstrichene Tatsache, daß das Ich sich nicht nur äußeren Umständen fügt, sich ihnen unterordnet, sondern die Umwelt auch mit den ihm eigenen autonomen Kräften gestaltet. Wir können also sagen, daß das Ich nicht nur zur Abwehr nach innen oder außen da ist, sondern auch kreativ-integrative Potenzen beinhaltet.

Wie ich vor allem in den Kapiteln 6.2.3 und 9 darzulegen versuchte, können die gleichen aktiven Ich-Leistungen einmal kreativ, ein anderes Mal zur Abwehr eingesetzt werden, je nachdem einfach eine Realitätsanforderung zu bewältigen oder ob dazu noch ein unbewußter Konflikt abzuwehren ist. Es ist damit nicht die Annahme einer »konfliktfreien Ich-Sphäre« notwendig, sondern das Ich kann ein und dieselbe Arbeitsweise sowohl zur Anpassung und Durchsetzung als auch zur Abwehr einsetzen. Gleichwohl kann gesagt werden, daß HARTMANNs Ich-Psychologie[118, 119] wesentlich dazu beitrug, die Psychoanalyse aus der allzu engen Zentrierung auf die Abwehrmechanismen herauszuführen.

# 10 Das Entstehen der Neurosen

FREUD[73] nahm in den Anfängen ein sexuelles Trauma in der frühen Kindheit als Ursache der Neurosenentstehung an. Später erkannte er, daß es nicht immer belegbare sexuelle Traumata sind, die zur Neurosenentstehung führen, sondern etwa auch sexuelle Phantasien (FREUD[98]). Eine als Versuchung erlebte Kindheitssituation kann ebenso neurosengefährdend wirken wie ein reales sexuelles Trauma. Im Erleben eines Kindes spielt es keine Rolle, ob eine Umgebungssituation tatsächlich manifest belastend ist oder aber wegen begünstigender Umstände lediglich so empfunden wird. Entscheidend ist die innere Realität bzw. das Erleben des betreffenden Kindes. Forscher, wie zum Beispiel MASSON[167a] wollen allerdings nachgewiesen haben, daß es nicht Phantasien des Kindes, sondern tatsächlich sexuelle Traumatisierungen seien, die zur Neurosenentstehung führten. Die Theorie, der sexuelle Mißbrauch entspreche lediglich einer kindlichen Phantasie, habe zum Ziel, die Gesellschaft zu beruhigen, und gestatte es den Therapeuten, auf der Seite der Erfolgreichen und Mächtigen zu bleiben.

Heute wissen wir, daß die Neurosenentstehung nicht nur dadurch gefördert werden kann, daß sexuelle Versuchungs- oder Belastungssituationen vorliegen, sondern auch dadurch, daß eine verwöhnende oder beschneidende Erziehung zu einer Beengung der Triebregungen des Heranwachsenden ganz allgemein führt. Frühe Mangelerfahrungen in bezug auf Liebe, Stimulations- und Kognitionsmöglichkeiten wie auch Verwöhnungen in diesem Bereich und ebenso das frühe Erleben einer dauernden Adaptationsforderung der Eltern können Neurosen im Gefolge haben. In jedem der von uns gezeichneten Entwicklungsabschnitte kann die Triebentwick-

lung oder die Entfaltung des Selbst behindert werden, fixiert bleiben. Ob dieser Stillstand – der meist nur ein mehr oder weniger
partieller ist und daher bei ein und demselben Patienten auf mehreren Stufen erfolgen kann – eintritt, ist von pathogenen Faktoren des
familiären Milieus oder einer entsprechenden Ersatzumgebung abhängig.

Es liegt auf der Hand, daß ein Mangel oder ein Überangebot an
Liebe oder eine entsprechende Überanpassungserwartung während
der taktil-symbiotischen Phase (da die Entwicklung des Narzißmus
über alle Phasen des Heranwachsens weitergeht, wirkt sich diese
Erziehungshaltung auch später schädigend auf die Entfaltung des
Selbst aus) zu einer Störung in der Selbstentwicklung und nach Jahren zu Kompensationstendenzen im Sinne der Größenvorstellung,
der Fusionsneigung mit einem idealisierten Selbstobjekt und der
Spiegelbeziehung – oder, in der Psychotherapie, der Spiegelübertra-
gung (KOHUT [148, 149]) – führt. Eine mangelnde Entwicklung des frühkindlichen Narzißmus – FREUD [90] bezeichnete, wie erwähnt, als primären Narzißmus eine genetische, dem Kleinkind gegebene Selbstliebe, während KOHUT die Entwicklung des Narzißmus viel mehr
umweltsabhängig sah – wirkt sich meist schon in einer mangelnden
autoerotischen Betätigung als Kleinkind aus (SPITZ [207]). Dieser Umstand zeigt auf, wie schwerwiegend die Entwicklungsstörung ist,
wenn das Kind im frühesten Säuglingsalter nicht im entsprechenden
Maße in seinem Selbstgefühl gefördert wird. Die betreffenden Individuen werden zeitlebens nicht nur zu den erwähnten Kompensationen neigen, sondern auch immer dazu tendieren, sich selbst zu
entwerten und sich bedrückt zu fühlen. Die kompensatorischen
Tendenzen können ihnen höchstens helfen, sich in der Umwelt zu
behaupten, niemals aber dazu dienen, sich innerlich frei und unbe-
schwert zu fühlen.

Eine orale Verwöhnung oder Frustration in der frühen Kindheit
fördert eine entsprechende Anspruchshaltung für das ganze Leben.
Die Betroffenen werden in jeglicher Lebenssituation dazu neigen,
wieder oder erstmalig jene orale Befriedigung zu erlangen, die sie
ursprünglich erfahren oder noch nie erlebt haben. Bei Alkoholkranken und Drogenabhängigen, aber auch bei anderweitig oral Fixier-

ten, beispielsweise bei Ulcuskranken, haben wir immer wieder erkennen können, daß sie in ihrer frühen Kindheit orale Versagungen, seltener orale Verwöhnung erfahren haben. Daneben sind sie meist auch verkürzt oder verwöhnt in bezug auf Liebeszuwendung in der taktil-symbiotischen Phase und unmittelbar später, oder sie fühlten sich immer wieder gezwungen, sich an die elterlichen Idealbilder zu halten. Die Betreffenden streben deshalb zeitlebens danach, sich immer wieder oralen Lustgewinn zu holen und fusionäre Nähe zu finden. Die weitere Triebentwicklung ist bei diesen Menschen stehengeblieben, und sie sind aus diesem Grunde beziehungsgestört. Ihr Wunsch, sich das Objekt einzuverleiben und mit ihm, wie in frühester Kindheit, eine Zwei-Einheit zu bilden, führt dazu, daß sie keinen, ihrem Erwachsenenstatus entsprechenden Rapport zu den Mitmenschen erlangen können.

Ist die Umweltsituation und insbesondere die Reinlichkeitserziehung dazu angetan, beim Kinde anale Tendenzen zu fixieren, so sind die betroffenen Kinder auch später, als Erwachsene, mit den Problemen von Geben und Nehmen, von Zurückhalten und Hingabe, von Selbstbehauptung und Selbstaufgabe, und, in der extremen Form, von Masochismus und Sadismus beschäftigt. Bleibt die Triebentwicklung auf dieser Stufe stehen, werden die davon Betroffenen jene zwanghafte Ordnung anachronistisch aufrechtzuerhalten suchen, die ihnen in der Kindheit auferlegt wurde. Obschon sie auf der einen Seite zutiefst mit ihren Triebregungen dieses starre Gefüge zu durchbrechen wünschen, werden sie, wie ihre Zwangssymptome zeigen, alles daransetzen, ihre Triebhaftigkeit magisch zu bannen. Damit bleibt ihnen nicht nur der unvoreingenommene Bezug zur eigenen Triebsphäre versperrt, sondern vor allem auch die freie Beziehung zur Umwelt. Es ist ihnen die mitmenschliche Partnerschaft versagt.

Die erwähnten prägenitalen Fixierungen haben eine Störung der Persönlichkeitsentwicklung zur Folge, die diese Menschen auf einer Entwicklungsstufe festhält, in der sie naturgemäß nur ungenügend für das Bestehen der Realitätsanforderungen ausgerüstet sind. Sosehr die Betroffenen auf diese ihre infantile Weise versuchen, in die Realität zu gelangen und in ihr zu bestehen, so sehr werden sie durch ihre Fixierungen behindert, gerade an dieser Wirklichkeit zu partizipieren.

Die Störungen in der phallischen Phase, in der Entwicklung zur Genitalität, die sich bei einer sexuell tabuierten Erziehung oder in sexuellen Versuchungssituationen ergeben, die ebenfalls mit entsprechenden Tabus gekoppelt sein können, führen zu einer mangelnden und ungenügenden Möglichkeit, zu einer erwachsenen Sexualität zu gelangen. Entweder die Betroffenen werden die eigene Geschlechtsrolle nicht oder nicht entsprechend übernehmen oder aber dauernd am gegengeschlechtlichen Elternteil als Geschlechtspartner fixiert bleiben. Wenn in den Analysen immer wieder über die Beobachtung des elterlichen Verkehrs, die Verführung durch Erwachsene und die erlebte Kastrationsdrohung berichtet wird, so müssen wir uns andererseits bewußt sein, daß diese Begebenheiten nicht immer in concreto stattgefunden haben müssen, wenn auch in dieser Beziehung, wie erwähnt, wieder behauptet werden kann, daß stets ein reales Geschehnis dahinterstecke (MASSON [167a]). Es kann indes, meiner Erfahrung nach, eine familiäre Situation vorliegen, die solche kindlichen Phantasien begünstigt. Die Kinder nehmen auch symbolisch Angedeutetes als Reales auf. Die Phantasietätigkeit der Kinder wird durch bestimmte, einer familiären Situation inhärente Motive angeregt. Unausgesprochene Dissonanzen in der elterlichen Ehe, Frustrierungen der elterlichen Partner mit entsprechenden Kompensationswünschen, sind imstande, entsprechende Vorstellungen bei den Kindern zu wecken. Wenn wir uns überlegen, weshalb die in dem gezeichneten Sinne entwicklungsgestörten Kinder immer wieder auf dieselben Phantasien kommen, so müssen wir annehmen, daß sie – zumindest auch – phylogenetischen Ursprungs sind. FREUD [97] sagt dazu folgendes: »In der Beurteilung der beiden Entwicklungen, des Ichs wie der Libido, müssen wir einen Gesichtspunkt voranstellen, der bisher noch nicht oft gewürdigt worden ist. Beide sind ja im Grunde Erbschaften, abgekürzte Wiederholungen der Entwicklung, welche die ganze Menschheit von ihren Urzeiten an durch sehr lange Zeiträume zurückgelegt hat. Der Libidoentwicklung, möchte ich meinen, sieht man diese phylogenetische Herkunft ohne weiteres an.«

Damit ist ausgesagt, daß bei der Ausgestaltung der Neurosen nicht nur die individuelle Lebensgeschichte, sondern auch die gesamte Entwicklungsgeschichte der Menschheit eine formende Rolle spielt. So ist beispielsweise der Ödipuskomplex nicht nur aus individuellem Erleben verständlich, sondern auch aus einer dem Menschen seit je innewohnenden Urphantasie. Auch liegt es in der Entwicklung des menschlichen Kindes begründet, daß es den Vater als Kastrator erleben kann, selbst dann, wenn keine entsprechende Begebenheit in der individuellen Lebensgeschichte zu verzeichnen ist.

Zur Neurosenentstehung kann es auch bei Störungen in späteren Entwicklungsabschnitten kommen. Sogar im Erwachsenenalter ist, bei entsprechend langwierigen und belastenden Umweltverhältnissen, das Entstehen psychischer Fehlentwicklungen im Sinne der Neurose möglich. Wie aber die psychoanalytische Erfahrung zeigt, gründen die meisten Neurosen in der frühen Kindheit. Selbst wenn es den Anschein hat, daß eine neurotische Fehlentwicklung später entstanden ist, entdecken wir in der Analyse meist frühkindliche Triebfixierungen, die zunächst latent bleiben, dann in einer Belastungssituation des Erwachsenenlebens aber florid werden und zu Symptomen führen.

Über die verschiedenen Arten der Neurosenentstehung könnte noch vieles angeführt werden. Dabei würden wir aber alle die Betrachtungen wieder ins Feld zu führen haben, die wir in den vorausgegangenen Kapiteln bereits ausführlich dargelegt haben. Wir glauben uns deshalb berechtigt, hier darauf verzichten zu können.

# 11 Die verschiedenen Neurosenarten

## 11.1 Die Aktualneurosen

FREUD unterschied zwei Neurosengruppen: die *Aktualneurosen* und die *Psychoneurosen*. Während er bei den Aktualneurosen keine psychische Verursachung annahm, fand er als Ursachen der Psychoneurosen psychische Belastungsfaktoren. Doch vermutete er, wie aus unseren bisherigen Ausführungen hervorgeht, bei allen Neurosen eine sexuelle Störung als Krankheitsursache. FREUD nahm an, die *Neurasthenie* entstehe durch eine Verarmung an sexueller Spannung, während die *Angstneurose*, in die er auch die *Hypochondrie* einbezog, durch eine Anhäufung von Sexualspannung hervorgebracht werde. Die Verarmung an sexueller Spannung bei der Neurasthenie komme durch Masturbation oder gehäufte Pollutionen zustande. Für die Entstehung der Angstneurose betrachtete FREUD eine nicht (adäquat) abgeführte Anstauung von Sexualenergie (Libido) als verantwortlich. So entstehe beispielsweise durch Coitus interruptus Angst. FREUD blieb bei der Erklärung der Aktualneurosen zu Beginn somatisch orientiert. Er dachte an eine direkte toxische Schädigung, die durch eine Störung im Sexualstoffwechsel hervorgerufen werde. Eine Beeinträchtigung des sexuellen Erregungsablaufs würde sich demnach direkt in Angst umwandeln. FREUD nannte diese Störungen Aktualneurosen, weil sie auf aktuelle Mißbräuche in der Vita sexualis zurückzuführen seien. Die Psychoneurosen entstünden demgegenüber durch längst vergangene Störungen der Sexualfunktion. FREUD [101] sagt hierzu folgendes: »Da die gleichzeitig vorgenommene Untersuchung von Fällen gemeiner, als *Neurasthenie* und *Angstneurose* klassifizierter Nervosität den Aufschluß erbrachte, daß sich diese Störungen auf aktuelle Mißbräuche im Sexualleben zurückführen und durch Abstellung derselben beseitigen lassen, lag die Folgerung nahe, die Neurosen seien überhaupt der Ausdruck von Störungen im Sexualleben, die sogenannten *Aktualneurosen* der (chemisch vermittelte) Ausdruck von gegenwärtigen, die *Psychoneurosen* der (psychisch verarbeitete) Ausdruck von längst vergangenen Schädigungen dieser biologisch so wichtigen, von der Wissenschaft bislang arg vernachlässigten Funktion.« FREUD relativierte – zumindest bei der Angstneurose – später selbst seine Theorie der direkten organischen Genese. Er kam dann zum Ergebnis, daß Angst nicht direkt aus sexueller Energie entstehe, sondern sich im Ich als Reaktion auf Störungen im Sexualtriebleben entwickle (BATTEGAY[20]). FREUD[104] sagt dazu u. a. folgendes: »Die früher behauptete direkte Umsetzung der Libido in Angst ist unserem Interesse nur wenig bedeutsam geworden... Für die Angst, die das Ich als Signal provoziert, kommt sie nicht in Betracht.« An anderer Stelle bemerkt er[104]: »Die neurotische Angst ist Angst vor einer Gefahr, die wir nicht kennen. Die neurotische Gefahr muß also erst gesucht werden; die Analyse hat uns gelehrt, sie ist eine Triebgefahr.« Angst wäre in dieser neuen Sicht FREUDS also das Signal des Ichs auf eine Triebgefahr. Es käme demnach zu einer Verängstigung immer dann, wenn eine Triebregung keine entsprechende Verwirklichung oder Sublimierung erführe und deshalb das Ich bedrohte. – Meiner Erfahrung nach kann aber Angst als Signal auch auftreten, wenn Ich und Überich wie in der Depression nicht oder nicht genügend narzißtisch besetzt sind und damit das Überich ungemildert auf das ungeschützte Ich einwirken kann.

Wir können die ursprüngliche Ansicht FREUDS, daß sich Aktualneurosen durch eine direkte organische – toxische – Schädigung ergäben, heute nicht mehr teilen. Zu Neurosen kommt es, auch bei akuter Triebstauung, nur dann, wenn sich der Triebkonflikt auch psychisch vollzieht. Die erwähnte Ansicht FREUDS ist, auch nach seiner neueren Auffassung, eine für moderne wissenschaftliche Erkenntnisse noch zu mechanistische Schau. Zwar gehen, nach den Erkenntnissen der Neuropsychologie und -physiologie (BENEDETTI[35]), den Neurosen Prozesse im Zentralnervensystem parallel.

Doch ist jeweils nicht zu entscheiden, ob primär das organische Substrat oder aber das psychische Erleben gestört ist. Es ist auch müßig, diesen psychophysischen Dualismus noch länger aufrechtzuerhalten. Psyche und Soma sind, nach diesen Forschungen zu schließen, wohl nur Seite und Kehrseite ein und desselben Lebensprozesses.

In der Sicht der psychoanalytischen Neurosenlehre möchten wir sagen, daß alle Neurosen, ob Aktual- oder Psychoneurosen, der Ausdruck eines Triebkonfliktes oder einer Mangelerfahrung sind. Der einzige Unterschied zwischen diesen beiden Krankheitsgruppen besteht in der Zeit des Einwirkens der »Noxe«. Liegt der Neurose nicht eine kindliche Triebstörung oder eine infantil-narzißtische Beeinträchtigung zugrunde und kommt es im Erwachsenenleben infolge einer belastenden Umweltsituation zu einer neurotischen Störung, so sprechen wir von einer Aktualneurose. Unsere Erfahrung lehrt uns indes, daß die Aktualneurose oft nur ein Floridwerden von alten, latent seit Kindheit bestehenden Neurosen darstellt. Wir können, nach dem Gesagten, folgenden Satz aufstellen: Je ausgeglichener die Triebentwicklung und Entfaltung des Selbst in der Kindheit ist, um so belastender muß die Umweltsituation sein, damit es im Erwachsenenalter noch zu einer Aktualneurose kommt. Umgekehrt wird eine Aktualneurose um so leichter entstehen, je mehr das betreffende Individuum in seiner kindlichen Triebentwicklung geschädigt ist.

Sind indes im Erwachsenenleben durch äußere Umstände alle Lebensbezüge langanhaltend bedroht, wie es zum Beispiel in den Konzentrationslagern der Nationalsozialisten der Fall war, so liegt eine Umweltsituation vor, die zur Entstehung einer Aktualneurose prädestiniert. Um überleben zu können, haben die Häftlinge sich oft mehr mit dem Feind als mit sich selbst identifiziert und ein außerordentlich strenges Über-Ich aufgebaut, so daß nach der Befreiung, auf eine kurze Zeit der Erleichterung, relativ häufig Ängste, depressive Symptome oder Mißtrauen, das – selten – bis zu Verfolgungsideen anwachsen konnte, auftraten (Konzentrationslager- oder Überlebenssyndrom, EITINGER et al.[60a]).

## 11.2  Die Abwehrneurosen

Im Unterschied zu den *Aktualneurosen* entstehen die *Abwehrneu-rosen* durch einen ungelösten Triebkonflikt in der Kindheit. Das schließliche Manifestwerden des neurotischen Symptoms oder der Störung des Charakters als ganzem erfolgt bei einer Dekompensation der Abwehrmechanismen des Ich in einer emotionalen Belastungssituation. Es kommt demnach zu einem Versagen der Abwehr durch das Ich. Das Ich kann Impulse vom Es nicht mehr genügend unter Kontrolle halten. Es entsteht ein Kompromiß im neurotischen Symptom oder in der Charakterstörung, die einerseits die Triebregung, andererseits aber auch die Abwehr des Ich und die durch das Überich hervorgerufenen Schuld- und Angstgefühle verraten. Das neurotische Symptom und der neurotische Charakter geben demnach auf der einen Seite Kunde von den ursprünglich abgewehrten Triebimpulsen, auf der anderen Seite von der Art des Abwehrmechanismus. Die Abwehrneurosen sind daher symptomatologisch im wesentlichen bestimmt durch:

1. die Entwicklungsphase, in der sich das Individuum anläßlich des Entstehens des Triebkonfliktes befand,
2. die Art der Abwehrmechanismen des Ich gegen die Triebregungen des Es und deren Dekompensation,
3. die Einwirkung des Über-Ichs, in dem die frühen Umweltsanforderungen repräsentiert sind,
4. die hereditär-konstitutionellen Gegebenheiten.

Im Unterschied zu den Anfängen erkannte der Begründer der Psychoanalyse, daß den situativen traumatischen Erlebnissen keine entscheidende Bedeutung für das Entstehen der Abwehrneurosen – oder Psychoneurosen, wie FREUD sie später nennt – zukommt. FREUD [82] charakterisiert diese Neurosen, indem er sie von den Aktualneurosen abhebt, wie folgt:

»Bei den Psychoneurosen ist der hereditäre Einfluß bedeutsamer, die Verursachung minder durchsichtig. Ein eigentümliches Untersuchungsverfahren, das als Psychoanalyse bekannt ist, hat aber gestattet zu erkennen, daß die Symptome dieser Leiden (der Hysterie,

Zwangsneurose usw.) *psychogen* sind, von der Wirksamkeit unbewußter (verdrängter) Vorstellungskomplexe abhängen. Dieselbe Methode hat uns aber auch diese unbewußten Komplexe kennen gelehrt und uns gezeigt, daß sie, ganz allgemein gesprochen, sexuellen Inhalt haben; sie entspringen den Sexualbedürfnissen unbefriedigter Menschen und stellen für sie eine Art von Ersatzbefriedigung dar. Somit müssen wir in allen Momenten, welche das Sexualleben schädigen, seine Bestätigung unterdrücken, seine Ziele verschieben, pathogene Faktoren auch der Psychoneurosen erblicken.«

Wir können heute diese Ausführungen erweitern in dem Sinne, daß wohl auch andere als sexuelle Triebregungen, zum Beispiel aggressive und, wie in Kapitel 11.6 zu zeigen sein wird, auch narzißtische Unerfülltheiten, zu Psychoneurosen zu führen vermögen. Voraussetzung ist hier – wie dort –, daß die Triebansprüche in Widerspruch zum Ich, zum Überich und zur Umwelt geraten und aufgestaut oder narzißtische Bedürfnisse nicht gestillt werden. In Belastungssituationen wird es auch da zu einer Dekompensation der Abwehr und zum neurotischen Symptom oder zur Charakterstörung als Kompromiß zwischen Triebregung und Abwehrtendenz oder zur Mangelentwicklung des Selbst kommen.

Wenn wir dieses Kapitel mit dem älteren Ausdruck FREUDS »Abwehrneurosen« überschrieben haben, so geschah es deshalb, weil der Ausdruck »Psychoneurosen«, wird er synonym mit dem Begriff »Abwehrneurosen« verwendet, zu Mißverständnissen Anlaß geben kann. Es könnte der Eindruck entstehen, daß sich der psychisch unbewältigte Triebkonflikt nur psychisch äußern kann. Wie FREUD aber schon in seinen ersten Studien über die Hysterie wußte, kann sich das psychische Konfliktgeschehen unmittelbar in einem körperlichen Symptom niederschlagen. Dazu kommt, daß, wie MITSCHERLICH[171] anführt, bei chronischer Dauer des unbewältigten Triebkonfliktes die psychischen Abwehrmechanismen schließlich nicht mehr ausreichen. Es erfolgt unmittelbar ein Durchbruch des Konfliktes in den somatischen Bereich. Hier kommen dann körperliche Abwehrvorgänge in Gang. Das Symptom, das sich in den sogenannten *Organneurosen* bzw. *psychosomatischen Erkrankungen* äußert, ist dann körperlicher Ausdruck oder Äquivalent eines ins Somatische vorgestoßenen Triebkonfliktes. MITSCHERLICH[171] spricht in diesem Zusammenhang von einer »zweiphasigen Verdrängung oder Abwehr«. Wörtlich führt er dazu aus: »Aus einem traumatisierenden Prozeß in der Kindheit geht eine erste Form der Fehlanpassung hervor; es kommt zu einer Kompromißbildung zwischen Triebforderungen und Umweltverboten. Das neurotische System oder die neurotischen Charakterzüge stellen diesen Kompromiß dar... Je stärker das Ich durch Abwehrmechanismen einen Verdrängungsdruck ausüben kann und je mehr in der Verdrängung eine Deformation und Hypertrophie eines vital starken Triebgeschehens sich vollzieht, desto aussichtsloser wird die Lage... Eine nicht abzuwendende Krise chronifiziert sich in der ersten Phase der Verdrängung oder sonstiger Abwehr mit neurotischer Symptombildung. Wenn diese *psychischen* Mittel der Konfliktbewältigung nicht ausreichen, erfolgt in einer zweiten Phase die Verschiebung in die Dynamik *körperlicher* Abwehrvorgänge. Wir sprechen deshalb von *zweiphasiger Verdrängung* oder Abwehr.« Bei Besprechung der narzißtischen Neurosen (*s.* Kapitel 11.6) wird ersichtlich werden, daß auch Mangelerfahrungen in der Kindheit zu Neurosen und wegen ungenügender narzißtischer Besetzung von Körperorganen, Organsystemen oder des ganzen Körpers zu psychosomatischen Syndromen bzw. Krankheiten führen können.

Im folgenden werden wir kurz auf die einzelnen Abwehrneurosen eingehen.

### 11.2.1 Hysterie (Konversionshysterie, Hysterische Neurose)

FREUD sammelte, auf Anregung BREUERS[46], seine ersten Erfahrungen an Hysterie-Patienten (Frau Emmy v. N., Miß Lucy R., Katharina, Fräulein Elisabeth v. R., und Fräulein Anna O. von BREUER[48]). Es zeigte sich, »daß die einzelnen hysterischen Symptome sogleich und ohne Wiederkehr verschwanden, wenn es gelungen war, die Erinnerung an den veranlassenden Vorgang zu voller Helligkeit zu erwecken, damit auch den begleitenden Affekt

wachzurufen, und wenn dann der Kranke den Vorgang in möglichst ausführlicher Weise schilderte und dem Affekt Worte gab«.
FREUD[48] hatte bei BERNHEIM in Nancy mitangesehen, »daß die
Personen, welche er in hypnotischen Somnambulismus versetzt
und in diesem Zustand allerlei hatte erleben lassen, die Erinnerung
an das somnambul Erlebte doch nur zum Schein verloren hatten
und daß es möglich war, bei ihnen diese Erinnerungen auch im
Normalzustand zu erwecken. Wenn er sie nach den somnambulen
Erlebnissen befragte, so behaupteten sie anfangs zwar, nichts zu
wissen, aber wenn er nicht nachgab, drängte, immer wieder versicherte, sie wüßten es doch, so kamen die vergessenen Erinnerungen jedesmal wieder.« Genau so verhielt es sich bei den der Hysterie zugrunde liegenden Affekten. Sie waren nicht vergessen,
sondern nur aus dem Bewußtsein verdrängt und konnten in der
Therapie wieder erinnert werden. In diesem Zusammenhang führt
FREUD an, daß die Hysterischen »größtenteils an Reminiszenzen«
leiden (BREUER und FREUD[46]). Wird auf ein affizierendes Ereignis
– wir würden heute sagen: auf eine affizierende Lebenssituation –
nicht oder nicht genügend affektiv reagiert, wird die Reaktion unterdrückt, so ist dem Affekt der normale Austrag versperrt, und er
bleibt mit der Erinnerung an die pathogene Situation gebunden.
Dabei besteht die Möglichkeit, daß die nicht zur Äußerung gelang-
ten Affekte zu einer Beeinträchtigung des psychischen Gleichgewichts führen. Oder aber die nicht hervorgebrachten Affekte setzen sich um in körperliche Ausdrucksphänomene mit anatomisch
nicht, wohl aber psychologisch begründbaren Innervationen bzw.
Innervationshemmungen.

FREUD[46] fiel in den Anfängen auf, daß bei jeder Hysterie eine
Spaltung des Bewußtseins, eine »double conscience«, bestehe. Bei
den Hysterischen sei eine Neigung zu abnormen Bewußtseinszu-
ständen (hysterischen Dämmerzuständen) zu beobachten. Sie ge-
hörten zu den Grundphänomenen dieser Neurose. Später, nachdem
FREUD[107] den Begriff des Unbewußten eingeführt und ihn als einen
dem Menschen a priori möglichen zweiten Bewußtseinszustand zu
beachten angefangen hatte, bemerkte er: »Die Erinnerung, welche
den Inhalt des hysterischen Anfalles bildet, ist eine unbewußte, kor-

rekter gesprochen: sie gehört dem zweiten, bei jeder Hysterie mehr
oder minder hoch organisierten Bewußtseinszustande an.« Er entfernte sich damit von der Ansicht BREUERS, der den abnormen Bewußtseinszustand der Hysteriker als Ursache des Leidens annahm.

Die Frage nach der Herkunft des Erinnerungsinhaltes fällt nach
FREUD zusammen mit der Frage, welche Bedingungen dafür entscheidend sind, daß ein Erlebnis nicht bewußt verarbeitet, sondern
ins Unbewußte aufgenommen wird. Der Hysteriker vergißt ein
Erlebnis mit Vorsatz, unterdrückt und verdrängt es, so daß diese
psychischen Akte ins Unbewußte gelangen und von dort ihre permanenten Wirkungen ausüben, indem die Erinnerungen an dieses
Erleben als hysterischer Anfall wiederkommen. CHRISTOFFEL[50]
schreibt, in Anlehnung an FREUD: »Die unbewußte Erinnerung ist
eine Reproduktion, keine Reminiszenz.« FREUD[83] selbst sagt nun zu
den hysterischen Symptomen u. a. folgendes: »Die hysterischen
Symptome sind nichts anderes als die durch ›Konversion‹ zur Darstellung gebrachten unbewußten Phantasien, und insofern es somatische Symptome sind, werden sie häufig genug aus dem Kreise der
nämlichen Sexualempfindungen und motorischen Innervationen
entnommen, welche ursprünglich die damals noch bewußte Phantasie begleitet hatten. Auf diese Weise wird die Onanieentwöhnung
eigentlich rückgängig gemacht, und das Endziel des ganzen pathologischen Vorganges, die Herstellung der seinerzeitigen primären
Sexualbefriedigung, wird dabei zwar niemals vollkommen, aber immer in einer Art von Annäherung erreicht.«

FREUD[83] bringt das hysterische Symptom in einen Zusammenhang mit den Tagträumen. Die ihm zugrunde liegende unbewußte
Phantasie steht »in einer sehr wichtigen Beziehung zum Sexualleben
der Person; sie ist nämlich identisch mit der Phantasie, welche derselben während einer Periode von Masturbation zur sexuellen Befriedigung gedient hat... Ursprünglich war die Aktion eine rein
autoerotische Vornahme zur Lustgewinnung von einer bestimmten,
erogen zu nennenden Körperstelle. Später verschmolz diese Aktion
mit einer Wunschvorstellung aus dem Kreise der Objektliebe und
diente zur teilweisen Realisierung der Situation, in welcher diese
Phantasie gipfelte... Tritt keine sexuelle Befriedigung ein, verbleibt

die Person in der Abstinenz und gelingt es ihr nicht, ihre Libido zu sublimieren,... so ist jetzt die Bedingung dafür gegeben, daß die unbewußte Phantasie aufgefrischt werde, wuchere und sich mit der ganzen Macht des Liebesbedürfnisses wenigstens in einem Stück ihres Inhaltes als Krankheitssymptom durchsetze.« Setzt sich nun der von der bewußten Verarbeitung abgehaltene, verdrängte Konfliktinhalt in – symbolische – somatische Ausdrucksphänomene bzw. in Innervationen oder Innervationshemmungen um, die zwar der Anatomie nicht, wohl aber der Vorstellung des Betroffenen entsprechen, so spricht FREUD von *Konversionshysterie*.

Der 22jährige Sohn eines introvertierten Wissenschaftlers und einer dominierenden, egozentrischen und überbeschützenden Mutter war uns durch den Hausarzt zugewiesen worden. Er hatte erkannt, daß des Patienten Klage, keinen Bartwuchs und eine Fistelstimme zu haben, auf einer *konversionshysterischen Grundproblematik* beruhte. Es hatte sich bei einer gründlichen somatischen Untersuchung und der Abklärung des Hormonstatus gezeigt, daß der junge Mann körperlich keine Besonderheiten aufwies. Als der Patient zu uns kam, sprach er tatsächlich mit hoher Stimme, und er zeigte wenig Ansatz zu einem Bartwuchs. Auf Befragung gab er an, als Kind nie unter besonderen Schwierigkeiten gelitten zu haben, wenn er auch früh erkannt habe, daß die Mutter in der Familie tonangebend sei. – In der Schule kam er gut mit. Mit 13 Jahren begann er zu onanieren, und er litt in dieser Zeit unter Schuldgefühlen. Nach der Maturitätsprüfung, die er mit 19 Jahren bestand, wandte er sich dem Studium zu. In der Folge begann die Mutter, mit ihm über ihre ehelichen Schwierigkeiten zu sprechen. Er wurde zu ihrem Vertrauten. Sie beklagte sich darüber, daß ihr Mann, der Vater unseres Patienten, im Anschluß an eine Parotitis epidemica, eine Orchitis durchgemacht habe. Unser Patient mußte daraus schließen, daß der Vater seither impotent ist. Die Mutter fing nun überhaupt an, mit ihrem Sohne über ihre intimen Probleme zu sprechen. Plötzlich begann unser Patient zu fürchten, er habe keinen Bartwuchs, und tatsächlich hatte er den Rasierapparat nur sehr sporadisch zu benutzen. Ebenso unvermittelt fiel ihm seine unmännliche Stimme auf. Nachdem dem Patienten fragend die Deutung gegeben worden war: »Könnte die Angst um den ungenügenden Bartwuchs und die hohe Stimme damit zusammenhängen, daß Sie sich zu Hause nicht als Mann durchzusetzen wagen?«, erinnerte er sich daran, daß er jeweils schon vor dem Hauseingang die Pantoffeln anziehen mußte. Gleichzeitig ging ihm die ödipale Natur seiner Beziehung zur Mutter und seiner Einschätzung des Vaters auf. Einige Tage darauf berichtete er, daß er von zu Hause weggezogen sei, in den Haushalt eines Juristenehepaares, in dem er als Gegenleistung das Geschirr zu waschen habe. Er habe dort genügend Muße, um sich auf die ihm bevorstehende Prüfung vorzubereiten. In der 6. Sitzung ergab sich, daß er die Eltern soweit gebracht hatte, in einen Wechsel des Studienortes einzuwilligen. Er werde sich in der anderen Stadt das Studium durch Privatstunden zum Teil selbst verdienen. Das, was der Vater bisher für ihn ausgelegt habe, solle er ihm weiter bezahlen. Der Patient wirkte männlicher und erkannte nun den Symbolcharakter des mangelnden Bartwuchses und der Fistelstimme. In der 8. und letzten Sitzung, die wir mit ihm durchführten, konnte er über sein gutbestandenes Examen berichten. Er erklärte, daß er dem Hausarzt und dem Psychotherapeuten für die klärende Hilfe dankbar sei. Doch möchte er sich nun wieder frei fühlen und keine neuen Abhängigkeiten entwickeln. In einem Brief erklärte er u. a.: »Ich bin mir aber auch bewußt, daß heute meine Probleme und Konflikte nicht ›gelöst‹ sind. Aber ich glaube nun, soweit zu sein, selbständige ›Gehversuche‹ unternehmen zu können und zu müssen; ich muß üben...«

Im Konversionssymptom des Patienten manifestierte sich auf der einen Seite der Triebanspruch an die Mutter, auf der anderen Seite die Abwehr dagegen; er durfte kein Mann sein, damit er der Gefahr des Inzests entgehe. Daß es zu den erwähnten konversionshysterischen Symptomen kam, lag offenbar in der »Verführung« durch die Mutter begründet. Das Symptom stellte einerseits eine Reminiszenz an die dabei aufgekommenen und verdrängten Affekte, andererseits eine symbolische Wunscherfüllung der infantil-sexuellen Phantasie und deren Abwehr dar.

## 11.2.2 Phobie (Angsthysterie)

Während sich bei der *Hysterie* (Konversionshysterie) der Konflikt zwischen der Triebregung und den – unter der Einwirkung des Überichs erfolgenden – Verdrängungstendenzen des Ichs in – somatische – Innervationen oder Innervationshemmungen umsetzt, manifestiert sich bei der *Phobie* die Angst im Psychischen als Symptom des Triebkonfliktes. Wie BRUN[49] festhält, »verbleibt bei den Phobien die Angst im Psychischen…, doch erscheint sie auch hier insofern weitgehend unschädlich gemacht, als sie nicht mehr an die ursprüngliche Objektrepräsentanz des gefürchteten Primordialtriebes gebunden ist, sondern sich an ein Ersatzobjekt bzw. an eine Ersatzsituation geheftet hat«.

FREUD[84] verwendet gelegentlich den Begriff »*Angsthysterie*« synonym dem Wort »Phobie«, gelegentlich gebraucht er aber die beiden Termini auch unterschiedlich. Aus den theoretischen Erwägungen in bezug auf die Analyse des fünfjährigen »kleinen Hans« (FREUD[84]) zeigt sich, daß er erst, wenn sich die situationsgebundene Angst systematisiert, von einer Phobie, vorher aber von einer Angsthysterie spricht. Bei Kindern sind diese situations- und objektgebundenen Ängste noch nicht zu festen Verhaltensmustern fortgeschritten, so daß es, nach BALLY[12], – zumindest im Kindesalter, – berechtigt wäre, die Angsthysterie von der gefestigteren und eingeschliffeneren Phobie zu unterscheiden. Doch halten wir selbst nicht an dieser, an und für sich unwesentlichen Differenzierung fest, da beiden die gleiche Psychodynamik zugrunde liegt und sie lediglich unterschiedliche Schweregrade darstellen. Wir sprechen deshalb im folgenden nur von »Phobie«.

Die Phobien sind unter dem Einfluß des bestrafenden und drohenden Überichs erfolgende Signale des Ichs auf Triebgefahren. Die in den Phobien an eine bestimmte Situation oder ein bestimmtes Objekt gebundenen Ängste entspringen einer durch das Überich – unbewußt – herbeigeführten masochistischen Selbstbestrafungstendenz des Betroffenen. Die Angst kann sich an unterschiedlichste Situationen und Objekte anknüpfen. An was sie sich anheftet, ist meist durch persönliche Erlebnisse in der Kindheit oder – seltener –

in einem späteren Lebensabschnitt mitbestimmt. Die Art der Phobie deutet häufig auch auf den zugrunde liegenden Konflikt hin. So ist aus der psychoanalytischen Literatur bekannt, daß sich in Tierphobien oft deutlicher als in anderen Kastrationsängste – als Folge von kindlichen sexuellen Versuchssituationen – verbergen. Auch in den anderen Phobien, beispielsweise in der Agoraphobie (Platzangst) und der Klaustrophobie (Angst vor geschlossenen Räumen) drücken sich Selbstbestrafungstendenzen aus. Sie gehen, wie erwähnt, vom Überich aus, wobei in diesem Zusammenhang daran erinnert werden soll, daß diese Instanz – verinnerlicht – die Autoritäten der Außenwelt, vornehmlich die Eltern, enthält. Die – nicht selten auch lustvoll erlebte – Situations- oder Objektangst kann demnach als eine Angst vor der drohenden Kastration oder sonstigen Bestrafung durch die im Überich introjizierten Autoritätspersonen der Kindheit definiert werden. So berichten Patienten mit Gephyrophobie (Brückenangst) immer wieder, daß sie deshalb auf den Brücken in eine panische Angst gerieten, weil sie befürchteten, aus irgendeinem, ihnen unbewußten Grund sich in die Tiefe stürzen zu müssen. In der Regel ahnen die Betroffenen die Selbstbestrafungstendenzen. Doch wird ihnen erst in der Analyse die frühere Triebversuchungssituation bewußt. Meist ist es die auf das Verbot, die Zensur des Überichs stoßende kindliche Phantasie, den gegengeschlechtlichen Elternteil besitzen zu wollen, der zu solchen autodestruktiven Impulsen und den damit einhergehenden phobischen Ängsten führt.

Eine 29jährige Frau, Mutter zweier Kinder, kam in unsere Sprechstunde, weil sie unter Todesangst litt, wenn sie sich auf die Straße begeben wollte. Sie mußte deshalb seit mehreren Monaten zu Hause bleiben und konnte nur in Begleitung des Gatten den Weg in unsere Poliklinik finden. Die Patientin berichtete darüber, daß ihre Mutter temperamentvoll, überbeschützend, besitzergreifend sei und der Vater sich immer still im Hintergrund gehalten habe. Ein um 1 ½ Jahre älterer Bruder habe sich schon längst von zu Hause gelöst, da er sich durch die Mutter zu sehr eingeengt gefühlt habe. Sie selbst habe mit ihrem Mann eine Wohnung im elterlichen Hause. Die

Mutter komme immer wieder nachsehen, was sie treibe. Sie klopfe nicht einmal an beim Hereinkommen, so daß sie sich in ihrer eigenen Wohnung nicht zu Hause fühle. Doch rufe sie dann ihrerseits auch wieder die Mutter, um sie um ihre Ratschläge zu bitten. Der Vater komme nie ohne die Mutter zu ihr. Doch sie wisse, daß er sie gerne habe. Er sei abhängig von der Mutter, nicht durchsetzungsfähig, gleich wie sie. Wenn er sie vielleicht doch einmal allein besuche, so sage er, er komme zufällig. Während der 19 Stunden, in denen wir bisher mit der Patientin psychotherapeutisch arbeiteten, ergab sich, daß sich unsere Kranke vor der Mutter ängstigte und jederzeit ihre Bestrafung erwartete, wenn sie selbständig einen Schritt vollzog. Es bedurfte mit der Zeit gar nicht mehr der Mutter zur Auslösung ihrer Angst. Sie erkannte selbst, daß sie eine mütterliche Instanz in sich aufgenommen habe, die strenger als die leibliche Mutter über sie urteile. Die Sympathie für den immer verständnisvollen Vater hatte sie von jeher gegenüber der Mutter, mehr oder weniger unbewußt, als ein Vergehen erlebt. Während die Patientin zu Beginn erklärt hatte, daß sie wohl immer im Elternhaus bleiben müsse, ermutigte sie später ihren Mann, ein eigenes Haus zu kaufen. In der 14. Sitzung berichtete sie, daß der Umzug in das eigene Haus vollzogen sei. Die meiste Zeit fühlte sie sich in der Folge wohl. Doch kam es gelegentlich noch zu Rezidiven ihrer Todesangst. Es wurde ihr zunehmend der Zusammenhang dieser Rückfälle ersichtlich. Sie war im Begriff, ihre Triebproblematik um Vater und Mutter zu bearbeiten und sich insbesondere von der bedrohlichen Mutter zu lösen. Doch machte ihr Überich offenbar immer noch letzte Anstrengungen, um sie noch in Schach halten zu können. In der letzten, der erwähnten 19. Stunde, berichtete sie über folgenden Traum: »Unser Haus wurde vom Wind davongetragen. Ich mußte zurück ins Elternhaus, in die alte Wohnung. Der Nachbar des Elternhauses riß sein Haus ab, und es gab überall Löcher in den Wänden unserer Wohnung. Es kam Sand herein. Der Mann, meine Kinder und ich erstickten im Sand.«

Bei der Besprechung dieses Traumes wurde ihr klar, daß es für sie ein schuldbewußtes Zurück zur Mutter nicht mehr gibt, und sie das Recht hat, ein eigenständiges Leben zu führen. Die Patientin wirkte erleichtert und zuversichtlich. Es konnte mit ihr nochmals die Genese ihrer Agoraphobie besprochen werden, wobei ihr die Triebversuchung durch den Vater und ihre schuldhafte Bindung an die Mutter wie auch die Bestrafung durch das Überich, zu dessen Konstituierung die Mutter wesentlich beigetragen hatte, klarwurde.

### 11.2.3 Zwangsneurose

Wie die Phobie vollzieht sich, im Gegensatz zur Hysterie, die Zwangsneurose ausschließlich im Psychischen. Während sich aber der Triebkonflikt bei der Phobie in einer an eine Situation oder ein Objekt geknüpften Angst und in einer entsprechenden Vermeidung manifestiert, ist bei der Zwangsneurose der Abwehrprozeß komplexer. Bei der Zwangsneurose erfolgt, wie wir bereits dargelegt haben, eine Reaktionsbildung im Ich (s. Kapitel 9.9), indem die Einstellungen verstärkt werden, die den zu verdrängenden Triebrichtungen gegensätzlich sind, beispielsweise Mitleid, Gewissenhaftigkeit, Ordentlichkeit, Ordnungsbeflissenheit und Reinlichkeit. Diese Reaktionsbildungen sind Karikierungen normaler, während der Latenzzeit entwickelter Charakterzüge.

Die *Zwangssymptome* sind Abwehrreaktionen gegen Triebregungen und die damit einhergehenden Gefühle. Dabei verraten die Zwangsphänomene mit ihrem Symbolcharakter einerseits die Tendenz zur magischen Beschwörung der Triebgefahr, andererseits aber auch die ursprüngliche Triebregung. Die Zwangsgedanken und Zwangshandlungen dienen in erster Linie der Abwehr und Sicherung gegen den drohenden Durchbruch der aus dem Es kommenden Triebstrebungen. Sie sollen das Ich im Dienste des Überichs sichern.

Was beinhaltet die Zwangsneurose? Sie beruht immer auf einer Verdrängung einer Sexualtriebregung, welche die kindliche Phantasie bewegte und in der Folge der Unterdrückung verfiel. FREUD[81] sagt dazu: »Eine spezielle, auf die Ziele dieses Triebes gerichtete *Gewissenhaftigkeit* wird bei der Verdrängung desselben geschaffen, aber diese psychische Reaktionsbildung fühlt sich nicht sicher, sondern von dem im Unbewußten lauernden Trieb ständig bedroht...

Der Verdrängungsprozeß, der zur Zwangsneurose führt, ist als ein unvollkommen gelungener zu bezeichnen… Die Zeremoniell- und Zwangshandlungen entstehen so teils zur Abwehr der Versuchung, teils zum Schutze gegen das erwartete Unheil…«

Bei jeder Zwangsneurose ist in der Kindheit eine ödipale Versuchungssituation mit entsprechenden sexuellen Phantasien zu erkennen. Infolge intensiver Einwirkungen des sich in dieser Phase bildenden Überichs werden die infantilen Triebregungen als verboten erlebt und aus dem Bewußtsein verdrängt. Oft wird der Triebkonflikt auf irgendwelche andere, häufig bedeutungslose Vergehen verschoben, so daß sich die Betroffenen deswegen in – scheinbar sinnlosen – Selbstvorwürfen ergehen. Trotz dieser Verdrängungstendenz gegenüber dem Konflikt neigen die Zwangsneurotiker dazu, dem gleichgeschlechtlichen Elternteil gegenüber aggressiv zu sein. Diese sadistischen Regungen werden abgewehrt, und es kommt zur Reaktionsbildung infolge Einwirkung des unerbittlichen Überichs durch Verstärkung des gegenteiligen Gefühles. Um die ursprünglichen Triebgefahren aktiv zu bekämpfen, sucht der Patient nach neuen Sicherungen, indem er in den Zwängen die in die Außenwelt – oft auf ein symbolisch den Triebkonflikt verratendes Objekt – projizierte Gefahr magisch zu beschwören sucht. Sadistische Regungen, masochistische Selbstbestrafungstendenzen und beschwörende Zwangshandlungen kennzeichnen die Zwangskranken. Es wird in der Literatur immer wieder darauf hingewiesen, daß die Zwangshandlung Ähnlichkeit mit dem religiösen Ritual aufweist. Bei beiden besteht eine Allmacht der Gedanken und der Symbolhandlungen.

Die geschilderte Ambivalenz der Gefühle gehört zu den Grundsymptomen der Zwangsneurose. Sie ruft Reaktionsbildung sekundär hervor. Die ambivalente Einstellung zu der eigenen Triebhaftigkeit und zur Welt beruht offenbar auf einer bestimmten Triebkonstellation. Es besteht bei diesen Menschen eine Fixierung an die anale Phase der Entwicklung. Zu diesem Festhalten an einer prägenitalen Trieborganisation trägt eine falsche Reinlichkeitserziehung bei. Doch ist bei Zwangskranken – besonders bei jenen extremen Formen, die schizophrenienahe Borderline-Persönlichkeitsstörungen (*s.* Kap. 12.2) oder gar pseudoneurotische Schizophrenien darstellen – auch eine konstitutionelle Veranlagung anzunehmen.

In der analen Phase, im Zusammenhang mit der Kotabgabe, lernt das Kind, einerseits sich durchzusetzen, andererseits sich anzupassen. Dabei sind verschiedene Varianten des Verhaltens und der Verhaltensstörungen möglich. Die Durchsetzung kann bis zur Beherrschung, bis zum »Bescheißen« der Außenwelt gehen, die Anpassung bis zum Kriechertum und zur süchtigen Opferlast. Sadismus und Masochismus sind dementsprechend in einer analen Fixierung begründet.

Bei der Zwangsneurose ist (infolgedessen) nicht nur die inzestuös-ödipale Versuchungssituation pathogen. Vor allem ist auch die anale Fixierung und die damit einhergehende Neigung zu sadomasochistischen Triebregungen mit entsprechenden, unter den Einwirkungen des Überichs erfolgenden Reaktionsbildungen des Ichs krankheitsbedingend. Die sexuelle Konflikthaftigkeit führt zu einer Regression auf die ohnehin überdimensioniert angelegte bzw. entwickelte anale Triebstufe. Die der Zwangsneurose eigene Triebkonstellation führt über die Reaktionsbildung zur spezifischen Zwangssymptomatik.

Ein ca. 28jähriger Apotheker, der bis zum 8. Lebensjahr infolge Kriegsgefangenschaft des Vaters ausschließlich bei der Mutter aufgewachsen war, suchte auf Anraten eines Ophthalmologen unsere Poliklinik auf. Er hatte ihn wegen Sehbeschwerden beim Lesen und Schreiben konsultiert.

Der Patient hat eine um 5 Jahre ältere Schwester. Mit ihr habe er sich immer gut verstanden. Die Mutter sei von jeher sehr energisch, gewissenhaft und auf Ordnung bedacht gewesen. In bezug auf die Schule sei sie ebenso streng und fordernd gewesen. Er erinnere sich noch daran, daß er deswegen einmal eine Schulnote gefälscht habe. Oft sei er von der Mutter geschlagen worden. Früh habe er zu onanieren begonnen. Die Mutter habe ihn sexuell nie aufgeklärt. Wegen seiner Masturbation habe sie ihn oft zur Rede gestellt. Sie habe ihn beispielsweise fragen können: »Hast du es wieder gemacht? Ich sehe es dir an deinen Augen an!« Wenn er aufrichtig geantwortet habe, sei er geschlagen worden. Er habe der Onanie wegen ein schlechtes Gewissen gehabt. Noch heute onaniere er, und zwar vor Aktphotos von etwa 14jährigen Mädchen, und er leide noch immer sehr darunter. Während des Berichtes über sein Verhältnis zur Mutter sagte er zuerst, daß sie ihn ungerecht behandelt habe. Handkehrum entschuldigte er sie aber, und er schilderte, wie sie während des Krieges für beide Kinder vorbildlich gesorgt habe. In der Schule habe er einen guten Freund gehabt. Zu Mädchen habe er aber nur schwer Kontakt gefunden. Zwar habe er schon Erlebnisse mit Frauen gehabt. Doch sei es jeweils nur bis zum Petting gekommen. Er habe sich gefürchtet, es zum eigentlichen Koitus kommen zu lassen. Nach der Maturitätsprüfung in einem humanistischen Gymnasium begann er mit seinem Studium an einer pädagogischen Hochschule. Der Lehrstoff sagte ihm jedoch nicht zu. Er wünschte, in einer naturwissenschaftlichen Fakultät Aufnahme zu finden. Doch habe er keinen freien Platz gefunden. Während zweier Jahre hat er als Praktikant in einer Apotheke gearbeitet. 23jährig hat er mit seinem Pharmaziestudium begonnen, und vier Jahre später hat er das Staatsexamen abgelegt. Während des Studiums ist er wegen Geldangelegenheiten mit der Mutter in Konflikt geraten. Sie kontrollierte jede seiner Ausgaben. Dabei war er ohnehin schon sehr sparsam. Sein Studium dauerte zwei Jahre länger als üblich. Durch ein Zeitungsinserat hat er seine jetzige Stelle in einer Apotheke einer Kleinstadt gefunden. Er fühlt sich dort unzufrieden, da er sich nicht weiterbilden kann. Die 53jährige, ledige Chefin reibt ihm vor den Mitangestellten jeden Fehler unter die Nase.

Einige Monate nach Stellenantritt stellten sich beim Patienten Schwierigkeiten beim Nahsehen ein. Beim Lesen sah er jeweils nach kurzer Zeit nur noch verschwommen. Bald begann er, die von ihm durchgeführten schriftlichen Arbeiten immer wieder zu kontrollieren. Auch stellte sich bei ihm in steigendem Maße ein Reinlichkeits- und Waschzwang ein. Mit diesem Symptomenbild kam er in unsere Poliklinik. Es wurde mit ihm eine Analyse begonnen. Bereits in den ersten 20 Sitzungen zeigte sich, daß der Patient durch die strenge, fordernde Mutter schon als Kleinkind auf eine pedantische Ordnung hin gedrillt wurde. Dazu kam, daß er sich als Knabe, bis zu seinem 8. Lebensjahr, als Mannersatz der Mutter fühlte und dann das Hinzukommen des Vaters zumindest ambivalent erlebte.

Die frühe Onanie, über die ihn die Mutter immer wieder ausgefragt hatte, förderte auf der einen Seite seine Bindung an sie, auf der anderen Seite aber auch seine Schuldgefühle. Den Vater empfand der Patient damals, als er aus der Gefangenschaft zurückkam, als Eindringling.

Unter der Einwirkung seiner Mutter, die ihm gegenüber stets »richterliche« Kontrollfunktionen ausübte, entwickelte sich ein hartes, sadistisches Überich, das ihn seiner Onanie und der daran anknüpfenden Phantasien wegen mit dem Gefühl der Schuldhaftigkeit bestrafte. Als er in der Apotheke, am Arbeitsplatz, einer pedantischen Arbeitgeberin gegenüberstand, die ungefähr das Alter der Mutter hatte, stellten sich die erwähnten Augensymptome ein. – In diesem Zusammenhang ist FREUD[99] zu erwähnen, der einen engen Zusammenhang zwischen »Augenangst« und Kastrationsangst sieht. – Unter der Einwirkung seines strengen und harten Überichs erfolgte offenbar eine Reaktionsbildung des Ichs, indem die sexuellen Triebregungen gegenüber der Mutter und – in der Übertragung – gegenüber der Chefin abgewehrt wurden. Die Abwehr bestand nun einerseits darin, daß er sich in den Onaniephantasien nicht (mehr) mütterliche Frauen, sondern 14jährige Mädchen vorstellte, andererseits aber darin, daß er im Dienste des Überichs mit den Augenstörungen bestraft oder, symbolisch gesprochen, mit Blindheit geschlagen wurde. Unter der Einwirkung der Überich-Instanz kam es auch zu einer Regression auf die bei ihm ohnehin übermächtig angelegte und / oder entwickelte anale Triebhaftigkeit mit der ihr eigenen Neigung zu sadomasochistischen Regungen. Die ambivalente Liebe zur Mutter einerseits und die nicht minder ambivalente Aggression gegenüber dem Vater andererseits sollten nun durch die Zwangshandlungen magisch gebannt werden. Doch verraten die Zwangshandlungen auch die ursprünglichen Regungen. So können hinter dem Reinlichkeits- und Waschzwang die sexuelle Triebstrebung und hinter dem Kontrollzwang der aggressive Trotz, der sich durch das Aufhalten der Arbeit verrät, noch deutlich erkannt werden.

## 11.3  Charakterneurosen / Der neurotische Charakter

Nicht alle Neurosen manifestieren sich in augenfälligen Symptomen wie die Hysterie, die Phobie und die Zwangsneurose. Die neurotische Konflikthaftigkeit kann sich auch darin zeigen, daß die betroffenen Menschen in ihrem Lebensvollzug behindert und eingeengt sind. Ihre Triebkonflikte drücken sich demnach nicht in einem Symptom aus – SCHULTZ-HENCKE [199] nennt sie daher symptomlose Neurosen –, das gleichzeitig Abwehr und Erfüllung des Triebes verrät. Vielmehr werden ihre Triebregungen und die entsprechenden Wunschphantasien in mehr oder weniger verhüllter Form in das Leben integriert und in der Außenwelt zu leben versucht. Das Verhalten dieser Menschen zeugt davon, daß sie einerseits mittels Abwehrmechanismen des Ichs versuchen, dem in der Umwelt geltenden Realitätsprinzip nachzukommen. Andererseits werden sie doch immer wieder das Opfer von Triebregungen, die sie nur partiell abzuwehren oder zu sublimieren vermögen. Betrachtet man nur einen – momentanen – Querschnitt ihres Lebens, so wird man häufig die zugrunde liegende neurotische Persönlichkeitsstruktur übersehen. Bei der Längsschnittbetrachtung hingegen wird ein sich ständig und hartnäckig wiederholendes Verhaltensmuster sichtbar, das auf einen ungelösten und in die Charakterstruktur eingegangenen, grundlegenden Triebkonflikt hinweist. J. H- SCHULTZ [200] spricht in diesem Zusammenhang von »Kernneurosen«. Wie wir bereits in Kapitel 10 dargelegt haben, ist es entscheidend für die weitere Charakterentwicklung, in welcher Phase und in welcher Intensität die Triebfixierung stattfindet. Dementsprechend wird es zur Heranbildung einer oralen Anspruchshaltung bzw. einer oral-kaptativen Gehemmtheit nach SCHULTZ-HENCKE [198], einer Neigung zu narzißtischen Kränkungsreaktionen oder zu analen bzw. anal-retentiven (SCHULTZ-HENCKE [199]) Ordnungszwängen kommen. So kann sich beispielsweise aus einer unbefriedigten oralen Anspruchshaltung eine Depressivität im Sinne einer depressiven Neurose bzw. Neurosenstruktur wie sie GERÖ [111], KIELHOLZ [143], LAMPL-DE GROOT [154], SCHULTZ-HENCKE [198,199] und andere beschrieben haben, entwickeln.

Da der neurotische Konflikt bei den Charakterneurosen stärker und komplexer in die Persönlichkeitsstruktur eingebaut ist als bei den Neurosen mit manifesten Symptomen, gestaltet sich auch die Analyse solcher Patienten schwieriger. w. REICH[185] wehrt sich allerdings gegen die Unterscheidung von Symptomneurosen und Charakterneurosen. Man könne nur Charakterneurosen mit und ohne neurotische Symptome unterscheiden. Der charakterologische Panzer behindere bei allen Neurosen, solange er unangetastet bleibe, die therapeutische Wirksamkeit der analytischen Deutung. Doch müssen wir hier w. REICH[185] entgegenhalten: Die psychoanalytische Erfahrung geht dahin, daß die Neurosen, die mit Symptomen einhergehen, im allgemeinen analytisch besser zu erfassen sind als die symptomlosen. Diese Tatsache wird schon daher verständlich, daß die Charakterneurosen oft nur schwer von weitgehend anlagemäßig determinierten psychischen Störungen, von Persönlichkeitsstörungen, zu unterscheiden sind und sich in ihnen zudem oft umweltbedingte Momente mit konstitutionellen Faktoren vermischen (BINDER[38]).

Ein 19jähriger Sohn eines Kaufmanns und einer Antiquitätenhändlerin wurde uns durch die Eltern angemeldet. Sie erklärten uns, der Sohn könne auf nichts verzichten. Er habe 16jährig Goldstücke und 18jährig Briefmarken in namhaften Beträgen entwendet. Sein um zwei Jahre älterer Bruder sei Jurist. Die Eltern hatten das Gefühl, daß der Sohn die Tragweite seiner Taten gar nicht erkannt habe. Der Patient selbst erklärte, daß der Vater infolge beruflicher Inanspruchnahme häufig von zu Hause abwesend sei. Die Mutter habe immer den Bruder und ihr Geschäft vorgezogen. Als Kind habe er relativ lange nicht sprechen gelernt. Das erste Wort, das er über die Lippen gebracht habe, sei »Papa« gewesen. Vom 9. bis zum 11. Lebensjahr sei es in der Schule immer zu Anständen mit den Lehrern gekommen. Er habe schließlich Lust daran gewonnen, wenn sich die Eltern über sein Verhalten in der Schule aufgeregt hätten. Im Gymnasium erhielt er schließlich das consilium abeundi, weil er dem Unterricht oft ferngeblieben war und dazu noch seine Delikte bekannt geworden waren. Dann kam er in eine Privatschule. Auch hier stellten sich Schwierigkeiten mit den Lehrern ein. Im übrigen absolvierte er 19jährig das Maturitätsexamen. Die Freundinnen habe er stets nur mit Geschenken gewinnen wollen.

Bei den Konsultationen in unserer Poliklinik fiel seine überdurchschnittliche Intelligenz auf. Im affektiven Bereich zeigte sich, daß er gelegentlich weinen konnte und sich sozusagen am Therapeuten anklammerte. Doch war er zu keiner tieferen Verarbeitung der aufgekommenen Konflikte in der Lage. Wir haben dem Patienten zu einer Psychoanalyse geraten. Doch entzog er sich der Kollegin, der wir ihn übergeben hatten. Dafür wurde er uns einige Monate später durch die Staatsanwaltschaft zur Begutachtung zugewiesen. Er hatte in einem Antiquitätengeschäft eine alte Waffe entwendet und war dabei erwischt worden. Das jetzt eingeklagte Delikt geschah, als er für seine Mutter antike Bilderrahmen kaufen wollte, damit sie daraus Spiegel machen könnte. Daß er während dieses intendierten Kaufs für die Mutter eine antike Waffe stahl, drückt seine Ambivalenz ihr gegenüber aus. Er wollte ihr damit offensichtlich einerseits helfen, sie aber andererseits auch schädigen. Bei der Exploration wurde außerdem klar, daß zumindest das Delikt auch seiner unbewußten Konkurrenz mit dem Vater und dem Bruder und der daraus folgenden Geltungssucht entsprang. Es zeigte sich während der verschiedenen mit ihm geführten Gespräche, daß der Patient im Grunde genommen noch immer nicht zu einer intensiven Psychotherapie bereit war. Sein Standpunkt war ungefähr der, daß entweder der Therapeut ihn aktiv mit Kenntnissen nähren und führen sollte, oder daß er nicht mehr zu ihm komme. Zu einer aktiven Mitarbeit bei der Psychotherapie war er auch jetzt nicht bereit.

Beim Patienten liegt eine Charakterneurose mit einer ungeheuren oralen Anspruchshaltung und einer narzißtischen Geltungssucht mit entsprechender Kränkbarkeit vor. Seine dauernde Konkurrenzproblematik und insbesondere seine Delikte zeigen auf, wie sehr der Patient unter dem Wiederholungszwang steht, sich immer wieder auf die scheinbar leichteste und schnellste Art Geltung zu verschaffen. – Abgesehen davon, daß der Patient bisher zu einer Therapie nicht bereit war, ist die Prognose, selbst wenn er sich schließlich doch zu einer Behandlung bereit finden sollte, ungünstig. Der neurotische Konflikt, die orale Anspruchshaltung, insbesondere seiner

Mutter gegenüber, wie auch seine unbewußte Konkurrenz mit Bruder und Vater, sind derart, daß es zu einer Störung des Gesamtcharakters, ohne besondere Symptome, gekommen ist. Es wird bei einer allfällig doch noch zustande kommenden Psychoanalyse sehr schwer sein, diese Grundkonflikte in Frage zu stellen.

## 11.4  Sexuelle Störungen

Störungen der sexuellen Triebentwicklung zeigen sich darin, daß infantile Triebregungen fixiert bleiben und so dauerhaft das Leben der Betroffenen beengen. So kann es beispielsweise beim Heranwachsenden zur Fixierung der Libido am gegengeschlechtlichen Elternteil, zu einem Festhalten an der ödipalen Bindung der Kindheit, kommen. Da aber die »Inzestschranke« (FREUD[85]) die Betroffenen ständig nötigt, die dem Objekt zugewendete Libido ins Unbewußte abzuwehren, werden sie auf der einen Seite erst recht an die ursprüngliche Objektbesetzung gebunden. Auf der anderen Seite suchen sie meist solche neuen Objekte, die in einem Merkmal – unbewußt – an den alten Inzestkonflikt mahnen. Unbewußt wählt zum Beispiel ein solcher Mann eine Frau, die er moralisch hochschätzt. Das von ihm zur »Inzestvermeidung« gewählte Objekt erinnert ihn aber, oft durch einen unscheinbaren Zug, an das zu vermeidende Objekt. Er stößt dementsprechend, indem er es vermeiden will, wieder auf das ursprüngliche, mit der Inzestschranke behaftete Liebesobjekt. Um den Konflikt abzuwehren, wird der Betroffene, unter dem Einfluß seines Überichs, das den Inzest verbietet, *impotent.* Der Impotenz des Mannes aus Schutz hat STEKEL[209] eine ausführliche Besprechung gewidmet.

Ein 26jähriger Sohn eines tüchtigen, strebsamen Akademikers und einer ängstlichen, weichen, überbehütenden, traditionsbewußten Mutter, der 1952 in unsere Klinik eintrat, klagte darüber, daß er bedrückt, depressiv sei und jegliche Beziehungen zu den Mitmenschen und zu Gott verloren habe. Vor dem Vater habe er sich immer gefürchtet. Die Mutter habe er als nachgiebig erlebt. Ein älterer Bruder sei geistig behindert. Mit der jüngeren Schwester habe eine ausgewogene Beziehung bestanden. Eine intensive Bindung habe er zu der ihn damals betreuenden Kinderschwester entwickelt. Mit den Schulkameraden sei er nicht gut ausgekommen. Er habe eine Abneigung gegen Zwang gehabt, sei nie gerne zur Schule gegangen und sei sich stets als »etwas anderes« vorgekommen als die Kameraden. Mit Mühe bestand er 20jährig die Matura, obschon seine Intelligenz weit überdurchschnittlich ist. Während der Dauer von sechs Jahren nahm er später das gleiche Studium auf, das der Vater früher absolviert hatte. Zur eigentlichen depressiven Krise sei es gekommen, als er an der Dissertation gearbeitet habe. Der Patient erholte sich in der Folge und unterzog sich auswärts einer jahrelangen, teils analytisch, teils aber psychagogisch ausgerichteten Psychotherapie.

35jährig heiratete er eine mütterliche, erfolgreiche Akademikerin, mit der er zuvor jahrelang verbunden war. Der Patient ging keiner geregelten Berufsarbeit nach, beschäftigte sich mit Geschichte und schriftstellerischen Essais, während seine Gattin die Ausgaben für den Haushalt bestritt.

In der Ehe kam es nie zu einer Kohabitation. Die Sexualität sei bei ihm gut durchschnittlich vorhanden, doch sei seine »Reizsphäre kindlich«. Seine Frau, wie die anderen Frauen, müßten ihn an den Oberschenkeln reizen, und in Verbindung mit diesen Reizen und entsprechenden Vorstellungen komme es zur Ejakulation. Sonst aber blieb er impotent. Während der wenigen Besprechungen mit uns war ihm klargeworden, daß seine Impotenz im wesentlichen mit seiner übermäßigen Bindung an die Mutter und seiner Angst vor dem inzwischen – vor einem Jahr – verstorbenen, von ihm als sehr stark erlebten Vater zusammenhing. Auch war es ihm klar, daß er in seiner tüchtigen und ihn ernährenden Gattin einen Mutterersatz und deshalb auch eine »Inzestschranke«, die ihm den Sexualverkehr »verbot«, erlebte. Da der Patient seine ödipale Bindung als dermaßen übermächtig erlebte, seine Frau diesen Zustand auch akzeptierte, bestand wenig Aussicht, seine Impotenz zu überwinden. Immerhin war er bereit, sich auf unseren Rat hin einer Psychoanalyse zu unterziehen.

Wie wirkt sich nun dieses Inzestverbot bei der Frau aus? Das Erlebnis der Defloration mache es für die Frau gewiß, daß sie keinen Penis habe. Es tauche der Wunsch auf, den Ehemann zu kastrieren und seinen Penis bei sich zu behalten. In ihrem diesbezüglichen Neid (Penisneid) komme die Auflehnung der Frau gegen den Mann hervor. STEKEL[211] spricht in diesem Zusammenhang von einem Kampf zwischen den Geschlechtern (struggle of the sexes). Es trete deshalb eine Störung der Liebesfähigkeit der Frau, die *Frigidität*, ein. Zu diesem Penisneid komme es, weil die Mädchen die Brüder bzw. die Knaben als begünstigt und sich als benachteiligt erlebten. In der phallischen Phase, in der das Mädchen den Knaben um den Penis beneide, habe es gleichzeitig eine intensive Beziehung zu seinem Vater entwickelt. Bleibe es an diese Zeit fixiert, so sei der ödipale Konflikt nicht gelöst. Die Frigidität ist demnach auch Schutz gegen die inzestuöse Triebversuchung.

Ein »Inzest« wird, nach FREUD[87], oft dadurch zu vermeiden versucht, daß eine Liebesbeziehung hinter dem Rücken des Gatten oder der Eltern gepflegt und dem Liebhaber eine »Treue zweiter Ordnung« (FREUD[87]) bewahrt wird. Damit werde deutlich, daß sie den Gatten unbewußt dem Vater gleichsetze und aus Angst vor dem Inzest ein Liebesverhältnis zu einem konfliktfreien männlichen Partner wähle.

Doch kann die Triebentwicklung auch auf prägenitaler Stufe fixiert bleiben. Wir haben bereits in früheren Kapiteln (6, 10) über die verschiedenen Triebfixierungsmöglichkeiten und ihre Auswirkungen auf die Charakterbildung gesprochen. Ist eine Mangelerfahrung im narzißtisch-symbiotischen Stadium eingetreten, kann eine Tendenz zur Suche nach Verstärkung durch das eigene Geschlecht (Homosexualität) die Folge sein. Bei einer Störung in der oralen Phase kann die Mundzone die bevorzugte erogene Zone bleiben und zu entsprechenden *Perversionen* führen. Besteht eine Fixierung an das anale Entwicklungsstadium, so kann die Sexualität – in der Perversion – entsprechend an die Gesäßgegend fixiert bleiben, so daß es zu einer besonderen Empfindlichkeit dieser Region und einer passiv-femininen Einstellung kommt.

FREUD[97] teilt die Perversionen wie folgt ein: »Was wir im Leben der Erwachsenen ›pervers‹ nennen, weicht vom Normalen in folgenden Stücken ab: Erstens durch das Hinwegsetzen über die Artschranke (die Kluft zwischen Mensch und Tier), zweitens durch die Überschreitung der Ekelschranke, drittens der Inzestschranke (des Verbots, Sexualbefriedigung an nahen Blutsverwandten zu suchen), viertens die Gleichgeschlechtlichkeit und fünftens durch die Übertragung der Genitalrolle an andere Organe oder Körperstellen.« FREUD weist darauf hin, daß diese Schranken beim Kind nicht von Anfang an bestehen: Das Kleinkind ist frei von ihnen. FREUD nennt das Kind »polymorph pervers«, weil es seine ersten sexuellen Gelüste und seine Neugier auf die ihm Nächsten (Eltern, Geschwister) richtet und nicht nur von den Genitalien Lust erwartet, sondern auch von anderen Körperstellen. *Bleibt aber ein erwachsenes Individuum an ein sexualisiertes, kindliches Selbstobjekt, an ein infantiles Sexualobjekt oder an ein kindliches Sexualziel fixiert, so liegen Perversionen vor.* Abweichungen des Sexualobjektes manifestieren sich beispielsweise in der Homosexualität, der Pädophilie, der Sodomie und der Nekrophilie. Abweichungen des Sexualzieles sind zum Beispiel beim Sadismus und beim Masochismus, aber auch beim Exhibitionismus, dem Voyeurismus und dem Fetischismus zu erkennen. – Es wäre heute wohl besser, statt von Perversionen, von »sexuellen Abweichungen« zu sprechen, da damit weniger ein Werturteil verbunden wäre.

## 11.5 Vegetative Neurosen / Organneurosen / Psychosomatische Krankheiten

Wie wir in einem früheren Kapitel (11.2.1) dargelegt haben, stehen die Innervationen und Innervationshemmungen bei den Konversionshysterien in einem direkten Zusammenhang mit dem ins Unbewußte abgewehrten Konflikt. Sie sind teils Zeichen der Triebregung, teils der Abwehrmechanismen des Ichs. Das Konversionssymptom ist, wie ALEXANDER[9] anführt, »*symbolischer*« Ausdruck eines emotional geladenen psychologischen Inhalts. Eine vegetative Neurose bedeutet demgegenüber »nicht einen Versuch, eine Emotion zum Ausdruck zu bringen, sondern ist die physiologische Reaktion der vegetativen Organe auf anhaltende oder periodisch wiederkehrende emotionale Zustände. Eine Blutdruckerhöhung, zum Beispiel unter dem Einfluß von Wut, führt den Affekt nicht ab, sondern ist eine physiologische Komponente des Gesamtphänomens der Wut« (ALEXANDER[9]). Die chronischen emotionalen Konflikte des Patienten laufen meist unbewußt ab, so daß dann die – sichtbaren – vegetativen Symptome *Äquivalente* – nicht Ausdruck – des tiefen Trieb- und Gefühlskonfliktes darstellen.

Emotionale Einflüsse können die Funktionen eines jeden Organs bzw. Organsystems im Sinne der Erregung oder Hemmung beeinflussen. ALEXANDER und andere Autoren sprechen von einer *Organneurose*, wenn die emotional bedingte Störung einer vegetativen Funktion dauerhaft, chronisch wird.

Von einer eigentlichen *psychosomatischen Krankheit* wird dann gesprochen, wenn die chronischen emotionalen Konflikte und die damit zusammenhängenden vegetativen Funktionsstörungen bereits einen organischen bzw. pathologisch-anatomischen Niederschlag zeigen, wie zum Beispiel bei der rheumatoiden Arthritis (RIMON[189]), den Magen- und Duodenalulcera, der Colitis ulcerosa, der Anorexia nervosa, der Fettsucht u. a. Zu diesen Krankheiten können zusätzlich, in mehr oder weniger starkem Ausmaß, anlagemäßige Faktoren und / oder somatisch ansetzende Noxen (Infektionen, Allergene, Autoimmunkörper, endokrine Störungen u. a. m.) hinzukommen.

GRINKER[114] weist mit Recht darauf hin, daß die erwähnten, psychosomatisch in Erscheinung tretenden Funktionsbehinderungen nicht entweder von der somatischen Störung oder vom psychologischen Prozeß her betrachtet werden sollten. Vielmehr sollten die psychosomatische Einheit und ihre Reaktionsmöglichkeiten beachtet werden. Auch könne man die Reaktionsweisen nicht einfach in normale und pathologische einteilen. Gesundes und Krankhaftes gehe fließend ineinander über. Schon üblicherweise wird es beispielsweise bei Angst zu dem von SELYE[202] beschriebenen *Streß* bzw. Anpassungssyndrom mit entsprechenden Regulations- und Gegenregulationsmechanismen, vor allem des dienzephalhypophysär-endrokrinen Systems, kommen. Ist aber die Verängstigung eine dauerhafte oder immer wiederkehrende, so sind auch die Bedingungen für eine chronische Anspannung diesese Systems mit entsprechenden – krankhaften – psychosomatischen Störungen, zum Beispiel Diabetes mellitus, Dysmenorrhoe, Hyperthyreose, Angina pectoris u. a. m. geschaffen.

Wie aus früheren Kapiteln hervorgeht, kann das Ich Triebregungen als Gefahren erleben, wobei dann das Signal der Angst entsteht. Diese psychische Gefahr kann nun, wie ENGEL[61] betont, ebenso zu physischem Streß führen wie eine in der Außenwelt bestehende Gefahrensituation. Es werden also auch dann somatische Anpassungsleistungen erfolgen. Ist der seelische Apparat nicht imstande, den psychischen Streß allein zu bewältigen, so wird es demnach, nach ENGEL, zu einer »psychischen Dekompensation« und damit zu einer »somatischen Antwort« kommen.

Wann tritt nun eine Somatisierung eines emotionalen Konfliktes im Sinne der körperlichen Mitbeteiligung, des somatischen Äquivalentes – und nicht des symbolischen Ausdrucks – auf? MITSCHERLICH[171] gibt hierauf eine Antwort: Es besteht eine der somatischen Symptombildung vorangehende neurotische Konflikthaftigkeit oder eine unverarbeitete narzißtische Mangelerfahrung und eine entsprechende Fehlhaltung. Sie war jedoch durch Anpassungsleistungen unauffällig gemacht worden. In Zuspitzungen des emotionalen Konfliktes oder Insuffizienzerlebens, die durch äußere und innere Krisen hervorgerufen werden können, werden dann die psychischen Mittel der Abwehr nicht mehr genügen, so daß somatische Abwehrmechanismen eingreifen, die ihrerseits durch unspezifische biologische Steuerungsmechanismen gelenkt werden. So erhalten die zugrunde liegenden Konflikte und Mangelerfahrungen im somatischen Bereich einen weitgehend unpersönlichen Charakter. Die körperlichen Symptome zeigen nur noch an, daß eine tiefe und chronische Spannung oder eine narzißtische Mangelbesetzung vorhanden ist. Sie sind aber nicht mehr beredter Ausdruck des zugrunde liegenden emotionalen Spannungsgeschehens. Bei den Organneurosen und psychosomatischen Erkrankungen werden zwar auch typische Grundkonflikte und -haltungen sowie Selbstwertstörungen beobachtet, doch lassen sich diese aus den Krankheitssymptomen nicht direkt »ablesen«, wie es bei den Konversionshysterien der Fall wäre. RICHTER und BECKMANN [187] haben beispielsweise bei den Herzneurotikern erkennen können, daß die »*Bedrohung symbiotischer Partnerbindungen* aus inneren oder äußeren Gründen... die vordem nur kompensatorisch verdeckte *Vernichtungsangst*... durchbrechen (läßt) und... dadurch oft zur Krankheitsauslösung« führt. Bei der Erfassung der Patienten mit dem MMPI (Minnesota Multiphasic Personality Inventory) durch RICHTER und BECKMANN ergaben sich zudem zwei Untergruppen: die eine ist gekennzeichnet durch »offen wehrlose Angstüberflutung, die andere... durch angestrengte Angstabwehr«.

Schon aus den Ausführungen von RICHTER und BECKMANN geht hervor, daß die Organneurose und die psychosomatische Erkrankung des einzelnen nicht nur Resultat seines eigenen unbewußten Abwehr- oder Kompensationswunsches darstellen, sondern auch entsprechende Tendenzen der Familie bzw. der Kleingruppe, in die er miteinbezogen ist – und der Gesellschaft, die auch heute vielerorts noch an einem ausschließlich somatischen Aspekt des psychosomatischen Krankseins festhält –, beinhalten. Der manifest Kranke, der uns aufsucht, bzw. dessen psychosomatisches Symptom, ist dann nur das Präsentiersymptom der mitkranken Gruppe bzw. der Familie und der Gesellschaft (BALINT [11]).

Auf Druck einer ihr bekannten Familie wurde uns eine 22jährige Lehrerin angemeldet. Sie ist die Tochter eines hochintelligenten, strebsamen Akademikers und einer affektiv kühlen Mutter, die ihrem Manne beruflich aktiv beistand. In ihrer Kindheit fühlte sich die Patientin insbesondere durch die Mutter nicht geliebt und verlassen. Den Vater bewunderte sie indes immer. Auf ihren zwei Jahre älteren Bruder war sie stets eifersüchtig. Sie fühlte sich ihm gegenüber durch die Mutter benachteiligt. In der Schule hatte sie keinerlei Schwierigkeiten, den Lehrstoff zu bewältigen. Mit 14 Jahren kam es zur Menarche. Sie war zuvor nicht aufgeklärt worden. Man habe zu Hause das Thema »Sexualität« nicht berühren dürfen. Wie es für die Anorexia nervosa typisch ist (THEANDER [218]), traten bei der Kranken

Suizidideen auf. Sie habe daran gedacht, sich umzubringen, wobei es aber vielleicht mehr Phantasien als wirkliche Pläne gewesen seien. Während der Gymnasialzeit schwebte ihr vor, Germanistik zu studieren. Sie trat dann aber in ein Lehrerseminar ein und schloß es erfolgreich ab. 18jährig stellte sich bei ihr eine Amenorrhoe ein. Gleichzeitig magerte sie beinahe bis zum Skelett ab. Als sie 19 Jahre alt war, befreundete sie sich mit einem um zwei Jahre älteren, sehr intelligenten Medizinstudenten. Nach sechs Monaten schrieb er ihr, daß er lieber allein sein möchte, und er brach damit die Verbindung zu ihr ab. Nach dem Abbruch der Freundschaft sei sie sehr depressiv gewesen.

Die Patientin berichtete darüber, daß sie seit einigen Jahren sehr wenig schlafe, und zwar lediglich von 24 Uhr bis 6 Uhr morgens. Sie lese nachts jeweils Bücher. Diesen Sommer habe sie Goethes Werke gelesen. Vor kurzem habe sie die Lektüre von Thomas Manns »Josef und seine Brüder« begonnen. Auf eine entsprechende Frage erklärte sie, daß sie schon bei zwei Psychiatern in Psychotherapie gestanden sei. Die Ärzte seien aber nicht zum Ziel gekommen, wobei die Patientin durchblicken ließ, daß sie die Behandlungen sabotiert hatte. Sie möchte sich in keine neue Psychotherapie mehr einlassen.

Bei der Besprechung mit der Kranken zeigte sich, daß sie auch mit uns in keiner Weise zu kooperieren wünschte. Sie gefiel sich offensichtlich in der Rolle einer geistreichen Intellektuellen, die die ärztlichen Bemühungen lediglich belächelte. Sie lebte, wie eine der durch THOMAE[220] beschriebenen Patientinnen, in einer introvertierten, überwiegend von subjektiven Bedürfnissen und Phantasien bestimmten, kindlichen Lebenshaltung. Es war schon beim Erstinterview mit dieser Patientin ersichtlich, daß sie von Kleinkind an die Mutter abgelehnt und sich dem Vater mehr verbunden gefühlt hatte. Sie lehnte schon vor ihrer Abmagerung, wie eine von BOSS[43] beschriebene weibliche Magersüchtige – unbewußt – ihre Mutter und deren Weiblichkeit ab und verherrlichte die »Geistigkeit« ihres Vaters, die sie nachzuahmen trachtete. Es war damit schon eine – unbewußte – Abwehr ihrer eigenen Triebhaftigkeit erfolgt, bevor sie an Gewicht abnahm. Als ihr durch die Menarche ihre eigene, der Mutter gleichende Weiblichkeit überraschend – sie war, wie erwähnt, nicht aufgeklärt – dokumentiert worden war, hatte sich ihre psychische Abwehr augenfällig als insuffizient erwiesen. Im Sinne der zweiphasigen Verdrängung nach MITSCHERLICH kam es dann zu extremer Abmagerung, die dazu führte, daß sich insbesondere auch ihre Brüste zurückbildeten. Die Abwehr ihrer Weiblichkeit bezog so nun auch den somatischen Bereich mit ein.

SIFNEOS[203] hat den Begriff Alexithymie eingeführt, um die mangelnde Fähigkeit psychosomatisch Gestörter darzulegen, mit ihren Gefühlen in Kontakt zu treten. VON RAD[222] hat mit Mitarbeitern empirische Untersuchungen dazu geliefert. Das französische Team MARTY et al.[167] sprach im Zusammenhang mit der Tendenz psychosomatischer Patienten, ihre Gefühle zu vernachlässigen und ihren Körper als »Maschine« zu betrachten, die immer funktionieren sollte, ohne Rücksicht auf die eigene Befindlichkeit, von einer »pensée opératoire«. Mit diesen beiden Begriffen ist bereits angedeutet, daß die psychosomatisch Kranken wenig Bezug haben zu ihrem eigenen Gefühlsbereich wie auch zu ihrem Körper. Es fehlt ihnen damit ein adäquates Selbstbild und vor allem eine entsprechende Körpervorstellung, man könnte auch sagen, ein adäquates körperbezogenes Selbstgefühl. Aus diesen Erwägungen heraus und vor allem aus der klinischen Erfahrung ergibt sich, daß im Grunde die psychosomatischen Symptome und Syndrome meist auch Anzeichen dafür sind, daß die Betroffenen narzißtisch gestört sind bzw. nicht genügend narzißtische Libido bzw. Information zur Verfügung haben, um ihren Körper (narzißtisch) zu besetzen. Die Frage, weshalb bei einem Individuum eine bestimmte Körperregion oder ein gewisses Körperorgan funktionell und / oder schmerzhaft mit in Mitleidenschaft gezogen wird und bei anderen eine andere Körperregion oder ein anderes Körperorgan, ist noch nicht schlüssig zu beantworten. Wir können indes vermuten, daß besonders jene Organe oder Organsysteme funktionell oder schmerzhaft betroffen sind, die für den Realitäts- und Weltbezug eines Individuums von ganz besonderer Erlebensbedeutung sind.

Wenn ein etwa 50jähriger Mann, der mit einer Spina bifida zur Welt kam und der lange das Bett einnäßte, nach deren operativer

Behandlung trocken war, im 50. Lebensjahr aber wieder seine Wäsche zu nässen beginnt, so dürfen wir, nach Ausschluß erneut eingetretener groborganischer Ursachen, annehmen, daß für ihn die Blasenfunktion bzw. das Urinieren lebensgeschichtlich bedingt, eine besondere Bedeutung in seiner Beziehung zur Umwelt einnimmt. Wird im Verlaufe der mit ihm durchgeführten allmonatlichen, analytisch orientierten psychotherapeutischen Sitzungen klar, daß er sich in der Gegenwart, zur Zeit einer geschäftlichen Krise, im Rahmen der Familie seiner Gattin durch Schwiegervater und Schwägerin und damit durch die mit ihren nahen Verwandten gut stehende Frau nicht genügend als Mann anerkannt fühlt, verstehen wir besser das Symptom des Wiedereinnässens. In seiner »Organsprache« sagt er damit aus, daß seine Männlichkeit nicht etwa nur seinen Verwandten, sondern ganz besonders ihm selbst ein Problem ist. Er hat, wie sich in der Psychotherapie ergab, nicht genügend Selbstvertrauen und kein genügendes männliches Identitätsgefühl. Das Symptom des Wiedereinnässens ist dafür ein Indikator. Es gilt daher, im Rahmen der analytisch orientierten Psychotherapie mit diesem Manne die narzißtische Problematik durchzuarbeiten und ihm zu helfen, zu mehr Selbstgefühl zu gelangen.

Nach dem Gesagten können wir also nicht nur von chronischen emotionalen Konflikten der Patienten, die an der Basis von psychosomatischen Störungen liegen, sprechen, wie es eingangs dieses Kapitels geschah, sondern wir müssen immer auch daran denken, daß die Betroffenen infolge einer narzißtischen Beeinträchtigung unter einer körperlichen Dysfunktion oder unter einem Schmerzsyndrom leiden können (*s. a.* Kapitel 8 »Ich – Es – Überich / Das Selbst«).

## 11.6 Narzißtische Neurosen
(= Narzißtische Persönlichkeitsstörungen) /
Borderline-Persönlichkeitsstörungen

Bevor die narzißtischen Neurosen (narzißtische Persönlichkeitsstörungen im Sinne von KOHUT [148,149]) und die Borderline-Persönlichkeitsstörungen (GUNDERSON [116a], KERNBERG [139,141], CHRISTA ROHDE-DACHSER [190], ARLENE R. WOLBERG [225]) besprochen werden, sollen nochmals eingehend die Theorien des Selbst bzw. des Narzißmus erörtert werden. Ich kann mich dabei weitgehend auf meine Erwägungen stützen, die bereits an anderem Orte (BATTEGAY [26]) erschienen sind.

SIGMUND FREUD [93] unterschied das Selbst noch nicht vom Ich. Für ihn war das Ich der Sitz des Narzißmus. HEINZ HARTMANN [119] hat den Begriff des Selbst eingeführt und ihn als die Gesamtheit der Person bezeichnet. HARTMANN sagt, daß der Narzißmus die libidinöse Besetzung nicht des Ich, sondern des Selbst, darstelle. Unter diesem Aspekt würde das Selbst durch das Ich, das Es und das Über-Ich in ihrer Gesamtheit gebildet. Im Sinne von HARTMANN ist die Person das Gegenüber des Objektes. Er spricht von Selbstrepräsentanz im Unterschied zu der Objektrepräsentanz. EDITH JACOBSON [127] sagt, daß das Selbst eine differenzierte und organische Gesamtheit sei, da es getrennt und unterschiedlich von der Umgebung in Erscheinung trete. Das Selbst ist, in der Sicht von EDITH JACOBSON, eine Totalität, die Kontinuität und Richtung gibt, wie auch die Fähigkeit besitzt, inmitten von Wechseln immer gleich zu bleiben. Wenn diese spezifische Gesamtheit sich ihrer bewußt wird, erhält diese Bewußtheit in der persönlichen Erfahrung eine individuelle Identität, das Gefühl des Selbst.

C. G. JUNG [134] sieht im Selbst eine archetypische Repräsentanz. Er versteht als Archetypen primäre Erfahrungen der Menschheit in der Nähe des somatischen Substrates, die vererbt sind. In bezug auf das Selbst sagt er, daß es charakterisiert ist durch die Bedeutung seines Inhalts und seine Numinosität, d. h. durch seinen apriorischen emotionalen Wert als eine zentrale Position. Der bekannte JUNG-Schüler ERICH NEUMANN [177] sieht im Selbst ein Ganzheitszentrum. Das Ich ist in dieser Sicht ein Bewußtseinszentrum. Diese Zentrumsbildung des Ich wäre eine »Filialisierung« des Selbst, das sich im Ich eine »Filiale« errichte, welche die Ganzheitsinteressen den Einzelansprüchen der Innen- und Umwelt gegenüber zu vertreten habe. Dabei befinde sich das Ich häufig – auch deswegen wurde der Begriff »Filialisierung« gewählt – in der Rolle des Sohnes dem Ganzheitszentrum gegenüber, das als Selbst in der Beziehung zur Ich-Entwicklung in hohem Maße mit dem Vater-Archetypus verbunden scheine. Ich füge diese Definition an, weil NEUMANN[177], im Unterschied zu seinem Lehrer C. G. JUNG, das Selbst nicht als das Gesamte aller psychischen Funktionen betrachtet, sondern es als ein Zentrum der Ganzheit auffaßt. SCHULTZ-HENCKE[198] sieht im Selbst einen »optimalen Kompromiß zwischen Hingabetendenz und derjenigen, sich selbst zu erhalten«, also eigentlich eine Homöostase bekundende Gefühlsbefindlichkeit. Für KERNBERG[139, 140, 141] stellt das Selbst eine intrapsychische Struktur dar, welche durch die verschiedenen Selbstrepräsentanzen mit ihren affektiven Gehalten repräsentiert wird. In KERNBERGS Sicht ist das Selbst ein Teil des Ich. In einer normalen Entwicklung resultiert ein integriertes Selbst, in welchem die verschiedenen Selbstaspekte dynamisch zu einer Ganzheit organisiert sind. In bezug auf diese Definition steht KERNBERG nicht fern von MARGARET MAHLER[163], die das Ich nicht vom Selbst differenziert. KOHUT[148, 149] sieht im Selbst die zentrale Repräsentanz des Menschen, die ihm seine Richtung, seine Identität und seine Selbstrepräsentation gibt. Ich setze, wie bereits angeführt, das Selbst dem – normalerweise vorhandenen – Narzißmus (BATTEGAY[23]) gleich, der den Instanzen Ich, Es und Über-Ich wie auch dem Körper die narzißtische Besetzung, die Aufmerksamkeit, die Information gibt, die es dem Individuum ermöglichen, die verschiedenen Instanzen und den Körper als zu ihm gehörig, als »eigen«, als eine Ganzheit zu erleben, die ihm das Gefühl der Kontinuität gibt. Besteht ein Mangel im Selbst, so erhalten die Instanzen und der Körper zu wenig narzißtische Libido, Aufmerksamkeit und Information, und es kommt zu Störungen, über die wir nun in detaillierter Weise diskutieren werden.

HEINZ KOHUT[148, 149] hat narzißtische Persönlichkeitsstörungen beschrieben, die sich durch einen Mangel in der Selbst-Struktur und durch kompensatorische Tendenzen zur Überdeckung dieser Insuffizienz auszeichnen. Als Kompensationen können die Entwicklung eines Größenselbst, eine Fusion mit einem Selbstobjekt und eine Spiegelbeziehung bzw. -übertragung dienen. In der Sicht KOHUTS können die pathologischen narzißtischen Phänomene vom normalen menschlichen Narzißmus aus verstanden werden, und es gehen, in dieser Sicht, normaler und pathologischer Narzißmus fließend ineinander über. KOHUT sieht die Pathologie des Narzißmus im Zusammenhang mit einem Mangel der Mutter an Empathie und Bestätigung für das Kleinkind. Er unterscheidet in narzißtische Persönlichkeitsstörungen und narzißtische Verhaltensstörungen. Es gelingt ihm indes nicht, diese beiden klar voneinander abzugrenzen. Ich denke, daß jeder Patient, der eine narzißtische Persönlichkeitsstörung aufweist, ein entsprechendes Verhalten zeigt, und deshalb unterscheide ich in dieser Beziehung nicht zwischen zwei verschiedenen Syndromen. Vom europäischen Gesichtspunkt stellt sich auch die Frage, weshalb die narzißtischen Persönlichkeitsstörungen, die durch KOHUT im Prinzip als Neurosen beschrieben wurden, nicht auch so benannt werden sollten, nämlich als narzißtische Neurosen, selbst wenn SIGMUND FREUD[77] die endogenen Psychosen, speziell die Melancholie, mit diesem Terminus belegt hat. – Es sind Störungen, die RUDOLF[192] als »Krankheiten im Grenzbereich von Neurose und Psychose« beschrieben hat, die ich aber, sie abhebend von den Borderline-Persönlichkeitsstörungen, als eine Art der Psychoneurosen verstehe. – Bekanntlich hat FREUD unterschieden zwischen einem primären Narzißmus, der als ein normalpsychologisches Phänomen in der frühen Kindheit beschrieben wird und in der narzißtischen Besetzung der eigenen Person besteht, und einem sekundären Narzißmus, der das Resultat eines Abwehrmechanismus sei, der in der Identifizierung des Ich mit dem Objekt und dem damit verbundenen Rückzug der Libido vom Objekt auf das Ich bestehe.

Nach BALINT[10] kann ein Urstadium der menschlichen Entwicklung angenommen werden »für eine archaische Objektbeziehung ohne Realitätssinn, aus der sich das, was wir Liebe zu nennen ge-

wohnt sind, unter dem Einfluß der Realität unmittelbar entwik-
kelt«. Da der Einfluß der sozialen Wirklichkeit nie abgetrennt werden könne von dem primär gegebenen Zustand, vom Urstadium, ist
nach BALINT jeglicher beweisbare Narzißmus ein sekundärer, von
der Außenwelt mitbeeinflußter.

KAREN HORNEY [123] führt an, daß die nicht in Frage gestellte Autorität dominierender Eltern eine Situation herbeiführe, in der das
Kind sich gezwungen fühle, deren Wertvorstellungen um den Preis
des Friedens anzunehmen. Es sind Eltern, die ihre eigenen Ambitio-
nen auf das Kind verlegen und dem kleinen Heranwachsenden das
Gefühl geben, daß er/sie eher für imaginäre Eigenschaften als für
sein/ihr wahres Selbst geliebt wird. Das Kind muß also, um geliebt
oder angenommen zu werden, sich so verhalten, wie die Eltern es
wünschen, und kann nur ein den Eltern angepaßtes Ideal-Selbst entwickeln (ALICE MILLER [170]).

Auf der Basis der HORNEYschen Gedanken entwickelte WINNI-
COTT [223] sein Konzept des wahren und des falschen Selbst. WINNI-
COTT wirft ein Licht auf die ersten Objektbeziehungen und betont,
daß die Gesten des Säuglings Ausdruck geben von seinen spontanen
Impulsen. Die Quelle dieser Gesten sei das wahre Selbst. Die Gesten
zeigten an, daß das Potential eines wahren Selbst bestehe. Die gute
Mutter sei bereit, dem Omnipotenzgefühl des Kleinkindes zu begegnen, und macht daraus wiederholt etwas Sinnvolles. Ein wahres
Selbst beginne durch die Stärke, die die Mutter dem schwachen Ich
des Kleinkindes durch ihr Interesse für sein Omnipotenzgebaren
gebe. Die Mutter, die aber keine gute Mutter sei, gebe sich nicht her
für des Kindes Omnipotenzgefühl, und so versage sie es ihm, seinen
entsprechenden Gesten zu begegnen. Statt dessen müsse sich das
Kind mütterlichen Gesten anpassen. Diese Anpassung von seiten
des Kindes stelle das früheste Stadium des falschen Selbst dar und
wachse auf dem Boden der Unfähigkeit der Mutter, die Bedürfnisse
des Kindes zu befriedigen.

OTTO F. KERNBERG [138, 139] sieht, im Gegensatz zu HEINZ KOHUT,
die primär pathologische Natur des Narzißmus bei Individuen, die
an narzißtischen Störungen leiden. Er beobachtet bei narzißtischen
Persönlichkeiten eine exzessive Selbstabsorbtion, die zu schwerwie-

genden Verbiegungen in den Konzepten des Selbst und des Objektes und damit zu internen Beziehungsstörungen führt. Diese Individuen zeigten, in ihrer schweren Charakterpathologie (KERNBERG [140, 141]), *erstens* eine Identitätsdiffusion, d. h. einen Mangel an Integration der Konzepte des Selbst und des signifikanten anderen, mit anderen Worten, der Selbst- und der Objektrepräsentanzen. *Zweitens* zeige sich die Charakterpathologie dieser Menschen im Vorwiegen von primitiven Abwehroperationen, speziell im Sinne von Spaltungsmechanismen, die darin resultierten, daß die Objekte aufgeteilt werden. *Drittens* bestehe bei diesen Menschen eine Verbindung zur äußeren Realität. KERNBERG unterstreicht, daß die ersten beiden Kriterien die Borderline-Zustände mit ihrer Narzißmuspathologie unterscheiden von Symptomneurosen und von einer nicht Borderline-Charakterpathologie, die durch eine solide Ich-Identität und ein Vorwiegen von Abwehrmechanismen gekennzeichnet seien, die sich um eine Repression störender Einflüsse des Unbewußten zentrierten. Das dritte Kriterium, die Anwesenheit der Realitätsprüfung, unterscheide die Borderline-Zustände von Psychosen. Wie KOHUT schildert KERNBERG, unter anderen Phänomenen, die Tendenz dieser Borderline-Persönlichkeiten, ein archaisches Größenselbst zu bilden und eine Fusion mit einem Objekt zu vollziehen. KERNBERG erwähnt ferner, wie KOHUT, daß diese Patienten von einer chronischen intensiven Eifersucht, von Neid gequält sind und sich mit Abwehrmechanismen dagegen wehren, indem sie eine projektive Identifikation vollziehen. Dieser Mechanismus der projektiven Identifikation geht zweifellos auf der Basis der übermäßigen Fusion mit einem Objekt vor sich. Ferner schildert KERNBERG, wie KOHUT, die Neigung dieser Menschen zur Selbstentwertung, zu einer als omnipotent erlebten Kontrolle der Umwelt, zu narzißtischen Verletzungen und zum Rückzug. Das pathologische grandiose Selbst reflektiert in der Sicht KERNBERGS eine pathologische Kompensation des realen Selbst (die Spezifität des Kindes, das durch frühe Erfahrung eine Bestärkung erhielt), des idealen Selbst (die Phantasien von Macht, Reichtum, allumfassendem Wissen, Schönheit, die das Kind für seine Erfahrungen von schwerwiegenden oralen Frustrationen, Wut und Neid entschädigten), und des idealen Objektes (die Phantasie einer stets gebenden, immer liebenden und annehmenden Mutter, die, im Gegensatz zu des Kindes Erfahrungen, in der Realität gegeben wäre). Dieses pathologische Selbst kompensiert in der Sicht KERNBERGS den Mangel an Integration im Sinne eines normalen Selbstkonzeptes. KERNBERG et al.[141a] weisen des weiteren auf die Tendenz der Borderline-Patienten hin, ihre Wahrnehmungen, Gedanken und Gefühle von früher zu verleugnen und dann eine vollkommen andere Einstellung aufzuweisen. Zwar bemerkten die Betreffenden intellektuell das Abweichen gegenüber vorher, doch habe für sie dieses Erkennen keinerlei emotionale Relevanz.

Während KOHUT den pathologischen Narzißmus vom gesunden ableitet, sieht KERNBERG im pathologischen Narzißmus nicht eine libidinöse Besetzung des Selbst, sondern eine libidinöse Besetzung einer pathologischen Selbststruktur, die Abwehrfunktionen hat gegen archaische Selbst- und Objektrepräsentanzen, die präödipale Konflikte, die um Liebe und Aggression kreisen, vernachlässigten. Wir können folgern, daß KERNBERG den pathologischen Narzißmus als Konsequenz einer pathologischen Differenzierung und Introjektion von Ich- und Über-Ich-Strukturen versteht, die aus frühen pathologischen Objektbeziehungen resultieren.

Diese erste Objektbeziehung kann, wie MELANIE KLEIN[145, 146] darlegt, als jene zur Mutterbrust gesehen werden, die einmal durch das Kleinkind als gut, nahrungsspendend, ein anderes Mal als schlecht, frustrierend erlebt wird. Der pathologische Narzißmus könnte in dieser Sicht abgeleitet werden von der Tatsache, daß infolge eines Mangels an mütterlicher und liebender Zuwendung speziell das böse Objekt introjiziert wurde, das in den Aggressionen gegen nahe Objekte reflektiert wird. In dieser Weise kann die narzißtische Wut der Borderline-Persönlichkeiten mit ihrem pathologischen Narzißmus erklärt werden.

Wenn KERNBERG den pathologischen Narzißmus und die pathologische Selbststruktur völlig von der normalen narzißtischen Konfiguration trennt, so kann ich ihm nicht voll beipflichten. Ich habe, in Anlehnung an KOHUT[148, 149], eine Art narzißtischer Persönlichkeitsstörungen beschrieben, deren narzißtische Kompensationen und Abwehrmechanismen sehr wohl als Entwicklungen verstanden werden können, die vom normalen Narzißmus ihren Ausgang nehmen. Die Betroffenen leiden jedoch, im Vergleich zur Normalbevölkerung, an einem Defizit in ihrem Selbst, das sie zu den erwähnten Kompensationsmechanismen des Größenselbst, der Fusion mit einem Selbstobjekt und der Spiegelbeziehung bzw. -übertragung veranlaßt. Diese Kompensationen können dann zu Abwehrmechanismen werden, wenn die Betreffenden diese Vorgänge einsetzen, um jede Neueinstellung in ihrem Leben zu verhindern. So habe ich immer wieder narzißtisch Gestörte zu behandeln, die an diesem Größenselbst, auch wenn sie dadurch in Isolierung geraten und darunter leiden, festhalten, um so keinen neuen Weg gehen zu müssen und sich immer desintegriert fühlen zu können. Sie »profitieren« von einem sekundären Krankheitsgewinn, der darin besteht, immer die anderen haßerfüllt anklagen zu können, an ihrer mangelnden Selbsterfüllung schuld zu sein. Neben diesen Menschen, die offensichtlich eine neurotische Entwicklung durchgemacht haben, also an einer narzißtischen Neurose (= narzißtische Persönlichkeitsstörung) leiden, stoßen wir auf Kranke, die, wie meist schon ein Blick auf ihre Heredität zeigt, offensichtlich von ihrer frühesten Kindheit an, wohl genetisch mitbedingt, an einem Defekt in ihrer Selbststruktur leiden. Diese Patienten tendieren in der Tat von ihrer frühesten Kindheit an zu archaischen Selbst- und Objektrepräsentanzen, zu extremen Fusionserscheinungen, speziell zu Wut- und Haßausbrüchen, zu projektiven Identifikationen, die sich, auch bei diesen Patienten, vor allem auf dem Boden ihrer sehr stark ausgeprägten Fusionsphantasien entwickeln, zum Verlust der Impulskontrolle und zur Fragmentation ihres Ich. Es sind Patienten mit Borderline-Strukturen bzw. -Persönlichkeitsstörungen, die meiner Erfahrung nach nichts zu tun haben mit jenen Individuen, die an einer narzißtischen Neurose leiden, d. h. an jenen Neurosen, die durch ein frühes Defizit oder ein Überangebot an Liebe, an Stimulation und an Möglichkeiten der Kognition oder durch die elterliche Erwartung eines dauernd angepaßten Verhaltens bedingt sind und die ein starkes Ich haben, das ihnen in einer koordinierten Weise zu funktionieren gestattet, ohne daß sie die Kontrolle über sich selbst verlieren. Wenn diese narzißtischen Neurotiker intelligent genug sind, können sie ein solches Wissen erlangen, daß sie die Erwartungen ihres Größenselbst realisieren und durch alle hierarchischen Stufen der Gesellschaft emporklimmen können, bis sie sich in einer führenden Position befinden, eventuell sogar Premierminister oder Präsident eines Staates werden.

Ich differenziere deshalb von den schwerwiegenden narzißtisch gestörten Borderline-Patienten Individuen, die an narzißtischen Neurosen leiden, nicht in dem von FREUD[77] erwähnten Sinne, sondern in dem Sinne von neurotischen Entwicklungen mit Störungen im Bereiche des Narzißmus. Ich kann deshalb mit KERNBERG nicht vollkommen übereinstimmen, wenn er den pathologischen Narzißmus und die pathologische Selbststruktur völlig von einem normal konfigurierten Narzißmus abtrennt. Wir wissen um narzißtisch gestörte Individuen, die vollkommen integriert sind in ihren Ich-Funktionen, die erwähnten narzißtischen Neurotiker. Ich stimme jedoch mit KERNBERG überein, wenn er sagt, daß wir (daneben) Individuen kennen mit einer Defektuosität in ihrer Selbststruktur wie auch in ihrem Ich. Ich habe Individuen beschrieben (BATTEGAY[25]) mit einer schwerwiegenden narzißtischen Störung, die nur als Borderline-Patienten im Sinne von KERNBERG aufgefaßt werden können und die Objekte total ausgelöscht, gemordet haben, mit denen sie in einer nahen Beziehung gelebt haben. Sie hatten vom Partner bzw. von der Bezugsperson eine totale Fusion mit ihnen erwartet. Wenn diese Objekte einen Schritt aus ihrem Schatten zu gehen versuchten, so töteten sie ihn oder sie.

In seinem 51. Lebensjahr wurde uns ein Mitarbeiter eines Industriebetriebes zugewiesen, der angeblich in bezug auf psychische Krankheiten hereditär unbelastet als sechstes von sieben Kindern bei kühler Mutter und werktätigem Vater aufwuchs. Von jeher soll er ein »Raufbold« gewesen sein. 11jährig machte er, während einer Schulpause, einen Unfall durch. Er brach sich einen Arm. Der entsprechende Ellbogen versteifte, und es mußten der größte Teil des Armes und der Hand vertikal amputiert werden. Zuerst ließ er sich zum Handwerker ausbilden. Doch hatte er wegen seiner Invalidität bei der Stellensuche Schwierigkeiten, obschon er sich mit dem ihm verbliebenen Rest der verstümmelten Hand außerordentlich geschickt in die andere Hand spielen konnte. Er kam dann, 23jährig, in den erwähnten Betrieb, und er wurde auf Lochkarten umgeschult. Mit großer Begeisterung war er in der Datenverarbeitung tätig. 31jährig kam es aber zu einem akuten Ausbruch des schon vorher vorhandenen Mißtrauens gegen Mitarbeiter und Vorgesetzte. Er erklärte, daß immer in seinen Schubladen gewühlt worden sei, und er beschuldigte einen Mitarbeiter, dafür belohnt zu werden. Sein Vorgesetzter habe sich »entlarvt«. Seine Zimmernachbarn beobachteten ihn stets. Der Patient drohte, sich oder einem Mitarbeiter etwas anzutun. Die Untersuchung beim Werkarzt führte zur Diagnose: »Psychisch abnorme Persönlichkeit mit ausgesprochen paranoiden Ideen.« Er wurde in eine andere Abteilung der Firma versetzt, doch es kam wieder zu Spannungen. Als der Patient 50 Jahre alt war, bemerkte er, daß seine Mitarbeiter durch den Vorgesetzten veranlaßt worden waren, Karteikarten, die der Patient in der Nähe seines Arbeitsplatzes haben wollte, in den Keller zu bringen. Es bemächtigte sich seiner ein ungeheurer Zorn. Er schlug auf seinen Vorgesetzten ein. Es kam zu einem Disziplinarverfahren. Da dabei die Gefahr bestanden hatte, daß der Patient weiter in seine überwertige Mißtrauenshaltung hineingetrieben worden wäre, wurde dieses Verfahren auf psychiatrischen Rat hin eingestellt. Bei der psychiatrischen Untersuchung war erkannt worden, daß der Patient ein ungeheures Geltungsstreben, ein anspruchsvolles Gerechtigkeitsgefühl besaß und zu maßlosen Wuterscheinungen neigte, wenn er nicht recht bekam. Es wurde damals gewarnt, ihn weiter in der gleichen Abteilung des Industriebetriebes zu beschäftigen. Die psychiatrische Warnung wurde durch die Vorgesetzten in den Wind geschlagen, obwohl nicht nur der ärztliche Dienst, sondern auch die Geschäftsleitung auf die Gefährlichkeit des Patienten aufmerksam gemacht und eine Versetzung in eine andere Abteilung vorgeschlagen worden war. Er wurde erneut am alten Arbeitsplatz eingesetzt. Kurze Zeit danach schoß er auf seinen höchsten Vorgesetzten in seiner Abteilung, nachdem sich seiner wieder das Gefühl bemächtigt hatte, ungerecht behandelt worden zu sein. Er traf den Abteilungsleiter in den Kopf, so daß er bewußtlos blieb und einige Tage darauf verschied.

Bei den experimentell-psychologischen Untersuchungen fiel auf, daß der Expl. gemäß dem Hamburg-Wechsler-Intelligenztest für Erwachsene einen Gesamtintelligenzquotienten von 120 hatte. Im Rosenzweig-Picture-Frustration-Test erwies er sich als extrem frustrationsintolerant, stark aggressiv gegen seine Umwelt, unangepaßt gegenüber der jeweiligen Situation.

Zusammengefaßt ergab sich, daß dieser Mann seit der Zeit seiner Kindheit, in der er noch invalid war, kommunikationsgestört war und dazu neigte, sich die Umwelt durch Aggressionshandlungen botmäßig machen zu wollen. Es war ihm bei der Fragmentationstendenz seines Ich mit begleitender narzißtischer Störung nicht möglich, sich in einen Menschen, ein Objekt einzufühlen, es zu introjizieren. Dafür suchte er diesen Mangel mit einer totalen Ausdehnung seines Narzißmus auf die anderen Menschen, die Objekte, zu kompensieren. Dieser narzißtisch schwerst gestörte Mensch hatte keinerlei Mitgefühl für andere. Sein Über-Ich war rudimentär oder höchstens in einem archaischen Ordnungssinn vorhanden. Kam es aber einmal zu einem Riß in seinem Ordnungsgefüge, so strömte ungestüm seine Wut heraus.

Dieser Mann lebte in der Grenzsituation desjenigen, der sich in seiner Beziehungsschwäche keinerlei Bild des anderen in sich zu entwerfen vermag, keine adäquate Objektrepräsentanz besitzt, dafür aber andere Menschen um so mehr in seine Gewalt bringen möchte.

Widerstrebt der andere einem solchen Individuum, so kann es zu Gewalttätigkeiten bis zum Mord kommen. Solche Menschen dulden andere nicht fern von ihnen. Sie müssen sie unterwerfen oder aus der Welt schaffen. Dieser Mann mit seinem totalen narzißtischen Dominanzstreben duldete keine Eigenart außer seiner. Er war nicht imstande, die Objekte so wahrzunehmen, wie sie waren.

Im Sinne von WINNICOTT[224] war er nur bis zu einem gewissen Grade in der Lage, eine Objektbeziehung – als subjektive Vorstellung vom Objekt – zu pflegen, auf keinen Fall aber eine »Objektverwendung« zu vollziehen, bei welcher der äußeren Realität Rechnung getragen werden müßte. Dieser Mann war gefährlich für Menschen, die ihm aus äußeren oder inneren Gründen nahekommen mußten. So kam es bei ihm im einen Fall zu einer Schlägerei und im anderen Fall sogar zum Auslöschen einer mitmenschlichen Existenz. Der schließliche Griff zur Pistole und das Vernichten eines menschlichen Lebens führen dazu, daß die solchermaßen ihre Innenwelt mit der Außenwelt Verwechselnden und narzißtisch Gestörten glauben, diejenigen, die sich gegen sie wehren, ausmerzen zu müssen. Die Aggression gegen den Partner erfolgt, weil die Betroffenen an eine Grenzsituation (BATTEGAY[25, 25 a]) gelangen, in der sie es nicht ertragen, es sie kränkt, daß der andere sich endgültig andersartig als sie erweist. Weil sie sich nicht genügend von ihm abzugrenzen vermögen, fühlen sie sich durch ihn bedroht. Es erfolgt die Aggression, weil sie das für sie böse gewordene, früher als gut erlebte Objekt aus der Welt schaffen wollen. Der erwähnte Mann war also ein klarer Borderline-Fall mit vorwiegend narzißtischer Störung, mit einem von frühester Kindheit an pathologischen Narzißmus, wie OTTO F. KERNBERG ihn beschrieben hat. Seine Ich-Pathologie war typisch. Er zeigte eine Tendenz zur Fragmentation seines Ich, die dazu führte, daß er feindselige Fragmente seines Ich auf Objekte projizierte und sich damit identifizierte. Es konnte während der Exploration festgestellt werden – eine intensive Psychotherapie war mit ihm nicht möglich, weil er sich im Strafvollzug außerhalb unseres Wirkungskreises befand –, daß diese Ich-Fragmente nicht eigentlich schwach waren, denn sie waren in der Lage, eine sehr starke und rigide Abwehr zu entwickeln. Er konnte jedoch, temporär, seine Vernunft verlieren und sich beliebig dem Primärprozeß nähern in seinen grenzenlosen Ausbrüchen von Wut, die sich ergaben, weil das zur Fragmentation neigende Ich die Kontrolle verlor.

Wir müssen von diesen Borderline-Patienten jene Menschen unterscheiden, die in der klinischen Psychiatrie als schizoide Persönlichkeiten bzw. Psychopathen bezeichnet werden, und die, neben den zwangshaften, den hysterischen und den depressiven Persönlichkeiten, von SCHULTZ-HENCKE[198] und ANNEMARIE DÜHRSSEN[57] als eine der vier Neurosenstrukturen aufgeführt werden. Es sind jene Menschen, die es besser als die Borderline-Kranken zustande bringen, ihre rigide Abwehr gegen Durchbrüche des Unbewußten einzusetzen und nicht zu jener Fragmentation des Ich neigen, als deren Folge bei den Borderline-Patienten »Minipsychosen« oder kurze, einige Stunden oder Tage dauernde Psychosen eintreten können. Sie bleiben besser mit der äußeren Realität im Zusammenhang, sind vor allem konstanter, jedoch kommunikationsgestört, und es ist schwierig, sich in ihre Gefühle einzuleben. RIEMANN [188] unterscheidet zwischen primärer und sekundärer Schizoidie. Die primär Schizoiden hätten nie tragfähige Beziehungen entwickelt, während die sekundär Schizoiden sich nach traumatisierendem Erleben in der Kindheit von den Objekten zurückzögen. ANNEMARIE DÜHRSSEN [57] sagt das Folgende: »Der schizoide Patient, der von einem... Rededrang getrieben wird, bietet seinem Therapeuten einen kommunikationslosen Redeschwall.« Sie stellt diesen Typus dann den anderen gegenüber und sagt u. a. folgendes: »Der zwanghafte Patient überschwemmt seinen Analytiker auf das hartnäckigste mit ausführlichen Detailschilderungen, die kein wirklich bedeutungsvolles, tieferes Material an die Oberfläche kommen lassen. Bei der hysterischen Struktur gibt es die agierende Erzählerfreude, die die alltäglichen Begebenheiten aus dem Leben der Kranken als kleine Theaterstückchen anbietet. Falls depressive Patienten (was selten ist) viel reden, dann tendieren sie zu einer hypochondrisch gefärbten, eintönigen Wiederholung ihrer Klagen, Klagen, bei denen meist deutlich spürbar die anklagenden Untertöne mitschwingen.«

Wenn wir nun wieder zu den narzißtischen Störungen zurückkehren, so können wir sagen, daß wir Patienten sehen, die eine ganz andere insuffiziente Selbst-Struktur aufweisen als die Borderline-Kranken. Ich habe bereits erwähnt, daß es Persönlichkeiten sind, die in den frühesten Monaten ihres Lebens nicht oder übermäßig jene physische und gefühlsmäßige Wärme, jene Stimulation und jene Möglichkeit zur Kognition von Gestalten erhalten haben, die für eine normale Entwicklung entscheidend sind.

Zur Erklärung dieser narzißtischen Neurosen müssen wir bei einer allgemeinen Therapie des normalen Narzißmus beginnen: BELA GRUNBERGER [116] hat vom Leben im Uterus gesagt, daß dort ein homoeostatisches Milieu herrsche, das beim Säugling zu einem Gefühl der »erhabenen Erhabenheit« führe. Diese Erhabenheit sei bedingt durch die Tatsache, daß der Embryo umgeben sei von einem warmen und stützenden, normalerweise nicht traumatisierenden Milieu. Anläßlich der Geburt kommt das kleine menschliche Lebewesen, besonders in unserem Kulturkreis, in eine physikalisch und emotional kalte Umgebung. Dieser Umstand stellt wohl das »Trauma der Geburt« dar, von dem OTTO RANK[183] sprach, durch das jedes Individuum durchzugehen hat, wenn es auf die Welt kommt. Vielleicht ist es auch diese Tatsache, die zu der narzißtischen Verletzlichkeit der ganzen Menschheit führt. Jedes menschliche Wesen phantasiert, wie zur Säuglingszeit, bis zu einem gewissen Grad eine Fusion mit den es umgebenden Objekten, und wenn es keine Gelegenheit erhält, diese fusionäre Beziehung zu vollziehen, oder insbesondere, wenn es zurückgestoßen wird, wird es narzißtisch verletzt, und es neigt dann zu Wut- und Rachegefühlen. Diese narzißtische Verletzlichkeit ist die »Achillesferse« jedes Menschen.

PORTMANN[182] hat beschrieben, wie der Mensch, im Gegensatz zu den Primaten, in einem unreifen Zustand geboren wird. Das kleine Menschenkind benötigt Schutz und Fürsorge, ohne die es nicht überleben kann, während alle anderen Tiere, die ihm nahestehen, bald nach der Geburt von ihren Müttern wegrennen, zumindest für eine kürzere oder längere Zeit. Sie benötigen nicht diesen umfassenden Schutz, von dem das kleine Menschenkind abhängig ist.

Unter diesem Gesichtswinkel können wir sagen, daß der Mensch in seinen frühen Lebensmonaten einen »sozialen Uterus« benötigt, in welchem er einen weiteren Reifungsprozeß vollziehen kann. In dieser Phase ist er, wegen seiner Unfähigkeit, seine Körpertemperatur autonom zu regulieren, von der Zufuhr physikalischer Wärme abhängig. Daneben benötigt er, wie die Beobachtungen von RÉNÉ SPITZ[205] zeigen, gefühlsmäßige Wärme und Stimulation. Dieses Bedürfnis für gefühlsmäßige Aufmerksamkeit und für Reize bleibt jedoch wichtig nicht nur in diesem ersten Lebensstadium, sondern durch das ganze Leben hindurch.

Die Sorge der Mutter wird vom Säugling insbesondere durch die Haut vermittelt aufgenommen, so wie das Kind während des intrauterinen Lebens nicht nur durch die Chorda umbilicalis, sondern auch durch die Hautfühlung mit ihr verbunden ist. Intra utero erreicht die Körpertemperatur der Mutter den Fötus über das Fruchtwasser durch die Haut.

Wie ich bereits angeführt habe, ist das gleiche der Fall für die ersten Monate nach der Geburt, wenn die Mutter den Säugling in ihre Arme nimmt und ihn an ihre Brust drückt. Die Bedeutung der Haut, neben den Augen und den Ohren, dem Geruchs- und dem Geschmackssinn, den Tastfunktionen sowie der Tiefensensibilität, für die Kommunikation mit der Mutter und dadurch mit der Welt ist offenbar. Die Haut ist nicht nur ein Organ, das dem Fötus und dem Kind seine Grenzen gibt und es zusammenhält und dadurch ein wichtiger Teil des Körpers, der hilft, ein konsistentes Selbst, vor allem auch eine Körperrepräsentanz zu bilden. Sie ist vielmehr auch ein Organ, das die Kommunikation mit der Umwelt vermittelt, speziell in den frühen Monaten des Lebens. Ich spreche deshalb von den ersten Lebensmonaten, d. h. den ersten sechs bis neun Monaten, als der taktil-symbiotischen Phase der Entwicklung. – Dieser taktil-symbiotischen Phase kommt für die Entstehung einer Reihe von Störungen besondere Bedeutung zu, so beispielsweise für die von DÜHRSSEN[58] beschriebene Trichotillomanie.

Wenn SIGMUND FREUD[79] die Oralität als wichtig, als essentiell für diese erste Lebensphase ansieht, so habe ich zu sagen, daß der Mund vor allem auch durch seine Berührung der Mamille der Mutter seine Wichtigkeit als Kommunikationsorgan gewinnt. Was die Nahrung anbetrifft, so ist es psychologisch irrelevant, ob sie natürlich oder künstlich ist. Was wichtig ist für das Kind, ist die Berührung des Mundes mit der Mamille und der Haut der Mutterbrust und des übrigen mütterlichen Körpers. MARGARET MAHLER[163] spricht von der Symbiose des kleinen Kindes mit der Mutter in den ersten Monaten des Lebens. Sie sagt, daß das rudimentäre Ich des Neugeborenen durch emotionale Kommunikation und Umsorgung durch die Mutter kompensiert werden muß. Das kleine Kind benötigt die Mutter auf der einen Seite, um sich in ihren Augen zu spiegeln, und auf der anderen Seite, um eine Einheit mit ihr zu bilden. Von dieser Symbiose aus wird sich das Kind einmal lösen, einmal sich ihr wieder annähern. Ich stimme vollkommen mit der MAHLERschen Ansicht überein, wenn sie von dieser Verstärkung spricht, die das Baby benötigt, aber ich würde das Wort Selbst statt den Begriff Ich wählen, denn das Ich ist eine vorwiegend genetisch bedingte Struktur, eine Instanz, während das Selbst, in meiner Sicht, mehr abhängig ist von der Umgebung mit den darin vorkommenden Gestaltkonfigurationen und von der affektiven Zuwendung der Mutter. MARGARET MAHLER unterscheidet indes nicht in dieser Weise zwischen Ich und Selbst.

Wie EDITH JACOBSON [127] und OTTO F. KERNBERG [139] beschreiben, entwickelt das Baby in dieser frühen Phase nicht nur eine Selbstrepräsentanz, sondern auch eine Objektrepräsentanz. Dieses Imago des Objektes wird, mit der Selbstrepräsentanz, ein integraler Teil des Ich, des Es und des Über-Ich. Ohne ein solches Introjekt, das sich in den frühesten Lebensmonaten entwickelt, ist keine spätere Objektbeziehung möglich.

Als ein Vorläufer einer Objektbeziehung ergibt sich, meinen Beobachtungen gemäß, eine Ausdehnung des Narzißmus auf das Objekt (s. Kap. 6.2.3). Das heißt, es wird die Eigenliebe, sofern genügend davon vorhanden ist, für die Aufmerksamkeit für andere verwendet. Doch kann diese basale Beziehung, die im Grunde genommen eine fusionäre ist, gleich jener der taktil-symbiotischen Phase, nur dann stattfinden, wenn die Betroffenen um ein Objekt wissen bzw. wenn eine Objektrepräsentanz vorhanden ist. Menschen, die nicht imstande sind, eine Objektrepräsentanz zu entwickeln, müssen eine pathologische Narzißmusstruktur und ein fragmentationsbereites Ich haben, welche die Instanzen Ich, Es und Über-Ich nicht nur daran hindern, eine Selbstrepräsentanz zu entwickeln, sondern auch ein adäquates Bild des Objektes zu erlangen. Diese Menschen mit ihrem zur Fragmentation neigenden Ich sind narzißtisch gestörte Borderline-Patienten, deren Selbst außerordentlich verwundbar ist und die zu ungeheuren Haß- und Wuterscheinungen neigen. Individuen jedoch, die eine umschriebene Objektrepräsentanz und eine gewisse Selbstrepräsentanz entwickeln, die jedoch nicht genügend oder nicht adäquat oder übermäßig stimuliert und aufgefüllt worden ist mit Selbsterfahrungen und Grati-

fikationen, sind diejenigen, die wir als narzißtische Neurotiker bezeichnen und von denen wir nun sprechen möchten. Es sind jene
Individuen mit starker Ich-Struktur, die keinerlei Fragmentationstendenz ihres Ich zeigen, jedoch an einer mehr oder weniger offenbaren Lücke in ihrem Selbst, an einem Mangel in ihrem Selbstverständ-
nis und in ihrem Selbstwerterleben sowie an einer ungenügenden
Selbstidentität leiden. Ich glaube nicht, daß KOHUT recht hat, wenn er
in diese Kategorie auch Leute nimmt, die eine Tendenz aufweisen zu
einem »fragmentierten Körperselbst«, wie er es formuliert. Ich habe
beobachtet, daß nur jene narzißtisch gestörten Individuen, die eine
Fragmentationsneigung ihres Ich zeigen, zu einer solch fragmentierten Phantasie betreffend ihren Körper neigen und nicht fähig sind,
ihren Körper in ein Totalimago zu integrieren. Die Individuen jedoch, die ich als narzißtische Neurotiker bezeichne, leiden bei ihren
mannigfaltigen hypochondrischen Beschwerden offenbar aufgrund
der Tatsache, daß sie nicht fähig sind, genügend narzißtische Libido
und Aufmerksamkeit oder Information ihren verschiedenen Körperfunktionen zu leihen. Wir wissen allerdings nicht, weshalb es zu
einer bestimmten und nicht zu einer anderen Organwahl kommt,
können indes vermuten, daß dem schmerzhaften oder funktionell
gestörten Organ-System ein besonderer Bedeutungsgehalt in der Beziehung des Ich zu den Objekten zukommt. Nicht selten hören wir
von diesen Menschen, daß sie kein Gefühl der Freude, der Lust an
ihrem Körper erlangt haben, oder daß sie, zumindest in gewissen
Phasen, unter dem Eindruck einer gewissen Depersonalisation betreffend ihr Soma leiden. Aber ihre Erfahrung der Körperfunktionen, soweit sie in emotionalem Kontakt mit ihnen sind, bleiben in ein
Gesamtbild integriert. Auch finden wir in den Familien dieser Individuen Männer und Frauen mit einem starken Ich, die eine hohe soziale
Position und Integration erreicht haben und in keiner Weise in Gefahr stehen, in unserer Gesellschaft verlorenzugehen. Viele Manager
und auch Politiker von hohem Rang weisen eine insuffiziente Struktur ihres Selbst auf, haben jedoch ein starkes Ich, und sie sind deshalb
darauf aus, sich selbst narzißtische Gratifikationen zuzuführen, indem sie eine Position der Macht bekleiden. RENTSCHNIK und Mitarbeiter[186] haben darauf hingewiesen, daß in der Politik die Füh-

rungspersönlichkeiten oft einen oder beide Elternteile in ihren frühen Lebensabschnitten verloren haben und deshalb nicht fähig waren, eine solide Selbstidentität zu gewinnen. Jene, die an der Spitze der sozialen Hierarchie stehen, sind oft gestört in ihrer narzißtischen Entwicklung, da sie in ihrer frühen Kindheit nur ungenügend Liebe, Zuwendung und Stimulation durch ihre Mütter oder durch beide Elternteile erfahren haben. Sie versuchen, ihren Mangel zu kompensieren, indem sie mehr oder weniger vollständig ihren Narzißmus auf die Individuen verlegen, die ihnen untergeordnet sind. Ich kann mich in diesem Zusammenhang nicht ganz mit OTTO F. KERNBERG einverstanden erklären, wenn er sagt, daß die Fusion in der Phantasie nur bei Psychotikern geschehe. Fusionäre Tendenzen erkennen wir bei Borderline-Patienten wie bei narzißtischen Neurotikern, da beide, allerdings in unterschiedlichem Ausmaß, dazu neigen, sich vorzustellen, daß die anderen genau so fühlen und denken wie sie. Schizophrene können sogar die – von ihnen als bedrohlich erlebte – Nähe der anderen derart abwehren, daß sie zu keinerlei Fusion imstande sind. Eine fusionäre Beziehung in einem Mittelmaß bzw. die Ausdehnung des Narzißmus auf das Objekt stellt nach meinem Dafürhalten, in einem Mittelbereich, sogar die Basisbeziehung der Menschen untereinander dar (s. Kap. 6.2.3). Eine Identifikation ist eine aktive Ich-Leistung und kann erst auf der Grundlage einer fusionären Beziehung entstehen. Der biblische Satz »Liebe deinen Nächsten wie dich selbst« trägt diesem Umstand Rechnung.

Wir sehen bei narzißtischen Neurotikern oft ganz ausgesprochen solche fusionäre Tendenzen: Ein berühmter Universitätsprofessor suchte mich einmal auf und erklärte mir, daß seine Frau zweifellos psychotisch geworden sei, denn sie habe es abgelehnt, so zu leben, wie er es wünsche, und sie versage es ihm, an seinen beruflichen Interessen teilzunehmen. Als ich seine Frau dann empfing, betonte sie, daß ihr Mann sie nie nach ihrer Ansicht gefragt habe. Sie bemerkte, daß er immer für sie entscheiden wolle. An seinem Arbeitsplatz erhalte er soviel Respekt, Bewunderung und sogar Liebe von jungen weiblichen Mitarbeitern, und sehr oft, glaube sie, unterhalte er für eine gewisse Zeit intime Beziehungen mit einer dieser Damen.

Sie unterstrich, daß er immer von ihr erwartet habe, still zu Hause zu warten und ihre Hausfrauenpflichten zu erfüllen. Als ich den Professor das nächste Mal sah, stimmte er mit mir überein, daß er seine Frau ständig benötige. Er müsse sicher sein, daß sie immer für ihn da sei, ihn stets verstehe. Es war indes schwieriger, ihm meine Interpretationen verständlich zu machen, die darin bestanden, ihm zu zeigen, daß er offensichtlich eine narzißtische Lücke aufweise und deshalb keine klare Selbst- und keine von ihm getrennte Objektrepräsentanz besitze und nicht genügend in Betracht ziehe, daß seine Frau ein separates Individuum sei und ein Mensch, der nicht nur der Schatten von ihm sein wolle, sondern ein eigenes Leben zu führen wünsche. Es war für ihn schwierig zu verstehen, daß sie ihm nicht alle Abenteuer mit anderen Frauen verzeihen konnte, die er zu benötigen glaubte, nicht so sehr, um Liebe zu geben, sondern um narzißtische Gratifikationen seiner Grandiosität und seiner phallischen Potenz zu erhalten.

Dieser Mann war nun in keiner Weise Ich-schwach oder von einer Ich-Fragmentation bedroht. Er hatte jedoch, als ein Nachkomme einer Familie, in der die Leistung allein entscheidend war, nicht jene Wärme von seiner Mutter in der frühen Kindheit erhalten, nicht jene affektive Stimulation, die ihm den Aufbau eines konsistenten Selbst ermöglicht hätte. Bereits in seiner frühen Jugend zeigte seine relativ alte Mutter nur Stolz, wenn er etwas geleistet hatte. Er paßte sich an die Erwartungen seiner Mutter an, wie es durch ALICE MILLER[170] in ihrem Buch *Das Drama des begabten Kindes* beschrieben wird. Er war imstande, alle hierarchischen Stufen emporzuklimmen, wie es seine Mutter erwartet hatte, und wie es sein grandioses Ideal-Selbst von ihm verlangte, doch hatte er keine Ahnung von dem, was sein reales Selbst war. Er war auch kaum fähig, mit einem Objekt so in Kommunikation zu treten, daß er dieses als solches respektierte. So anerkannte er seine Frau nicht in einer freien und offenen Weise, denn er versuchte, seinen Mangel an Selbst dadurch zu kompensieren, daß er in seiner Phantasie mit ihr eine Fusion einging und erwartete, daß sie alles tun sollte, wie er es wünschte. Dadurch konnte er in keiner Weise erkennen, was im Objekt vorging. Er war nicht motiviert für eine Psychoanalyse und nicht interessiert, die Probleme mit seiner Frau wirklich zu erhellen. Dieser Mann würde eine – initial modifizierte – Psychoanalyse notwendig gehabt haben, die typisch gewesen wäre für alle diese narzißtischen Neurotiker, d. h., er würde zu Beginn mehr Bestätigung und Unterstützung als in der klassischen Psychoanalyse benötigt haben. Nach diesem initialen Stadium wäre es indes möglich gewesen, die klassische Analyse anzuwenden. Es war nicht notwendig, die von KERNBERG für Borderline-Fälle angegebene analytisch orientierte expressive Psychotherapie anzuwenden, die dort indiziert ist, wo eine schwere Ich-Pathologie vorliegt und vor allem der Realitätsbezug gestützt werden muß.

Wenn ich jetzt nochmals zu zeichnen versuche, wie ich das Selbst in die psychischen Instanzen integriert sehe, so möchte ich sagen, daß das Es, das Ich und das Über-Ich die drei Instanzen sind, welche die menschliche Persönlichkeit aufbauen. Das Selbst ist, unter diesem Blickwinkel, die zentrale Repräsentanz dieser Instanzen, die Energie, das »Feuer«, die Wärme, die Quelle des Selbstwerterlebens, die narzißtische Libido, oder, anders ausgedrückt, die Selbst-Information, welche die drei Instanzen belebt und ihnen – wie auch dem Körper – den Eindruck vermittelt, zusammenzugehören. Das Selbst ist die Repräsentanz, die das Individuum kontinuierlich sich selbst erleben und es fühlen läßt, daß es gestern, heute und morgen dasselbe ist.

Man kann, meiner Ansicht nach, die Selbst-Psychologie nicht von einer Es-, Ich- und Über-Ich-Psychologie trennen, wie KOHUT es in seinem Buch *The Restoration of the Self*[149] zu tun versuchte. Wir stimmen jedoch mit KOHUTS Erstbeschreibung im Jahre 1971[148] überein, als er erwähnte, daß das Selbst eine Art orientierende Repräsentanz des ganzen psychischen Systems sei. Während Ich, Es und Über-Ich über des Individuums Fähigkeit entscheiden, quantitativ einen Ausgleich aufrechtzuerhalten zwischen dem Realitäts- und dem Lustprinzip, ist das Selbst für die Qualität der Beziehungen entscheidend, die ein Individuum mit sich selbst und der Objektwelt haben kann. Ein konsistentes Selbst gibt die Möglichkeit, sich selbst adäquat zu empfinden, ein warmes Selbstgefühl zu haben und sich als der übrigen Welt zugehörig zu erleben, vorausgesetzt, daß das Ich stark genug ist, Grenzen zwischen dem Individuum und den Systemen außerhalb von ihm zu setzen. Ich, Es und Über-Ich konstituieren die psychische Struktur, während das Selbst deren zentralen Inhalt darstellt, der dem Individuum das Gefühl und das Wissen vermittelt, ein separates Wesen zu sein und, bei allen Wechseln, die stattfinden, immer den gleichen Menschen darzustellen.

Wie HARTMANN[119] und andere betonen, scheint es, daß die Stärke oder Schwäche der drei Instanzen (Ich, Es und Über-Ich) nicht nur bedingt ist durch die frühen Lebenserfahrungen, sondern auch durch einen genetischen Faktor. Die Qualität des Selbst hingegen ist vorwiegend durch die Bedingungen der ersten beiden Lebensjahre, vielleicht auch durch das intrauterine Leben bestimmt. Doch sehen wir, selten, Individuen, die an einer genetischen Störung ihres Selbst zu leiden scheinen, z. B. narzißtisch gestörte Borderline-Patienten oder in ihrem Selbst insuffiziente und kompensatorisch bzw. abwehrend geltungssüchtige Persönlichkeiten mit ihrem grandiosen Selbst, in deren Familien wir oft ähnlich strukturierte Menschen vorfinden.

Die Differenzierung in Ich und Selbst scheint mir wichtig, da wir, wie bereits erwähnt wurde, wissen, daß gewisse Individuen ein starkes Ich, jedoch ein schwaches Selbst aufweisen. Menschen, die konstitutionell eine solide Ich-Struktur besitzen, können in ihrer frühen Kindheit eine emotionale Mangelerfahrung, Übersättigung oder Überanpassung durchgemacht haben, und sie sind deshalb nicht fähig, sich selbst in ihrer Eigenart zu lieben und ihr Ich, Es, Über-Ich und ihren Körper mit narzißtischer Libido, Aufmerksamkeit oder Information zu besetzen. Wir sehen, wie bereits beschrieben, Patienten zu uns kommen, die eine bemerkenswerte berufliche Karriere hinter sich haben, die jedoch im Bereich des Narzißmus aufs schwerste gestört sind. Sie können Manager einer großen Firma sein, Politiker, Universitätsprofessoren, aber nichtsdestoweniger bemerken wir, daß sie sich zu entwerten trachten, daß sie von depressiven Verstimmungen gequält werden, wenn sie keinen beruflichen Erfolg haben, und in ihrer Phantasie zu übermäßigen Fusionen mit anderen Menschen neigen.

Während eine Fusion in der Phantasie eines Individuums in einem

Mittelmaß ein normalpsychologisches Phänomen darstellt, in dem Sinne, daß der Narzißmus auf das Objekt ausgedehnt wird, als eine Voraussetzung für einen späteren identifikatorischen Prozeß – eine Identifikation stellt immer eine aktive Ich-Leistung dar –, sind ein totales Fehlen von Fusionstendenzen wie auch die Neigung zu einer übermäßigen Fusion psychopathologische Phänomene.

Die Individuen, welche zu narzißtischen Neurosen neigen, versuchen eine Objektbeziehung zu erlangen, indem sie ihre insuffiziente narzißtische Libido in einer Art auf das Objekt erstrecken, daß sie es als ein Selbstobjekt betrachten. Diese Fusion ist bei narzißtischen Neurotikern allerdings nie so stark, wie ich (BATTEGAY[25]) sie bei ich-gestörten Borderline-Störungen beschrieben habe, die zu einer totalen Zerstörung des Objektes führen kann. Diese Fusion ist auch nie so total wie bei gewissen Schizophrenen, die, wegen ihrer Ich-Schwäche und mangelnder Ich-Grenzen, oft nicht in der Lage sind, zwischem dem Ich und dem Objekt zu unterscheiden.

Die Fusionstendenz der narzißtischen Neurotiker mit Objekten führt zu einer Erfahrung von Abhängigkeit von ihren Ehegatten, von ihren Eltern oder Kindern, ja sogar von Zuhörern bei Vorlesungen. Die Betroffenen neigen dazu, narzißtisch verletzt zu sein, und, wie KOHUT[148] es beschrieben hat, narzißtischen Wut- und Rachegefühlen zu verfallen. Keine Wut ist tiefer, keine dauert länger als jene, die narzißtischen Ursprungs ist, mag sie von narzißtischen Neurotikern oder von Borderline-Patienten herstammen.

Eine Patientin von 29 Jahren, Tochter eines impulsiven Metzgers und einer kalten Mutter, die in ihres Vaters Geschäft half, wurde in ein psychiatrisches Spital eingewiesen, nachdem sie ihren Vater durch Tod an einem Myokardinfarkt ein Jahr zuvor verloren hatte. Sie hat einen jüngeren Bruder, der in sehr schwere neurotische Schwierigkeiten verstrickt ist. Die Patientin war depressiv und voll von frei flottierenden Ängsten, so daß sie kaum zu sprechen imstande war. Später sagte sie, daß sie auf der einen Seite ihren Vater geliebt hatte, daß er aber, auf der anderen Seite, sie im Geschäft, wenn es voller Kunden war, als Hure titulieren oder sagen konnte: »Sicher machst du die Straße.« Wenn er verärgert war, konnte er im

Kühlraum bleiben und ihr kein Fleisch geben, das sie benötigt hätte, um die Kunden zu bedienen. Sie hatte die Wartenden zu unterhalten, bis sein Ausbruch beendet war. Die Mutter war nur aus materiellen Gründen bei ihm geblieben. Wenn der Vater seine Gattin insultierte, so nahm die Mutter jeweils Geld aus der Kasse, um sich für die Verletzungen ihres Narzißmus, die sie erlitten hatte, zu entschädigen. Die Kranke erinnerte sich daran, daß die Familie einmal am Mittagstisch saß, als der Vater einen seiner Ausbrüche erlitt, und die Mutter entgegnete, daß sie sie, die Familie, vergiften würde. Die Patientin fühlte nie Liebe von seiten ihrer Mutter. Wenn sie später einen Freund nach Hause brachte, fragte die Mutter, weshalb sie nicht den reichen Nachbarssohn heimbrächte. Nur einmal hatte sich die Kranke wohlgefühlt, als sie in einem Privatspital in einer anderen Stadt arbeitete, in dem wichtige Männer und Frauen der ganzen Welt behandelt wurden. Sie schätzte es außerordentlich, daß sich die Patienten wohl verhielten und sich höflich mit ihr abgaben. Die Kranke fühlte, daß sie in dieser Position an Wichtigkeit gewann. Nichtsdestoweniger war sie oft traurig, ohne daß sie wußte weshalb, und sie lebte ständig in der Angst, ihre Freunde zu verlieren. Auch konnte sie es nicht ertragen, daß einer ihrer Freunde die ganze Nacht über in ihrem Bett blieb. Im Sexualverkehr fühlte sie nichts.

Der Zusammenbruch nach dem Tode ihres Vaters ereignete sich, nachdem sie eine heftige Diskussion mit ihm gehabt hatte, in deren Verlauf er in ihren Armen starb, wobei Mutter und Bruder abwesend waren. Sie lief hinaus aus der Wohnung, rief Nachbarn zu Hilfe und vermochte nicht mehr, den toten Vater anzusehen. Doch kamen ihre Depressionen und ihre panische Angst erst nach einem Jahr in einem solchen Ausmaß, daß sie ohne therapeutische Hilfe nicht mehr auskam.

Auf den ersten Blick schien es, daß ihre Ängste ödipalen Ursprungs waren. Während der Psychoanalyse wurde es aber mehr und mehr offensichtlich, daß sie an einer schweren narzißtischen Neurose litt. Obwohl oder gerade weil ihre Eltern so schlecht zu ihr waren, lebte sie in einer Fusion mit ihnen, deren moralische Maßstäbe zu den ihren geworden sind. Ihr Über-Ich war archaisch, und als der Vater während einer Diskussion mit ihr starb, erhielt es weitere »Nahrung«. Ihre Ängste stiegen mehr und mehr an, und sie kamen ein Jahr nach seinem Tod, unmittelbar vor Weihnachten, zu einem Höhepunkt. Im Verlaufe ihrer Analyse, welche mehr als tausend Sitzungen (3 × pro Woche) andauerte, wurde es offensichtlich, daß sie zutiefst narzißtisch verletzt war durch Mutter und Vater und dessen schreckliche Zornausbrüche. Was auch immer die Mutter zu ihr sagte und für sie tat, die Patientin hatte stets den Eindruck, daß es »vergiftet« war und nur aus eigensüchtigem Interesse der Mutter, nicht aber, weil sie sich um die Patientin kümmerte, erfolgte. Die Kranke war voller Rachegefühle gegenüber ihrer Mutter und gegenüber Menschen, durch die sie sich verletzt fühlte. Mit der Zeit konnten im Rahmen der Psychoanalyse ihr Selbstwertgefühl gebessert, ihr Selbst strukturiert und ihr Über-Ich gemildert werden, so daß sie nicht länger unter ihren Ängsten zu leiden hatte. Sie selbst hatte früher einmal das Über-Ich »wie zwei SS-Männer« erlebt, die sie ständig ergriffen, wenn es ihr bessergehen sollte. Nach so zahlreichen analytischen Sitzungen war sie auch immer noch voll des Rachegefühls, und eine kleine narzißtische Kränkung konnte sie in eine schreckliche Wut versetzen. Doch vermochte sie ihre berufliche Laufbahn wenigstens halbtags fortzusetzen und sich neue Freundschaften zu schaffen, und es zeigte sich, daß sie, wie einige ihrer Vorfahren, ein recht starkes Ich hatte.

Wie diese Lebensgeschichte erkennen läßt, konnte die Patientin ihrem Ich nicht genügend narzißtische Zufuhr geben. Speziell, wenn sie depressiv war, hatte sie eine Tendenz zur Selbstentwertung. Sie zog sich von Kommunikation mit anderen zurück und hatte stets Angst hervorrufende Schuldgefühle, die von ihrem Über-Ich herkamen. Als z. B. eine Freundin, die ebenfalls narzißtisch schwer gestört war, sich von ihr zurückzog, litt sie wieder temporär an heftigen Angstzuständen.

Die Tatsache, daß bei den Depressionen, speziell den schweren »major depressions« nach DSM-III-R[55a], das Ich nicht narzißtisch besetzt zu werden vermag, führt dazu, daß die Betroffenen keine Lebenslust mehr haben, sich in der Welt fremd erleben, das Ich als entfremdet erfahren und sich jederzeit umbringen können. Diese

Patienten vermögen ebenso ihr Es nicht narzißtisch zu besetzen und können ihren Narzißmus auch nicht auf die Objektwelt ausdehnen, nicht auf die sie umgebenden Individuen, nicht auf die Wohnung und das Haus, in denen sie leben, nicht auf andere Objekte. Deshalb können sie keine Beziehung zu Objekten aufrechterhalten, und sie erleben gelegentlich eine ohnmächtige Wut, die sich, bei ihrem archaischen Über-Ich, das nicht mehr narzißtisch gemildert werden kann, nicht so sehr gegen die Umwelt, als gegen sich selbst richtet. Deshalb kam SIGMUND FREUD zur Auffassung, daß die Aggression eine Umkehr von den Objekten auf das Ich erfahre.

Eine meiner Patientinnen, eine Arztfrau, hatte, bevor sie verheiratet war, während ihrer schweren Depressionen das Gefühl, daß sie nicht zu Hause war in ihrer Mutter Heim, und sie sprang eines Tages aus dem Fenster des ersten Stockes hinaus. Nachdem sie sich erholt und geheiratet hatte, erlitt sie wieder depressive Phasen, und nun vermochte sie sich auch in ihrem eigenen Heim nicht zu Hause zu fühlen. Es war kein Platz, den sie als zugehörig fühlte, und sie versuchte wenigstens eine Ecke ihres Raumes so zu gestalten, daß sie zu ihrem eigenen Platz würde. Aber auch das war ihr nicht möglich. Sie ordnete während ihrer Depressionen ihre Kleider im Schrank mehrmals pro Tag, aber das befriedigte sie ebenfalls nicht. In den Psychotherapiesitzungen sagte sie immer wieder: »Je ne sais pas vivre« (Ich weiß nicht, wie ich leben soll). Ich erkannte, daß sie ihr Ich in keiner Weise zu lieben vermochte. Sie konnte sagen: »Hätte ich nicht soviel Geld, würde ich nicht an Depressionen leiden.« Sie vermochte also ihr Ich nicht zu schätzen, und sie hatte ein grausames Über-Ich, das es nicht einmal duldete, daß sie Depressionen hatte. Wenn sie in die analytisch orientierten Psychotherapiesitzungen kam, erwartete sie immer, durch den Therapeuten »gefüttert« zu werden. Es war offensichtlich, daß sie riesige Erwartungen ihm gegenüber hegte, aber auch, daß sie sich in seiner Anwesenheit ihm gegenüber entwertete. Sie konnte nicht wirklich ihren Narzißmus auf den Therapeuten ausdehnen und fühlte sich selbst in den Psychotherapiesitzungen etwas isoliert. Ihr Über-Ich war so streng, daß sie die religiösen Feiertage der Christen und Juden – sie selbst war jüdisch und ihr Ehemann christlich – aufgeschrieben hatte, und sie glaubte, daß sie alle diese Feiertage beobachten müßte. Wenn ich, als ihr jüdischer Arzt, an einem jüdischen Feiertag erschien, fürchtete sie, daß das eine Verletzung des (religiösen) Gesetzes wäre.

In ihren depressiven Phasen hatte also diese Frau keine Beziehung zu ihrem Ich, keine wirkliche zu der Objektwelt, und sie war total ausgeliefert an ein sadistisches Über-Ich, und zwar wegen eines Mangels an narzißtischer Besetzung dieses Über-Ich, des Ich, des Es, ihres Körpers und der Objektwelt. SIGMUND FREUD [94] hat angeführt, daß die Melancholiker ihre Libido auf ihren Narzißmus zurückzögen, und er sagt, daß sie deshalb nicht fähig wären, mit Objekten zu verkehren. Ihr Rückzug auf den Narzißmus würde zu einer Introjektion der Objekte und zur Tatsache führen, daß das Ich so behandelt würde, als wenn es ein Objekt wäre. Das Ich würde dementsprechend jene Aggressionen erhalten, die gegen das Objekt gerichtet wären. Sicher bin ich mit FREUD einig, wenn er sagt, daß die Libido sich von den Objekten zurückzieht. Aber ich bin der Ansicht, daß diese Tatsache nicht dadurch erklärt werden kann, daß sie sich auf den Narzißmus zurückverlegt. Ich denke, daß das Essentielle jeder Melancholie, jeder schweren Depression, jener Faktor ist, daß nicht mehr genügend oder kaum mehr Narzißmus zur Verfügung steht. Die narzißtische Energie oder Libido, die narzißtische Aufmerksamkeit bzw. Information ist erniedrigt oder total versiegt. In meiner Sicht leiden die schwer Depressiven an einem Mangel an Narzißmus, zumindest in der Zeit ihrer Krankheitsepisoden, der, zum Teil wohl genetisch bedingt, durch die dann bestehende biochemische Defizienz in Erscheinung tritt. Während dieser Zeit sind sie also nicht fähig, ihre narzißtische Information dem Ich, dem Es, dem Über-Ich, dem eigenen Soma oder den Objekten zu verleihen. Sogar Menschen, die an und für sich ein starkes Ich haben, werden nicht länger Ich-Stärke besitzen, weil die nötige narzißtische Besetzung des Ich, die es für sein Funktionieren benötigt, in dieser Zeit kaum oder nicht mehr existiert. Während der Depression erfahren diese Menschen ihre Triebe oft als gefährlich, und sie entwickeln Schuldgefühle. Diese

Tatsache kann aufgefaßt werden als ein Verlust der narzißtischen Libido (Aufmerksamkeit) für das Es. Doch, wie gesagt, stehen Depressive, in ihren Krankheitsphasen, unter der Kontrolle eines sehr strengen, archaischen Über-Ichs, das dann nicht mehr gemildert wird durch narzißtische Libido. Auch deshalb wird jeder Trieb, der aufkommt, als verboten erlebt. Wie JEANNE LAMPL-DE GROOT[155] es beschrieben hat, verschwindet jener Teil des Über-Ichs, den wir als Ich-Ideal bezeichnen und auf welchem die narzißtische Aufmerksamkeit in gesunden Tagen ruht, so daß nun nur noch der aggressive Teil, das blinde Gewissen, übrigbleibt und damit jede gratifizierende Funktion verschwunden ist.

Mit anderen Worten, ich denke, daß der essentielle Faktor bei schweren Depressionen nicht ein Rückzug der Libido auf den Narzißmus ist, denn es ist just diese narzißtische Energie, Aufmerksamkeit oder Information, die diesen Individuen fehlt. Wir können also sagen, daß es der Verlust der narzißtischen Libido sei, die das Wesentliche einer Depression darstellt. Nicht einmal das Ich kann narzißtisch besetzt werden, und deshalb wird es in den Depressionen so behandelt, als ob es fremd und bedrohlich wäre, d. h., es wird in aggressiver Weise angegangen. Destruktive Tendenzen richten sich gegen das Ich, weil das Ich nicht mehr zur Persönlichkeit des Depressiven zu gehören scheint (wegen dieses Mangels an narzißtischer Besetzung), wie auch das Über-Ich und das Es nicht mehr gemildert sind durch narzißtische Information. Wenn FREUD[94] gesagt hat, daß die Selbstanklagen der Depressiven darauf zurückzuführen sind, daß die Aggressionen gegen die Objekte, die nun introjiziert sind in das Ich, durch Rückzug der Libido auf den Narzißmus, auf das Ich rückgewendet würden, so scheint es mir eine natürliche Erklärung, wenn, wie bereits erörtert wurde, gesagt wird, daß nicht einmal mehr das Ich durch narzißtische Libido genährt werden kann. Aber auch Aggressionen gegen die Objekte sind vorhanden, denn auch für sie bleibt kein Narzißmus mehr übrig, der die Grundbeziehung zu ihnen ermöglichte.

Wenn das Ich wie ein fremdes Objekt erlebt wird, dann wird es nicht mehr als zugehörig erlebt, und deshalb sind Klagen von Depressiven über Depersonalisationsphänomene nicht selten. Eine

Umkehr der Aggressionen, die für die Objekte gehegt werden, auf das Ich erscheint nur in diesem Lichte, weil beide (Ich und Objekt) Ziele von Aggressionen sind, denn sie können nicht mehr als Teile der eigenen Welt betrachtet werden. Dabei erleichtert das narzißtisch ungemilderte und damit archaische Über-Ich die Aggressionen gegen das Ich.

Wenn Depressive so oft in einer Fusion mit Objekten leben bzw. fusionäre Erwartungen an sie hegen, so muß gesagt werden, daß auch dieses Phänomen durch den Mangel an Narzißmus erklärt werden kann. Die Depressiven versuchen offenbar, sich mit Gesunden narzißtisch zu verstärken. Diese mehr oder weniger totale Fusion in der Phantasie der Depressiven kann dazu führen, daß sie es nicht ertragen, wenn ein nahes Objekt sich selbständig von ihnen bewegt. Bekanntlich kommt es bei Depressiven etwa zu erweiterten Suiziden, weil sie sich gar nicht vorstellen können, daß das Objekt ein Leben getrennt von ihnen zu führen imstande sein wird. In ihren fusionären Phantasien bringen sie dann das Objekt im gleichen Moment um, in dem sie sich ein Ende setzen.

In der Manie ist offenbar eine narzißtische Aufmerksamkeit für das Ich möglich, ja es kommt sogar zu einer narzißtischen Inflation des Ich. Wie bekannt, entstehen in der Manie Größenvorstellungen. Sie könnten Kompensationen für eine dürftige Selbststruktur im Sinne eines Größenselbst sein oder aber das Resultat einer Überbesetzung des Ich mit narzißtischer Libido darstellen. Die Blockade der narzißtischen Libido würde dann später stattfinden als bei Depressionen. Während Depressive überhaupt keinen Narzißmus zur Verfügung haben, würden Maniker von einer narzißtischen Überflutung ihres Ich betroffen, ohne die Möglichkeit zu besitzen, auch die Objekte als solche zu lieben. Es ist keine wirkliche Objektliebe bei den Manikern möglich. In ihrer Phantasie begehen sie eine ähnliche Fusion wie die Depressiven, wobei sie aber die Objekte – als Selbstobjekte – idealisieren.

Wie bereits angeführt, könnten wir aber auch sagen, daß bei den Manikern ebenfalls ein Mangel an Narzißmus besteht, der zu den Grandiositätsideen führte, die dieses narzißtische Ungenügen kompensieren oder sogar abwehren sollten. In dieser Sicht sind die schweren Depressionen und Manien nur dadurch zu unterscheiden, daß sich bei den Manien eine Kompensation des mangelnden Narzißmus im Sinne des agierten grandiosen Selbst entwickeln würde, während bei Depressionen dieser Mechanismus nicht möglich wäre. Der Hauptfaktor bei Melancholie und Manie würde dementsprechend in einem zentralen Defekt des Narzißmus liegen. Diese Zustände sind wohl durch eine genetische Prädisposition mit den entsprechenden biochemischen Störungen erklärbar. Aber auch bei allen anderen Depressionen, die durch mehr oder weniger langdauernde psychotraumatisch wirkende Konstellationen und Lebensereignisse in der Kindheit oder später bedingt sind, kann ein Mangel an Narzißmus festgestellt werden. Wir fragen uns in diesem Zusammenhang, weshalb wir kaum je eine reaktive Manie sehen, die länger als einige Stunden dauert. Offensichtlich können Gefühle der Euphorie und Grandiosität als Abwehrmechanismen gegen Zweifelsgefühle und narzißtische Verletzlichkeit, außer bei genetischer Prädisposition, nicht über längere Zeit festgehalten werden.

Bei Schizophrenen kann der Narzißmus gewisse Fragmente des Ich narzißtisch besetzen, andere jedoch nicht. Wir beobachten beispielsweise, daß Schizophrene exzessiv masturbieren, wobei sie narzißtischen Lustgewinn erzielen, während andere Triebverwirklichungen nicht mehr mit Freude verbunden sind. Da ihr Selbst das Ich nicht als eine Ganzheit narzißtisch zu besetzen vermag, weil es fragmentiert ist, so erscheint das Selbst seinerseits als fragmentiert. KOHUT[148, 149] spricht denn auch von einem fragmentierten Selbst und/oder von einem fragmentierten Körperselbst, aber ich denke, daß der primäre Umstand die Fragmentation des Ich (bei Borderline-Störungen oder Schizophrenen) ist, und es scheint mir, daß die Fragmentation des Selbst nur ein sekundäres Phänomen darstellt, das infolge eines fragmentierten Ich so in Erscheinung tritt. Wenn narzißtische Neurotiker immer wieder zu hypochondrischen Befürchtungen in bezug auf ihre Körperfunktionen neigen, so ist das wohl nicht auf eine Fragmentation ihres Körperselbst zurückzuführen, sondern auf die Tatsache, daß sie infolge ihres narzißtischen Mangels nicht mehr alle Körperfunktionen narzißtisch zu besetzen vermögen. Die »Organwahl« ist damit allerdings noch nicht geklärt. Es muß vermutet werden, daß jenes Organ oder Organsystem schmerzt, das für das betroffene Individuum und vielleicht auch dessen Familie oder für dessen anderweitiges engeres Beziehungssystem von besonderer Bedeutung ist.

# 12 Technik / Therapie

## 12.1 Klassisches Vorgehen

Die Technik der Psychoanalyse, wie sie von FREUD[78] in klassischer Weise beschrieben wurde, wird im großen und ganzen, mit wenigen Akzentverschiebungen, noch heute vor allem bei den Abwehrneurosen und den Charakterneurosen angewendet. Bei den von diesen Neurosen Betroffenen, die im Unterschied zu den narzißtischen Neurotikern und den Borderline-Persönlichkeiten im Verlaufe der Psychoanalyse eine Übertragungsneurose entwickeln – KOHUT[148] hat die Abwehrneurosen überhaupt und nicht nur die in der Therapie entstehende, neue neurotische Beziehung als Übertragungsneurosen bezeichnet –, ist die Anwendung dieser Methodik gegeben, weil sie:

1. auf der realen und auf der Übertragungsebene angegangen werden können;
2. die innere und die äußere Realität weitgehend auseinanderzuhalten vermögen;
3. die notwendige Frustrationstoleranz aufweisen oder sich erwerben sollten;
4. jegliches Agieren als solches interpretiert und nicht einfach hingenommen werden sollte.

Bei den narzißtischen Neurotikern und den Borderline-Persönlichkeiten ist eine echte Übertragung vom Ich auf das Objekt nicht möglich. Es entsteht vielmehr eine Fusion mit einem Selbstobjekt, bei der die Grenzen zwischen Ich und Objekt kaum oder nicht mehr erlebt werden. Die Betroffenen bedürfen dementsprechend in einem ersten Stadium eines etwas modifizierten Vorgehens. Sowohl narzißtische Neurotiker als auch Borderline-Persönlichkeiten bedürfen vorerst noch der permanenten, wohlwollenden Zuwendung und Bestätigung und Borderline-Persönlichkeiten dazu des ständigen Hinweises auf die äußere Realität. Erst in einem weiteren Stadium kann mit der eigentlichen psychoanalytischen Arbeit begonnen werden.

Im folgenden sollen die klassische Technik und die für narzißtische Neurosen und Borderline-Störungen abgeänderte Methodik erörtert werden:

### 12.1.1  Erinnern, Wiederholen und Durcharbeiten (Freud[92])

FREUD hatte erkannt, daß sich die Patienten nach einer Hypnose an das Erleben während des hypnotischen Zustandes zu erinnern vermögen. Damit hatte er auch entdeckt, daß es – auch ohne Hypnose – möglich ist, scheinbar Vergessenes durch ungesteuerte Erinnerung bzw. durch die Technik des freien Assoziierens wieder dem Bewußtsein zugänglich zu machen. Es wurde für FREUD wesentlich, daß der Patient im Dialog mit dem Therapeuten, mit wachen Sinnen, seine Einfälle frei entwickle. Dabei erkannte er, daß die Assoziationen um so ungehemmter auftreten, je mehr sich der Patient entspannen kann und je weniger er sich durch den Therapeuten beobachtet weiß. Deshalb ließ FREUD seine Analysanden sich auf einem Sofa bequem hinlegen, während er sich auf einem Stuhl, dem Blickkontakt entzogen, um 90° vom Patienten abgedreht, dahintersetzte. Seine Methode wird wie folgt beschrieben (FREUD[78]): »Er behandelt… seine Kranken, indem er sie ohne andersartige Beeinflussung eine bequeme Rückenlage auf einem Ruhebett einnehmen läßt, während er selbst, ihrem Anblick entzogen, auf einem Stuhl hinter ihnen sitzt. Auch den Verschluß der Augen fordert er von ihnen nicht und vermeidet jede Berührung sowie jede andere Prozedur, die an Hypnose mahnen könnte. Eine solche Sitzung verläuft also wie ein Gespräch zwischen zwei gleich wachen Personen, von denen die eine sich jede Muskelanstrengung und jeden ablenkenden

Sinneseindruck erspart, die sie in der Konzentration ihrer Aufmerksamkeit auf ihre eigene Tätigkeit stören könnte.«

Durch die Relaxation auf einem Ruhebett hat das Ich des Patienten es auch leichter, seine durch das Überich inspirierten Abwehrmechanismen zu lockern. Es ist ihm so eine Chance gegeben, sich seinen verborgenen, jedoch immer noch aktuellen infantilen Triebregungen bzw. deren Repräsentanzen in seiner Phantasie zuzuwenden.

Dieses ohne bewußte Steuerung von innen und ohne Behinderung der Kontrolle von außen erfolgende freie Assoziieren gehört auch heute noch zum wesentlichsten der Psychoanalyse. Das dialogische Verhältnis zum Therapeuten zeigt sich nicht etwa in einem bewußten Steuerungskontakt mit den Patienten. Vielmehr dient die Präsenz des Analytikers mit seiner offenen, »gleichschwebenden Aufmerksamkeit« (FREUD [90]) dazu, den Patienten nicht nur das Erinnern alter, jedoch unbewußt florider Konfliktstoffe zu erleichtern, sondern im dialogischen Verhältnis neu zu beleben und nachzuvollziehen. Nur wenn der Patient im therapeutischen Zweierverhältnis Gelegenheit hat, sich, zusammen mit dem Analytiker, mit den unerledigten und wiederbelebten Triebregungen bzw. entsprechenden Phantasien wiederholt auseinanderzusetzen, wird es ihm möglich sein, die Arbeitsweisen des Unbewußten zu erkennen, seine Konflikthaftigkeit durchzuarbeiten und schließlich bewußt in seine Gesamtpersönlichkeit zu integrieren.

Doch geht beim Erkennen der unbewußten Triebregungen nicht immer alles glatt vor sich. Es kommt zu Widerständen dem analytischen Bemühen gegenüber. Gerade dann wird es nötig, mit dem Patienten zusammen, die Ursachen und Bedingtheiten seines Widerstandes zu erkennen und ihn abzubauen. FREUD [92] sagt hierzu unter anderem folgendes: »Die Taktik, welche der Arzt... einzuschlagen hat, ist leicht zu rechtfertigen. Für ihn bleibt das Erinnern, ..., das Reproduzieren auf psychischem Gebiete, das Ziel, an welchem er festhält... Das Hauptmittel aber, den Wiederholungszwang des Patienten zu bändigen und ihn zu einem Motiv fürs Erinnern umzuschaffen, liegt in der Handhabung der Übertragung... Wie eröffnen ihm die Übertragung als den Tummelplatz, auf dem ihm gestattet wird, sich in fast völliger Freiheit zu entfalten, und auferlegt ist, uns alles vorzuführen, was sich an pathologischen Trieben im Seelenleben des Analysierten verborgen hat... Von den Wiederholungsreaktionen, die sich in der Übertragung zeigen, führen dann die bekannten Wege zur Erweckung der Erinnerungen, die sich nach Überwindung der Widerstände wie mühelos einstellen... Die Überwindung der Widerstände wird... dadurch eingeleitet, daß der Arzt den vom Analysierten niemals erkannten Widerstand aufdeckt und ihn dem Patienten mitteilt. Es scheint nun, daß Anfänger in der Analyse geneigt sind, diese Einleitung für die ganze Arbeit zu halten... Man muß dem Kranken die Zeit lassen, sich in den ihm unbekannten Widerstand zu vertiefen, ihn *durchzuarbeiten*, ihn zu überwinden, indem er ihm zum Trotze die Arbeit nach der analytischen Grundregel fortsetzt...«

### 12.1.2  Die psychoanalytische Grundregel

Die Patienten, die sich einer Psychoanalyse unterziehen, werden zur Einhaltung der sogenannten *psychoanalytischen Grundregel* verpflichtet. Sie werden dazu angehalten, alles mitzuteilen, was ihnen in ihren Assoziationen einfällt, ohne Rücksicht auf den allfällig anstößigen, beschämenden, peinlichen, scheinbar unwichtigen oder inadäquaten Inhalt. FREUD[108] sagt dazu u. a. folgendes: »Er (der Neurotiker) soll uns nicht nur mitteilen, was er absichtlich und gern sagt, was ihm wie in einer Beichte Erleichterung bringt, sondern auch alles andere, was ihm seine Selbstbeobachtung liefert, alles was ihm in den Sinn kommt, auch wenn es ihm *unangenehm* zu sagen ist, auch wenn es ihm *unwichtig* oder sogar *unsinnig* erscheint. Gelingt es ihm, nach dieser Anweisung seine Selbstkritik auszuschalten, so liefert er uns eine Fülle von Material, Gedanken, Einfällen, Erinnerungen, die bereits unter dem Einfluß des Unbewußten stehen, oft die Abkömmlinge desselben sind und die uns also in den Stand setzen, das bei ihm verdrängte Unbewußte zu erraten und durch unsere Mitteilung die Kenntnis seines Ichs von seinem Unbewußten zu erweitern!«

Wie BECKER[31] betont, gehen wir weiter so vor, daß wir dem Patienten sagen, jeder Einfall sei wichtig, gleichgültig, ob sich die Assoziationen auf Vergangenes oder Gegenwärtiges, Reales oder – scheinbar – Irreales, auf den Wachzustand oder auf den Traum, auf die Vernunft oder die Gefühle bezögen. Gleichzeitig geben wir dem Analysanden bekannt, daß Einfälle, die die Analysensituation bzw. den Analytiker beträfen, ebenfalls ins Gespräch gebracht werden sollten.

Die psychoanalytische Grundregel beinhaltet demnach, daß die Patienten thematisch ungebunden, ohne auf die Logik oder Konventionen zu achten, alle jene Assoziationen bringen, die ihnen spontan einfallen. Auch ihre Triebregungen werden so weniger gesteuert. Sie sind damit der Analyse besser zugänglich, als es bei Einhalten aller rationalen Gesetzmäßigkeiten des Denkens der Fall wäre.

Die Psychoanalyse gibt den verbalen Äußerungen gegenüber dem – averbalen – Agieren den Vorzug. Die Verbalisierung eines Triebkonfliktes und der damit einhergehenden Gefühle erleichtert es den Patienten, sich ihrer tiefen Probleme bewußt zu werden, während beim Umsetzen in die Tat die Gefahr besteht, daß sie ihre Konflikthaftigkeit außerhalb der therapeutischen Situation ausleben, agieren und so die Konfliktursache unbewußt bleibt.

FREUD[108] sagt, im Zusammenhang mit der Übertragung, zu dieser Frage folgendes: »Es ist uns sehr unerwünscht, wenn der Patient außerhalb der Übertragung *agiert* anstatt zu erinnern; das für unsere Zwecke ideale Verhalten wäre, wenn er sich außerhalb der Behandlung möglichst normal benähme...«

### 12.1.3 Die Abstinenz

Die von FREUD geforderte Abstinenz des Analytikers hat zur Folge, daß die Analyse des Patienten nicht in ein banales Gespräch ausmünden kann. Es wird beim klassischen Vorgehen auf jegliche Beschwichtigung, Beruhigung oder Belehrung, auf jeden Trost verzichtet. Die Psychoanalyse soll in der Frustration, in der Abstinenz, geführt werden. Nur so ist dem Patienten die Möglichkeit gegeben, sich seiner anachronistischen, inadäquaten Wunschvorstellungen oder Anspruchshaltungen bewußt zu werden. Infolge des Erlebens wiederholter Versagungen durch die Abstinenz des Therapeuten wird es der Patient allmählich lernen, gewohnte Einstellungen und Verhaltensweisen aufzugeben und sich neu auf die Zukunft einzustellen.

Die Abstinenzregel will aber nicht aussagen, daß der Psychoanalytiker keine Gefühle haben darf. Nur wenn der Therapeut zu einer – wenn auch zurückhaltenden – Teilnahme fähig ist, wird der Analysand jenes Vertrauen zu ihm gewinnen können, das für den Verzicht auf neurotische Beengungen und Verhaltensweisen, die oft durch einen »sekundären Krankheitsgewinn« gestützt werden, notwendig ist. Diese zurückhaltende Partizipation des Analytikers wird schon durch seine »gleichschwebende Aufmerksamkeit« gesichert. Der Patient merkt dadurch, daß der Therapeut jegliche seiner Äußerungen wichtig nimmt und ihm keine Äußerung zu unbedeutend ist. Damit ist der Analysand auf der einen Seite sicher, daß er – vielleicht erstmalig in seinem Leben – ernst genommen wird. Ein gewährendes Verhalten des Therapeuten käme nur scheinbar dem Bedürfnis nach ärztlicher Teilnahme entgegen. Zwar würde sie dem Kranken vielleicht das Gefühl geben, in seinem Leben nicht allein zu sein. Doch würde sie ihn in neurotischen Fixierungen festhalten und insbesondere seine Regression chronifizieren.

FREUD stellte die Abstinenzregel für den Therapeuten auf. Bis zu einem gewissen Grade gilt sie aber auch für den Patienten. Der Patient sollte während der Dauer der Psychoanalyse auf jeglichen wichtigen Entscheid in bezug auf seine persönliche Sphäre oder den beruflichen Bereich verzichten. Auch sollte er sich enthalten, mit anderen über seine Psychotherapie zu sprechen, da damit die Analyse an Aktualität verlöre und wichtige Äußerungen eventuell außerhalb der therapeutischen Situation erfolgten. Auch werden wir den Patienten darauf hinweisen, daß er, wenn möglich, auf ein Agieren seiner neurotischen Konflikthaftigkeit verzichten sollte, da nur bei deren Verbalisierung in der Analysensituation eine Aussicht auf deren Bewußtwerdung besteht.

## 12.1.4  Das psychoanalytische Erstinterview

FREUD [91] und mit ihm zahlreiche seiner Schüler haben jeweils die
Eignung des Patienten für eine Psychoanalyse in einer Probezeit
von einigen Wochen zu erhellen versucht, wobei vor allem die Fähigkeit des Patienten, sich des Agierens zu enthalten und therapeutische Frustrationen zu ertragen, sehr stark zählte. In den letzten
Jahren und Jahrzehnten hat demgegenüber das psychoanalytische
*Erstinterview* an Bedeutung gewonnen (SCHRAML [196]). Es wird in
einer ersten Besprechung die Struktur der Neurose zu erfassen und
eine Diagnose zu stellen versucht. Des ferneren wird die Eignung
zur Behandlung wie auch die Therapiebedürftigkeit abgeklärt. In
manchen Institutionen ist es üblich, psychologische Testuntersu-
chungen zur Abklärung der Analysefähigkeit und -bedürftigkeit
einzusetzen. Dabei muß man sich aber bewußt sein, daß der Arzt,
der einen Test aufnimmt, vom Patienten bereits in einer bestimmten
Rolle erlebt wird, die auch seine Übertragung steuert. Es wird deshalb im allgemeinen darauf geachtet, daß nicht der spätere Analytiker die Testuntersuchung vornimmt.

Die Begegnung zwischen Psychotherapeut und Patient im Erstinterview ist entscheidend darüber, ob der therapeutische Kontakt
zustande kommt, bei dem allein jenes Vertrauen in den Therapeuten
wachsen kann, das den Hilfesuchenden dazu bestimmt, sich gänzlich der Psychoanalyse zu öffnen.

## 12.1.5  Das Deuten

Das psychoanalytische Erhellen des einer Neurose zugrunde liegenden Triebkonfliktes kann nicht einfach durch freies Assoziieren und
durch Einhaltung der psychoanalytischen Grundregel geschehen.
Die Entzifferung des vorgebrachten unbewußten Materials ist dem
Analysanden spontan und von sich aus nicht immer möglich. Es
verdecken ihm gerade jene neurotischen Konflikte oft die Sicht, die
es in der Psychoanalyse zu lösen gilt. Dem Therapeuten fällt daher
die Aufgabe zu, das in den freien Assoziationen und in den Träumen

Vorgebrachte sowie die dabei aufkommenden Widerstände und Übertragungen in einen größeren Sinnzusammenhang zu bringen. Mehr als in der Anfangszeit der Psychoanalyse schenken wir heute dem hic et nunc (Hier und Jetzt) in der therapeutischen Situation Beachtung. Nicht nur das verbal Vorgebrachte, sondern auch das Schweigen des Patienten interessiert uns. Das Schweigen des Analysanden in einem Abschnitt der Therapie hat, wie CREMERIUS[53] betont, eine bestimmte Bedeutung, die es zu entziffern gilt. Aber auch das averbale Verhalten des Patienten im Hier und Jetzt der Analysensituation muß berücksichtigt werden. Der Analytiker wird dem Patienten immer wieder sein Verhalten bzw. sein Fehlverhalten aufzuzeigen haben, damit er sich dessen im Zusammenhang mit der Konflikterhellung bewußt werden kann. Nach LOCH[160] stellt die Deutung »dem Kranken für bisher unverbunden nebeneinander stehende Akte und Zustände (Gedanken und Phantasien, Handlungen, Gefühle usw.) eine psychologische Erklärung als Hypothese zur Verfügung«.

### 12.1.5.1 Traumdeutung

Die Traumdeutung darf nicht im Vordergrund des analytischen Interesses stehen. Mehr als früher schenken wir den Äußerungen und Verhaltensweisen des Patienten in der aktuellen therapeutischen Situation Aufmerksamkeit. FREUD[86] hat schon davor gewarnt, sich in der Psychoanalyse durch die Träume bzw. die Traumdeutung zu sehr faszinieren zu lassen: »Man hüte sich im allgemeinen davor, ein ganz besonderes Interesse für die Deutung der Träume an den Tag zu legen oder im Kranken die Meinung zu erwecken, daß die Arbeit stillestehen müsse, wenn er keine Träume bringe.«

KEMPER[137] führt mit Recht an, daß das Wort »Traumdeutung« unglücklich sei. Es könnte damit beim Patienten oder bei den sonstigen Laien das Mißverständnis entstehen, daß das Deuten der Träume deren mystische Auslegung beinhalte. Was die so bezeichnete analytische Arbeit will, ist nicht das spekulative Erraten von Traumoffenbarungen. Der Analytiker möchte vielmehr dem Patienten helfen, die Traumarbeit (*s.* Kapitel 7.8), beispielsweise die Verdichtung, die Symbole in ihrem Bedeutungsgehalt zu verstehen, damit der manifeste Trauminhalt auf den latenten Traumgedanken zurückgeführt werden kann. So besagt also, wie KEMPER betont, »Deutung eines Traumes..., daß man seine verborgene Bedeutung erfaßt«. In der Psychoanalyse geht es aber nicht um eine naiv-intuitive, sondern um eine wissenschaftlich-systematische Erfassung (KEMPER). Zwar bedarf es für ein klares, nach wissenschaftlichen Kriterien erfolgendes Verstehen der Träume auch einer einfühlenden Intuition. Doch darf sie nur so weit gehen, als sie die auf fundierten psychoanalytischen Kenntnissen beruhende Bearbeitung nicht beeinträchtigt.

## 12.1.5.2 Widerstandsanalyse

Dem analytischen Erhellen der unbewußten Triebkonflikte stellen sich Widerstände entgegen. Da sich der Neurotiker nicht nur danach sehnt, gesund zu werden, sondern, seinem Wiederholungszwang entsprechend, auch danach trachtet, immer so zu bleiben, wie er ist, so wird sich auch immer ein Widerstand gegen eine Änderung seines Verhaltens regen. Wie FENICHEL[67] betont, finden Widerstände mannigfaltigen Ausdruck. Nach diesem Autor ist Widerstand »alles, was den Patienten daran hindert, Material, das sich vom Unbewußten herleitet, zu produzieren«. Welche Widerstandsart auch vorliegen möge – die verschiedenen Widerstände wurden im Kapitel 9.9 behandelt –, immer haben sie zum Ziel, den Triebkonflikt unbewußt zu halten, damit Ängste, die ein Aufgeben der neurotischen Einstellungen und Verhaltensweisen und eine Neuorientierung im Leben mit sich brächten, vermieden werden können.

Bei der Deutung und Analyse des Widerstands ergeben sich Einsichten in die Abwehrmechanismen des Ichs, die vom Es ausgehenden Wiederholungstendenzen und das Ausmaß der Überich-Forderungen.

Wie BECKER[31] sehr richtig bemerkt, dürfen wir nicht in den Fehler verfallen, jede Ablehnung des Vorgehens eines Therapeuten durch den Analysanden diesem unvermeidlichen, mit der Aufdekkungstendenz der Analyse zusammenhängenden Widerstand gleichzusetzen. Der Patient kann auch begründet und realistisch die Verhaltensweisen des Therapeuten korrigieren. Am Analytiker ist es, so viel bewußte Selbstkritik zu haben, daß er zwischen Widerstand und berechtigter Kritik des Analysanden zu unterscheiden weiß und seine eigenen, vom Unbewußten her determinierten Fehler, gegen die auch eine Lehranalyse nicht restlos feit, als solche erkennt.

### 12.1.5.3 Übertragungsanalyse

Die Übertragung, der wir ein spezielles Kapitel (9.10) gewidmet haben, durchläuft, wie KUBIE[151] ausführt, »im Verlaufe einer Analyse viele wechselnde Phasen«. Wie dieser Autor betont, beginnt die Übertragung im Grunde schon, »wenn ein Patient erstmals mit dem Gedanken umgeht, sich analysieren zu lassen«. Der Patient kommt, bevor er den Analytiker kennt, mit gewissen, aus seiner Lebensgeschichte determinierten Erwartungen und Vorstellungen zum Analytiker. Die Übertragung muß nicht etwa durch den Analytiker mittels seiner Methode geschaffen werden. Die Zweiersituation der Psychoanalyse schafft von vornherein die Voraussetzung zur Übertragung. Da der Patient unbewußt dauernd an seinen, durch sein frühkindliches Erleben bestimmten, Einstellungen zum Therapeuten, an seiner Übertragung auf den Analytiker festhalten möchte, kommt es zu einer sogenannten Übertragungsneurose. FREUD[92] sagt dazu unter anderem folgendes: »Wenn der Patient nur so viel Entgegenkommen zeigt, daß er die Existenzbedingungen der Behandlung respektiert, gelingt es uns regelmäßig, allen Symptomen der Krankheit eine neue Übertragungsbedeutung zu geben, seine gemeine Neurose durch eine Übertragungsneurose zu ersetzen, von der er durch die therapeutische Arbeit geheilt werden kann... Der neue Zustand hat alle Charaktere der Krankheit übernommen, aber er stellt eine artefizielle Krankheit dar, die überall unseren Eingriffen zugänglich ist.«

In der Psychoanalyse werden dementsprechend die Übertragungen dem Patienten in den Deutungen aufgezeigt, die mit ihm zusammen durchgearbeitet und in ihren Bedingtheiten erkannt werden müssen. Die Analysanden haben dabei zu erkennen, welche ihrer unbewußten Gefühle durch vergangenes Erleben und die entsprechenden Triebkonflikte bestimmt und damit anachronistisch, d. h. der jeweiligen aktuellen Situation nicht adäquat sind. Es wird dem Patienten so erkenntlich werden, wie sehr solche, seiner Lebensgeschichte entsprechenden Gefühle nicht nur die Beziehungen zum Therapeuten gestalten, sondern auch seine übrigen Kommunikationen beeinträchtigen.

Doch läuft die Übertragungsanalyse nicht immer glatt ab. Der Patient möchte unbewußt an seiner Übertragung und der ihr zugrunde liegenden Abwehr bedrängter Gefühlsregungen festhalten. Es kommt damit zu einem Übertragungswiderstand, der die Abwehrenergien noch verstärkt. Dem Betroffenen muß dann in der Analyse klargemacht werden, daß seine Gefühle nicht der jetzigen therapeutischen Situation entsprechen, sondern in einer Kindheitssituation mit den daraus folgenden unerledigten Triebkonflikten wurzeln.

## 12.2 Für die narzißtischen Neurosen (= narzißtische Persönlichkeitsstörungen) und Borderline-Persönlichkeitsstörungen veränderte Verfahren

Die *Psychotherapie* der Wahl bei *narzißtischen Neurosen* ist die Psychoanalyse. Während jedoch bei Übertragungsneurosen die unbewußten Phantasien des Analysanden gegenüber dem Therapeuten infantile objektgerichtete Wünsche beinhalten, die genährt werden von vergangenen Objekterfahrungen, ist bei narzißtischen Neurosen keine wirkliche Übertragung, keine eigentliche objektgerichtete Beziehung möglich. Die narzißtischen Neurotiker verstehen den Psychoanalytiker, wie KOHUT [148, 149] es beschrieben hat, als ein idealisiertes Selbstobjekt, als eine Erweiterung ihres grandiosen Selbst oder aber als ihr Spiegelbild. Das essentielle therapeutische Ziel ist bei den narzißtischen Neurotikern, wie HEINZ KOHUT und

ERNEST WOLF[150] es beschrieben haben, die Verbesserung oder sogar die Heilung der zentralen Störung im Selbst, nicht etwa eine Unterdrückung ihrer Symptome. Es muß, wie KOHUT vor allem 1977 betont hat, durch eine »transmutierende Internalisierung«, d. h. durch immer wieder erfolgende Aufnahmen von kleinen Anteilen des idealisierten Objektes, die narzißtische Lücke aufgefüllt werden, so daß die Partialobjekte dann dazu beitragen, ein gefestigtes Selbst zu entwickeln. Die Behandlung hat also zum Ziel, eine ausgeglichene und konsistente Funktion des Selbst aufzubauen.

Ob der Patient offensichtlich in seinem Selbst gestört ist und kein Selbstwertgefühl zeigt, oder ob er mit einem Größenselbst kompensiert, immer haben wir im Auge zu behalten, daß er unter einem schwachen Selbst leidet, das in einem *ersten Stadium* der Psychoanalyse dieser Patienten gestärkt werden muß. In dieser Phase ertragen es gewisse Patienten auch nicht, auf der Couch zu liegen. Sie benötigen den Blickkontakt zum Therapeuten, der nur im Gegenübersitzen möglich ist. Wir können kompensatorische Größenvorstellungen auch nicht einfach verneinen, sondern werden diesen Patienten eine wohlwollende Aufmerksamkeit schenken, ohne sie allerdings in ihrer Art zu bestätigen. Erst wenn sich die idealisierende narzißtische »Übertragung«, d. h. die Fusion mit einem idealisierten Selbstobjekt, stabilisiert hat, kann, in einem *zweiten Stadium* der Psychoanalyse dieser Individuen, das Kompensatorische und Abwehrhafte durchgearbeitet werden, selbst wenn dabei Entleerungs- und Depersonalisationsgefühle entstehen sollten. Wie BONIME[40] beschrieben hat, ist das Auftreten von solchen Entfremdungsgefühlen kein schlechtes Zeichen. Sie zeigen an, daß die narzißtischen Kompensationen und Abwehrmechanismen abgebaut sind und der Betroffene sich nun leer fühlt, weil er sie nicht mehr zur Verfügung hat. Oft wird sich in dieser Phase eine narzißtische Wut gegen den Analytiker richten, der diese alten Kompensationen aufzulösen half, ohne ihm ermöglicht zu haben, bereits in diesem Moment auf eine neue Weise mit alten Problemen fertig zu werden.

So sagte mir ein Patient in der 557. Sitzung, daß er nicht von seinem aggressiven Agieren und von seinem omnipotenten Verhalten seiner Frau gegenüber ablassen könne, obwohl er dessen kompensatorischen Charakter kenne. Auf meine Frage, weshalb er es nicht könne, antwortete er: »Ich wäre dann ein ganz anderer Mensch, es macht mir Angst. – Ich fühle mich immer noch ohnmächtig, ohne zu agieren.« Es ging nun in dieser Analyse darum, daß dieser Patient es vorerst zu lernen hatte, mit diesen Entleerungsgefühlen und Ängsten zu leben. Erst allmählich konnte es ihm im Verlaufe der Psychoanalyse gelingen, neue Dimensionen in seiner Persönlichkeit zu erkennen und neue Verhaltensmuster zu lernen und zu entwikkeln. In diesem *dritten Stadium* wird also jene »transmutierende Internalisierung«, von der wir gesprochen haben, erfolgen, indem allmählich, in immer wieder erfolgender Übernahme von Teilobjekten des Therapeuten und deren Assimilation, ein konsistentes Selbst mit entsprechend narzißtisch erfüllten Verhaltensweisen entstehen wird.

Dieses Procedere bei narzißtischen Neurotikern, das hauptsächlich aus einem Aufarbeiten der narzißtischen Kompensationen und Abwehrmechanismen und dem Aufbau eines konsistenten Selbst besteht, ist vollkommen verschieden von jenem bei narzißtisch gestörten *Borderline-Patienten*, die eine äußerst rigide Abwehrstruktur haben, gerade weil das Ich dieser Menschen zur Fragmentation neigt. Wie KERNBERG [139, 141] zu seiner bei diesen Kranken angewandten »analytisch-expressiven Psychotherapie« anführt, gilt es bei diesen Kranken, so früh als möglich das pathologische Größenselbst mit seinen narzißtischen Spiegelungen und idealisierenden Übertragungen, mit den Spaltungsmechanismen, den Impulsdurchbrüchen und der Neigung zu projektiver Identifikation zu interpretieren, wobei gleichzeitig die Realitätsprüfung dieser Menschen zu verbessern ist. Diese Patienten sind in bezug auf ihre orale Wut, ihre Gefühle des Neides und ihren projizierten Sadismus in Frage zu stellen, wobei der Therapeut ihnen immer wieder die Gewißheit geben muß, »unzerstörbar« bei ihnen zu sein und zu bleiben, selbst, wenn sie versuchen, ihn immer wieder durch den Ausbruch von Wut zu prüfen. Die Phantasien dieser Patienten sollten stets von neuem in der Weise gedeutet werden, daß der Realitätsbezug gestärkt wird. Wir sollten diese Kranken mit Vorteil uns gegenüber sitzen lassen, damit sie auf diese Weise besser mit dem Therapeuten in Kommunikation stehen können und nicht restlos ihrer Phantasie ausgesetzt sind. Auch haben wir diese Kranken zu informieren über die Art ihrer Psychodynamik und über den Sinn unseres technischen Vorgehens. Die Borderline-Verbalisierung hat, wenn nötig, »übersetzt« zu werden in wirkliche Kommunikation. Verbogene Bilder von frühen und späteren Bezugspersonen sollten immer wieder im Sinne der realen Beziehungspersonen mit allen ihren Vor- und Nachteilen korrigiert werden, damit die rigiden Abwehrmechanismen allmählich als unnötig erkannt werden. Es ist auch unbedingt notwendig, die Kranken zu konfrontieren mit stark abgewehrten Inhalten, wobei noch und noch betont werden muß, daß damit keine Ablehnung verbunden ist.

Die Aussichten für die analytisch orientierten Methoden der Psychotherapie sind natürlich bei den narzißtischen Neurosen viel besser als bei den Borderline-Persönlichkeitsstörungen. Doch kann es bei narzißtischen Neurotikern auch dazu kommen, daß sie sich, bei nicht genügend erfahrenem Vorgehen, narzißtisch derart verletzt fühlen, daß sie die Psychoanalyse verlassen. Es ist deshalb auch bei narzißtischen Neurotikern, ähnlich wie bei Borderline-Patienten, notwendig, daß der Therapeut wenig an den Erfolg seiner Behandlung und damit seines Wirkens denkt, sondern sich möglichst in die Empfindsamkeiten dieser Patienten einzufühlen vermag, Rücksicht darauf nimmt, ohne aber aus diesem Grunde die analytische Arbeit durch bloße Stützung zu ersetzen. Es wird mehr Geduld als bei Übertragungsneurotikern aufzubringen sein. Diese Patienten benötigen oft während längerer Zeit unsere volle psychoanalytische und empathisch orientierte Aufmerksamkeit. Das will nicht heißen, daß wir nicht gelegentlich fokale Therapien mit ihnen vornehmen könnten. Je mehr wir aber die narzißtische Problematik bei den entsprechenden Neurotikern allein angehen, desto mehr werden wir den Patienten stützend helfen müssen, durch eine immer wieder geübte, positive Lebensbilanz ihr Selbst zu stärken.

## 12.3  Die Gegenübertragung

Ob es zu einer negativen Übertragung kommt, in welcher der Therapeut ungünstig beurteilt wird, oder zu einer positiven Übertragung mit entsprechender Zuneigung, immer stellt sie an den Analytiker große Anforderungen. Auch bei durchgemachter Lehranalyse und den üblicherweise verlangten zwei Supervisionen (Kontrollanalysen), nebst theoretischer Ausbildung, ist es für den Therapeuten nicht immer leicht, sich seiner eigenen Gefühle bewußt zu werden. Dazu kommt es, weil sich nicht nur beim Patienten, sondern auch beim Therapeuten unerledigte Mangelerfahrungen und Konflikte in der Zweiersituation der Psychoanalyse wieder regen. MORGENTHALER [172] formuliert diese Tatsache wie folgt: »Alte Konfliktneigungen treten hervor, die in der eigenen Analyse durchgearbeitet und überwunden schienen. Bestimmte Verhaltensweisen der Analysanden können unspezifisch und in diskreter Weise eine unbewußt betonte Spannung im Analytiker auslösen. Der Analytiker kann zum Beispiel in Konflikt geraten, wenn der Patient dauernd spricht, oder wenn er schweigt, wenn er offene oder versteckte Kritik, offenes oder verstecktes Lob äußert.« Es besteht dabei nicht nur die Gefahr, daß der Therapeut die hinter den Äußerungen und Haltungen des Patienten verborgenen Kränkungen und Konflikte übersieht, sondern auch, daß er mitagiert. Der Patient hat es dann in der Hand, den Analytiker mehr oder weniger direkt dort hinzuführen, wo es ihm beliebt. Allerdings kennen wir, wie auch PARIN [180] betont, keine konstante, spezifische Zuordnung einer Form der Gegenübertragung zu einer bestimmten Form der Abwehr des Patienten. Doch entdecken wir gelegentlich in der Endphase der Analyse, daß wir zuvor mit infantilen Omnipotenzphantasien auf Einstellungen des Patienten, die dem Psychoanalytiker Allmacht zugesprochen hatten, geantwortet hatten. In diesen Fällen wird der Therapeut im Grunde durch die unbewußten Erwartungen des Patienten gesteuert. Oder wir ertragen die Feindseligkeit, wie sie beispielsweise bei Borderline-Persönlichkeitsstörungen immer wieder während langer Phasen der Behandlung zum Vorschein kommt, nicht oder schlecht, da sie in uns selbst Kränkungsgefühle auslöst.

GLOVER[112] hat darauf hingewiesen, wie ein Gegenwiderstand (counter-resistance) des Analytikers seiner Einsicht in eigene unbewußte Erwartungen, die die analytische Arbeit stören, entgegenstehen kann. Der Psychoanalytiker hat sich seiner eigenen Abwehrtendenzen bewußt zu werden. Nach GLOVER hat der Therapeut immer dann an Gegenwiderstände und -übertragungen zu denken und zu einer Einsicht in die tiefen Motivationen zu gelangen, wenn er entdeckt, daß er sich stets in einer stereotypen Art und Weise verhält, oder wenn er seine Interventionen bzw. sein Stillschweigen nicht solide analytisch begründen kann. Es ist dabei wesentlich, daß der Analytiker lernt, seine eigenen, aus unbewußten Abwehrtendenzen erfolgenden Wiederholungsneigungen zu erkennen und richtig zu deuten.

## 12.4 Indikation

Die Indikation zur Psychoanalyse ist nicht immer leicht zu stellen. Sie hängt im wesentlichen davon ab, welche Prognose wir annehmen. Folgende sechs Hauptfaktoren sind bei der Indikationsstellung zu berücksichtigen:
1. die Neurosenstruktur;
2. das Alter des Patienten und / oder die Dauer der Symptome;
3. die Intelligenz des Patienten;
4. das Verhältnis von Leidensdruck zum sekundären Krankheitsgewinn und damit die Frage der Bereitschaft des Patienten zur Kooperation;
5. die soziale Integration des Patienten;
6. die Einstellung des Analytikers.

In bezug auf die Neurosenstruktur ist zu erwähnen, daß eine Psychoanalyse um so mehr Aussicht auf Erfolg haben wird, je frischer und umschriebener die Symptome sind. Je mehr der Gesamtcharakter gestört und je älter das Leiden ist, desto fraglicher ist die Prognose. Insbesondere für das Durchhalten der Analyse ist die Beurteilung der Ich-Stärke wesentlich. Bei wenig durchhaltefähigen oder -bereiten, wenig frustrationstoleranten Patienten ist die Aussicht auf eine erfolgreiche Beendung der Analyse geringer als bei Patienten mit stärkerem Ich. Doch wurden in den letzten Jahren, wie erwähnt, analytische oder analytisch orientierte Verfahren entwickelt, die es gestatten, auch Patienten mit gestörtem Selbst, aber starkem Ich (narzißtische Neurotiker) und Kranke mit Borderline-Persönlichkeitsstörungen, die ein fragmentationsbereites Ich aufweisen, mit Aussicht auf Erfolg zu behandeln (Kapitel 12.2).

Es liegt auf der Hand, daß die Behandlungsaussichten bei jüngeren Patienten im allgemeinen besser sind als bei älteren. Wir möchten aber keine bestimmte Grenze setzen, bei der eine psychoanalytische Behandlung in keinem Fall mehr begonnen werden sollte. Die Bereitschaft zur Wandlung kann einmal bei einem älteren Kranken, der in der Psychoanalyse mitarbeitet, viel eher gegeben sein als bei einem jüngeren Patienten mit sehr starken Abwehrtendenzen. Wir sind daher nicht mehr voll und ganz der Ansicht FREUDS[78], daß generell Patienten »in der Nähe des fünften Dezenniums« und darüber nicht mehr in Analyse genommen werden sollten. Immerhin muß berücksichtigt werden, ob der Patient – somatisch und psychisch – die mit der Analyse verbundenen Belastungen noch zu ertragen vermag. Des ferneren muß darauf geachtet werden, ob der Kranke wirklich einen Leidensdruck verspürt, der es ihm leicht macht, auf den sekundären Krankheitsgewinn zu verzichten.

Im allgemeinen wird man nur solche Patienten in Analyse nehmen, die einer beruflichen Beschäftigung nachgehen. Bei Menschen, die es aufgegeben haben, sich beruflich ein- und durchsetzen zu wollen, sich sozial einigermaßen integriert zu verhalten, wird in der Regel nicht eine genügende Frustrationstoleranz bestehen.

Entscheidend ist aber nicht nur die Gefühlseinstellung und die Durchhaltebereitschaft des Patienten. Auch das emotionale Ansprechen des Analytikers wird wesentlich dafür sein, ob er einen Patienten annimmt und mit ihm arbeiten will. Das Erstinterview und allfällig eine Probezeit von wenigen Wochen dienen dem Analytiker dazu, auch über seine eigene Bereitschaft zu einem analytischen Engagement ins klare zu kommen (Kapitel 12.1.4).

## 12.5  Äußere Bedingungen

Wird die Indikation zu einer Psychoanalyse gestellt, so müssen
Zeit- und Kostenfrage mit dem Patienten besprochen werden. Während FREUD in der Regel noch sechs analytische Sitzungen pro Woche anberaumte, sind wir heute, schon allein wegen der großen Zahl
uns aufsuchender neurotischer Patienten, dazu übergegangen, die
Analysanden nur noch fünf- oder viermal wöchentlich zu bestellen.
Viele Psychoanalytiker haben die Stundenzahl sogar auf drei oder
zwei pro Woche vermindert. Eine weitere Reduktion wäre kaum
mehr verantwortbar. Die Abwehrtendenzen des Patienten hätten
sonst von Sitzung zu Sitzung neu Gelegenheit, sich zu festigen. Ein
Teil der Analytiker hält an einer Sitzungsdauer von 60 Minuten fest.
Andere Psychotherapeuten haben sie auf 50 Minuten reduziert. Sie
haben damit einerseits Gelegenheit, sich – vor der Arbeit mit einem
anderen Patienten – zu entspannen. Andererseits haben sie so auch
Zeit, sich über das in der Sitzung Geäußerte und Geschehene Gedanken und Notizen zu machen. Während manche Analytiker sich
des Niederschreibens während der Sitzung enthalten, um nicht den
analytischen Prozeß zu stören, zeichnen sich andere hinwiederum
während der Analysenstunden das Wesentliche auf. Welche Methode auch gewählt werde, immer ist es entscheidend, dem Patienten das Gefühl zu vermitteln, daß sich der Therapeut gänzlich auf
ihn einstellt.

In bezug auf das Honorar können nur allgemeine Richtlinien gegeben werden. Der Patient sollte im allgemeinen ein Opfer für seine
Psychotherapie zu bringen haben. Zudem muß insbesondere der
frei praktizierende Therapeut von seinen Honoraren leben, so daß
der Patient schon aus diesem Grunde einen Geldbetrag entrichten
muß. Wird keine adäquate Remuneration verlangt, so besteht von
seiten des Patienten die Gefahr der Entstehung von Schuld- und
allenfalls Schamgefühlen und von seiten des Arztes der Entwicklung
einer Gegenabwehr. Beide erschweren aber die Psychoanalyse.

In einem nationalen Gesundheitsdienst oder in anderen Institutionen, die allgemein keine Bezahlung der Behandlung verlangen, ist
es aber ohne weiteres möglich, die psychoanalytischen Therapien

unentgeltlich durchzuführen oder lediglich einen symbolischen Geldbetrag zu verlangen. Es bedeutet für die Patienten ja oft schon Opfer genug, daß sie sich in Behandlung begeben und die Mühen, die mit einer Psychoanalyse verbunden sind, auf sich nehmen.

## 12.6  Die Beendigung der Analyse

Der Therapeut darf sich nicht damit begnügen, die Symptome oder die Charakter- bzw. Persönlichkeitsstörung, die den Patienten in die Analyse geführt haben, zu beseitigen. Die Neurose und die ihr zugrunde liegenden Abwehrvorgänge können noch – teilweise oder gänzlich – unverändert sein, wenn die manifesten Symptome in den Hintergrund getreten sind. Es werden über kurz oder lang andere Symptome aufkommen, so daß dann lediglich ein *Symptomwandel* eingetreten ist.

Entscheidend für die Beendigung der Psychoanalyse ist des Analytikers und des Patienten Gewißheit, daß dem Analysanden die Neurosenstruktur bewußt geworden ist und er im Verhältnis zum Therapeuten das Aufgedeckte durchgearbeitet hat. Hinweise darauf geben Verhaltensweisen und Träume, in denen sich Zeichen der Konfliktlösung, der Überwindung früher Mangelerfahrung, der Auflösung der Übertragungsbeziehungen zum Analytiker sowie der Neuorientierung für die Zukunft finden.

Doch ist die Beendigung der Psychoanalyse nicht immer leicht. Wie MOSER[173] betont, gilt »in der Psychotherapie im allgemeinen, daß der normale Mensch sich durch Liebesfähigkeit, Arbeitsfähigkeit und Gemeinschaftsfähigkeit auszeichne, daß er imstande sei, seine Aufgaben in einer Liebesbeziehung, in einer bestimmten Arbeit und innerhalb einer sozialen Gruppe zu erfüllen«. Es werden deshalb, neben den Kriterien der Bewußtwerdung und des Durcharbeitens der Triebkonflikte und Mangelerfahrungen, wie erwähnt, auch die (wieder-)erlangte Liebes-, Arbeits- und Gemeinschaftsfähigkeit berücksichtigt werden müssen. Bei den Borderline-Persönlichkeiten interessiert uns daneben vor allem die Fähigkeit des Patienten zum Realitätsbezug, zur Realitätskontrolle (reality testing).

Wir dürfen uns indes, wie MOSER zutreffend bemerkt, nicht auf ein einziges Kriterium zur Beendigung der Analyse stützen. So will beispielsweise eine (wiedererlangte) volle Arbeitsfähigkeit nicht heißen, daß auch im erotischen Bereich eine Normalisierung eingetreten ist.

Es ist auch aus anderem Grund oft sehr schwierig zu entscheiden, wann eine Analyse beendet werden sollte. FREUD[106] hat darauf hingewiesen, wie ein psychoanalytisches Verhältnis, bei ungeklärten Übertragungen – und Gegenübertragungen –, die Tendenz haben kann, sich zu verewigen. Daher ist es unbedingt wichtig, daß zumindest der Analytiker um seine entsprechenden Tendenzen weiß.

*Zusammengefaßt* sind die Kriterien, die zu einer Beendigung der Analyse angewendet werden können, die folgenden:

1. Bewußtwerdung der der Neurose zugrunde liegenden Triebkonflikte oder Mangelerlebnisse;
2. vollzogenes Durcharbeiten des zutage geförderten unbewußten Materials;
3. gefestigtes Selbstwerterleben;
4. Erstarkung des Ichs;
5. (wieder-)erlangte Liebes-, Arbeits- und Gemeinschaftsfähigkeit;
6. Anzeichen der Lösung der Übertragungsbeziehung zum Analytiker im Verhalten und in den Träumen des Patienten;
7. gefestigte oder neu erlangte Realitätskontrolle.

## 12.7  Von der Psychoanalyse abgeleitete Methoden

Auf die für narzißtische Neurosen und Borderline-Persönlichkeitsstörungen abgeänderten Verfahren wurde bereits im Kapitel 12.2 eingegangen. Hier sollen lediglich Methoden erwähnt werden, die eine Verkürzung oder Rationalisierung der Analyse gestatten.

Bei der Zunahme der um Psychotherapie nachsuchenden Patienten einerseits und der langen Dauer der Analysen andererseits wurde seit Jahren nach Methoden gesucht, welche die Psychoanalyse verkürzen oder anderweitig rationalisieren könnten. Es wurde so auf der einen Seite der analytischen Kurzpsychotherapie, welche die benötigte Zeit raffen soll, und auf der anderen Seite der Gruppenanalyse, bei der gleichzeitig mehrere Patienten behandelt werden können, immer mehr Beachtung geschenkt.

## 12.7.1  Analytische Kurzpsychotherapie

Wie bereits STEKEL[210] forderte und BECK[29, 30], MÄDER[162], MALAN[164], MEERWEIN[168], SIFNEOS[203 a] u. a. gezeigt haben, kann es unter gewissen Umständen gelingen, sich auf eine analytische Kurzzeitpsychotherapie zu beschränken. Diese Methode ist aber nur dann anwendbar, wenn ein Triebkonflikt oder eine Selbstwertproblematik schon in den ersten Sitzungen als Fokus erkannt wird. Dabei wird es allerdings nicht zu einem vollkommenen Durcharbeiten der gesamten zugrunde liegenden Konflikthaftigkeit oder narzißtischen Mangelerfahrung und zu einer totalen Umstrukturierung des Charakters kommen können. Man wird sich bescheiden müssen, fokussiert auf den Triebkonflikt bzw. die Störung im Selbstwerterleben einzugehen, der bzw. die für das Symptom hauptverantwortlich ist, das den Patienten in die Psychotherapie geführt hat.

Auf der einen Seite stellen ein gutes Ansprechen des Patienten auf Probedeutungen des Analytikers bereits im Erstinterview und nicht zu starke Abwehrtendenzen Voraussetzungen für eine analytische Kurzpsychotherapie dar. Auf der anderen Seite ist darauf zu achten, daß die Übertragung vom Patienten auf den Analytiker nicht so stark wird, daß er sich nicht nach einigen Sitzungen von ihm lösen kann. Eine Übertragungsbeziehung wird höchstens soweit gefördert, daß sie die Bearbeitung des zentralen Konfliktes bzw. Mangelerlebens erleichtert. Der Therapeut wird sich deshalb schon in den ersten Sitzungen klarwerden müssen, wie lange ungefähr die Therapie dauern wird. Nur so wird es ihm möglich sein, die Übertragung des Patienten zu steuern.

Eine weitere Voraussetzung für die analytische Kurzpsychotherapie ist, daß der Konfliktfokus oder der um die Selbstwertproblematik zentrierte Fokus dem Patienten bewußtseinsnahe ist, und er bereits im Erstinterview Zusammenhänge zwischen dem Symptom und der Struktur bzw. der Dynamik seiner Neurose ahnt. Die Dauer der Symptome sollte sich nicht über eine zu lange Zeitdauer erstreckt und nicht zu sehr in der Charakterstruktur verfestigt haben. Des weiteren ist es nötig, daß der Patient durch seinen Leidensdruck sich veranlaßt fühlt, intensiv mitzuarbeiten. Ohne daß er sich durch sein Leiden wirklich zur Kooperation gedrängt fühlt, wird eine Kurzpsychotherapie kaum Aussicht auf Erfolg haben. Die erwähnten Voraussetzungen zur analytischen Kurzpsychotherapie ergeben schon, daß sie im allgemeinen nur bei guter Intelligenz des Patienten durchgeführt werden kann.

Für eine analytische Kurzbehandlung sprechen demnach:

1. fokale Abgrenzbarkeit des Konfliktes oder der Störung des Selbst;
2. gutes Ansprechen des Patienten im Erstinterview auf Probedeutungen des Analytikers, keine zu starken Abwehrtendenzen;
3. Bewußtseinsnähe des Konfliktes oder der narzißtischen Mangelerfahrung;
4. kurze Symptomdauer;
5. starker Leidensdruck;
6. durchschnittliche oder darüberliegende Intelligenz.

## 12.7.2  Analytisch orientiertes ärztliches Gespräch

Seitdem MICHAEL BALINT[11] in London Fallbesprechungsseminare mit Ärzten, die eine Allgemeinpraxis betreiben, durchgeführt hat, in denen es darum ging, die therapeutische Beziehung zu erhellen und den Arzt für das Gespräch mit dem Kranken zu sensibilisieren, wurde zunehmend erkannt, daß der Nicht-Fachpsychiater ebenfalls Kenntnisse in der analytisch orientierten Gesprächsführung mit dem Patienten haben sollte. Es erübrigt sich dann meist, einen solchen Kranken dem spezialisierten Arzt zu überweisen. Damit wird vermieden, daß der Patient sich abgeschoben fühlt, und es wird ihm ermöglicht, beim Arzt seines Vertrauens die ihn bewegenden Probleme anzubringen. Die Zielsetzung eines analytisch orientierten ärztlichen Gesprächs ist, dem Patienten eine Hilfe zur Selbsthilfe anzubieten. Zur Technik ist zu sagen, daß insbesondere die sechs folgenden Punkte zu beachten sind:

1. *Positive emotionale Zuwendung:* Der Arzt, will er einen therapeutischen Erfolg beim Patienten erzielen, muß sich dazu bringen, sich positiv auf den Patienten einstellen zu können. Ist ihm dies nicht möglich, weil er den Kranken beispielsweise als unsympathisch erlebt, oder weil der Kranke ihm zu ungelegener Zeit kommt bzw. er als Arzt im Moment überbeschäftigt ist, so kann ein ärztliches Gespräch zu keinem günstigen Resultat führen. Dementsprechend ist es gegeben, daß der Therapeut sich immer positiv auf den Patienten einzustellen versucht. Es ist kaum ein Patient denkbar, der nicht auch positive Gefühle im Arzt wachrufen könnte, insbesondere wenn bedacht wird, welche bedürftigen, hilflosen Seiten in jedem Kranken versteckt oder offenbar sind, die des Arztes Helferwillen ansprechen.

2. *Zuhören:* Es ist absolut entscheidend, daß der Patient Gelegenheit erhält, Probleme und Sorgen, die ihn bewegen, so anzubringen und zu formulieren, wie es ihm gegeben ist. Der Kranke sollte nicht immer wieder durch ungeduldige Bemerkungen oder gar durch suggestive Fragestellungen beengt werden. Es ist das Verdienst des Begründers der Psychoanalyse, das aktive und teilnehmende Zuhören zu einem Hauptfaktor seiner Technik erhoben zu haben. Solches Zuhören bedeutet nicht etwa ein Sich-distanzieren vom Patienten, sondern ein enges Eingehen auf ihn, das dem Kranken aber einen Freiraum läßt, in dem er denken und fühlen kann sowie formulieren darf, wie er es zu tun vermag und möchte.

3. *Eingestreute Fragen:* Die eingestreuten Fragen sollen zweierlei Zwecken dienen, nämlich erstens dem Patienten zeigen, daß der Arzt aufmerksam zuhört und die Gedanken sowie Gefühle des Kranken reflektiert, zweitens dem Patienten es erleichtern, Zusammenhänge in seinem Bericht zu erkennen. Es wird so der Patient in der Regel sensibilisiert auf mögliche Korrelationen seines Leidens mit tiefenpsychologischen Zusammenhängen und Umweltgegebenheiten.

4. *Selten Deutungen:* Im Rahmen eines ärztlichen Gespräches ist es

in der Regel nicht günstig, sogleich Deutungen zu geben. Ungleich der Situation bei der fokalen Psychotherapie bzw. bei der analytischen Kurzpsychotherapie ist der Patient, der einen Allgemeinpraktiker aufsucht, nicht auf eine deutende Technik vorbereitet. Es würde ihn meist vor den Kopf stoßen, wenn man beispielsweise sogleich vom Vorhandensein eines Ödipus-Komplexes bei ihm spräche. Deshalb wird sich im ärztlichen Gespräch nur selten die Gelegenheit bieten, eine Deutung zu geben, und zwar meist erst dann, wenn sie im Gespräch bereits soweit vorbereitet ist, daß sie auf der Hand liegt.

5. *Außer in Ausnahmesituationen, keine Ratschläge, Beratung aber möglich:* Da die Ratschläge stets aus der Sicht und aus dem Erleben des Therapeuten kämen, ist es im allgemeinen nicht angezeigt, dem Kranken solche zu erteilen. Sie würden ihn in eine Richtung stoßen, die nicht die seine wäre, und es bestünde die Gefahr, daß sich der Patient, der vielleicht schon in seiner Kindheit gewohnt war, sich anzupassen, wiederum, und zwar dieses Mal an den Therapeuten, adaptierte. Ausnahmesituationen bestehen dann, wenn der Patient sich in einer schweren Depression, in einer Manie oder aber in einem außerordentlichen Erregungszustand befindet, in dem er Sinnloses oder Gefährliches ausführen könnte. In diesen Fällen wird man Ratschläge erteilen müssen oder sogar unter Umständen, bei erheblicher Suizidgefahr oder anderweitiger Selbstgefährdung oder bei Gefährdung anderer Personen, wenn möglich mit dem Einverständnis des Patienten, Maßnahmen einleiten, die die Gefahr der erwähnten bedrohlichen Folgen reduzieren. Anders steht es mit der Beratung eines Patienten, die aber stets dazu tendieren wird, ihm zu helfen, den für ihn richtigen Weg selbst zu finden.

6. *Bewußt zu machen versuchen, was im Patienten und was im Arzt vorgegangen ist:* Jeder Arzt, der analytisch orientierte ärztliche Gespräche führt, sollte sich bewußtzumachen versuchen, was während der Behandlung beim Patienten, aber auch bei ihm (eigene Reaktionen, Phantasien, Gegenübertragung) vorgegangen ist. Er wird sich beispielsweise überlegen, weshalb der Patient in einem bestimmten Moment erregt wurde, oder aber, weshalb

er eine Angst bei der Besprechung einer gewissen Thematik bei sich selbst bemerkte. Es sollte deshalb zwischen den Behandlungen von zwei aufeinanderfolgenden Patienten stets eine kleine Pause eingeschaltet werden, in der es dem Therapeuten möglich ist, über den Patienten und sich selbst nachzudenken.

### 12.7.3 Analytisch vertiefte Anamnesenerhebung

Für den Nicht-Facharzt, besonders aber für den Fachpsychotherapeuten kann es zur Abklärung notwendig sein, eine analytisch vertiefte Anamnesenerhebung vorzunehmen. Das Ziel des Vorgehens ist eine gründliche Erfassung des Patienten mit dem Bemühen der Klärung von bewußten und unbewußten Zusammenhängen. Zur Technik gehören gezielte Fragen, wobei man, soweit möglich, den Exploranden frei berichten läßt, doch immer wieder auf die abzuklärenden Fragestellungen fokussiert. Folgende Punkte sollen speziell erhellt werden:

1. *Jetziges Leiden:* Es gilt vorerst, das jetzige Leiden zu erfassen und die Zusammenhänge der geklagten Beschwerden unter ganzheitlichem Aspekt zu erkennen. Das heißt, es wird darum gehen, auch somatische Symptome in Bezug zu setzen zu der aktuellen Lebenssituation. Dabei ist ausdrücklich davor zu warnen, die geklagten Symptome als »psychogen« abzustempeln. Es muß immer sorgfältig nach groborganischen Befunden gefahndet werden, bevor angenommen werden darf, daß ausschließlich erlebensfähige Faktoren zum Leiden geführt haben. In dieser Beziehung dürfen einerseits nicht vorgefaßte Meinungen zu Skotomen führen, die eventuell lebensgefährliche Konsequenzen hätten. Doch muß man sich auf der anderen Seite immer wieder bewußt sein, daß das Erleben stets auch eine körperliche Seite hat. Es ist kein psychischer Prozeß denkbar, der nicht sein leiblich-biochemisches Korrelat, vor allem im Gehirn, hätte. Dieser Umstand geht schon aus der deutschen Sprache hervor, in der es ja heißt: »Wie er leibt und lebt.« Es ist anscheinend der deutschen Sprache bekannt, daß das Leben – und das Erleben – dem »Leiben« ent-

spricht. Selbst eine Neurose ist nicht denkbar, ohne daß die körperlichen Gedächtnisstrukturen (des Gehirns) jene Konflikte und Mangelerfahrungen, meist der Kindheit, und damit zusammenhängende Lernprozesse speicherten, die neurotogen wirken.

2. *Beziehungen in der frühen Kindheit:* Die Beziehungen in der frühen Kindheit zu Vater, Mutter, Geschwistern, Großeltern oder zu Bezugspersonen eines Ersatzmilieus müssen sorgfältig erfragt werden. Wesentlich sind auch Fragen nach dem Gestilltwerden, der Reinlichkeitserziehung, der sexuellen Aufklärung usw.

3. *Heredität:* Das Fragen nach dem Vorkommen von psychiatrischen Erkrankungen und Auffälligkeiten in der Familie hat nicht nur zum Zweck, eine allfällige erbliche Belastung zu erkennen, sondern auch zum Ziel, ein allfälliges »Familienmuster«, eine etwaige »Symptomtradition«, eine »Familienneurose« zu erkennen, durch die ein Leiden von Generation zu Generation weitergegeben werden könnte.

4. *Entwicklungsphasen:* Das Verhalten und eventuelle Symptome in den verschiedenen Entwicklungsphasen von Kindheit und Jugend sollen besonders abgeklärt werden. Es ist dabei zuerst zu denken an neurotische Frühsymptome in der Kindheit, die sich meist als Verhaltensstörungen erkennen lassen, wie z. B. Enuresis nocturna, Enkopresis, Pavor nocturnus, Angst, Daumenlutschen, Zwänge, Hypermotilität, Stottern, Fettsucht, Magersucht, Nägelkauen, Aggressivität, Erziehungsschwierigkeiten, Fortlaufen, Schuleschwänzen, Stehlen zu Hause und außer Haus, Musterkind, Einzelgängertum, Lernschwierigkeiten bis zur Pseudodebilität usw. Ferner ist zu denken an das Fragen nach dem Verlauf der Trotzphase (in der Regel zwischen dem 2. und dem 3. Lebensjahr = anale Phase der Triebentwicklung bzw. der Objektbeziehungen), nach dem Eintritt der Menarche, nach der Pubertät und der gefühlsmäßigen Einstellung zu Vertretern des eigenen und des anderen Geschlechts wie auch zur eigenen Geschlechtsidentität, auch im Zusammenhang mit fragwürdiger Sexualaufklärung durch die Eltern.

5. *Schulung:* Fragen nach dem Kindergarten, den verschiedenen Schulstufen, nicht nur in bezug auf den Lehrstoff, sondern vor

allem auch in bezug auf die Kommunikationsfähigkeit mit Kameraden / Kameradinnen und Freunden / Freundinnen sind außerordentlich wichtig, um eventuell frühe neurotische Störungen zu erkennen.

6. *Eingliederung im Berufs- und Erwachsenenleben:* Eingehend werden Fragen in bezug auf das Berufs- und Erwachsenenleben gestellt, wobei nach Lehre und Studium sowie nach allfälligen Schwierigkeiten in bezug auf die Integration in das entsprechende Milieu gefragt werden sollte. Dabei geht es nicht nur um die intellektuelle Bewältigung des Eintretens in den Berufs- und Erwachsenenstatus, sondern auch um die emotionalen Störungen und Ängste, die eventuell aufgetreten sind.

7. *Partnerschaften:* Da ein Individuum nur dann erfaßt werden kann, wenn es in seinem Bezugssystem erkannt wird, ist die Frage nach Partnerschaften außerordentlich wichtig. Insbesondere muß abgeklärt werden, ob die Patienten Freundschaften haben oder schon erlebt haben, in einer Partnerschaft leben, Trennungen oder Scheidungen durchgemacht haben, in dauerndem Hader und Spannungen mit einem Partner, einer Partnerin leben. Es wird dabei zu erkennen sein, ob ein Explorand immer wieder zu Fehlverhaltensweisen und Fehlwahlen in bezug auf seine Partner, seine Partnerinnen neigt.

8. *Bezug zu den Wertsystemen:* Die Frage nach dem Ideal eines Menschen, nach seinem Zugehörigkeitsgefühl zu sozialen Regeln und Wertsystemen, zu religiösen Dimensionen, aber auch zu entsprechenden Institutionen und Abklärungen der Einstellung zu Recht und Ordnung können uns Auskunft darüber geben, ob und wie sehr ein Mensch den sozialen und religiösen Normvorstellungen verpflichtet ist oder aber sich in einer Außenseiterstellung bzw. in einer Situation der »Anomie« (DURKHEIM[59]) befindet.

9. *Umgehen mit (»coping«) Frustrationserfahrungen:* Im Rahmen einer analytisch vertieften Abklärung eines Patienten ist es immer wesentlich, ihn zu fragen, wie er mit früheren oder aktuellen Konflikt-, Mangel- und Verwöhnungserfahrungen umgeht und wie oder ob er allfällige elterliche Erwartungen in bezug auf ein

überangepaßtes Verhalten verarbeitet hat. Es wird sich aus den entsprechenden Fragen ein wesentlicher Einblick in das Fühlen, die Phantasie und das Verhalten eines Menschen ergeben.

Aus den angeführten Punkten, die in einer analytisch vertieften Anamnesenerhebung abgeklärt werden, läßt sich erkennen, daß so versucht wird, ein möglichst umfassendes Bild des Menschen in seiner Beziehungswelt mit seinen, eventuell stereotypisierten, Verhaltensweisen zu erhalten. Damit ist auf der einen Seite der Arzt besser in der Lage, den ihn aufsuchenden Kranken zu erfassen, auf der anderen Seite der Patient mit Bereichen bewußt konfrontiert, die ihm zuvor vielleicht in keiner Weise bekannt bzw. ihm unbewußt waren.

## 12.7.4 Gruppenanalyse / Analytische Gruppenpsychotherapie

Die Gruppenanalyse (= analytische Gruppenpsychotherapie) ist eine der Methoden der Gruppenpsychotherapie. Sie ist eine Behandlungsmethode, bei der nicht nur ein Patient, sondern mehrere, in der Regel fünf bis sieben, unter der Leitung eines Therapeuten gemeinsam unter psychoanalytischen Gesichtspunkten behandelt werden. Die analytische Gruppenpsychotherapie erfolgt, wie die Psychoanalyse, unter Verwendung der verbalen Äußerung, der Verhaltens- und Übertragungsinterpretationen sowie der Traumdeutung. Da die Beteiligten infolge der Mitanwesenheit anderer Patienten mit parallel laufenden Assoziationen naturgemäß nicht alles vorbringen können, ist die psychoanalytische Grundregel in der analytischen Gruppensituation nicht durchführbar. Hingegen gilt die Regel der freien Interaktion. Das heißt, es ist dem einzelnen in der analytischen Gruppensituation jegliche verbale oder averbale Äußerung gestattet. In der Gruppenanalyse kommen dementsprechend oft Kernprobleme, die für mehr als ein Mitglied Bedeutung haben, zur Sprache. Auch interessieren besonders Träume, die irgendwie auf die therapeutische Gruppe bezogen sind. Ich spreche in diesem Zusammenhang von »Gruppenträumen« (BATTEGAY[21, 22]).

Die Gruppenanalyse erlaubt es nicht nur, in der gleichen Zeit mehr Patienten als in der Einzelanalyse zu erfassen. Das Dabeisein anderer Beteiligter führt vielmehr auch dazu, daß die therapeutische Situation gleichzeitig der analytischen Erhellung und der sozialen Erfahrung dient, während in der Psychoanalyse die beiden Prozesse nicht gleichzeitig vor sich gehen. Der Gruppenanalytiker hat demgemäß seine Aufmerksamkeit bifokal auf die Gruppe als Ganzes und auf die einzelnen Beteiligten zu richten. Ebenso darf er nicht nur eine Inhaltsanalyse anstreben, sondern er sollte ebenso typische Verhaltensmuster erkennen und zu analysieren versuchen.

Wenn manche Autoren die Gruppenanalyse für eine oberflächlichere Methode als die Psychoanalyse halten, so können wir dieser Aussage nicht beipflichten. Im Gegenteil, die Verstärkerwirkung der Gruppe auf die Gefühle und die kognitiven Prozesse (BATTEGAY [18, 26 a]) bringt es mit sich, daß bei den Beteiligten oft sehr rasch eine Erlebenstiefe sowie eine Erkennungsfähigkeit erreicht werden, wie sie in der individuellen Analyse kaum je in so kurzer Zeit erzielt werden können. Ein Nachteil des Erfassens mehrerer Patienten in einer analytischen Gruppe ist jedoch, daß die in Erscheinung getretenen Probleme nicht genügend gründlich durchgearbeitet werden können.

Die Gruppenanalyse zeitigt, wie FOULKES [69], R. SCHINDLER [193], W. SCHINDLER [194], SLAVSON [204] und andere Autoren gezeigt haben, qualitativ andere tiefenpsychologische Wirkungen als die klassische psychoanalytische Zweiersituation. Bei der Gruppenanalyse werden in der Phantasie der Beteiligten vor allem Konflikte (re-)aktiviert, die mit vergangenen Kollektivsituationen, insbesondere der Familie, aber beispielsweise auch der Klassensituation in der Schule, zusammenhängen. Entsprechend ist auch die Übertragung in der Gruppe eine andere als in der Einzelanalyse. So kann es beispielsweise zu einer Familienübertragung (W. SCHINDLER [194]) auf die Gruppe kommen. Auch sind in einer analytischen Gruppe im Unterschied zur Einzelanalyse gleichzeitig multiple und multidimensionale Übertragungsbeziehungen und Widerstandseinstellungen (MULLAN und ROSENBAUM [175], SLAVSON [204], STOKVIS [214]) möglich.

Bei der Gruppenanalyse helfen die Mitpatienten mit, die Triebkonflikte und Mangelerfahrungen der einzelnen zu erhellen. Das Informationsfeld des einzelnen wird um die Informationsbereiche der anderen erweitert. Die Einfälle der übrigen Zugehörigen helfen dem einzelnen Kranken, sich seiner abgewehrten Triebtendenzen und / oder narzißtischen Probleme bewußt zu werden.

Der Therapeut soll, wie erwähnt, in der analytischen Gruppe nicht nur den einzelnen im Auge behalten, sondern auch die Gruppe als Gesamtheit bzw. auch die übrigen Zugehörigen. Es kann in der analytischen Gruppenpsychotherapie zum Beispiel vorkommen, daß die ganze Gruppe einem Beteiligten gegenüber eine Überich-Rolle einnimmt. Dabei ist es wesentlich, daß die Aufmerksamkeit des Therapeuten nicht nur auf den einzelnen gerichtet ist, der die Gruppe als Überich erlebt, sondern auf alle Mitwirkenden, die gesamthaft – unbewußt – eine Überich-Rolle übernommen haben.

Die Gruppenanalyse kann auch als Ergänzung zur individuellen Analyse indiziert sein. Individuen, die eine Psychoanalyse durchgemacht haben, kennen häufig Triebtendenzen oder narzißtische Kränkbarkeiten und Verkürztheiten, die in einem Kollektiv aufleben, nicht genügend. Besonders für angehende Psychoanalytiker, aber auch für Pädagogen und anderweitig im sozialen Felde Wirkende kann daher das Durchmachen einer Gruppenanalyse Konflikte oder Mangelerlebnisse bewußt werden lassen, die sonst im Dunkel bleiben. Im Unterschied zu dem in der Gegenwart immer mehr sich ausbreitenden Sensitivity Training (DÄUMLING[54]) und zu anderen, lediglich die soziale Integration anstrebenden Verfahren, die hauptsächlich eine Verhaltensänderung und -anpassung des einzelnen in der Gruppe bewirken wollen, hat die Gruppenanalyse daneben auch die Erhellung und das Durcharbeiten der unbewußten Motive zum Ziel.

## 12.8 Ergebnisse der psychoanalytischen Behandlung

Seit EYSENCK[66] behauptet hat, daß die Erfolge der psychoanalytischen Behandlung nicht besser seien als die spontanen Remissionsraten, kam eine Diskussion über die Erfolgsbeurteilungskriterien der Psychoanalyse – und der Psychotherapie ganz allgemein – in Gang. Auch ERNST[64] hat bei seinen katamnestischen Untersuchungen von Neurotikern festgestellt, »daß die Patienten, die für eine regelmäßige Psychotherapie zu gewinnen sind, meistens Persönlichkeiten mit günstiger Spontanprognose sind«.

Es ist deshalb notwendig, nach zuverlässigen Test- und Beurteilungsmethoden zu suchen, die uns eindeutige Erfolgsbeurteilungen gestatten. Dazu sollten, wie BASTINE [13] darlegt, geeignete objektive Testverfahren und – subjektive – Selbstbewertungsskalen verwendet werden, die mehrdimensional die Persönlichkeit bzw. Veränderungen, die durch die Psychotherapie erzielt worden sind, zu erfassen gestatten. Auch ist beim Anwachsen der Kosten für das Gesundheitswesen in allen Ländern möglichst auch der Kosten-/Nutzen-Effekt zu berücksichtigen, wobei versucht werden müßte, die Auswirkungen der Psychotherapie auch in dieser Hinsicht quantitativ zu ermitteln (KRUPNICK und PINCUS [150a]).

Wie wir an anderer Stelle betont haben (BATTEGAY [24]), darf die Psychotherapie, wie immer sie auch geartet sein möge, nicht darauf ausgehen, aus einem Patienten einen anderen Menschen machen, eine Metamorphose erzielen zu wollen. Es geht vielmehr bei jeder dieser Behandlungen darum, dem Menschen möglichst zur Entfaltung und Belebung aller Facetten seiner Persönlichkeit zu verhelfen. Was der Therapeut anstrebt, ist also nicht eine totale Umwandlung, sondern eine Reifung eines Individuums, damit es einerseits sich selbst, andererseits doch integriert in eine gewisse Gesellschaft leben kann.

SIGMUND FREUD [62,78] wie auch MOSER [173] und andere Autoren haben die Liebes-, Arbeits-, Genuß- und Gemeinschaftsfähigkeit als Ziele psychoanalytischer Therapie bezeichnet. Was damit angezielt wird, ist ein möglichst freies und lustvoll erlebtes soziales Verhalten. An sozialen Parametern wurde damit gemessen, welcher therapeutische Erfolg erzielt werden soll. Es ist naturgemäß bedeutend schwieriger, Persönlichkeitsvariablen zu erfassen als ins Auge springende Verhaltensweisen. Doch wurde immer wieder versucht, die Ergebnisse der psychoanalytischen Therapie festzuhalten.

Die Resultate der Psychotherapie sind indes sehr schwer zu fassen und weitgehend von der gezielten oder ungenauen Auswahl der Patienten abhängig. Je erfahrener die Forscher und Therapeuten sind, desto mehr werden sie dazu tendieren, Patienten zur Therapie anzunehmen, die einen Erfolg versprechen. Daraus kann sich ergeben, daß im Grunde genommen nur jene Kranken zur Behandlung angenommen werden, bei denen ein Therapieerfolg in Aussicht steht.

Eine weitere Schwierigkeit läßt sich darin erkennen, daß das Wirken eines Psychotherapeuten kaum mit demjenigen eines anderen verglichen werden kann, selbst dann nicht, wenn sich deren Lebens- und Erfahrungsdaten weitgehend decken. Es kommt immer, neben der Berufserfahrung, auf die Ausstrahlung einer Therapeutenpersönlichkeit an. Doch kann diese persönliche Gleichung des Behandlers nicht gemessen werden, wenn auch immer wieder versucht wurde, eine Typologie eines geeigneten Psychotherapeuten aufzustellen.

Ferner müssen wir uns fragen, ob es uns bei der Psychotherapie wirklich darum geht, einzig und allein ein quantitatives Resultat vorzeigen zu können. Was der Patient, der uns aufsucht, vorwiegend benötigt, ist, einen Menschen zu finden, von dem er bedingungslos angenommen wird, mit und in seiner Bedürftigkeit, mit seinen Aggressionen, kurzum mit seinen Frustrationsgefühlen wie auch mit der in ihm vorhandenen Feindseligkeit. Der Behandelte muß den berechtigten Eindruck haben können, einen Therapeuten vor sich zu haben, der bereit ist, sich den Gefühlen des Patienten auszusetzen, ohne sich ihnen auszuliefern. Er muß die Gewißheit erlangen können, daß der Therapeut ihm nahesteht, ohne daß er die Grenzen überschritte, deren Beachtung für eine Psychotherapie notwendig ist.

Der Arzt oder Psychologe wird bei seiner therapeutischen Arbeit immer mit dem aus den konstitutionellen Gegebenheiten, aus der Vergangenheit und der Gegenwart gespeisten System (L. VON BERTALANFFY[221]) des Patienten konfrontiert. Der Therapeut mit seinem eigenen System, seinen eigenen Erwartungen wird sich in dasjenige des Patienten einzuarbeiten und einzufühlen haben. Es ist für einen aus einer bestimmten sozialen Schicht, meist dem Mittelstand, stammenden Akademiker nicht leicht, das Fühlen und Denken von Vertretern anderer sozioökonomischer Gegebenheiten empathisch und kognitiv zu erfassen. Wir dürfen von einem Therapeuten erwarten, daß er sich allmählich deren verbale und averbale Sprache aneignet und die Repräsentanten anderer Gruppierungen verstehen lernt. Ein Mensch, der sich als Behandler anderer betätigen und ausgeben möchte, darf nicht eng seinem sozialen System verhaftet bleiben. Er muß über seine Grenzen hinausblicken und die Aussagen und Signale verstehen lernen, die in einem anderen System üblich sind.

Doch sind immerhin die *quantitativen Aspekte der Erfolgsbewertung* nicht unwichtig. Wir haben verständlicherweise immer das Bedürfnis, unsere therapeutische Arbeit in bezug auf deren Wirksamkeit zu überprüfen.

Aus einem Buch von OTTO F. KERNBERG et al.[142] aus der *Menninger-Klinik* geht hervor, daß diese Arbeitsgruppe versucht hat, die Resultate verschiedener Arten der Psychotherapie, wie der stützenden und der analytisch-expressiven Psychotherapie sowie der Psychoanalyse, zu erfassen. Dabei wurden nicht etwa Erfolge in Prozentsätzen der behandelten Individuen gemessen, sondern es wurde darauf geachtet, wie sich einzelne Persönlichkeitsvariablen, wie z. B. die Ich-Stärke, die Fähigkeit zur Angsttoleranz, die interpersonellen Beziehungen, Übertragung und Widerstand, die Motivation usw. im Verlaufe der Therapie verändert haben. Die statistische Analyse ergab beispielsweise, daß die initiale Ich-Stärke einen Indikator für die gute Prognose im ganzen Spektrum der analytischen Behandlung darstellt, so für die Psychoanalyse, die auf forcierter Deutungsarbeit beruhende analytisch-expressive Psychotherapie und die expressiv-stützenden sowie die rein stützenden Methoden. Dabei wurde die Ich-Stärke definiert erstens als der Grad der Integration, der Stabilität und der Flexibilität der intrapsychischen Struktur, eingeschlossen die Variablen, die das Abwehrmuster und die Angsttoleranz, die Impulskontrolle, die Denkorganisation und die Stimulationsmöglichkeiten betreffen, zweitens als der Grad, in welchem die Beziehungen mit anderen angepaßt, tief und bedürfnisbefriedigend sind, drittens als der Grad, in welchem die Dysfunktionen der intrapsychischen Struktur direkt durch Symptome zum Vorschein kommen.

Es zeigte sich, wie gesagt, anhand eines multidimensionalen standardisierten Verfahrens, daß eine überragende Beziehung zwischen dem Gesamtresultat und der Ich-Stärke besteht, speziell in den Aspekten, in denen diese Ich-Stärke bezogen ist auf die Qualität der interpersonellen Beziehung. Patienten mit einer hohen initialen Ich-Stärke zeigen die beste Besserungsrate, und Kranke mit geringer initialer Ich-Stärke, speziell mit geringer initialer Qualität der interpersonellen Beziehung, die geringste Besserungsquote, unabhängig von der Art der Behandlung und dem Geschick des Therapeuten. Doch war die Korrelation mit hoher initialer Ich-Stärke am offenkundigsten bei den Individuen, die eine Psychoanalyse durchgemacht haben. Es ergab sich, daß Patienten mit hoher Ich-Stärke weniger gut mit stützender Psychotherapie als mit Psychoanalyse, aber auch weniger gut als mit stützend-expressiven Verfahren oder analytisch-expressiver Therapie abschnitten. Wir sehen schon aus dieser Aufzählung, daß es den erwähnten Therapeuten nicht darum ging, einfach Besserungsraten zu erhalten, sondern sie versuchten Kriterien herauszuschälen, die als Indikatoren für ein gutes Ansprechen auf eine Therapie gelten. Damit wurde auch die Indikationsstellung erleichtert. Es ergab sich ferner in der statistischen Analyse der Untersuchung dieser Forscher keine signifikante Differenz zwischen der Gesamtwertung von Patienten mit niedriger Ich-Stärke, welche mit expressiven Mitteln, d. h. hoch interpretierenden Techniken, und von Patienten, die mit stützender Behandlung, d. h. mit wenig interpretierenden Techniken behandelt worden sind. Eine kombinierte Analyse der allfälligen Korrelationen zwischen den Behandlungsresultaten auf der einen Seite und der Übertragung, des Therapeuten Geschick und der initialen Ich-Stärke auf der anderen Seite ergab, daß Patienten mit niedriger Ich-Stärke, die durch einen Therapeuten behandelt wurden, der ein großes Geschick besitzt, mit sehr stark auf die Übertragung fokussiertem Vorgehen eine signifikant stärkere Besserung aufwiesen. KERNBERG et al.[142] schließen daraus, daß je niedriger die Ich-Stärke des Patienten, desto entscheidender die Bearbeitung der Übertragung für das Resultat der Psychotherapie ist. Diese multidimensionale Analyse der erwähnten Erhebungen ergab, daß Patienten mit niedriger Ich-Stärke, die stützend behandelt wurden oder mit Psychoanalyse, weniger Besserung erfuhren als Kranke mit niedriger Ich-Stärke, die einer sogenannten expressiv-stützenden Therapie unterzogen wurden. Diese multidimensionale Untersuchung läßt schließlich ein differentes Indikationsraster entstehen, das gestatten könnte, uns zu sagen, welche Therapie bei welchen Kranken angezeigt ist. Einen Überblick über die Persönlichkeitsfaktoren, die Neurosensymptomatik und die Krankheitsdaten hat FRANZ HEIGL[121] aufgestellt.

Auch in anderen, auf die Resultate der Psychotherapie ausgerichteten Arbeiten wurde darauf verzichtet, Prozentsätze der Gebesserten herauszubekommen. BECKMANN et al.[33] weisen darauf hin, daß Probleme der Erfolgskontrolle durch zwei Schwierigkeiten gekennzeichnet sind: 1. fehlten bisher allgemein anerkannte Kriterien für seelische Gesundheit und 2. abhängig davon, auch günstige Meßverfahren zur Erfassung des Therapieerfolges. Die Autoren betonen, indem sie sich auf die Literatur stützen, daß Patientenmerkmale, wie die bereits erwähnte Ich-Stärke, die Behandlungsmotivation, die Intelligenz, die Gefühle, die Offenheit der Behandlung gegenüber, das Lebensalter, ferner Therapeutenmerkmale, wie z. B. das Ausmaß des Therapeutenerfolges, seine empathische Stärke, weiter die Patient-Therapeut-Interaktion und schließlich die Behandlungsformen sich auf den Ausgang einer Behandlung auswirken. Auch DIETRICH LANGEN[157] wendet sich dem Problem der Erfolgskontrolle zu. Er betont vor allem, daß die Resultate, die etwa angegeben werden, nur mit Vorsicht zu verwerten seien, die verwendeten Diagnosen ausschließlich symptomorientiert seien, der Prozentsatz der Nachuntersuchten oft recht bescheiden sei und die in einer Psychotherapie als wirksam postulierten Faktoren ausschließlich gesehen worden seien, ohne daß andere für die Behandlung entscheidende Komponenten beachtet worden seien. JOSEPH H. STEPHENS et al.[212] verwenden die *Whitehorn-Betz-Skala*, um des Psychotherapeuten Wirksamkeit zu untersuchen. Es zeigt sich, daß die Messung der Resultate mit einem Fragebogen, der das Berufsgefühl des Therapeuten erfaßt, wenig geeignet und korreliert ist mit dem, was gemessen werden soll, dem Therapieerfolg. Die Autoren haben versucht, Faktoren herauszufinden, die für Therapeuten gelten sollen, die gute Resultate aufweisen können. So scheinen Psychotherapeuten, die in der Faktorenanalyse auf den Dimensionen verbalkonzeptualisierend versus praktisch, wissenschaftlich versus kaufmännisch, sozial interessiert bzw. künstlerisch interessiert versus geschäftsorientiert hoch laden, bei Kurzpsychotherapie unter gewissen Umständen bessere Resultate aufweisen, doch konnten die Autoren beispielsweise nicht nachweisen, daß dieselben Faktoren bei der Langzeitpsychotherapie von Schizophrenen eine Rolle spielen. ANNEMARIE DÜHRSSEN[56] hat schon früh versucht, harte Kriterien für die Auswahl zur – analytisch orientierten – Psychotherapie zu finden. Wurden Patienten gemäß ihren Gesichtspunkten ausgewählt, so ergab sich bei einer 5-Jahres-Katamnese ein signifikant besseres Resultat als z. B. bei Patienten einer Warteliste. MARTIN et al.[166] haben mit einem umfassenden Fragebogen an 85 ihrer Patienten festgestellt, daß die gefühlsmäßige Reaktion des Therapeuten auf einen Patienten wesentlich die Beurteilung des Therapieerfolges bestimmt. Anhand dieser Angaben kann ersehen werden, wie wenig relevant Angaben über prozentuelle Besserungsraten sind. Selbst wenn die erwähnte Forderung von BASTINE[13] befolgt wird und zur Erfolgsbeurteilung objektive Testverfahren und subjektive Selbstbewertungsskalen verwendet werden, die multidimensional die Persönlichkeit und Veränderungen, die durch die Psychotherapie erzielt worden sind, zu erfassen gestatten, ist keine Gewähr dafür vorhanden, daß nicht subjektive Momente des Therapeuten mit hineinspielen, die das Behandlungsresultat beeinflussen.

BECKMANN et al.[32] berichten über eine Stichprobe von 16 ambulant mit einer psychoanalytischen Kurztherapie behandelten Patienten der Psychosomatischen Klinik Gießen. Es wurde nach 14 Monaten eine zweite Testuntersuchung – wie die erste – mittels des MMPI (Minnesota Multiphasic Personality Inventory) durchgeführt. Von diesen 16 Patienten fühlten sich nach der globalen Selbsteinschätzung im Vergleich zum Befinden zur Zeit der Erstuntersuchung 10 gebessert, 5 unverändert und 1 Patient verschlechtert. Die katamnestische MMPI-Untersuchung ergab hochsignifikante Skalenerniedrigungen insbesondere bei den Faktoren »Hypochondrie«, »Depressivität« und »Angst«. RICHTER und BECKMANN[187], die an der Gießener Psychosomatischen Klinik Herzneurotiker analytisch-psychotherapeutisch betreut haben, kamen, bei einer Katamnesendauer von 3 Jahren und 3 Monaten, aus der Sicht der Patienten bei den von ihnen selbst behandelten 28 Patienten zu 82 % Besserungen, 7 % unveränderten Zuständen und zu 11 % Verschlechterungen. In der Sicht der Ärzte ergaben sich bei 61 in der Gießener Psychosomatischen Klinik behandelten Herzneurotikern und einer durchschnittlichen Behandlungsdauer von 11,2 Monaten 48 % wesentliche Besserungen, 33 % leichte Besserungen, 16 % unveränderte Zustände, 3 % Verschlechterungen.

CREMERIUS [51] hat versucht, die Erfolge, allerdings verschiedener psychotherapeutischer Verfahren, wie analytischer Kurzpsychotherapie, der Hypnose und der Narkohypnose sowie des Autogenen Trainings, bei Psychoneurosen, Organneurosen und psychosomatischen Krankheiten, die er in der psychosomatischen Beratungsstelle der Medizinischen Poliklinik der Universität München zu betreuen hatte, zu quantifizieren. Dabei kam er zu folgenden Resultaten: Von 573 Patienten beendeten 270 (47 %) die Therapie, da sie mit dem Ergebnis (Symptombeseitigung) zufrieden waren. 180 (31 %) schlossen die Therapie wegen der erreichten Symptombesserung ab. 27 Kranke (5 %) brachen die Behandlung aus Enttäuschung ab, und 22 (4 %) beendeten die Therapie aus äußeren Gründen. Bei 74 Patienten (13 %) brach der Therapeut die Behandlung ab, da die Therapie keine Erfolgsaussichten versprach oder (bei 8 Patienten) zu einer großen Analyse geraten werden mußte. In unserem Zusammenhang interessieren besonders die Resultate der analytisch Behandelten, wobei allerdings nur die analytische Kurzpsychotherapie angewendet wurde. Von 56 Patienten war bei 10 (49 %) eine Symptombeseitigung, bei 7 (29 %) eine Symptombesserung, bei 4 (17 %) ein Abbruch aus Enttäuschung des Patienten und bei 3 (13 %) ein Abbruch durch den Therapeuten erfolgt.

KÜNZLER und DE BOOR [152] haben in einer groß angelegten Untersuchung die ersten 10 Arbeitsjahre der Psychosomatischen Universitätsklinik Heidelberg auch in bezug auf die Behandlungserfolge untersucht. Ihre Ausführungen stützen sich auf die statistischen Daten von 640 psychoanalytisch oder mittels einer psychoanalytisch orientierten Therapie behandelten Patienten. Sie unterscheiden klinische, soziale und analytische Besserungen. Klinisch galten 19 %

als geheilt, 51 % als gebessert, 30 % als ungebessert. Sozial wurden 19 % als geheilt, 49 % als gebessert, 32 % als ungebessert betrachtet. Vom analytischen Aspekt her war bei 45 % ein Strukturwandel erfolgt. KÜNSTLER und DE BOOR betonen, daß selbst unter Bedingungen, in denen Patienten ohne Entgelt behandelt werden, solche eher angenommen werden, die bessergestellten sozioökonomischen Schichten entstammen, offenbar weil viele Ärzte und Psychologen, die größtenteils aus dem Mittelstand kommen, ihresgleichen besser verstehen als andere Individuen.

LUBORSKY et al.[161a] haben im Rahmen des »Penn-Psychotherapy-Project« die Resultate von analytisch orientierten Psychotherapien von im Median 32 Sitzungen in 34 Wochen anhand von 73 Patienten untersucht. Bei Beendigung der Psychotherapie wurde das Ergebnis durch den Patienten, den Therapeuten und unabhängige klinische Beobachter beurteilt. Es zeigte sich unter anderem, daß die Mehrzahl der Patienten dieses Projektes von der Psychotherapie profitiert hatten. Vor allem erwiesen sich ⅔ der Patienten in bezug auf bestimmte Beschwerden als »leicht« bis »stark« gebessert. Der Prozentsatz der Patienten, der sich in bezug auf bestimmte Symptome als gebessert erwies, war leicht höher als jener für die generelle Besserung. Als »schlechter« wurden lediglich ein Prozent der Patienten durch den Therapeuten und drei Prozent durch unabhängige klinische Beobachter eingeschätzt. Bei einem Vergleich der Resultate der Penn-Psychotherapy-Project-Gruppe mit jenen von Kontrollgruppen erwies sich in der Penn-Gruppe die Besserung von Zielbeschwerden als bedeutender. Es ergab sich ferner, daß sowohl die psychologischen als auch die körperlichen Symptome der Patienten während der Psychotherapie signifikant reduziert wurden. Die Reduktion der psychologischen Symptome war indes signifikant größer als jene der körperlichen Störungszeichen. Doch entsprachen die körperlichen Beschwerden, die während der Behandlung am häufigsten auftraten, jenen, die während der Psychotherapie am meisten gebessert wurden. Die Reduktion der psychologischen und physischen Symptome war korreliert mit der Besserung in der Psychotherapie, wenn auch diese Korrelation für die körperlichen Symptome signifikant weniger stark ausfiel. Die Autoren versuch-

ten auch zu erfassen, ob die Möglichkeit einer Voraussage des Therapieresultates anhand der vor Therapiebeginn verfügbaren Informationen möglich ist. Dabei wurden die Ansichten der Patienten,
der Therapeuten und von klinischen Beobachtern berücksichtigt. Es
wurde festgestellt, daß das Behandlungsergebnis in signifikanter
Weise aus vor der Therapie verfügbaren Informationen vorausgesagt werden kann, wobei aber die Korrelationen sehr klein waren.
So waren die Ergebnisse bei Patienten, die durch den Therapeuten
zur Behandlung ausgewählt wurden, besser als nach den Regeln des
Zufalls ausgewählte Kranke. Doch waren weder die klinische Erfahrung, noch die demographischen Charakteristika des Therapeuten
für den Erfolg der Psychotherapie entscheidend. Hingegen ergab
sich, daß Ähnlichkeiten zwischen dem Therapeuten und dem Patienten in bezug auf soziale Daten, wie zum Beispiel den Zivilstand
»verheiratet« oder »ledig«, den Beruf und das Alter, signifikant oder
nahezu signifikant mit guten Resultaten korrelierten.

Bei einer Nachuntersuchung von 19 Patienten sieben Jahre nach
Beendigung der Psychotherapie war zu erkennen, daß die meisten
der gebesserten Patienten ihren Gesundheitsgewinn während der
sieben Jahre aufrechterhielten, wenn auch eine Tendenz zu einer
leichten Abnahme vom Ende der Psychotherapie an bis zur Nachuntersuchung sichtbar wurde. Die am wenigsten gebesserten Patienten gewannen nach Therapiebeendigung an Wohlbefinden, und
sie brachten so ihren Status näher jenen Patienten, die mittlere oder
höhere Resultate in der Nachuntersuchung erzielten. Die mittlere
Gruppe blieb auch bei der Nachuntersuchung in der Mitte, doch
zeigte sich, daß sie sich bis zur Nachuntersuchung in einer Beurteilungsskala der Gruppe mit guten Resultaten annäherte. Allerdings
kam auch heraus, daß in der Episode von der Beendigung der Therapie bis zur Nachuntersuchung sieben Jahre später 50 % der am meisten gebesserten und 33 % der mittleren Gruppe eine weitere Behandlung erfahren haben. Die übliche Erklärung dafür war, daß die
Notwendigkeit bestanden hätte, die Probleme weiter zu lösen, denn
sie seien in der vorherigen Behandlung nicht gänzlich und gut genug
durchgearbeitet worden. Diese Erklärung wurde auch durch die am
meisten gebesserten Patienten abgegeben. Die Resultate der nach-

folgenden Behandlung tendierte dann dazu, diesen Individuen eine weitere Besserung zu bringen.

Sosehr es also einerseits zu erstreben ist, daß die Psychotherapie, wie immer sie auch geartet sein möge, auf eine solide Basis gestellt werde und damit auch einwandfrei standardisierte Erfolgskontrollen und parallelisierte Vergleichskollektive gewährleistet sind, um so mehr ist es aber andererseits notwendig zu wissen, daß die Psychotherapie, die im Zweierverhältnis Arzt – Patient vor sich geht, nie mit einer Meßmethode ganz erfaßt werden kann. Die Beziehung Arzt – Patient vermag beide um die Welt des anderen Partners zu erweitern. Da der Psychotherapeut in der Regel in der gewünschten psychotherapeutischen Richtung, d. h. im Bereich der Emotionalität und der Kognition, ein breiteres Spektrum aufweisen dürfte, wird dem Patienten in dieser Beziehung wohl mehr geholfen werden als dem Behandler. Es darf also erwartet werden, daß sich das Gesichtsfeld, der Erfahrungsbereich, das emotionale Spektrum wie auch die Fähigkeit zur kognitiven Erfassung und Lenkung der Antriebshaftigkeit (SCHULTZ-HENCKE [199]) des Patienten verbessere. Dem zu Behandelnden muß es aber klarwerden, daß er einerseits danach trachten sollte, die ihm gegebenen Möglichkeiten weitgehend zu verwirklichen, doch andererseits nie die beschränkenden äußeren Realitäten außer acht zu lassen.

Wollen wir die Resultate der Gruppenanalyse diskutieren, müssen wir in Betracht ziehen, daß die Gruppenbehandlung mehr als die klassische Zweiersituation der Psychotherapie die äußere Realität an den Patienten heranträgt, bei aller Bedeutung, die dem einzelnen auch in der Gruppensituation zukommt. Es erfolgt in der Gruppe ein intensiverer Interaktions- und Reifungsprozeß. MICHAEL BALINT [11] hat wohl an ähnliches gedacht, als er, etwas überspitzt, formulierte: »Jeder, der auf beiden Gebieten (Gruppenpsychotherapie und individuelle Psychotherapie) Erfahrung besitzt, wird zustimmen, daß die therapeutischen Ergebnisse jeweils ganz verschieden sind, obwohl es schwer zu beschreiben ist, worin der genaue Unterschied besteht. Versuchen wir immerhin eine, wenn auch grob umrissene und keineswegs gut belegte Definition zu geben, die wenigstens die Richtung aufweisen soll, in welcher dieser Unterschied zu suchen ist. Man könnte vielleicht sagen, daß der Patient nach einer erfolgreichen psychoanalytischen Behandlung deutlich weniger neurotisch (oder psychotisch), aber vielleicht nicht unbedingt wirklich reif geworden ist; nach einer erfolgreichen Behandlung mit Gruppenmethoden ist der Patient nicht notwendigerweise weniger neurotisch, aber deutlich reifer.« Es darf dementsprechend von der Gruppenanalyse erwartet werden, daß sie zu einer inneren und äußeren Befreiung der Behandelten führt, die zwar nie so gründlich erfolgen kann wie bei der Einzelbehandlung, jedoch mehr als bei der klassischen Psychotherapie sozial gefestigt wird.

Bei den Verfahren, die den Gruppenprozeß beinahe ungestört wirken lassen, also bei den analytisch-zurückhaltend geführten Methoden, werden die Beteiligten am ehesten Gelegenheit haben zu erkennen, wie ein Gruppenprozeß spontan abläuft. Bei den Verfahren, bei denen der Leiter aktiver einwirkt, wie bei der TZI (Themenzentrierte Interaktion), der transaktionalen Gruppenpsychotherapie, der Gestalttherapie oder bei der klientenzentrierten Behandlung in Gruppen, werden die so Behandelten vielleicht rascher zu einem intensiven Erleben geführt werden können als in einer – klassisch geführten – Gruppenanalyse. Doch sie werden den sozialen Rahmen nur als eine Kulisse erfahren und nicht so integrationsermutigend erleben, wie die an einem analytischen Gruppenverfahren Beteiligten ihn erfahren dürfen. Wie LIEBERMAN et al.[158] gezeigt haben und wie sich bei einer Langzeituntersuchung an gruppenpsychotherapeutisch Erfaßten an der Tavistock-Clinic in London ergeben hat (MALAN et al.[165]), darf der Gruppenpsychotherapeut aber auch in analytischen Verfahren nicht vollkommen passiv-zurückhaltend oder bloß autoritär-interpretativ bleiben. Auch ist eine charismatisch-ideologische Haltung des Therapeuten ungünstig für den Ausgang der Gruppenbehandlung. LIEBERMAN et al.[158] fanden, daß, unabhängig von der psychotherapeutischen Schule, »Zuwendung« und »Zuschreibung von Bedeutung« mit positiven therapeutischen Resultaten korreliert waren. Exzessive »emotionale Stimulation« und eine Überschätzung von »Leitungsfunktionen« waren mit negativen Resultaten verbunden. Aber auch ein »Laisser-Faire«-Stil und eine unpersönliche Haltung des Therapeuten waren von wenig Erfolg gekrönt. Die besten Resultate hatten: der Versorger (Provider), der Sozialingenieur (Social engineer) und der Ansporner (Energizer).

Eine Untersuchung an der Temple-University (zit. in PETRA HALDER-SINN[117]) in den USA ergab, daß keine nennenswerten Unterschiede in bezug auf die Effizienz zwischen Verhaltenstherapie und psychoanalytisch orientierter Therapie bestehen. Ebenso ließ sich erkennen, daß das Therapieverhalten in den verschiedenen Schulen sich nicht so deutlich voneinander unterscheidet, wie es die theoretische Orientierung der Therapeuten erwarten ließ. Man könnte also sagen, daß die theoretische Ausrichtung eines Behandelnden viel wichtiger für ihn selbst – und seine Sicherheit – ist als für den Patienten.

PIPER et al.[181] von der McGill University haben anhand einer kontrollierten Studie an 48 neurotischen Patienten und an einer Kontrollgruppe von 24 Patienten festgestellt, daß über einige Jahre gruppenpsychotherapeutisch Erfaßte bessere Behandlungsresultate aufwiesen als unbehandelte Kontrollpatienten. Sie beurteilten dabei insbesondere das interpersonelle Verhalten, aber auch individuelle Kriterien, wie die Verbalisierungsmöglichkeit, die Fähigkeit zur Einsicht, die Motivation für Gruppentherapie usw. Eine weitere Untersuchung bestand aus dem Vergleich der Resultate der Gruppenpsychotherapie von Patienten, die im ersten Jahr nach Anmeldung ihre Behandlung hatten, mit solchen, die erst im zweiten Jahr die Therapie angefangen haben. Es zeigte sich merkwürdigerweise, daß die Kranken, die erst im zweiten Jahr begonnen hatten, bessere Resultate aufwiesen. Als Erklärung dazu führen die Autoren das Argument an, daß die Patienten, die im zweiten Jahre behandelt wurden, eine stärker ausgeprägte Symptomatologie aufwiesen und deshalb eine größere Chance zur Wandlung hatten. Dazu kam, daß die Gruppenpsychotherapeuten, die im zweiten Jahr wirkten, ein intensiveres Trainingsprogramm hinter sich und länger an einer Gruppe mitgewirkt hatten, bevor sie die Therapie übernahmen.

RÜGER[192a] hat bei 11 Patienten mit schweren neurotischen und/oder psychosomatischen Krankheitsbildern, die aus einer Gruppe von 24 Kranken ausgewählt wurden, weil sie sowohl an einer initialen stationären als auch, in der Folge, an einer ambulanten analytischen Gruppenpsychotherapie (Gesamtdauer: zwei Jahre) beteiligt waren, eine Katamnese sieben Jahre nach Abschluß der Gruppenbehandlung mittels standardisierter Testverfahren durchgeführt. Dabei unterschieden sich die elf Patienten in bezug auf alle untersuchten Variablen auf dem 5 %-Niveau nicht von den 13 übrigen Patienten der Ausgangsstichprobe. Als Resultat ergab sich u. a., daß sich die zwischen dem Beginn der Therapie und dem Therapieende erzielten therapeutischen Effekte (Abnahme der neurotischen Symptome, Zunahme der Ich-Stärke, bessere soziale Resonanz) weiter konsolidierten und die Patienten in der Katamnesenzeit zudem ein selbstbestimmenderes Verhalten entwickelten.

Unsere eigenen Erfolgskontrollen betreffen keine Gruppenanalysen, sondern analytisch orientierte Gruppenpsychotherapie mit Schizophrenen und deren Angehörigen (BATTEGAY und VON MARSCHALL [27, 28, 28a]). 1976, 1979 und 1983 erfolgten katamnestische Untersuchungen zur Beurteilung der Resultate. Die beteiligten Schizophrenen erhielten vor und nach Gruppenteilnahme Neuroleptika. 1976 wurden für die Katamnese 21, 1979 19 und 1983 18 Patienten erfaßt. Die mittlere Teilnahmedauer der Patienten betrug das erste Mal 4,25 Jahre, das zweite Mal 6,61 Jahre, das dritte Mal 8,73 Jahre. In allen drei Untersuchungen ließ sich eine signifikante Verminderung ($p < 0,01$) der Gesamthospitalisierungsdauer pro Jahr, aber auch der Zahl der Spitalaufnahmen pro Jahr nachweisen. Wurden indes Hospitalisationen notwendig, so wurde lediglich ein Trend zur Abnahme der einzelnen Spitalaufenthalte erkennbar. Mittels der Angaben der Patienten, ihrer Angehörigen und eigener Eindrücke der Therapeuten wurde auch versucht, die Kontaktfähigkeit, die Genußfähigkeit und die Arbeitsfähigkeit der Patienten zu erfassen. In bezug auf die Kontaktfähigkeit ergaben sich in den Jahren 1976 ($p < 0,01$), 1979 ($p < 0,02$) und 1983 ($p < 0,01$) signifikante Besserungen. Was die Genußfähigkeit anbetrifft, so zeigten sich 1976 ($p < 0,01$), 1979 ($p < 0,02$) und 1983 ($p < 0,02$) ebenfalls signifikante Anhebungen. Bei der Arbeitsfähigkeit waren 1976 ($p < 0,02$) und 1979 ($p < 0,01$) signifikante Besserungen festzustellen. Im Jahre 1983 jedoch bestand diese Signifikanz der Besserung in bezug auf die Arbeitsfähigkeit nicht mehr. Dabei muß allerdings berücksichtigt werden, daß damals infolge wirtschaftlicher Rezession die Patienten, auch bei guter Realitätsbewältigung, kaum mehr Stellen finden konnten bzw. oft als erste aus einem Betrieb entlassen wurden.

Die parallel dazu durchgeführte Gruppenerfassung der Angehörigen, die zu einer Zusammenarbeit bereit waren, ließ erkennen, daß, als die Mitwirkenden wie die Patienten für wöchentliche Sitzungen aufgeboten wurden, die Teilnahme von Sitzung zu Sitzung beträchtlich variierte. Nachdem danach nur noch eine Zusammenkunft pro Monat stattfand, war die Teilnahme bedeutend regelmäßiger.

Das quantitative Denken hat in der Psychoanalyse noch nicht lange Einzug gehalten. Wir müssen die Quantifizierungstechniken zur Beurteilung der Wirksamkeit unserer Behandlungen noch weiter differenzieren. Doch dürfen wir ob der Erfolgsbeurteilung und der erstrebten Niedrighaltung der Kosten für die Versicherungsträger nicht den einzelnen Patienten vergessen. Für ihn ist naturgemäß das qualitative Ergebnis wichtiger. Wesentlich ist für den Patienten, ob er es gelernt hat, seine Konflikthaftigkeit und / oder seine Mangelerfahrung zu erkennen, durchzuarbeiten und darüber hinweg zu neuer Kontakt-, Genuß-, Liebes- und Arbeitsfähigkeit sowie psychosozialer Integration zu gelangen.

## 12.9  Ausbildung der Psychoanalytiker

### 12.9.1  Vorbildung und Vorbedingungen

Das Studium der Medizin ist zweifellos die günstigste Vorbildung für die spätere Tätigkeit als Psychoanalytiker. Es ist damit eine Menschenkenntnis verbunden, die mit einem anderen Studiengang nicht erreicht werden kann. Dem allgemeinen Medizinstudium sollte eine psychiatrische Spezialausbildung folgen, denn der Beruf des Psychoanalytikers verlangt die Vertrautheit mit der Psychopathologie. Der so Vorgebildete sollte sich aber auch Kenntnisse in pädagogischer und experimenteller Psychologie erwerben, um einen Einblick in normalpsychologische Zusammenhänge zu gewinnen. Ein weiterer Weg der Vorbildung ist das Studium der Psychologie. Auch dabei ist darauf zu achten, daß ein Kontakt mit der Psychiatrie möglich ist, obschon der so Vorgebildete später am besten mit einem Psychiater zusammenarbeiten wird, um mit ihm aufkommende medizinische bzw. psychopathologische Probleme besprechen zu können. Eine gute Allgemeinbildung wird sowohl dem Psychiater als auch dem Psychologen später den Beruf eines Psychoanalytikers sehr erleichtern.

Der Wunsch, Psychoanalytiker zu werden, entspringt oft einem unbewußten Konflikt oder einer unbewußten Mangelerfahrung, entsprechenden Abwehrmechanismen des Ichs oder Fusionstendenzen, Größenvorstellungen oder einer Neigung zu Spiegelbeziehungen und -übertragungen sowie Überich-Forderungen. Es kann jedoch nicht verlangt werden, daß ein angehender Psychoanalytiker a priori frei ist von neurotischen Einstellungen und Verhaltensweisen. Doch muß er bereit sein, sich selbst einer Psychoanalyse zu unterziehen, seine bisher abgewehrten Triebregungen und Mangelerfahrungen bewußt zu erkennen und durchzuarbeiten.

Es ist grundsätzlich unwesentlich, ob die werdenden Psychoanalytiker männlichen oder weiblichen Geschlechts sind. Sie werden bei der späteren Berufsausübung Patienten beiderlei Geschlechts übernehmen können. Die Analysanden erleben den Analytiker / die Analytikerin ohnehin nicht nur in seiner / ihrer eigenen Geschlechtsrolle und können auf ihn / sie auch Gefühle für gegengeschlechtliche Beziehungspersonen übertragen.

## 12.9.2 Lehranalyse

Für die psychoanalytische Ausbildung ist es unerläßlich, daß die Kandidaten eine persönliche Analyse durchmachen. Die unbewußten Triebkonflikte, die Abwehrmechanismen des Ichs und die Überich-Tendenzen oder die unbewußte narzißtische Problematik würden beim zukünftigen Analytiker das Verständnis für den Patienten herabsetzen und damit seinen Blick für die Neurose des Analysanden trüben. FREUD [97] sagt hierzu u. a. folgendes: »Psychoanalyse erlernt man zunächst am eigenen Leib, durch das Studium der eigenen Persönlichkeit... Man kommt viel weiter, wenn man sich selbst von einem kundigen Analytiker analysieren läßt, die Wirkungen der Analyse am eigenen Ich erlebt und dabei die Gelegenheit benützt, dem anderen die feinere Technik des Verfahrens abzulauschen.« An anderer Stelle unterstreicht FREUD [88], »daß jeder Psychoanalytiker nur so weit kommt, als seine eigenen Komplexe und inneren Widerstände es gestatten.« LOCH [160] bemerkt im gleichen Sinne: »Was nie Gegenstand des eigenen Erlebens war und ist, vermag ich beim anderen nicht wahrzunehmen... Bekanntlich wird aus diesem Grunde die Lehranalyse zur unerläßlichen Voraussetzung der psychoanalytischen Ausbildung. Sie soll ja nicht nur dazu dienen, die eigenen Skotome zu verringern, sondern soll im Ablauf der durch die analytische Situation begünstigten regressiven Bewegung einige bisher der Verdrängung und Abspaltung verfallene Erlebensmodi real erfahren lassen, um die zukünftigen Kranken besser verstehen zu können.«

Nur das eigene Erleben verborgener Tiefenregungen und regressiver Tendenzen im Verlaufe einer Lehranalyse wird den angehenden Analytiker in den Stand setzen, ein umfassendes und tiefes Verständnis für seine Kranken zu gewinnen.

Aus unseren bisherigen Ausführungen über die Lehranalyse geht hervor, daß sie im Grunde stets auch eine therapeutische ist. Oft gibt das Wort »Lehranalyse« zu Mißverständnissen Anlaß. Es geht nicht darum, daß der Lehranalytiker informativ Wissen weitergibt. Der Analysand, der selbst Psychoanalytiker werden will, soll – wie der Patient in den therapeutischen Analysen – Gelegenheit erhalten, sich im Spiegel des eigenen Erlebens im Rahmen der engen Beziehung mit dem Analytiker kennenzulernen und weiterzuentwickeln. FREUD [106] sagt in diesem Zusammenhang über die Lehranalyse: »Ihre Leistung ist erfüllt, wenn sie dem Lehrling die sichere Überzeugung von der Existenz des Unbewußten bringt, ihm die sonst unglaubwürdigen Selbstwahrnehmungen beim Auftauchen des Verdrängten vermittelt und ihm an einer ersten Probe die Technik zeigt, die sich in der analytischen Tätigkeit allein bewährt hat. Dies allein würde als Unterweisung nicht ausreichen, allein man rechnet darauf, daß die in der Eigenanalyse erhaltenen Anregungen mit deren Aufhören nicht zu Ende kommen, daß die Prozesse der Ichumarbeitung sich spontan beim Analysierten fortsetzen und alle weiteren Erfahrungen in dem neu erworbenen Sinn verwendet werden. Das geschieht auch wirklich, und soweit es geschieht, macht es den Analysierten tauglich zum Analytiker.«

Die in der Eigenanalyse angestoßene Umbildung und Reifung der Persönlichkeit des zukünftigen Analytikers wird es ihm erleichtern, die Übertragungsgefühle und Widerstände des Analysanden und die eigene Gegenübertragung als solche zu erkennen, und die Patienten mit der notwendigen therapeutischen Distanz, unter Vermeidung des Mitagierens und Einhaltung der Abstinenz, psychoanalytisch weiterzubringen.

### 12.9.3  Die theoretische Ausbildung

Hat der zukünftige Analytiker seine Eigenanalyse während etwa eines Jahres durchgeführt, so wird er von den psychoanalytischen Instituten in der Regel, parallel zur Fortsetzung der Lehranalyse, zu den theoretischen Seminaren zugelassen. Zwar werden die Kandidaten schon vorher ein Interesse an psychoanalytischer Theorie pflegen. Doch erweist es sich meist als günstig, wenn sie zuerst mit der Lehranalyse beginnen, da sonst etwa die – in der Regel noch ungenügend verarbeiteten – Kenntnisse in den Dienst der Abwehrmechanismen gestellt werden. Die verschiedenen Schulen der Psychotherapie haben indes gerade in dieser Beziehung unterschiedliche Ausbildungsrichtlinien. Sehr oft werden heute die Kandidaten schon anfänglich zur theoretischen Ausbildung ermutigt.

Die theoretische Ausbildung umfaßt im allgemeinen Kurse und Vorträge über die verschiedenen Kapitel der Neurosenlehre und Psychosomatik, wobei in der Regel, außer der eigenen Schule, die verschiedenen anderen psychotherapeutischen Richtungen berücksichtigt werden. Außerdem werden in den Seminaren Fallbespre-

chungen durchgeführt. Sie sollen den Kandidaten nicht nur ein adäquates technisches Vorgehen, sondern auch die sinnvolle Umsetzung der Theorie in die psychoanalytische Praxis erleichtern.

### 12.9.4  Kontrollanalysen / Supervision

Die angehenden Analytiker werden nicht nur in einer Selbstanalyse
und in theoretischer Ausbildung zum Ausüben ihrer künftigen Tätigkeit vorbereitet, sondern auch mittels sogenannter Kontrollanalysen bzw. Supervision. Das heißt: mindestens die ersten beiden
Analysen, die sie an Patienten durchführen, sollten durch einen erfahrenen Analytiker kontrolliert werden. Die Kandidaten werden
in der Supervision auf Lücken in ihrer theoretischen Ausbildung,
aber auch auf Übertragungseinstellungen und Widerstände beim
Patienten oder Gegenübertragungen bei ihnen selbst aufmerksam
gemacht. Die Supervisionen sollten in regelmäßigen Konsultationen
während des ganzen Verlaufs einer Patientenanalyse erfolgen. Während früher oft eine Kontrolle beim Lehranalytiker durchgeführt
wurde, wird heute meist die Forderung gestellt, daß für beide Supervisionen andere als der Lehranalytiker zu wählen sind. Es ist so dem
Kandidaten die Möglichkeit gegeben, daß er mit mehreren erfahrenen Analytikern in Kontakt kommt und so von allen lernen kann.
Durch die Konfrontation mit den Kontrollanalytikern wird es den
Kandidaten möglich sein, die in der Lehranalyse gewonnene Introspektion und Reifung weiter zu vollziehen.

Die Supervision durch einen erfahrenen Analytiker kann auch in
Gruppen durchgeführt werden. Die Kandidaten berichten dann
dort über die von ihnen durchgeführten Psychoanalysen. Dabei in-
terferieren allerdings gelegentlich gruppendynamische Prozesse mit
dem Supervisionsvorhaben.

## 12.9.5  Besinnung auf den Menschen

Bei der langjährigen Ausbildung des Psychoanalytikers, die zwar der Bewußtwerdung, Entfaltung und Reifung dienen soll, besteht die Gefahr, daß der leidende Mensch hinter den theoretischen Erwägungen zurücktritt. Oberstes Gesetz für den Psychoanalytiker ist aber nicht die Bestätigung seiner Theorie, sondern die Hilfe für den Patienten. Die Kenntnis der theoretischen Gesichtspunkte verhilft vor allem dem Behandelnden zu einem fundierten Wissen. Bei der Begegnung mit dem Patienten ist aber die Haltung des Therapeuten zumindest ebenso entscheidend. Wenn auch diese Hilfeleistung größtenteils in der Versagung erfolgen muß, so ist eine wohlwollend-ermutigende Haltung des Therapeuten, besonders bei den Patienten mit narzißtischen Neurosen (= narzißtische Persönlichkeitsstörungen), für den Ausgang der Therapie doch entscheidend.

Die Psychoanalyse hat nicht nur zum Ziel, die Betroffenen von einer Not zu befreien, sondern mehr noch, sie instand zu setzen, sich selbst helfen zu lernen. Die Psychoanalyse beinhaltet also keine bloße Information und keine aktive Führung des Patienten. Sie will vielmehr die Kranken zur Introspektion und zur Überwindung der Belastungen ihrer Vergangenheit anregen, damit sie sich neu auf die Zukunft hin besinnen, wandeln und entfalten können und es lernen, die ihnen in einer sozialen Umgebung gestellten Aufgaben und Probleme zu bewältigen.

Das Zweierverhältnis Analytiker / Patient darf nicht streng hierarchisch gestuft sein. Der Analytiker muß sich ebenso dem Patienten stellen, wie sich der Analysand dem Therapeuten aussetzt. In diesem Sinne befindet sich der Analytiker ebensosehr in Analyse wie der Patient. Er ist lediglich der Erfahrenere, Bewußtere und kann deshalb dem Patienten helfen – ohne eine überlegene Führungsposition zu beanspruchen –, seine unbewußten Regungen und Erwartungen zu erforschen, kennenzulernen und sie durchzuarbeiten, und ihn von seinen neurotischen Symptomen, Charakterbeengungen und -verbiegungen weg auf einen neuen Zugang zum Leben hin geleiten. Der angehende Therapeut soll in seiner Ausbildung immer wieder darauf hingewiesen werden, daß er in seinen Patienten, bei aller Zurückhaltung, die ihm die Psychoanalyse auferlegt, Individuen sieht, die es erwarten dürfen, in ihm einen mitfühlenden Menschen zu finden.

# Literaturverzeichnis

1    ABRAHAM, K.: Die manisch-depressiven Zustände und die prägeni-
     talen Organisationsstufen der Libido. In: ABRAHAM, K.: Psycho-
     analytische Studien zur Charakterbildung und andere Schriften.
     S. Fischer, Frankfurt a. M. 1969.

1a   ADER, R.: Psychoneuroimmunology. Academic Press, Orlando/
     San Diego/San Francisco/New York/London/Toronto/Montre-
     al/Sydney/Tokyo/Sao Paulo 1981.

2    ADLER, A.: Zur Rolle des Unbewußten in der Neurose. In: ADLER,
     A.: Praxis und Theorie der Individualpsychologie. J. F. Bergmann,
     München/Wiesbaden 1920.

3    ADLER, A.: Individualpsychologische Behandlung der Neurosen.
     In: ADLER, A.: Praxis und Theorie der Individualpsychologie. J. F.
     Bergmann, München/Wiesbaden 1920.

4    ADLER, A.: Traum und Traumdeutung. In: ADLER, A.: Praxis und
     Theorie der Individualpsychologie. J. F. Bergmann, München/
     Wiesbaden 1920.

5    ADLER, A.: Über männliche Einstellung bei weiblichen Neuroti-
     kern. In: ADLER, A.: Praxis und Theorie der Individualpsychologie.
     J. F. Bergmann, München/Wiesbaden 1920.

6    ADLER, A.: Die Lehre vom Charakter. In: ADLER, A.: Menschen-
     kenntnis. Fischer-Bücherei, Bücher des Wissens 726, Frankfurt
     a. M. 1966.

7    ADLER, G.: Entdeckung der Seele. Rascher, Zürich/Leipzig/Stutt-
     gart 1934.

8    AEPPLI, E.: Der Traum und seine Bedeutung. Eugen Rentsch, Er-
     lenbach, Zürich 1943.

9    ALEXANDER, S.: Psychosomatische Medizin. Walter de Gruyter,
     Berlin 1951.

10   BALINT, M.: Primary Love and Psycho-analytic Technique. Tavi-
     stock Publications, London 1965. Deutsch: Die Urformen der
     Liebe und die Technik der Psychoanalyse, Klett, Stuttgart 1966.

11    BALINT, M., und E.: Psychotherapeutische Techniken in der Medizin. Huber/Klett, Bern/Stuttgart 1963.

12    BALLY, G.: Einführung in die Psychoanalyse Sigmund Freuds. Rowohlt, Reinbek bei Hamburg 1961.

13    BASTINE, R.: Forschungsmethoden in der klinischen Psychologie. In: SCHRAML, J.: Klinische Psychologie (Ed.), S. 523. Hans Huber, Bern/Stuttgart/Wien 1970.

14    BATTEGAY, R.: Prophetisches in Visionen und Träumen einer Schizophrenen. Schweiz. Arch. Neurol. Neurochir. Psychiatr. 86, 182–192 (1960).

15    BATTEGAY, R.: Recherches comparatives sur la génese de l'alcoolisme et des toxicomanies. Bulletin des stupéfiants, Vol. XIII, N° 2, avril/juin 1961.

16    BATTEGAY, R.: Sucht und Depression. Schweiz. Arch. Neurol. Neurochir. Psychiatr. 94, 456–459 (1964).

17    BATTEGAY, R.: Selbstmordprophylaxe bei Süchtigen. Z. Präventivmed. 10, 440–454 (1965).

18    BATTEGAY, R.: Der Mensch in der Gruppe. Bde. I–III. Hans Huber, Bern/Stuttgart/Wien 1967–1969.

19    BATTEGAY, R.: Der Mensch in der Gruppe, Bd. I, 3. Auflage. Hans Huber, Bern/Stuttgart/Wien 1970.

20    BATTEGAY, R.: Angst und Sein. Hippokrates, Stuttgart 1970.

21    BATTEGAY, R.: Die Bedeutung des Traumes in der Gruppenpsychotherapie. In: BATTEGAY, R., TRENKEL, A. (Ed.): Der Traum, 107–117. Hans Huber, Bern/Stuttgart/Wien 1976.

22    BATTEGAY, R.: The Group Dream. In: WOLBERG, L. R., ARONSON, M. L. (Eds.): Group Therapy, 1977, 27–41. Stratton Intercontinental Medical Book Corp., New York 1977.

23    BATTEGAY, R.: Narzißmus und Objektbeziehungen. Über das Selbst zum Objekt. Hans Huber, Bern/Stuttgart/Wien 1977, 3. Auflage 1991.

24    BATTEGAY, R.: Was darf von der Psychotherapie erwartet werden – beim einzelnen, in der Gruppe, im sozialen Umfeld? Zschr. psychosom. Med. 26, 217–234 (1980).

25    BATTEGAY, R.: Totale Fusion mit einem Objekt und dessen Zerstörung. Schweiz. Arch. Neurol. Neurochir. Psychiatr. 129, 283–296 (1981).

25a   BATTEGAY, R.: Grenzsituationen, Hans Huber, Bern/Stuttgart/Wien 1981; Taschenbuchausgabe: Fischer Taschenbuch Nr. 11066, Frankfurt a. M. 1992.

26    BATTEGAY, R.: Kritische Betrachtungen zu den Narzißmustheorien. Z. psychosom. Med. 29, 209–233 (1983).

26a    BATTEGAY, R.: People in Groups. Dynamic and Therapeutic
       Aspects. Group, *10*, 131–148 (1986).

26b    BATTEGAY, R.: Autodestruktion. Hans Huber Verlag, Bern/Stutt-
       gart/Toronto 1988.

26c    BATTEGAY, R.: Das Ich – Abwehrmechanismen und Coping.
       Psychosom. Med. Psychoanal. *3*, 220–240 (1989).

26d    BATTEGAY, R.: Grenzsituationen. Fischer Taschenbuch Verlag Nr.
       11066, Frankfurt a. M. 1992. Erweiterte Ausgabe des 1981 im Hans
       Huber Verlag, Bern/Stuttgart/Wien erschienenen Buches.

27     BATTEGAY, R., VON MARSCHALL, RUTH: Results of Long-Term
       Group Psychotherapy with Schizophrenics. Comprehensive Psy-
       chiatry *19*, 349–353 (1978).

28     BATTEGAY, R., VON MARSCHALL, RUTH: Trends in Long-Term
       Group Psychotherapy with Schizophrenics. Group Analysis XV/1,
       London 1981.

28a    BATTEGAY, R., VON MARSCHALL, RUTH: Results on Long-Term
       Group Psychotherapy with Schizophrenics and Their Relatives,
       Psycho – and Sociodynamic Results. In: HUBER, W.: Progress
       in Psychotherapy Research. Presses Universitaires de Louvain,
       150–160, Louvain-la-Neuve 1987.

29     BECK, D.: Die Kurzpsychotherapie. Schweiz. med. Wschr. *98*, 1959
       (1968).

30     BECK, D.: Die Kurzpsychotherapie. Hans Huber, Bern/Stuttgart/
       Wien 1974.

31     BECKER, A. M.: Die Behandlungstechnik in der Psychoanalyse. In:
       SCHRAML, J.: Klinische Psychologie, S. 331. Hans Huber, Bern/
       Stuttgart/Wien 1970.

32     BECKMANN, D., RICHTER, H. E., SCHEER, J. W.: Kontrolle von
       Psychotherapieresultaten. Psyche *23*, 805 (1969).

33     BECKMANN, D., MÜLLER-BRAUNSCHWEIG, H., PLAUM, F. G.: For-
       schung in der Psychoanalyse. In: SCHRAML, W. J. und BAUMANN, U.
       (Eds.): Klinische Psychologie II, S. 168. Hans Huber, Bern/Stutt-
       gart/Wien 1974.

34     BENEDETTI, G.: Klinische Psychotherapie. Hans Huber, Bern/
       Stuttgart 1964.

35     BENEDETTI, G.: Neuropsicologia. Feltrinelli, Mailand 1969.

36     BINDER, H.: Über die Angst. Schweiz. med. Wschr. *79*, 705 (1949).

37/38  BINDER, H.: Die psychopathischen Dauerzustände und die abnor-
       men seelischen Reaktionen und Entwicklungen. In: Psychiatrie der
       Gegenwart, Bd. II. Springer, Berlin/Göttingen/Heidelberg 1960.

39     BLUM, E.: Die Freudsche Psychoanalyse. In: STERN, E.: Die
       Psychotherapie in der Gegenwart. Rascher, Zürich 1958.

40    BONIME, W.: Depersonalization as a Manifestation of Evolving Health. J. Amer. Acad. Psychoanalysis *1*, 109 (1973).

41    BORGER, R., SEABORNE, A. E. M.: The Psychology of Learning. Penguin, Harmondsworth, Middlesex, England, repr. 1969.

42    BOSS, M.: Der Traum und seine Auslegung. Hans Huber, Bern/Stuttgart 1953.

43    BOSS, M.: Einführung in die psychosomatische Medizin. Hans Huber, Bern/Stuttgart 1954.

44    BOSS, M.: Psychoanalyse und Daseinsanalytik. Hans Huber, Bern/Stuttgart 1957.

45    BRENNER, CH.: Grundzüge der Psychoanalyse. Aus dem Amerikanischen von MÜLLER, G. H. S. Fischer, Frankfurt a. M. 1967.

46    BREUER, J., FREUD, S.: Studien über Hysterie. In: FREUD, S.: Gesammelte Werke, Bd. I, S. 75. Imago, London 1952.

47    *BREUER, J., FREUD, S.: Über den psychischen Mechanismus hysterischer Phänomene. »Neurologisches Zentralblatt«, 1893, Nr. 1 und 2. In FREUD, S.: Gesammelte Werke, Bd. I, S. 81. Imago, London 1952.

48    BREUER, J., zit. in FREUD, S.: Über Psychoanalyse. Fünf Vorlesungen, gehalten zur zwanzigjährigen Gründungsfeier der Clark University in Worchester, Mass., September 1909. Gesammelte Werke, Bd. VIII, S. 1. Imago, London, repr. 1955.

49    BRUN, R.: Allgemeine Neurosenlehre. Benno Schwabe, Basel 1942.

50    CHRISTOFFEL, H.: Skizzen zur menschlichen Entwicklungspsychologie. AZ-Presse, Aarau 1945.

51    CREMERIUS, J.: Die Beurteilung des Behandlungserfolges in der Psychotherapie. Monographien aus dem Gesamtgebiet der Neurologie und Psychiatrie, Heft 99, Springer, Berlin/Göttingen/Heidelberg 1962.

52    CREMERIUS, J.: Die Reaktionsbildung im Leben Philipps II. und ihre Bedeutung für das Schicksal Spaniens. Psyche *22*, S. 118 (1968).

53    CREMERIUS, J.: Schweigen als Problem der psychoanalytischen Technik. In: Jb. der Psychoanalyse, S. 69. Hans Huber, Bern/Stuttgart/Wien 1969.

54    DÄUMLING, A. M.: Sensitivity Training. In: Gruppenpsychotherapie und Gruppendynamik, Bd. 2, S. 113. Verlag für Med. Psychologie im Verlag Vandenhoeck & Ruprecht, Göttingen 1968.

---

* Die Literaturnummern 47 und 71 entsprechen der gleichen Literaturangabe, wurden aber, um das Auffinden zu erleichtern, sowohl unter dem Namen von J. BREUER als auch von S. FREUD angeführt. Diese Arbeit war ein Vorläufer von 46.

54a    DEMENT, W., KLEITMAN, N.: Cyclic Variations in EEG During Sleep and their Relation to Eye Movement. Electroenceph. clin. Neurophysiol. *9*, 673 (1957).

54b    DESOILLE, R.: Le rêve éveillé en psychotherapie. Presses Universitaires de France, Paris 1945.

55    DREIKURS, R.: The cultural implications of Group Therapy. Z. diagn. Psychol. *5*, 180 (1957).

55a    DSM-III-R. Diagnostical and Statistical Manual of Mental Disorders. The American Psychiatric Association, Third Edition – Revised Washington 1987. Deutsch: DSM-III-R Diagnostisches und statistisches Manual Psychischer Störungen, Beltz, Weinheim und Basel 1989.

56    DÜHRSSEN, A.: Die Prognose in der Psychoanalyse. Z. Psychosom. Med. *12*, 97 (1966).

57    DÜHRSSEN, A.: Analytische Psychotherapie in Theorie, Praxis und Ergebnissen. Verlag für Medizinische Psychologie im Verlag Vandenhoeck & Ruprecht, Göttingen 1972.

58    DÜHRSSEN, A.: Psychogene Erkrankungen bei Kindern und Jugendlichen, 12. Auflage. Vandenhoeck & Ruprecht, Göttingen 1979.

59    DURKHEIM, E.: Les règles de la méthode sociologique. Felix et Alcan, Paris 1893, 9. Auflage 1938.

60    EIDELBERG, L.: Encyclopedia of Psychoanalysis. The Free Press New York, Collier-Mac Millan, London 1968.

60a    EITINGER, L., KRELL, R. mit MIRIAM RIECK: The Psychological and Medical Effects of Concentration Camps and Related Persecutions on Survivors of the Holocaust. A Research Bibliography. University of British Columbia Press, Vancouver 1985.

61    ENGEL, G. L.: Psychisches Verhalten in Gesundheit und Krankheit. Aus dem Englischen übersetzt von R. ADLER. Hans Huber, Bern/ Stuttgart/Wien 1970.

62    ERIKSON, E. H.: Kindheit und Gesellschaft, Stuttgart 1950.

63    ERIKSON, E. H.: Kindheit und Gesellschaft. Klett, Stuttgart, 2. Auflage, 1965.

64    ERNST, K.: Die Prognose der Neurosen. Monographien aus dem Gesamtgebiet der Neurologie und Psychiatrie, Heft 85. Springer, Berlin/Göttingen/Heidelberg 1959.

65    ETZIONI, A.: Soziologie der Organisation. Juventa, München 1967.

66    EYSENCK, H. J.: Wege und Abwege der Psychologie. Rowohlt, Reinbek bei Hamburg 1956.

67    FENICHEL, O.: The Psychoanalytic Theory of Neurosis. Routledge and Kegan Publ., London 1946.

67a    FERENCZI, S.: Introjektion und Übertragung, Jb. für psychoanalytische und psychopathologische Forschungen I. Band, 2. Hälfte 1909 und in: Schriften zur Psychoanalyse, Bd. I, S. 15, S. Fischer, Frankfurt am M. 1970.

68    FOPPA, K.: Lernen, Gedächtnis, Verhalten. Studien-Bibliothek, Kiepenheuer & Witsch, Köln / Berlin, 4. Auflage, 1968.

69    FOULKES, S. H.: Therapeutic Group Analysis. George Allen & Unwin, London 1964.

70    FREUD, ANNA: Das Ich und die Abwehrmechanismen. Imago, London 1946, und Kindler Taschenbücher Nr. 2001, München 1964.

71    *FREUD, S., BREUER, J.: Über den psychischen Mechanismus hysterischer Phänomene. Neurologisches Zentralblatt, Nr. 1 und 2, 1893. Später erschienen in FREUD, S.: Studien über Hysterie, Franz Deuticke, Leipzig/Wien, 1895, und in: Gesammelte Werke, Band 1, S. 81, Imago, London 1952 (seit 1960 S. Fischer Verlag, Frankfurt am Main).

72    FREUD, S.: Zur Psychotherapie der Hysterie. In »Studien über Hysterie«, Franz Deuticke, Leipzig/Wien 1895 und in Gesammelte Werke, Band 1, S. 252, Imago, London 1952.

73    FREUD, S.: Weitere Bemerkungen über die Abwehr-Neuropsychosen. Neurologisches Zentralblatt, Nr. 10, 1896, und Gesammelte Werke, Band 1, S. 377, Imago, London 1952.

74    FREUD, S.: Über Deckerinnerungen. Monatsschrift für Psychiatrie und Neurologie, 1899, und Gesammelte Werke, Band 1, S. 529, Imago, London 1952.

75    FREUD, S.: Die Traumdeutung. Franz Deuticke, Leipzig/Wien 1900, und Ges. Werke, Band 2/3, S. 1, Imago, London repr. 1948.

76    FREUD, S.: Über den Traum. In »Grenzfragen des Nerven- und Seelenlebens«. Hrsg. LÖWENFELD und KURELLA, J. F. Bergmann, Wiesbaden 1901, und Gesammelte Werke, Band 2/3, S. 643. Imago, London repr. 1948.

77    FREUD, S.: Zur Psychopathologie des Alltagslebens. Monatsschrift für Psychiatrie und Neurologie, Band 10, Heft 1 und 2, 1901, und Gesammelte Werke, Band 4, Imago, London repr. 1955.

78    FREUD, S.: Die Freudsche psychoanalytische Methode. In LÖWENFELD: »Psychische Zwangserscheinungen«. J. F. Bergmann, Wiesbaden 1904, und in Gesammelte Werke, Band 5, S. 1, 3. Auflage. S. Fischer, Frankfurt a. M. 1961.

* Die Literaturnummern 47 und 71 entsprechen der gleichen Literaturangabe, wurden aber, um das Auffinden zu erleichtern, sowohl unter den Namen von J. BREUER als auch von S. FREUD angeführt. Diese Arbeit war ein Vorläufer von 46.

79    FREUD, S.: Drei Abhandlungen zur Sexualtheorie. Franz Deuticke, Leipzig/Wien 1905, und Gesammelte Werke, Band 5, S. 27, 3. Auflage. S. Fischer, Frankfurt a. M. 1961.

80    FREUD, S.: Bruchstücke einer Hysterie-Analyse. Monatsschrift für Psychiatrie und Neurologie, Band 28, Heft 4, 1905, und Gesammelte Werke, Band 5, S. 161, 3. Auflage. S. Fischer, Frankfurt a. M. 1961.

81    FREUD, S.: Zwangshandlungen und Religionsübungen. Zeitschrift für Religionspsychologie, Band 1, Heft 1, 1907, und Gesammelte Werke, Band 7, S. 127, Imago, London repr. 1955.

82    FREUD, S.: Die »kulturelle« Sexualmoral und die moderne Nervosität. In »Sexualprobleme« der Zeitschrift »Mutterschutz«, neue Folge, 4. Jahrgang 1908, und in Gesammelte Werke, Band 7, S. 141, Imago, London repr. 1955.

83    FREUD, S.: Hysterische Phantasien und ihre Beziehung zur Bisexualität. Zeitschrift für Sexualwissenschaft, 1908, und Gesammelte Werke, Band 7, S. 189. Imago, London repr. 1955.

84    FREUD, S.: Analyse der Phobie eines fünfjährigen Knaben. Jahrbuch für psychoanalytische und psychopathologische Forschungen, Band 1, Franz Deuticke, Leipzig/Wien 1909, und Gesammelte Werke, Band 7, S. 241, Imago, London repr. 1955.

85    FREUD, S.: Über Psychoanalyse, fünf Vorlesungen, gehalten zur 20jährigen Gründungsfeier der Clark University in Worchester, Mass. September 1909, Franz Deuticke, Leipzig/Wien 1910, und Gesammelte Werke, Band 8, S. 1, Imago, London repr. 1955.

86    FREUD, S.: Die Handhabung der Traumdeutung in der Psychoanalyse. Zentralblatt der Psychoanalyse, Band 2, J. F. Bergmann, Wiesbaden 1912, und Gesammelte Werke, Band 8, S. 349, Imago, London repr. 1955.

87    FREUD, S.: Beiträge zur Psychologie des Liebeslebens. Jahrbuch für psychoanalytische und psychopathologische Forschungen, Band 2 und Band 4, Franz Deuticke, Leipzig/Wien 1910 und 1912, und Gesammelte Werke, Band 8, S. 65, Imago, London repr. 1955.

88    FREUD, S.: Die zukünftigen Chancen der psychoanalytischen Therapie. Zentralblatt für Psychoanalyse, Band 1, J. F. Bergmann, Wiesbaden 1911, und Gesammelte Werke, Band 8, S. 103, Imago, London repr. 1955.

89    FREUD, S.: Formulierungen über die zwei Prinzipien des psychischen Geschehens. Jahrbuch für psychoanalytische und psychopathologische Forschungen, Band 3, Franz Deuticke, Leipzig/Wien 1911, und Gesammelte Werke, Band 8, S. 229, Imago, London repr. 1955.

90    FREUD, S.: Ratschläge für den Arzt bei der psychoanalytischen Be-

handlung. Zentralblatt für Psychoanalyse, Band 2, J. F. Bergmann, Wiesbaden 1912, und Gesammelte Werke, Band 8, S. 375, Imago, London repr. 1955.

91    FREUD, S.: Zur Einleitung der Behandlung. Internationale Zeitschrift für ärztliche Psychoanalyse, Band 1, 1913, und Gesammelte Werke, Band 8, S. 453, Imago, London repr. 1955.

92    FREUD, S.: Erinnern, Wiederholen und Durcharbeiten. Zeitschrift für Psychoanalyse, Band 2, 1914, und Gesammelte Werke, Band 10, S. 125, 3. Auflage, S. Fischer, Frankfurt a. M. 1963.

93    FREUD, S.: Zur Einführung des Narzißmus. Jahrbuch für psychoanalytische und psychopathologische Forschungen, Band 6, Franz Deuticke, Leipzig/Wien 1914, und Gesammelte Werke, Band 10, S. 137, 3. Auflage, S. Fischer, Frankfurt a. M. 1963.

94    FREUD, S.: Triebe und Triebschicksale. Zeitschrift für Psychoanalyse, Band 2, 1915, und Gesammelte Werke, Band 10, S. 209, 3. Auflage, S. Fischer, Frankfurt a. M. 1963.

95    FREUD, S.: Das Unbewußte. Zeitschrift für Psychoanalyse, Band 3, 1913, und Gesammelte Werke, Band 10, S. 263, 3. Auflage, S. Fischer, Frankfurt a. M. 1963.

96    FREUD, S.: Trauer und Melancholie. Zeitschrift für Psychoanalyse, Band 4, 1914, und Gesammelte Werke, Band 10, S. 427, 3. Auflage, S. Fischer, Frankfurt a. M. 1963.

97    FREUD, S.: Vorlesungen zur Einführung in die Psychoanalyse. Hugo Heller & Cie., Leipzig/Wien, 1. Teil 1916, 2. und 3. Teil 1917, und Gesammelte Werke, Band 11, 3. Auflage, S. Fischer, Frankfurt a. M. 1961.

98    FREUD, S.: Aus der Geschichte einer infantilen Neurose. Sammlung kleiner Schriften zur Neurosenlehre, 4. Folge, Hugo Heller & Cie., Leipzig/Wien 1918, und Gesammelte Werke, Band 12, S. 27, 3. Auflage, S. Fischer, Frankfurt a. M. 1966.

99    FREUD, S.: Das Unheimliche. Imago, Band 5, 1919, und Gesammelte Werke, Band 12, S. 227, 3. Auflage, S. Fischer, Frankfurt a. M. 1966.

100   FREUD, S.: Jenseits des Lustprinzips. Internationaler psychoanalytischer Verlag, Leipzig/Wien/Zürich 1920, und Gesammelte Werke, Band 13, S. 1, 4. Auflage, S. Fischer, Frankfurt a. M. 1963.

101   FREUD, S.: Psychoanalyse und Libidotheorie. In »Handwörterbuch der Sexualwissenschaften«, Hrsg. MAX MARCUSE. Marcuse & Weber, Bonn 1923, und Gesammelte Werke, Band 13, S. 209, 4. Auflage, S. Fischer, Frankfurt a. M. 1963.

102   FREUD, S.: Das Ich und das Es. Internationaler psychoanalytischer Verlag, Leipzig/Wien/Zürich 1923, und Gesammelte Werke, Band 13, S. 235, 4. Auflage, S. Fischer, Frankfurt a. M. 1963.

103   FREUD, S.: Der Untergang des Ödipus-Komplexes. Internationale Zeitschrift für Psychoanalyse, Band 10, 1924, und Gesammelte Werke, Band 13, S. 393, 4. Auflage, S. Fischer, Frankfurt a. M. 1963.

104   FREUD, S.: Hemmung, Symptom und Angst. Internationaler psychoanalytischer Verlag, Leipzig/Wien/Zürich 1926, und Gesammelte Werke, Band 14, S. 111, Imago, London repr. 1955.

105   FREUD, S.: Neue Folge der Vorlesungen zur Einführung in die Psychoanalyse. Internationaler psychoanalytischer Verlag, Leipzig/Wien/Zürich 1933, und Gesammelte Werke, Band 15, 3. Auflage, S. Fischer, Frankfurt a. M. 1961.

106   FREUD, S.: Die endliche und die unendliche Analyse. Internationale Zeitschrift für Psychoanalyse, Band 23, 1937, und Gesammelte Werke, Band 16, S. 57, 2. Auflage, S. Fischer, Frankfurt a. M. 1961.

107   FREUD, S.: Beiträge zu den Studien über Hysterie. Gesammelte Werke, Band 17, S. 1, 4. Auflage. S. Fischer, Frankfurt a. M. 1966.

108   FREUD, S.: Abriß der Psychoanalyse. Gesammelte Werke, Band 17, S. 63, 4. Auflage, S. Fischer, Frankfurt a. M. 1966.

109   GADDINI, E.: Über Konstitutionsphänomene der Gegenübertragung. Psyche 28, 139 (1964).

110   GELLHORN, E., LOOFBOURROW, C. Y.: Emotions and Emotional Disorders. Hoeber Medical Division, Harper & Row, New York, Evanston, London 1963.

111   GERÖ, G.: Der Aufbau der Depression. Int. Z. Psychoanalyse 12, 379 (1936).

112   GLOVER, E.: The Technique of Psychoanalysis. Baillière, Tindall & Cox, London 1955.

113   GÖRRES, A.: Psychoanalyse und Verhaltenstherapie. Praxis der Psychotherapie 14, 184 (1969).

114   GRINKER, R. R.: Psychosomatic Research. W. W. Norton, New York 1953.

115   GRODDECK, G.: Über das Es. In: Psychoanalytische Schriften zur Psychosomatik, S. 46, ausgew. und herausgegeben von CLAUSER, G., Limes, Wiesbaden 1966.

116   GRUNBERGER, B.: Vom Narzißmus zum Objekt. Suhrkamp, Frankfurt a. M. 1976. Titel der Originalausgabe: Le narcissisme. Payot, Paris 1971.

116a  GUNDERSON, J. G.: Borderline Personality Disorder. American Psychiatric Press, Washington 1984.

117   HALDER-SINN, PETRA: Effektivität psychotherapeutischer Intervention. In: WITTLING, W. (Ed.): Handbuch der Klinischen Psychologie, S. 92, Hoffmann und Campe, Hamburg 1980.

118    HARTMANN, H.: Ich-Psychologie und Anpassungsproblem. Klett, Stuttgart 1960.

119    HARTMANN, H.: Ich-Psychologie. Studien zur psychoanalytischen Theorie. Klett, Stuttgart 1972. Englisch: Essays on Ego-Psychology – Selected Problems in Psychoanalytic Theory. Int. University Press, New York 1964.

120    HARTMANN, H., KRIS, E., LOEWENSTEIN, R. M.: Notes on the Theory of Aggression. The Psychoanalytic Study of the Child, Vol. III/IV, S. 9, Imago, London 1949.

121    HEIGL, F.: Indikation und Prognose in Psychoanalyse und Psychotherapie. Vandenhoeck & Ruprecht, Göttingen 1972.

122    HEIMANN, PAULA: Bemerkungen zur Gegenübertragung. Psyche 28, 489 (1964).

123    HORNEY, KAREN: New Ways in Psychoanalysis. W. W. Norton, New York 1939.

124    HORNEY, KAREN: Der neurotische Mensch unserer Zeit. Kindler, Stuttgart 1951.

125    IM OBERSTEG, J.: Die administrative Trinkerversorgung in Basel. Gesundheit und Wohlfahrt 8, 1952.

126    JACOBI, YOLANDE: Komplex, Archetypus, Symbol in der Psychologie C. G. Jungs. Rascher, Zürich/Stuttgart 1957.

127    JACOBSON, E.: The Self and the Object World. Int. University Press, New York 1964/1973.

128    JONES, E.: The Life and Work of Sigmund Freud. Vol. 1 and Vol. 2. Basic Books, New York 1953/1955.

129    JONES, E.: Sigmund Freud: Life and Work. Vol. 3. The Hogarth Press, London 1957.

130    JUNG, C. G.: Psychologie und Alchemie. Rascher, Zürich 1957.

131    JUNG, C. G.: Die Probleme der modernen Psychotherapie. In: JUNG, C. G.: Praxis der Psychotherapie, Bd. XVI, Rascher, Zürich/Stuttgart 1958.

132    JUNG, C. G.: Psychologische Typen. Rascher, Zürich 1960.

133    JUNG, C. G.: Erinnerungen, Träume, Gedanken. Aufgezeichnet und herausgegeben von ANIELA JAFFÉ. Rascher, Zürich/Stuttgart 1962.

134    JUNG, C. G.: Theoretische Überlegungen zum Wesen des Psychischen. Die Dynamik des Unbewußten. Gesammelte Werke, Vol. 8, Rascher, Zürich/Stuttgart 1967. Erstmals erschienen im Eranos-Jahrbuch XIV 1946 unter dem Titel »Der Geist der Psychologie«.

135    JUNG, C. G.: Instinkt und Unbewußtes. Gesammelte Werke, Bd. 8, Rascher, Zürich/Stuttgart 1967.

136    JUNG, C. G.: Die Struktur der Seele. Gesammelte Werke, Bd. 8, S. 161. Rascher, Zürich/Stuttgart 1967.

137    KEMPER, W.: Der Traum und seine Be-Deutung. Rowohlt, Reinbek bei Hamburg 1955.

138    KERNBERG, O. F.: Further Contributions to the Treatment of Narcissistic Personalities. Int. J. Psychoanal. 55, 215, 1974.

139    KERNBERG, O. F.: Borderline Conditions and Pathological Narcissism. Jason Aronson, New York 1975. Deutsch: Borderline-Störungen und pathologischer Narzißmus. Suhrkamp, Frankfurt 1978.

140    KERNBERG, O. F.: The Diagnosis of Boderline Conditions in Adolescence. University of Chicago 1978.

141    KERNBERG, O. F.: Psychotherapy with Borderline Patients: An Overview. Bruner/Mazel, New York 1980.

141a   KERNBERG, O. F., SELZER, M. A., KOENIGSBERG, H. W., CARR, A. C., APPELBAUM, A. H.: Psychodynamic Psychotherapy of Borderline Patients. Basic Books, New York 1989.

142    KERNBERG, O. F., BURSTEIN, E. D., COYNE, L., APPELBAUM, A. HORWITZ, L., VOTH, H.: Psychotherapy and Psychoanalysis. Final Report of the Menninger Foundation's Psychotherapy Research Project. Bulletin of the Menninger Clinic Topeca Kansas, Vol. 35, Nos. 1/2. Jan.–March 1972. Allen Press, Kansas 1972.

143    KIELHOLZ, P.: Diagnose und Therapie der Depressionen für den Praktiker. J. F. Lehmanns, München 1965.

144    KIELHOLZ, P., BATTEGAY, R.: Vergleichende Untersuchungen über die Genese und den Verlauf der Drogenabhängigkeit und des Alkoholismus. Schweiz. med. Wschr. 97, 893 und 944 (1967).

145    KLEIN, M.: A Contribution to the Psychogenesis of Manic-Depressive States. Int. J. Psychoanal. 16, 1935.

146    KLEIN, M.: Mourning and its Relation to Manic-Depressive States. Int. J. Psychoanal. 23, 126, 1940.

146a   KLEIN, M.: Notes on Some Schizoid Mechanisms. 1946. In: RIVIÈRE, J. (ed.): Developments in Psycho-Analysis 1921–1945, Sten 377–390 The Hogarth Press, London 1948.

147    KOBI, E. E.: Tagträume bei Kindern und Jugendlichen. Hans Huber, Bern/Stuttgart 1963.

148    KOHUT, H.: The Analysis of the Self. Int. Univ. Press, New York 1971. Deutsch: Narzißmus. Suhrkamp, Frankfurt a. M. 1973.

149    KOHUT, H.: The Restoration of the Self. Int. Univ. Press, New York 1977. Deutsch: Die Heilung des Selbst. Suhrkamp, Frankfurt a. M. 1981.

150    KOHUT, H., WOLF, E. S.: The Disorders of the Self and Their Treatment: An Outline. Int. J. Psychoanal. 59, 413 (1978).

150a   KRUPNICK, J. L., PINCUS, H. A.: The Cost-Effectiveness of Psychotherapy: A Plan for Research. Am. J. Psychiatry *149*, 1295–1305 (1992).

151    KUBIE, L. S.: Psychoanalyse ohne Geheimnis. Rowohlt, Reinbek bei Hamburg, 61.–65. Tausend, 1960.

152    KÜNZLER, E., DE BOOR, CL.: Die psychosomatische Klinik und ihre Patienten. Huber/Klett, Bern/Stuttgart 1963.

153    KUIPER, P. C.: Die seelischen Krankheiten des Menschen. Huber/Klett, Bern/Stuttgart 1968.

154    LAMPL-DE GROOT, JEANNE: Depression und Aggression. In: Jahrbuch der Psychoanalye, S. 145. Westdeutscher Verlag, Köln und Opladen 1960.

155    LAMPL-DE GROOT, JEANNE: Ich-Ideal und Über-Ich. Psyche *17*, 321 (1963/64).

156    LAMPL-DE GROOT, JEANNE: Heinz Hartmanns Beiträge zur Psychoanalyse – zur Einführung. Psyche *18*, 321 (1964).

157    LANGEN, D.: Probleme der Erfolgskontrolle. Klin. und Polikl. Psychother. Univ. Mainz. Prax. Psychother. *21*, 10 (1976).

157a   LAZARUS, R. S.: Psychological Stress and the Coping Process. McGraw-Hill 1966.

157b   LEUNER, H.: Katathymes Bilderleben, Unterstufe. Kleine Psychotherapie mit der Tagtraumtechnik. Thieme, Stuttgart 1970.

158    LIEBERMAN, M. A., YALOM, I. D., MILES, M. B.: Encounter Groups: First Facts. Basic Books, New York 1973.

159    LOCH, W.: Übertragung – Gegenübertragung. Anmerkungen zur Theorie und Praxis. Psyche *29*, I (1965).

160    LOCH, W.: Voraussetzungen, Mechanismen und Grenzen des psychoanalytischen Prozesses. Hans Huber, Bern/Stuttgart 1965.

161    LORENZ, K.: Über tierisches und menschliches Verhalten. Aus dem Werdegang der Verhaltenslehre. Gesammelte Abhandlungen, Bd. I und II. Piper, München 1961.

161a   LUBORSKY, L., CRITS-CHRISTOPH, P., MINTZ, J., AUERBACH, A.: Who Will Benefit from Psychotherapy? Predicting Therapeutic Outcomes. Basic Books, New York 1988.

162    MAEDER, A.: Studien über Kurzpsychotherapie. Klett, Stuttgart 1963.

163    MAHLER, MARGARET S.: Symbiose und Individuation. Bd. I: Psychosen im frühen Kindesalter. Klett, Stuttgart 1972, Originalausgabe: On Human Symbiosis and the Vicissitudes of Individuation. Vol. I: Infantile Psychosis. Int. Univ. Press, New York 1968.

164    MALAN, D. H.: Psychoanalytische Kurztherapie. Eine kritische Untersuchung. Hans Huber/Klett, Bern/Stuttgart 1965.

165    MALAN, D. H., BALFOUR, F. H. G., HOOD, V. G., SHOOTER, A. M. N.:
       Group Pychotherapie, a Long-term Follow-up Study. Arch. Gen.
       Psychiatry *33*, 1303 (1976).

166    MARTIN, J. P., KARWISCH, G. A., STERNE, A. L.: Affection for
       Patients as a Factor in Therapists Outcome Judgements. Journal of
       Clinical Psychology *32*, 867 (1976).

167    MARTY, P., DE M'UZAN, M., DAVID, C.: L'investigation psychosoma-
       tique P. U. F. Paris 1963. Zit. in: STEPHANOS, S.: Das Konzept der
       »pensée opératoire« und das »psychosomatische Phänomen«, in:
       VON UEXKÜLL, T. (Ed.): Lehrbuch der Psychosomatischen Medizin,
       S. 217, Urban u. Schwarzenberg, München / Wien / Baltimore 1979.

167a   MASSON, J. M.: The Assault on Truth. Freud's Suppression of the
       Seduction Theory. Farrar, Straus and Giroux, New York 1984.
       Deutsch: Was hat man dir, du armes Kind, getan? Sigmund Freuds
       Unterdrückung der Verführungstheorie. Rowohlt Taschenbuch
       8087, Reinbek b. Hamburg 1986.

168    MEERWEIN, F.: Die Arzt-Patient-Beziehung in der Kurztherapie.
       Praxis der Psychotherapie *10*, 134 (1965).

169    MEYER, A. E.: Probleme der Es-Ich-Überich-Gliederung. Psy-
       che *13*, 561 (1969).

170    MILLER, ALICE: Das Drama des begabten Kindes und die Suche
       nach dem wahren Selbst. Suhrkamp, Frankfurt a. M. 1979.

171    MITSCHERLICH, A.: Krankheit als Konflikt, Studien zur psychoso-
       matischen Medizin, II., 2. Auflage, Suhrkamp, Frankfurt a. M.
       1968.

172    MORGENTHALER, F.: Aspekte der Anwendung der Psychoanalyse.
       In: Jb. der Psychoanalyse, S. 9. Hans Huber, Bern / Stuttgart / Wien
       1969.

173    MOSER, U.: Psychologie der Arbeitswahl und der Arbeitsstörungen.
       Hans Huber, Bern / Stuttgart 1953.

174    MUCHOW, H. H.: Sexualreife und Sozialstrukturen der Jugend.
       Rowohlt, Reinbek bei Hamburg 1959.

175    MULLAN, H., ROSENBAUM, M.: Group Psychotherapy. The Free
       Press of Glencoe, New York 1962.

176    NEUMANN, E.: Tiefenpsychologie und neue Ethik. Rascher, Zürich
       1949.

177    NEUMANN, E.: Narzißmus, Automorphismus und Urbeziehung.
       In: Studien zur analytischen Psychologie C. G. Jungs, I, 106.
       Rascher, Zürich 1955.

178    NEUMANN, E.: Die große Mutter. Rhein-Verlag, Zürich 1956.

179    NUNBERG, H.: Allgemeine Neurosenlehre, 2. Auflage. Hans Huber,
       Bern / Stuttgart 1959.

330    Literaturverzeichnis

180    PARIN, P.: Die Gegenübertragung bei verschiedenen Abwehrfor-
       men. Jb. der Psychoanalyse, S. 196. Westdeutscher Verlag, Köln und
       Opladen 1960.

180a   PESESCHKIAN, N.: Positive Psychotherapie. S. Fischer, Frankfurt
       a. M. 1977.

180b   PESESCHKIAN, N.: Psychosomatik und positive Psychotherapie.
       Springer, Berlin/Heidelberg/New York 1991.

181    PIPER, E. W., DEBBANE, G. E., GARANT, J.: An Outcome Study of
       Group Therapy. Arch. Gen. Psychiatry 34, 1027 (1977).

182    PORTMANN, A.: Vom Ursprung des Menschen. Friedr. Reinhardt,
       Basel 1944.

183    RANK, O.: Das Trauma der Geburt und seine Bedeutung für die
       Psychoanalyse. Int. Psychoanal. Verlag, Leipzig/Wien/Zürich
       1924.

184    RAPAPORT, D.: The Autonomy of the Ego. In: RAPAPORT, D.: The
       Collected Papers. Merton M. Gill Basic Books, New York/London
       1967.

185    REICH, W.: Die charakterologische Überwindung des Ödipuskom-
       plexes. Int. Z. Psychoanalyse 17, 55 (1931).

186    RENTSCHNIK, P., HAYNAL, A., DE SÉNARCLENS, P.: Les orphélins,
       mènent-ils le monde? Stock, Paris 1977.

187    RICHTER, H. E., BECKMANN, D.: Herzneurose. Thieme, Stuttgart
       1969.

188    RIEMANN, F.: Über den Vorteil des Konzeptes einer präoralen
       Phase. Zschr. Psychosom. Med. 16, 1 (1970).

189    RIMON, R. A.: Psychosomatic Approach to Rheumatoid arthritis.
       Acta Rheumatologica Skandinavica, Suppl. No. 13, 1969. Bulls. Try-
       cheri, Halmstad 1969.

190    ROHDE-DACHSER, CHRISTA: Das Borderline-Syndrom. Hans Hu-
       ber, Bern/Stuttgart/Wien 1979.

191    ROSKAMP, H.: Grundzüge der Neurosenlehre. In: LOCH, W.
       (Hrsg.): Die Krankheitslehre der Psychoanalyse. S. Hirzel, Stutt-
       gart 1967.

192    RUDOLF, G.: Krankheiten im Grenzbereich von Neurose und
       Psychose. Vandenhoeck & Ruprecht, Göttingen 1977.

192a   RÜGER, V.: 7-Jahres-Katamnese nach Abschluß analytischer Grup-
       penpsychotherapie. Zsch. psychosom. Med. 37, 361–374 (1991).

192b   SANDLER, J., DARE, C., HOLDER, A.: The Patient and the Analyst.
       Allen and Unwin, London 1973.

193    SCHINDLER, R.: Grundprinzipien der Psychodynamik in der
       Gruppe. Psyche 11, 308 (1957/58).

194    SCHINDLER, W.: Transference and Counter-Transference in

»Family-Pattern« Group Psychotherapy. Ref. Int. Psychotherapie-Kongreß, Zürich 1954. Acta psychother. *3*, Suppl. 345 (1955).

195    SCHINDLER, W.: Persönliche Mitteilung 1968.

195a    SCHORR, J. E.: Psychotherapy through Imagery. Intercontinental Medical Book Corporation, New York 1974.

196    SCHRAML, W. J.: Das klinische Gespräch in der Diagnostik. In: SCHRAML, W. J. (Hrsg.): Klinische Psychologie. Hans Huber, Bern/Stuttgart/Wien 1970.

197    SCHULTE, W.: Die Sucht als psychotherapeutisches Problem. J. C. B. Mohr (Paul Siebeck), Tübingen 1963.

198    SCHULTZ-HENCKE, H.: Der gehemmte Mensch. Thieme, Stuttgart 1940/1947.

199    SCHULTZ-HENCKE, H.: Lehrbuch der analytischen Psychotherapie. Thieme, Stuttgart 1951.

200    SCHULTZ, J. H.: Grundfragen der Neurosenlehre. Thieme, Stuttgart 1955.

201    SCHULTZ, J. H.: Grundsätzliches zur Suchtfrage. Z. Psychother. *3*, 97 (1957).

202    SELYE, H.: Einführung in die Lehre vom Adaptionssyndrom. Thieme, Stuttgart 1953.

203    SIFNEOS, P. E.: The Prevalence of »Alexythymic« Characteristics in Psychosomatic Patients. Psychotherapy and Psychosomatics *22*, 255 (1973).

203a    SIFNEOS, P. E.: Short-term Psychotherapy. Evaluation and Technique. Plenum, New York 1979.

204    SLAVSON, S. R.: Analytic Group Psychotherapy. Columbia University Press, New York 1951.

205    SPITZ, R. A.: Hospitalism: An inquiry into the Genesis of Psychiatric Conditions in Early Childhood. The Psychoanalytic Study of the Child *1*, 53–74 (1945).

206    SPITZ, R. A.: Die Entstehung der ersten Objektbeziehungen. Klett, Stuttgart 1960.

207    SPITZ, R. A.: Ein Nachtrag zum Problem des Autoerotismus. Psyche *18*, 241 (1964/65).

208    SPITZ, R. A.: Vom Säugling zum Kleinkind. Klett, Stuttgart 1967.

209    STEKEL, W.: Die Impotenz des Mannes. Urban und Schwarzenberg, Berlin/Wien 1923.

210    STEKEL, W.: Was mich von Freud unterscheidet. In: STEKEL, W. (Hrsg.): Fortschritte der Sexualwissenschaft und Psychoanalyse, S. 1, Franz Deuticke, Leipzig/Wien 1931.

211    STEKEL, W.: Frigidity in Woman. Vol. II. Liveright Publ., New York 1943.

212     STEPHENS, H., SHAFFTER, W., ZLOTOWITZ, I.: An Optimum a–B
Scale of Psychotherapist Effectiveness. In: The Journal of Nervous
and Mental Disease *160*, 267 (1975).

212a    STERN, D.: The first Relationship: Infant and Mother. Fontana/
Open Books, London 1977. Titel der deutschen Übersetzung: Mutter und Kind. Die erste Beziehung. Klett-Cotta, Stuttgart 1979.

213     STERN, D., BEEBE, B.: Engagement–Disengagement and Early Object Experiences. In: FREEDMAN, N., GRAND, S. (Eds.): Communi-
cative Structures and Psychic Structures. Plenum, New York 1977.

214     STOKVIS, B.: Grundlagen und derzeitige Situation der Gruppenpsychotherapie. Z. Psychother. *10*, 129 (1960).

215     SZONDI, L.: Schicksalsanalyse, Wahl in Liebe, Freundschaft, Beruf,
Krankheit und Tod. Schwabe, Basel/Stuttgart 1965.

216     TEILLARD, ANIA: Traumsymbolik. Rascher, Zürich 1944.

217     TELLENBACH, H.: Melancholie. Springer, Berlin/Göttingen/Hei-
delberg 1961.

218     THEANDER, S.: Anorexia nervosa. Acta Psychiatrica Scandinavica,
Suppl. 214. Munksgaard, Kopenhagen 1970.

219     THILGES, R., BATTEGAY, R.: Die in einer psychiatrischen Poliklinik
behandelten Patienten mit Suizidversuchen. Schweiz. med.
Wschr. *100*, 225 (1970).

220     THOMAE, H.: Anorexia nervosa. Hans Huber/Ernst Klett, Bern/
Stuttgart 1961.

221     VON BERTALANFFY, L.: General system Theory and Psychiatry. In:
ARIETI, S. (Ed.): American Handbook of Psychiatry. 2nd Ed.,
Vol. I, 1095. Basic Books, New York 1974.

222     VON RAD, M.: Alexithymie. Empirische Untersuchungen zur Diagnostik und Therapie psychosomatisch Kranker. Springer, Berlin/
Heidelberg/New York 1983.

223     WINNICOTT, D. W.: Ego Distortion in Terms of True and False Self
(1960) in: The Maturational Processes and Facilitating Environ-
ment. Studies in the Theory of Emotional Development. The Hogarth Press, London 1965. Deutsch: Reifungsprozesse und fördernde Umwelt, Kindler, München 1974.

224     WINNICOTT, D. W.: Playing and Reality. Tavistock Publications,
London 1971.

225     WOLBERG, ARLENE ROBBINS: Psychoanalytic Therapy of the Borderline Patient. Thieme/Stratton, New York 1982.

226     ZUBIN, J., SPRING, B.: Vulnerability–A New View of Schizophre-
nia. J. Abnormal Psychol. *86*, 103–126 (1977).

# Namen- und Sachregister

Abraham, K. 126, 152
Abstinenzregel 270 f.
Abwehr(-) 41, 55, 57, 69, 98, 135,
    144, 178, 182, 192, 200, 211, 220,
    223, 235, 239, 243, 247 f., 276 ff.,
    280, 282 ff., 298
  Angst- s. Angst
  Begriff d. 136
  Dekompensation d. 210
  d. Hasses 178
  mechanismus / mechanismen
      232, 241, 264, 279
    beim Psychoanalytiker 312
  neurosen s. Neurosen
  primäre 170
  Trieb- s. Triebabwehr
  unbewußte 281
  Wegfall d. 197
Ader, R. 17
Adler, Alfred 49 f., 86, 109 f., 164,
    190 f.
Adler, G. 44
Aeppli, E. 106 f.
Affekt(e) 22 f., 28, 34, 53, 141, 148,
    180, 182, 184, 196 f., 211 f., 231
  befreite 28
  und Triebanspruch 137
  verdrängte(r) 215
Aggression(s-;en) / Aggressivität /
    aggressiv 27, 31, 37, 62, 67, 81,
    121, 140, 161 f., 163, 165 f., 171 f.,
      176 f., 193, 220, 242, 246 f.,
      260–263, 291, 297
  trieb 81, 154, 172
  gegen d. Vater 121, 223
Agieren, d. 179, 182 f., 270, 272
  aggressives 277
Alexander, S. 230 f.
Alkohol(-) / Alkoholismus / Alko-
    holiker 64, 67, 79 f., 146
  abhängigkeit 84, 151, 202
Ambivalenz / ambivalent 39 f., 78,
    83, 154 f., 188, 220, 223, 226
Amenorrhoe 234
Amnesie 55 f.
  posthypnotische 23
  temporäre 141
Amplifikation 47
Anästhesie, hysterische 38
Analyse(n) / Analytiker
  Beendigung d. 284 f.
  Daseins- 87, 110 ff.
  Gruppen- 293 ff., 306
  Lehr- 184, 280, 310 ff.
  Schicksals- 51
  Traum- 94
  Übertragungs- 275–279
Angst(-) / Ängste 48, 66, 76, 83,
    140, 144, 156 f., 163, 172, 175,
    192 f., 195 f., 206, 216, 218, 232,
    257, 259, 274, 278, 291
  abwehr 153, 162, 198

*Angst(-)/Ängste, Forts.*
  vor Autoritäten 143
  gefühle 209
  Gewissens- 37, 163, 195
  Herz- 166f.
  und Libido 207
  objekt 69, 216f., 219
  panische 258
  Real- 195f.
  vor Strafe 132, 193
  symptom 179
  toleranz 298
  und Überich 142f.
  Ursachen d. 197
  vor d. Vater 228
Anima/Animus 63
Anpassung(s-) 131, 198ff., 221,
  232, 240, 243
  an d. äußere Ordnung 125
  erwartung der Eltern 127
  Fehl- 86, 211
  Gemeinschafts- 159
  an d. Gesellschaft 159
  an d. Realität 142f., 173
  soziale 142
  syndrom 231
Anthropologie 29
Archetypus/Archetypen/archety-
  pisch 46, 51, 89, 105–108, 189
Arrangement, neurotisches 109,
  164, 190
Assoziation(en)/assoziieren 24,
  87, 176, 269f., 283
  freies 24f., 56, 93f., 168f., 267f.,
  272
Außenwelt(-) 36f., 39f., 44, 54, 90,
  93, 120, 170f., 193, 195f., 224
  Grenze zwischen Innen- und 42
  Konflikte 72
Autismus/autistisch 162
Autoerotismus/autoerotisch 59ff.,
  202

Autonomie/autonom 200, 249
Autorität(en) 38, 105, 156, 193
  d. Außenwelt 133, 217
  d. Eltern 68, 75, 240
  Umwelt als 157
  väterliche 121

Balint, Enid 169
Balint, Michael 169, 233, 239f.,
  287, 305
Bally, G. 19f., 41, 90, 216
Bastine, R. 296, 301
Beck, D. 286
Becker, A. M. 270, 274
Beckmann, D. 233, 300f.
Bedürfnisse, narzißtische 183
Beebe, B. 58
Benedetti, G. 13, 17, 164, 207
Bernheim, H. M. 14, 20, 23, 212
Bertalanffy, L. von 297
Bewußte(n), d. 30, 40, 42, 99, 189
  System d. 43f.
  im Traum 96
Bewußtsein(s-) 24f., 28, 32f., 41f.,
  45, 57, 77, 93, 108, 143, 174, 176,
  178, 195, 197, 220
  spaltung *s. a.* »double cons-
  cience« 212
  verdrängung 154
Binder, H. 35, 163, 225
Blum, E. 60f., 81, 115
Bonime, W. 277
Boor, C. de 302f.
Borderline(-) 255
  Kranke 248
  Patienten 253
  Persönlichkeit(s-;en) 284
  störungen 69f., 114, 220f.,
  237–265, 276–280
  Störungen 257, 264, 267
Borger, R. 198
Boss, Medard 87, 110f., 132, 191, 234

Brenner, Ch. 30
Breuer, J. 20, 22 f., 211 ff.
Brücke, E. W. v. 19
Brun, R. 29, 53, 56, 74, 78, 83, 216

Charakter(-;s)
    bildung 130 f. 151, 229
    neurotischer 130 f. 144, 224 ff.
    struktur 130 f., 287
    Umstrukturierung d. 286
Charcot, Jean Martin 20
Christoffel, H. 13, 213
»coping« 72, 198
»counter-resistence« 281
Cremerius, Johannes 178, 273, 302

Däumling, A. M. 295
Daseinsanalyse s. Analyse
Dement, W. 88
Depression(en)/depressiv 27, 70,
    125, 129, 152, 170, 172, 207,
    257 f., 260, 264
    anaklitische 27
    endogene 124, 128, 171
Desoille, R. 92
Deutung(en)/deuten 28, 87, 215,
    225, 272 f., 275, 281, 298
    Fehl- 87
    Probe- 286
    Traum- s. Traumdeutung
Diderot 65
»double conscience« s. a. Bewußt-
    seinsspaltung 23, 212
Dreikurs, Rudolf 50
Drogen(-) 43, 149 f., 165, 202
    abhängigkeit 84, 151
Dualismus, psychophysischer 208
Dührssen, Annemarie 247 f., 250,
    301
Durcharbeiten, d. 167 f., 267 ff.,
    276, 286, 294 f., 304
Durkheim, E. 292

Eidelberg, L. 121
Eitinger, L. 208
Eltern(-)
    Ablösung von d. 77 f., 92
    imago 123
    Kind-Beziehung 150, 155, 186,
        225–228, 240, 244 f.
    liebe, fehlende 138
Engel, G. L. 232
Entwicklung(en)
    Fehl- 202, 205
    kindliche 199
    sexuelle 73
Erikson, E. H. 26, 65
Erinnerung(s-;en)/erinnern 20,
    22 f., 40 ff., 56 f., 184, 190, 211 ff.,
    267 ff.
    abgewehrte 56
    affektlose 22
    bewußte 57
    Deck- 57
    frühe 22
    und Hypnose 23
    reste 44, 57, 116
    unbewußte 55, 190
    ungesteuerte 267
    vergessene 212
Ernst, K. 295
Eros 53, 82
Erziehung 125, 193, 195, 202
    Reinlichkeits- 203
    sexuell tabuierte 204
Es(-) 116 f., 121, 127 f., 131, 153,
    174, 178, 183, 197, 199, 209, 219,
    238, 251, 255 f., 261 f.
    und Ich 116
    Regungen 196 f.
    Widerstand 179, 183
Ethik 194
Etzioni, A. 160
Evolution 69
Eysenck, H. J. 295

Fehlentwicklung, seelische 25, 28 f.
Fehlhaltung(en) 232
Fehlleistung(en) 31, 33, 35, 39
Fehlverhalten 164, 175, 273, 292
    neurotisches 176
Fenichel, Otto 274
Ferenczi, Sandor 184
Filialisierung (Begriff) 238
Fixierung 202 ff., 220 ff., 229
    anale 221, 229
    d. Libido 227
    orale 151 f.
Foppa, K. 198
Foulkes, S. H. 294
Freud, Anna 72, 174, 192 f., 195 f.
Freud, Sigmund 13 f., 19–26, 28,
    30–33, 41 ff., 45, 49–55, 59,
    61 f., 64 ff., 68, 70, 72 f., 75,
    80–90, 92 f., 96–104, 109 ff.,
    115–118, 121 ff., 126–129,
    132 f., 136 f., 140, 143, 145, 152,
    163 f., 168, 171, 177 ff., 181,
    183 ff., 189, 191, 202, 204, 206 f.,
    209–214, 216, 219, 223, 227,
    229 f., 237, 239, 244, 250, 260 f.,
    266–273, 275, 282 f., 285, 296,
    311
Frigidität 229

Gaddini, E. 185
Gefühl(s-; e)
    konflikt(e) 169, 181 f.
    Lust- 162
    Macht- 50
    Minderwertigkeits- 67, 109, 120
    Schuld- 67, 82 f., 122, 143, 197,
        209, 214, 223, 259, 261
        neurotische 133
        unbewußte 146
    Unlust- 162
Gegenbesetzung 174–180
Gellhorn, E. 17

Gemeinschaft(s-)
    fähigkeit 296
    gefühl(e) 50, 109 f.
Gerö., G. 224
Gesellschaft 149 f.
    und Individuum 162, 198
    Integration in d. 296
Gewalt 195
Gewissen 75, 118, 120 f., 126, 143,
    153, 222
Glover, E. 281
Görres, A. 198
Goethe, J. W. v. 105, 234
Goetschel-Schrameck, Sara 14
Grinker, R. R. 231
Groddeck, Georg 116 f.
Grunberger, Bela 58, 248
Gunderson, J. G. 237

Halder-Sinn, Petra 307
Hartmann, Heinz 72, 173, 198 ff.,
    237, 256
Haß / hassen 46, 64, 77, 170 f., 176,
    178, 182, 251
Heigl, Franz 300
Heimann, Paula 185
Hemmung(en) 26, 231
Hitler, Adolf 186 f.
Homosexualität 229 f.
Horney, Karen 133, 240
Hospitalismus 27
Hypnose 20, 23 f., 267, 302
Hysterie / Hysteriker / hysterisch
    19 f., 24 f., 38, 55, 90, 172, 178,
    211–215
    Konversions- 214, 233

Ich(-) 35, 58, 68, 71, 73, 75, 81, 91, 93,
    99, 115–118, 120, 123, 126 ff.,
    131, 136 f., 144, 148, 150 f., 156,
    158 f., 162, 169 f., 172, 174,
    176–180, 182 f., 192, 195, 197,

*Ich(-), Forts.*
  199 f., 204, 210 f., 216, 219, 232,
    237 ff., 242 f., 246 f., 251, 256,
    260 f., 264, 266, 269, 282
  Abgrenzung 73
  Abwehr(-) 149, 169, 183
    mechanismen d. 77, 136,
      166, 168, 174, 209, 224,
      230, 274, 310
  aggressives 70 f.
  Aufbau d. 74
  Autonomie d. 199
  Entwicklung 198, 238
  und Es 116
  Fragmentation 243, 247 f., 251 f.,
    254, 282
  als fremdes Objekt 262
  Funktion 119
  Ideal 75, 94, 99, 119, 131 f., 151,
    262, 292
    und Überich 121
  Ideal- 118
    Bildung 75
    narzißtisches 119
  kindliches 180
  kritik 126
  Leistung(en) 70 ff.
  Lust- 132
  narzißtisches 207
  Objekt(e) 126, 128, 252
    Grenze zwischen 266
  Ohnmacht d. 163
  Psychologie 199, 255
  Reaktionsbildung d. 177, 221,
    223
  schwaches 198 f., 257
  und Selbst, Differenzierung in
    256
  Stärke / starkes 149, 197, 199,
    243, 252, 256, 259, 261, 281,
    298 ff.
  Trieb(e) 52, 81, 114, 173

  Umarbeitung 312
Identifikation / Identifizierung /
  identifizieren 35 – 39, 59 f., 68,
  74, 122 f., 126, 131, 155 – 161,
  193, 208, 253, 257
  mit d. Eltern 138, 156
  d. Ich mit d. Objekt 239
  mit d. Mutter 155
  projektive 37, 70 f., 73, 241, 243,
    278
  mit d. Vater 122
Identität(s-) 236 f.
  diffusion 241
  sexuelle 74
Im Obersteg, J. 80
Impotenz / impotent 228
Individualpsychologie *s.* Psychologie
Individuum(s) / Individuen / Individualität 34, 36, 40, 43 ff., 71, 79,
  86, 108, 110, 117, 124, 127, 135,
  147, 149 f., 158, 160, 162, 164, 170,
  173, 178, 238, 255, 260, 292
  und Anpassung an d. Umwelt
    200
  und Objekt 73
  Reifung d. 296
Instinkt(e) 46 f.
Integration / integrieren 41, 152,
  190, 224, 244, 252, 255, 282, 292
  Mangel an 241 f.
  psychosoziale 309
  soziale 295
Internalisierung, transmutierende
  277 f.
»Interplay« 69
Introjektion / introjizieren 68, 75,
  126, 131, 143, 150 f., 155, 242
Inzest(-) / inzestuös 215, 221, 229
  Angst vor d. 229
  konflikt 227
  motive, infantile 142

*Inzest(-)/inzestuös, Forts.*
  schranke 227 f., 230
  verbot 229
  wunsch 66
Isolieren, d. 148 ff.

Jacobi, Yolande 45 f., 108
Jacobson, Edith 237, 251
Jones, Ernest 19
Jung, C. G. 33, 44–47, 49, 51, 63,
  85 f., 89, 102, 105–108, 110 f.,
  189, 237 f.

Kastration(s-)/kastrieren 195,
  229
  angst 83, 217, 223
  drohung 45, 204
  komplex 66 f., 78
Kemper, W. 273 f.
Kernberg, Otto F. 237 f., 240 ff.,
  244, 247, 251, 253, 255, 278,
  298 f.
Kielholz, P. 13, 35, 80, 126, 152,
  224
Kindheit(-;s) 25, 169, 182, 185
  amnesie 54
  frühe/früheste 25 f., 34, 36, 55,
    69, 131 f., 190, 196, 201 f., 205,
    239, 243, 252, 254, 256, 291
  traumatisierte 76
Klein, Melanie 37, 70, 162, 242
Kleitman, N. 88
Kobi, E. E. 91
Königstein, Dr. 97
Kohut, Heinz 26, 127, 129, 181 Fn.,
  202, 237–242, 252, 255, 257,
  264, 266, 276
Kommunikation(s-) 23, 250, 259,
  276
  fähigkeit 292
  zwischen Patient und Therapeut
    278 f.

Kompensation/kompensieren
  50, 169 f., 194, 202, 204, 239,
  243, 246, 254, 263 f.
  narzißtische 173, 277
  Über- 86, 109
Kompromiß(-) 137, 140, 165
  bildung 136
  lösung 139
  optimaler 238
  und Symptom, neurotisches 209
Konflikt(-;e) 34, 91, 136, 180, 192,
  216, 294
  abwehr 72, 138 f., 230
  bewältigung 211, 226
  bewußte(r) 147
  inhalte 145
  ödipaler 229
  pathogener 148
  Trieb- s. Triebkonflikte
  unbewußte(r) 92
  verdrängte(r) 214, 220
Konzentrationslager-/
  (Überlebens-)Syndrom 208
Kopernikus 29
Kränkung, narzißtische 224
Kris, E. 173
Krupnick, J. L. 296
Kubie, L. S. 275
Kuiper, P. C. 200
Kultur(-)/kulturell 46, 143, 195
  Primitiv- 46
  kreis 47, 51, 86
Künzler, E. 302

Lampl-de Groot, Jeanne 199, 224,
  262
Langen, Dietrich 300
Latenzzeit 68, 73, 76, 151, 155,
  177, 219
Lazarus, R. S. 72, 198
Lebensplan, neurotischer 190 f.
Lebensweisheit(en) 51

Leuner, H. 92
Libido/libidinös 62, 68, 80, 92,
  114, 119, 126f., 129f., 204, 206,
  214, 239, 261
  und Angst 207
  mütterliche 132
  narzißtische 128, 235, 238, 252,
    255ff., 262f.
Liébault, A. 20
Liebe(s-) 46, 77, 132, 144f., 176,
  182, 242, 253f.
  ambivalente, zur Mutter 223
  Begriff 239ff.
  Eigen-, frühkindliche 127
  zu d. Eltern 66, 78
  fähigkeit 67
  Mangel an 201f.
  Nächsten- 176f.
  objekt(e) 65, 131, 151, 170
  Überangebot an 243
Lieberman, M. A. 306
Loch, Wolfgang 185, 273, 311
Loewenstein, R. M. 173
Loofbourrow, C. Y. 17
Lorenz, K. 198
Luborsky, L. 303
Lust(-)
  gefühl(e) s. Gefühl(e)
  prinzip 43, 50, 53f., 117, 119,
    144, 148, 158, 196f., 255
  streben 197
  Unlust-Mechanismus 137

Macht(-) 86, 121, 160, 195
  streben 50, 109f., 191
  Wille zur 50
Mäder, A. 286
Märchen/Parabel(n) 33, 51, 103
Mahler, Margaret S. 58, 238,
  250f.
»major depressions« 259
Malan, D. H. 286, 306

Mangel(-) 28, 66, 252
  emotionaler 256
  narzißtischer 264
  erfahrung 34f., 208, 211, 280,
    291, 294
    narzißtische 185, 232, 286
    Überwindung d. 284
Mann, Thomas 234
Marasmus 27
Marschall, Ruth v. 308
Martin, J. P. 301
Marty, P. 130, 235
Masochismus/masochistisch 62,
  81ff., 183, 203, 220f., 230
  Sado- 223
  Ur- 83
Masson, J. M. 201, 204
Medikamentenmißbrauch 147f.,
  152
Meerwein, F. 286
Melancholie(n)/Melancholiker 26,
  128ff., 171f., 239, 261, 264
Meyer, A. E. 33, 114
Meyerbeer, G. 186, 188
Miller, Alice 127, 240, 254
Minderwertigkeitsgefühle s. Ge-
  fühle
Mißbrauch, sexueller 201
Mitscherlich, Alexander 210f., 232,
  235
MMPI (Minnesota Multiphasic
  Personality Inventory) 233, 301
Moral 75, 118, 149, 193
Morgenthaler, Fritz 280
Moser, U. 284f., 296
Muchow, H. H. 77
Mullan, H. 294
Mutter(-)
  böse 49, 162
  »Große« (Neumann) 159
  gute 49, 240
  Identifikation mit d. 67

*Mutter(-), Forts.*
  Imago 78
  Kind-Beziehung 26 f., 57–60,
    217 f., 249 f., 254
  Kind-Symbiose 58 f., 69, 250
  liebe 121, 157, 242
    fehlende 233, 258
    mangelnde 253
  als Objekt 61
  Sohn(-)
    Beziehung 222 f.
    Konflikt 222 f.

Narzißmus(-)/narzißtisch(-) 27,
  58, 60 f., 70, 117 f., 126 f., 151,
  196, 202, 236 f., 239 f., 244, 249,
  251, 253, 256 ff., 260 ff., 264
  fusionär(er) 36, 59, 69 f., 73 f.,
    152
  d. Kindheit 117, 131 f.
  Mangel an 261, 263 f.
  pathologischer 127, 239–242,
    247
  primärer 127, 239
  und Schizophrenie 264
  sekundärer 129, 239
  Störung 71
  symbiotisch 229
  theorie 27
Negation, Begriff d. 37
Neumann, Erich 49, 159, 194,
  237 f.
Neurasthenie 206
Neurose(n-)/Neurotiker/neuro-
  tisch 25, 43, 146, 149, 164, 172,
  176, 181, 184 f., 190 ff., 197, 239,
  284
  Abwehr- 209 ff.
  Aktual- 206 ff.
  analyse(n) 33
  Angst- 206
  bildung 136

Charakter- 224 ff.
  entstehung 67, 72, 143, 193, 195,
    201–205
  Familien- 291
  Kern- 224
  lehre 134
  narzißtische 28, 69, 237 ff., 243,
    257, 276, 279
  Organ- 230–236
  Psycho- 90, 206 f.
  struktur 281, 284
  symptomlose 224 f., 227
  Zwangs- 37, 61, 130, 146, 148,
    177 f., 219–223
Normenkonflikt 75
Nunberg, H. 35 ff., 77, 97, 120,
  170, 176, 179, 183

Objekt(-;e) 35, 42, 61, 64, 81, 117,
  122, 152, 161 f., 166, 170 f., 180,
  183, 203, 237, 239, 241, 253 f.,
  260, 263, 266
  Abgrenzung vom 72
  Abhängigkeit vom 69 f.
  aggressives 71
  angst 69, 216 f., 219
  d. Außenwelt 121
  besetzung 68, 171, 227
  beziehung(en) 57, 68, 70
    Fehlen v. 27
  böses 242
  Ersatz- 216
  findung 78
  Fusion mit d. 68
  idealisierte(s) 277
  Identifizierung mit d. 129, 170,
    247
  und Individuum 73
  Introjektion/introjizierte(s)
    246, 261 f.
  libido 128
  liebe 213, 263

*Objekt(-;e), Forts.*
  repräsentanz(en) 34, 59, 68, 128,
    216, 237, 241 ff., 246, 254
  Rückzug vom 71
  und Selbstliebe 128
  verlust 123, 126
  verschiebung 166
  wahl 122
  wahrnehmung 176, 246
Ödipuskomplex(es) 64–68, 74, 78,
  121, 123, 148, 205
  Überwindung d. 122
Omnipotenz(-)/omnipotent 188 f.
  gefühl d. Kleinkindes 240
  phantasien 280
Onanie/onanieren 64, 76 f., 206,
  213, 221 ff.
Ontogenese/ontogenetisch 45, 102
Organ(-)
  sprache 236
  wahl 129, 252, 265

Pan-Sexualismus 26
Parin, Paul 280
pathologisch 151, 160, 213
Penisneid 67, 229
»pensée opératoire« 130
Persönlichkeit(s-) 28, 66 f.
  störung, narzißtische 238 f.
  struktur, neurotische 219–224
Peseschkian, Nossrat 51
Phantasie(-;n)/phantasieren 25,
  37, 45, 77, 91, 145, 147, 164, 184,
  187, 213, 234, 254, 256, 263, 268,
  278, 294
  abwehr 215
  fragmentierte 252
  kindliche 65, 201, 204, 217
  von Neurotikern 82
  projektive 165
  sexuelle 67, 77, 201, 220
  unbewußte 213 f., 276

Ur- 45, 205
utopische 91
Phase(-;n)
  anale 61, 81, 153, 220 f., 291
  orale 62, 81, 229
  phallische 62 f., 151, 155,
    204
  prägenitale 66
Philipp II. 178
Phobie(n) 216–219
Phylogenese/phylogenetisch 45,
  102, 123
Pincus, H. A. 296
Piper, E. W. 307
polymorph pervers 230
Portmann, A. 249
Primärvorgang/(-prozeß) 35, 37,
  98, 247
Projektion/projizieren 35 ff.,
  60, 71, 74, 117 f., 120, 132,
  161–166
Prostituierte 63
Protest, männlicher 86, 109
Psychiater/Psychiatrie 29, 234,
  247
Psychoanalyse/Psychoanalytiker/
  psychoanalytisch(es) 23, 25,
  55 f., 61, 65 f., 72, 82 f., 86, 102,
  114, 130 f., 133 f., 137 f., 145, 163,
  168, 172, 174 f., 177, 179, 181 f.,
  184–187, 189, 191, 197, 209,
  228, 254 f., 259, 269 f., 271 ff.,
  275, 277 ff., 281 ff., 285, 294 f.,
  298 f., 309
  und Abwehrvorgänge 139
  Erstinterview 272, 282, 286
  Supervision und 313
  Technik d. 266
  Verlauf d. 267 ff.
  Widerstände gegenüber d.
    268
  Ziel d. 314

Psychologie
   Analytische 51, 105
   Individual- 50, 86
   Neuro- 207
psychopathologisch 71
Psychose(n) 49, 93, 198, 239
Psychotherapie/Psycho-
   therapeuten 50 f., 125, 158,
   167, 188 ff., 226, 228, 234,
   272, 276, 279, 285, 296 f.,
   299 f., 305
   Ende d. 303 f.
   Kurz- 285 ff., 301 f.
   Strukturierung d. 51
Pubertät 76–79, 91, 196, 291

Rad, M. von 130, 235
Rank, Otto 249
Rapaport, David 199
Reaktionsbildung 123, 174–180,
   219
Realität(s-) 40, 43, 119, 191, 240
   äußere 39 f., 54, 92, 101 f., 117,
      142, 168, 173, 247 f., 267,
      305
   Anpassung an d. 41 f., 54, 147,
      156 f., 161
   bewältigung 199
   innere 39
   kontrolle 285
   materielle 90
   prinzip 43, 50, 53 f., 92, 102, 115,
      117, 145, 196, 255
      Abkehr vom 92
   psychische 90
   Verleugnung d. 43
   verlust 93
   wahrnehmung 39, 197
»reality testing« 284
Regression(en) 74, 80, 102,
   150–154, 157, 178, 223
   narzißtisch-orale 152

Reich, Wilhelm 225
REM-Schlaf 88
Rentschnik, P. 252
Repräsentanz(en)
   archetypische 237
   Selbst- 34, 59, 237, 242 f., 251,
      254
   Trieb- 34, 52, 174, 268
   zentrale 238
Richter, Horst-Eberhard 233, 301
Riemann, F. 248
Rimon, R. A. 231
Ritual, religiöses 220
Rohde-Dachser, Christa 237
Rosenbaum, M. 294
Roskamp, H. 93
Rudolf, G. 239
Rüger, V. 307

Sadismus/sadistisch 62, 81 f., 171,
   203, 220 f., 230, 278
Sandler, Joseph 57
Schicksal 51, 107, 148, 164
Schindler, R. 294
Schindler, W. 76, 151, 294
Schizophrenie(n)/Schizophrene/
   schizophren 43, 73, 119, 145,
   158, 162, 172, 253, 257, 301
Schlieffen, H. Graf v. 13
Schorr, J. E. 92
Schraml, Walter J. 272
Schuld(-) 124, 164, 171
   gefühle s. Gefühle
Schulte, W. 152
Schultz, J. H. 152, 224
Schultz-Hencke, H. 58 f., 62, 191,
   224, 238, 247, 305
Seaborne, A. E. M. 198
Sekundärvorgang 35
Selbst(-) 68, 126–129, 169, 173,
   195, 202, 205, 210, 237 f., 241,
   251 f., 256 f., 264, 277

*Selbst(-), Forts.*
  Begriff d. 114, 129
  bild 235
  Defizit im 243
  Erhaltung d. 208
  falsches 240
  Filialisierung d. 238
  gestörtes 282
  Größen- 243f., 263, 277
    archaisches 241
    pathologisches 278
  Ideal- 240, 254
  inkonsistentes 69
  Körper- 129, 252
    fragmentiertes 264
  Kompensation d. realen 241
  konstistentes 26, 74, 250, 254f.
  liebe 118, 202
    gesunde 127
  Mangel im 238f.
  objekt 239, 263
    idealisiertes 28, 202, 276
  als Objekt d. Liebe 117
  reales 254
  schwaches 127
  starkes 277ff.
  Störung d. 256
  Struktur 248
  als Teil d. Ich 238
  wahres 240
Selye, H. 231
Sensitivity Training (*Däumling*)
  295
Sexualität/Sexual(-) 26, 68, 74, 82,
  85f., 193, 228f.
  aufklärung 291
  erwachsene 204
  kindliche 76
  Schub d. 77
  tabuisierte 233f.
  verdrängte 51
Sifneos, P. E. 130, 235, 286

Slavson, S. R. 294
Spitz, R. A. 26f., 60f., 202, 249
Spring, B. 93
Staehlin, J. E. 13
Stekel, W. 227, 229, 286
Stephens, Joseph H. 300
Stern, Daniel 58, 69
Stokvis, B. 294
Störung(en)
  narzißtische 173, 235
  sexuelle 206
Strebung(en)
  narzißtische 179
  unbewußte 194
Sublimierung/sublimieren 68, 75,
  144, 165, 168, 175, 207, 214
Suizid(-) 84, 125, 128
  gefahr 289
  ideen 234
  versuch(e) 84f., 125, 171
Symbol(-;e)/Symbolik/
  symbolisch 28, 39, 51, 62, 145,
  154, 215, 219f., 223
  archetypische 47, 107
  bedeutung 51
  Begriff 108
  bildung 108, 137, 140
    pathologische 28
    psychoneurotische 25
  »sprache« 38
  Traum- s. Traumsymbole
Symptom(-;e;en) 29, 34, 141, 144,
  184, 189, 222, 275, 277, 298
  Angst- 179
  hysterische(s) 20ff., 211, 213
  Konversions- 215, 230
  Leidens- 90
  neurotische 22, 28, 35, 39, 41,
    53, 143, 153, 156, 166, 168,
    195, 210
  psychosomatische(s) 169
  Reduzierung von 303

344    Namen- und Sachregister

*Symptom (-; e; en), Forts.*
  somatische(s) 167, 213
  vegetative(s) 231
  wandel 284
  Wurzel d. 168
  Zwangs- 138, 145, 203
Szondi, Leopold 50f.

Tabu/Tabus 143, 149, 165, 204
Teillard, Ania 106
Tellenbach, H. 124
Theander, S. 233
Thilges, R. 84
Thomae, H. 234
Tod(es-) 46f., 49, 77, 81–85, 147
  trieb 52f., 80, 82f., 84
  d. Vaters 82, 259
  wünsche 154
Trauer 126
Traum(-;es)/Träume/träumen 28,
  30f., 33, 35, 39f., 43, 46–49, 83,
  87, 92, 110–113, 183, 186ff.,
  194, 270, 272
  analyse 94
  arbeit 94, 100ff., 274
  d. Bewußte im 96
  bilder 108
  deutung 38, 89f., 94, 104, 273f.,
  293
  Durcharbeiten d. 167
  entstellung 98
  erfüllung 93
  gedanken 96
  Gruppen- 293
  inhalt 89, 94, 96f.
    manifester 93, 95, 99f., 274
  interpretation 104, 112
  lehre 88
  manifester 97
  psychose 92f.
  qualität 88
  Regression im 102f.

Sinn d. 94
sprache 89, 94
  als Sprache d. Unbewußten 89
symbol(e) 41, 45, 47, 89, 103f.,
  274
Tag- 91f., 213
  und Phantasie 91
Übertragung im 100
d. Unbewußte im 96
verdichtung 96f., 100
verschiebung 95ff., 100
zensur 41, 94f., 98f., 101, 120
Trauma/traumatisch 21, 55
  d. Geburt 249
  Psycho- 20f.
  sexuelles 55, 201
Trieb(-;e;es) 53, 79, 117, 128, 261f.
  abwehr 140, 148f., 151, 153,
    155, 157–162, 165, 170,
    174–177, 179, 181, 192–198,
    234, 295
    durch Identifizierung 158
  Aggressions- 81, 154, 172
  anale(r) 64
  anspruch/ansprüche 28, 77, 137,
    150, 153
  befriedigung 79, 118, 177
    Verzicht auf 131
  Destruktions- 80, 82f.
  Entwicklung d. 143
  fixierung 205, 224
  Ich- s. Ich-Trieb
  konflikt(e) 28, 34f., 39f., 77f.,
    142, 149, 167ff., 178f., 183,
    207f., 220, 270, 276, 286, 294
    unbewußte 274
    Verdrängung d. 145
    unbewältigte 210
    ungelöste 209
  leben 68
    kindliche(s) 54
  Lebens- 81

*Trieb(-;e;es), Forts.*
  objekt 79, 170
  Objekt- 60
  orale(r) 64, 151 f.
  Partial- 62, 132
    orale(r) 59
  Primär- 84
  Sexual- 52 f., 60, 62, 81, 114
    Verdrängung d. 55, 219
  Sublimierung d. 80, 143
  umkehr 170–173
  unbewußte 179
  verdrängung 139, 143 f.
  verzicht 156 f.
  ziel 170
TZI (Themenzentrierte
  Interaktion) 306

Über-Ich(-) 75, 77, 94, 99,
  117–128, 130 f., 133, 142 f.,
  153 f., 156, 163, 168, 170 ff., 180,
  195 f., 199, 210, 216 f., 219 ff.,
  227, 238, 242, 246, 251, 255 f.,
  258 f., 262, 274, 310
  Abwehrmechanismen d. 268
  Aggression d. 183
  Angst vor d. 192 ff., 197
  archaisches 260, 263
  Begriff 120
  Bestrafung durch d. 219
  Bildung 131, 157
  Entstehung 123
  grausames 260
  als Gruppe 295
  kindliches 193
  narzißtisches 207
  sadistisches 223, 261
  strenges 194, 208, 260
  Widerstand 179, 183
Übertragung(s;en) 74, 133, 138,
  180–191, 266, 269 f., 273, 276 f.,
  279, 286, 298 f., 310

analyse 275–279
Entstehung d. 185
Familien- 294
Gegen- 133, 185 f., 280 f., 289
  in d. Gruppe 294
interpretation 293
negative 280
neurose(n) 28, 181
Spiegel- (*Kohut*) 202
widerstand 179, 182, 276
Umwelt(-) 21, 37 f., 46, 70, 109,
  150, 153, 161, 199, 203, 238, 260
  Anpassung an d. 61
  und Individuum 200
Unbewußte(s;n), d. / unbewußt
  29–35, 37–46, 49 ff., 54, 63 f.,
  72 f., 87, 100, 102, 106, 108, 110,
  158, 176, 178, 194, 212 f., 219,
  230, 233, 241, 248, 268, 270, 275,
  280, 295, 311
  Begriff d. 23, 115, 212
  familiäres 50
  kollektives 45 f., 51, 89, 106, 189
  persönliches 105
  d. Psychoanalytikers 185
  im Traum 96
  Triebe d. 163
  Verdrängung d. 98, 269
Ungeschehenmachen, d. 144–148
Unlust-Lust-Prinzip 53 f.
»Urvertrauen« (*Erikson*) 26

Vater(-;s)
  Angst vor d. 146
  Archetypus 238
  Imago 78
  Konflikt, unbewußter 38
  omnipotenter 188 f.
  Sohn(-)
    Beziehung 161
    Konflikt 38
  Tochter-Beziehung 146

*Vater(-;s), Forts.*
  Tod d. 82, 259
Verbot(e) 40, 73, 131, 143, 217
Verdrängung(s-;en)/verdrängen
  26, 33, 42, 49, 55ff., 74, 118,
  136–144, 168, 194, 197, 211,
  216, 220, 235, 311
  Aufhebung d. 44
  Begriff d. 141
  d. Sexualtriebes 55, 219
  widerstand 179
Vergessen, d. 55ff.
Verhalten(s-) 29, 61, 86, 118, 221,
  225
  änderung 295
  anpassung 243, 295
  soziales 296
  störung 150, 174f., 182, 221
  überangepaßtes 293
Verschiebung, d. 35, 52, 166–170,
  178, 188
Vorbewußte, d./vorbewußt 30, 32,
  38, 40f., 52, 100f., 116
Vorurteil(e) 150


Wagner, Richard 186
Wahrnehmung(s;en)/wahrnehmen
  40, 51, 180, 198
  äußere 116
  apparat 41ff., 120
  direkte 120
  innere 42
Widerstand(s-)/Widerstände(n)
  25, 28, 41, 57, 118, 138, 168,
  174–180, 273ff., 298
  analyse 274
  beim Psychoanalytiker 311

Überwindung v. 269
  Verdrängungs- 116
  Zensur als 115
Wiederholung(s-)/wiederholen 43,
  136, 142, 176, 180, 198, 248,
  267ff., 281
  tendenz(en) 52ff., 79
  zwang 80f., 146, 183, 226, 274
  Zwangs- 136
Winnicott, D. W. 240, 246
Wolberg, Arlene R. 237
Wolf, Ernest 277f.
Wunsch(-)/Wünsche 26, 34, 37f.,
  41, 156, 161
  erfüllung 93f., 98
    irreale 91f.
  infantile 98
  irrationale 102
  narzißtische 195
  verdrängte 39
Wut 231, 245, 251, 257, 259f.
  narzißtische 277
  orale 278


Zensur 38f., 41, 115, 217
Zubin, J. 93
Zwang(s-)/Zwänge 109, 140, 153,
  228
  Wasch- 222f.
  Wiederholungs- s.
    Wiederholung
  erscheinungen 156
  handlung(en) 131, 139, 145,
    154
  neurose(n)/neurotiker s.
    Neurosen
  symptom(e) s. Symptome

# Geist und Psyche

Begründet von Nina Kindler 1964

## Psychoanalyse

Raymond Battegay
**Psychoanalytische
Neurosenlehre**
Eine Einführung
Band 12233

Hellmuth Benesch
**Verlust der Tiefe**
Eine psychische
Dimension im
Umbruch
Band 10469

Bruno Bettelheim
**Aufstand gegen
die Masse**
Band 42217
**Die Geburt
des Selbst**
Band 42247

Heinrich Deserno
**Die Analyse und
das Arbeitsbündnis**
Kritik eines
Konzepts
Band 12131

Kurt R. Eissler
**Todestrieb, Ambi-
valenz, Narzißmus**
Band 10568

Herausgegeben von
Ernst Federn/
G. Wittenberger
**Aus dem Kreis um
Sigmund Freud**
Zu den Protokollen
der Wiener Psycho-
analytischen Ver-
einigung
Band 10809

Anna Freud
**Das Ich und
die Abwehr-
mechanismen**
Band 42001

Karen Horney
**Neue Wege in der
Psychoanalyse**
Band 11595

Robert Langs
**Die psycho-
therapeutische
Verschwörung**
Band 11719

Abraham A. Maslow
**Psychologie
des Seins**
Band 42195

# Fischer Taschenbuch Verlag

fi 350 / 14 a

# Geist und Psyche

Begründet von Nina Kindler 1964

## Psychoanalyse

Stavros Mentzos
**Neurotische Kon-
fliktverarbeitung**
Band 42239
**Hysterie**
Band 42212

Herausgegeben von
Stavros Mentzos
**Angstneurose**
Band 42266

M. Mitscherlich
**Erinnerungsarbeit**
Zur Psychoanalyse
der Unfähigkeit
zu trauern
Band 11617

Herausgegeben von
Humberto Nagera
**Psychoanalytische
Grundbegriffe**
Band 42288

Badi Panahi
**Grundlagen
der modernen
Psychotherapie**
Ihre Quellen in
Wissenschaft und
Philosophie
Band 12021

Herausgegeben von
Harald Pühl/
W. Schmidbauer
**Supervision und
Psychoanalyse**
Selbstreflexion der
helfenden Berufe
Band 10599

David Rapaport
**Gefühl und
Erinnerung**
Band 11817

J. Reichmayr
**Spurensuche in
der Geschichte
der Psychoanalyse**
Band 11727

Ernst Simmel
**Psychoanalyse und
ihre Anwendungen**
Ausgewählte Schrif-
ten. Band 11348

Hans Strotzka
**Macht**
Ein psychoanaly-
tischer Essay
Band 42303

D.W. Winnicott
**Von der Kinder-
heilkunde zur
Psychoanalyse**
Aus den
»Collected Papers«
Band 42249

# Fischer Taschenbuch Verlag

# Geist und Psyche

Begründet von Nina Kindler 1964

## Psychologische Ratgeber

Raymond Battegay
**Psychoanalytische Neurosenlehre**
Band 12233

Hellmuth Benesch u.a. (Hg.)
**Psychologie-Lesebuch**
Band 42310

Eric Berne
**Was sagen Sie, nachdem Sie »Guten Tag« gesagt haben?**
Band 42192

Gerd Biermann(Hg.)
**Kinderpsychotherapie**
Handbuch zu Theorie und Praxis
Band 12039

Leon Chertok
**Hypnose**
Band 42102

Gion Condrau
**Einführung in die Psychotherapie**
Geschichte, Schulen, Methoden, Praxis
Ein Lehrbuch
Band 42115

Heinrich Deserno
**Die Analyse und das Arbeitsbündnis**
Kritik eines Konzepts
Band 12131

Maurice Dongier
**Neurosen**
Band 42241

Viktor E. Frankl
**Ärztliche Seelsorge**
Band 42157

Ella Freeman Sharpe
**Traumanalyse**
Band 11818

Anna Freud
**Einführung in die Technik der Kinderanalyse**
Band 42111

Gesellschaft für wissenschaftliche Gesprächspsychotherapie
**Die klientenzentrierte Gesprächspsychotherapie**
Band 42149

Tilmann Habermas
**Zur Geschichte der Magersucht**
Band 11825

# Fischer Taschenbuch Verlag

# Geist und Psyche

Begründet von Nina Kindler 1964

## Psychologische Ratgeber

Peter Hamann
**Kinderanalyse**
Zur Theorie und
Technik. Band 11890

Evelyn Heinemann/
Udo Rauchfleisch/
Tilo Grüttner
**Gewalttätige
Kinder**
Psychoanalyse und
Pädagogik in Schule,
Heim und Therapie
Band 10760

Karen Horney
**Selbstanalyse**
Band 42119

Sheldon B. Kopp
**Das Ende
der Unschuld**
Ohne Illusion
leben. Band 11375

Michael L. Moeller
**Anders helfen**
Band 11013

H. Nagera (Hg.)
**Psychoanalytische
Grundbegriffe**
Band 42288

Gertrud Orff
**Die Orff-Musik-
Therapie**
Bd. 42193

Badi Panahi
**Grundlagen
der modernen
Psychotherapie**
Band 12021

N. Peseschkian
**Psychosomatik
und Positive
Psychotherapie**
Band 11713

Erving und
Miriam Polster
**Gestalttherapie**
Band 42150

Carl R. Rogers
**Partnerschule**
Band 42236

**Therapeut
und Klient**
Band 42250

Ernst Simmel
**Psychoanalyse und
ihre Anwendungen**
Band 11348

Daniel Widlöcher
**Was eine Kinder-
zeichnung verrät**
Band 42254

Hans Zulliger
**Heilende Kräfte im
kindlichen Spiel**
Band 42328

# Fischer Taschenbuch Verlag

# Geist und Psyche

Begründet von Nina Kindler 1964

## Kinderpsychologie

Bruno Bettelheim
**Die Geburt des Selbst.** Band 42247

Gerd Biermann (Hg.)
**Kinderpsychotherapie.** Band 12039

U. Bronfenbrenner
**Die Ökologie der menschlichen Entwicklung**
Band 42312

Anna Freud
**Einführung in die Technik der Kinderanalyse**
Band 42111
**Zur Psychoanalyse der Kindheit**
Band 11519

Hans G. Graber
**Pränatale Psychologie.** Band 42123

Peter Hamann
**Kinderanalyse**
Band 11890

Evelyn Heinemann/
Udo Rauchfleisch/
Tilo Grüttner
**Gewalttätige Kinder**
Band 10760

Melanie Klein
**Frühstadien des Ödipuskomplexes**
Frühe Schriften 1928-1945
Band 10969
**Die Psychoanalyse des Kindes**
Band 42291

Daniel Widlöcher
**Was eine Kinderzeichnung verrät**
Band 42254

D.W. Winnicott
**Von der Kinderheilkunde zur Psychoanalyse**
Band 42249
**Reifungsprozesse und fördernde Umwelt**
Band 42255
**Familie und individuelle Entwicklung**
Band 42261

Hans Zulliger
**Die Angst unserer Kinder**
Band 42317
**Heilende Kräfte im kindlichen Spiel**
Band 42328
**Umgang mit dem kindlichen Gewissen**
Band 42324

# Fischer Taschenbuch Verlag